'S-HERTOGENBOSCH
*blz. 44–83*

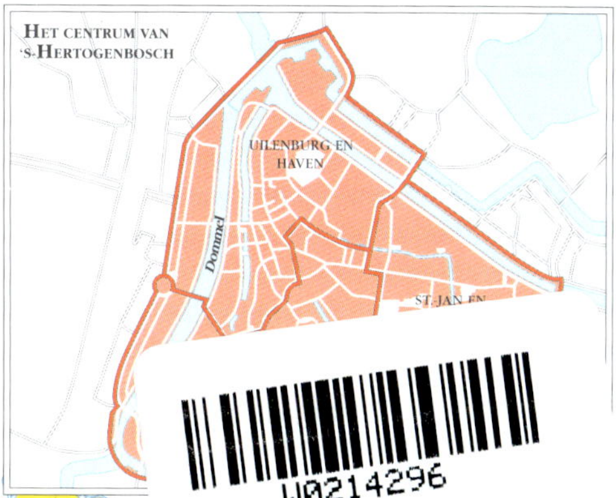




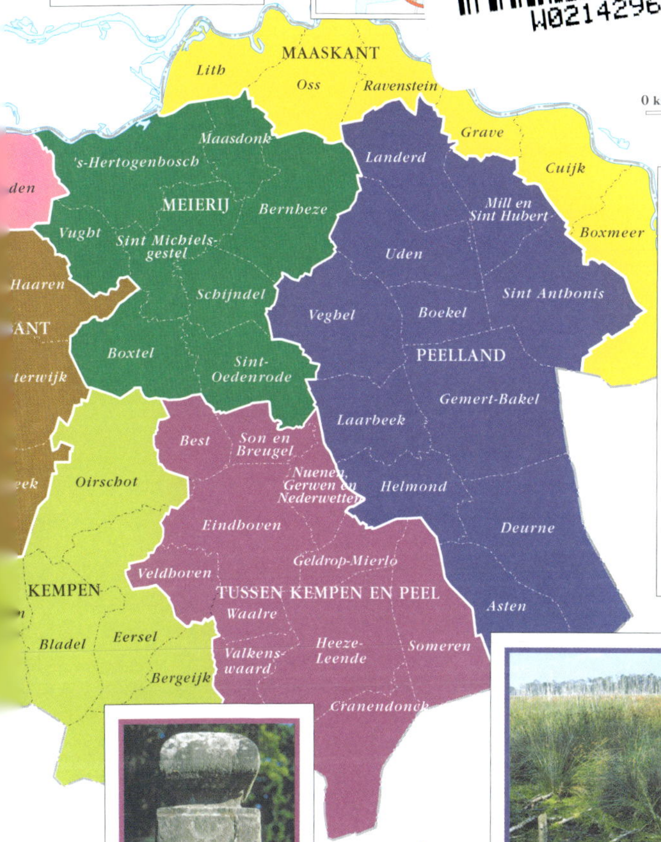

MAASKANT
*blz. 112–135*

TUSSEN KEMPEN EN PEEL
*blz. 164–197*

PEELLAND
*blz. 136–163*

CAPITOOL REISGIDSEN

# NOORD BRABANT

CAPITOOL REISGIDSEN

# NOORD BRABANT

DRS. JAN LEEMANS

VAN REEMST UITGEVERIJ

HOUTEN

Postbus 97
3990 DB Houten
www.capitoolgids.nl

Auteur: Drs. Jan Leemans

Vormgeving en lithografie: Teo van Gerwen – Design, Leende, volgens het artistieke concept van de Eyewitness Travel Guides, uitgegeven door Dorling Kindersley Limited, Londen

Fotografie: Teo van Gerwen, Riny van Vlijmen, Jan Vermeer en anderen
Illustraties: Jan Egas, Gieb van Enckevort en Harry Pelssers
Cartografie: Peter de Vries



ISBN 90 410 2674 6
NUR 511

# Inhoud

**Het Markiezenhof**

## Inleiding op Noord-Brabant

**De torens van Cuijk**

◁ **Vorige bladzijden: detail van de St.-Jan, 's-Hertogenbosch**

Wandelen door het bosrijke landgoed Baest

## 's-Hertogenbosch van buurt tot buurt

Kathedraal van 's-Hertogenbosch



## Noord-Brabant van streek tot streek



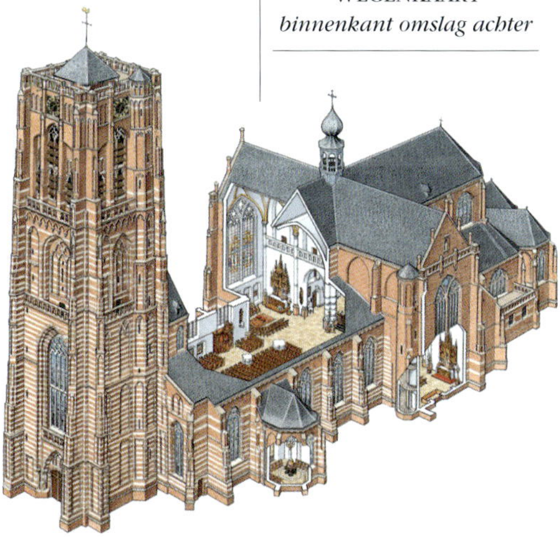

De St.-Petruskerk van Oirschot

## Tips voor de reiziger

Heuvel Galerie Eindhoven

## Wegwijs in Noord-Brabant

# HOE GEBRUIKT U DEZE GIDS

Deze gids helpt u om uw verblijf in Noord-Brabant zo aangenaam mogelijk te maken door het bieden van gedetailleerde praktische informatie en door het doen van aanbevelingen. *Inleiding op Noord-Brabant* brengt de provincie in kaart en plaatst het in haar historische en culturele context. In het hoofdstuk 's-Hertogenbosch de hoofdstukken over de negen regio's worden belangrijke bezienswaardigheden beschreven aan de hand van foto's en illustraties.

In *Tips voor de reiziger en Wegwijs in Noord-Brabant* vindt u onder meer gegevens over restaurants, hotels en openbaar vervoer.

**'s-Hertogenbosch**
Het centrum van 's-Hertogenbosch is verdeeld in drie wijken. Aan elke wijk is een apart hoofdstuk gewijd, plus een hoofdstuk *Buiten het Centrum*. Alle bezienswaardigheden zijn genummerd en zo terug te vinden op de wijkkaarten. De beschrijvingen worden in deze volgorde gepresenteerd, zodat u ze snel kunt vinden.

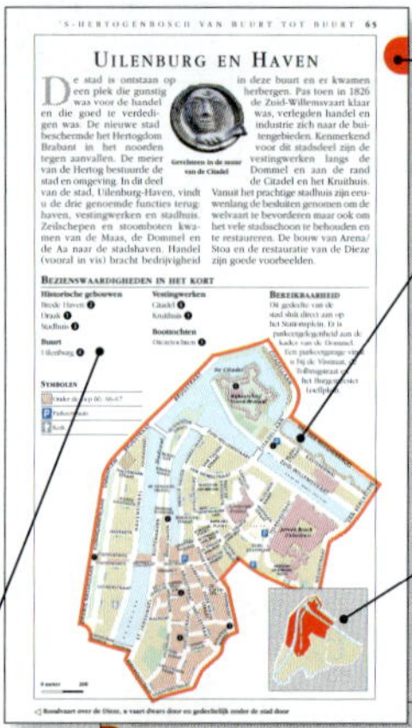

**Alle bladzijden** over 's-Hertogenbosch zijn met rood gemerkt.

**1 Wijkkaart**
*De bezienswaardigheden op de wijkkaart zijn voor het gemak genummerd. De attracties zijn ook te vinden in de* Stratengids van 's-Hertogenbosch *(blz. 78-83).*

**Een oriëntatiekaart** toont uw positie ten opzichte van andere wijken in het centrum.

**Bezienswaardigheden in het kort** somt de bezienswaardigheden op per categorie: historische gebouwen, kerken, musea, etc.

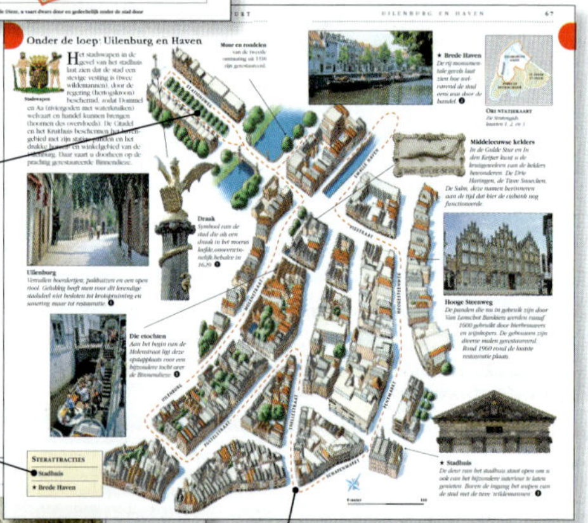

**2 Onder de loep**
*Op deze kaart vindt u een wandeling door een gedeelte van de beschreven wijk.*

**Sterren** duiden op bezienswaardigheden die u niet mag missen.

**Wandelroutes** zijn in het rood aangegeven

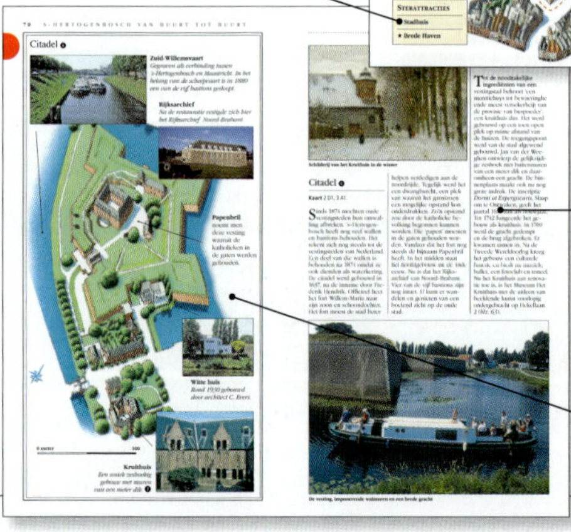

**3 Informatie over bezienswaardigheden**
*Bezienswaardigheden worden apart beschreven, compleet met adressen, telefoonnummers, openingstijden, informatie over rondleidingen, etc.*

**In de kaders** worden specifieke onderwerpen uitgelicht

## NOORD-BRABANT VAN STREEK TOT STREEK

Naast 's-Hertogenbosch is de provincie verdeeld in negen regio's, waaraan steeds een apart hoofdstuk is gewijd. De regio's zijn weer onderverdeeld in Gemeenten. De Gemeenten zijn genummerd en deze nummering is terug te vinden op de geïllustreerde kaart.

**1 Inleiding**
*Hier worden landschap, geschiedenis en kenmerken van elke regio beschreven. U leest hoe een regio zich heeft ontwikkeld en wat het de bezoeker nu te bieden heeft.*

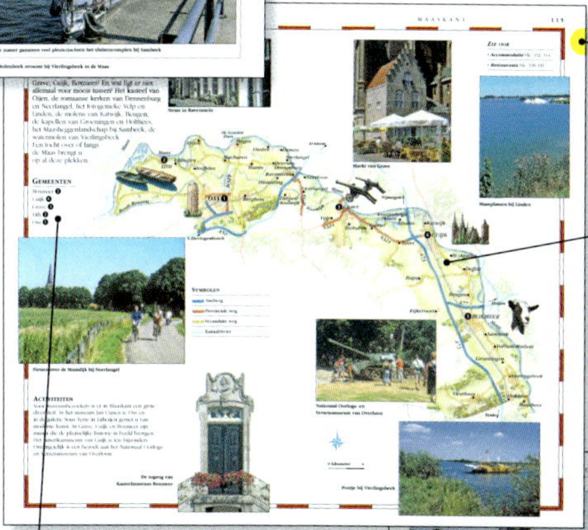

**Elke regio** van Noord-Brabant kan snel worden opgezocht dankzij zijn eigen kleurcode *(zie binnenflap voor).*

**2 Geïllustreerde kaart**
*Deze kaart geeft een beeld van elke regio. Alle Gemeenten zijn genummerd en er worden nuttige tips gegeven over activiteiten.*

**Gemeenten** somt de gemeenten per regio op.

**3 Gedetailleerde informatie**
*Alle Gemeenten worden apart beschreven in de genummerde volgorde die op de geïllustreerde kaart is aangegeven. U vindt er nadere informatie over belangrijke gebouwen en andere attracties.*

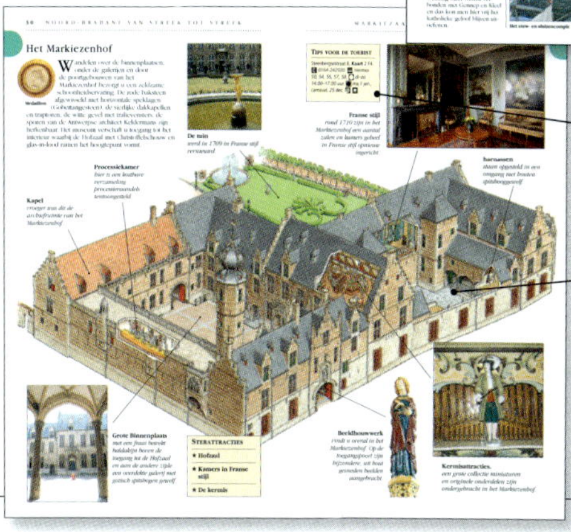

**Tips voor de toerist** bevat praktische informatie ter voorbereiding van uw bezoek.

**4 De belangrijkste attracties**
*Deze worden op twee of meer bladzijden beschreven. Historische gebouwen zijn opengewerkt zodat het interieur zichtbaar is.*

# Inleiding op Noord-Brabant

# Noord-Brabant in kaart gebracht

Water en Peel vormen de natuurlijke grens in het westen, noorden en oosten. De zuidgrens met België is een grillige grens, door de historie bepaald. De kleigronden met uitgestrekte polders in het westen en noorden worden gevolgd door zandgronden met heide, bossen en vennen. Snelwegen hebben de provincie ontsloten en bijgedragen aan de industrialisatie. Van de Nederlanders woont 14,8% in Brabant. De bevolkingsdichtheid is 485 per km², terwijl die in heel Nederland 475 is. Toch is er veel natuur bewaard gebleven en bloeit het toerisme als nooit tevoren.

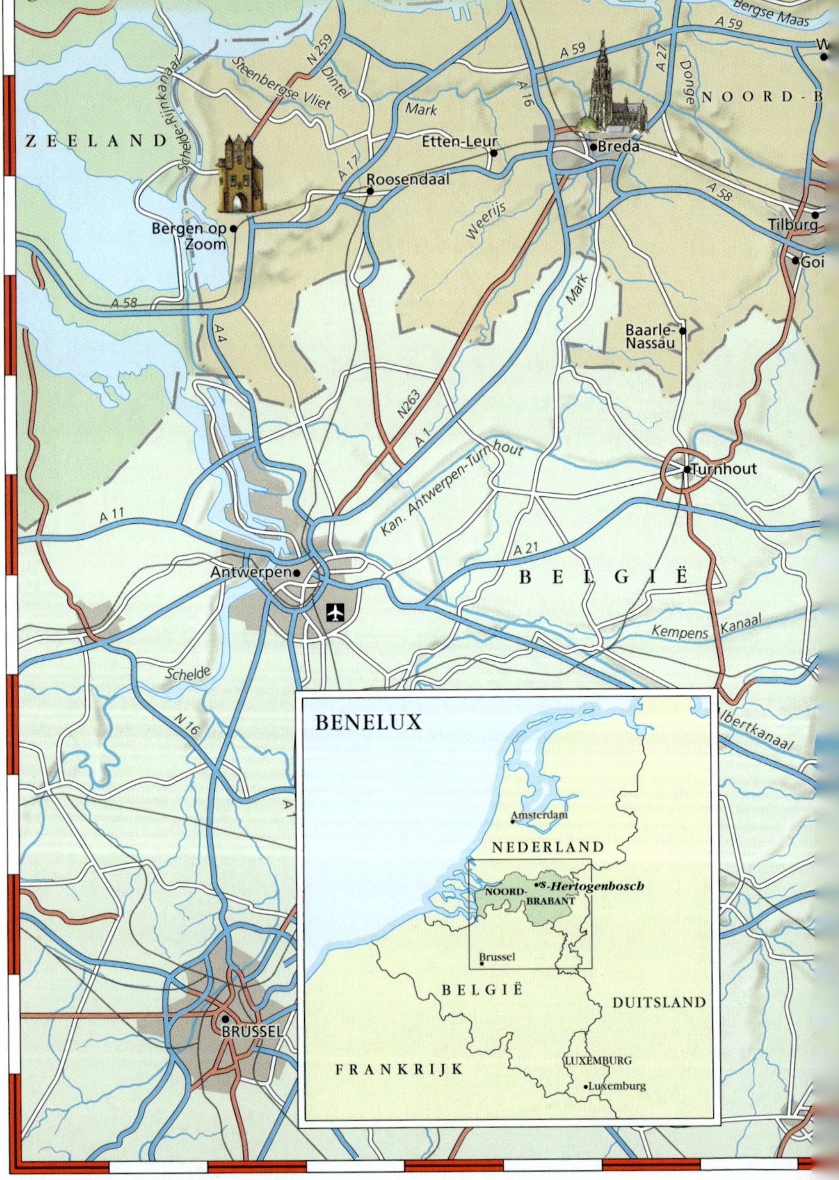


◁ **Het prehistorisch dorp 'Endehoven' ligt aan de oever van de Tongelreep in Eindhoven**

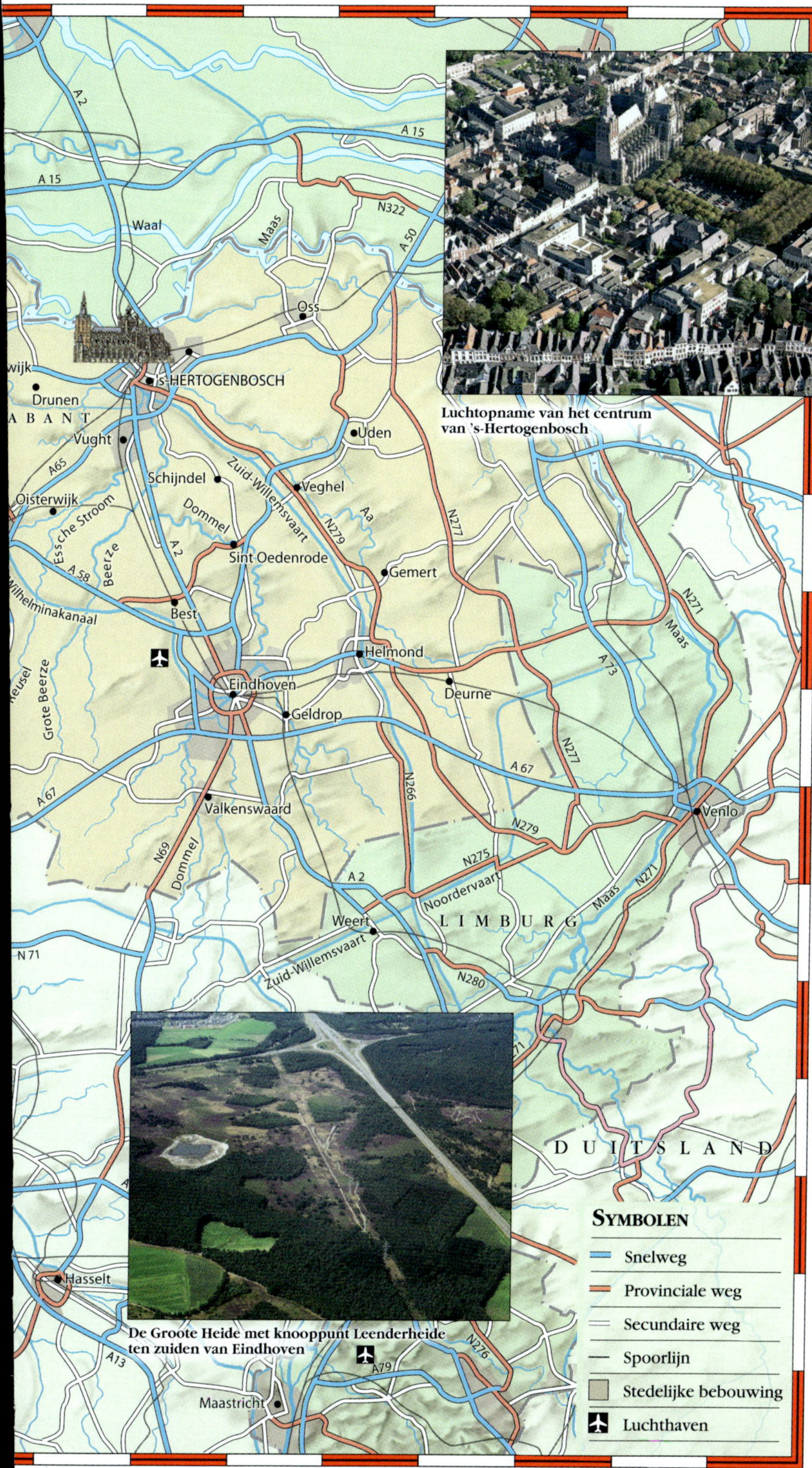


Luchtopname van het centrum van 's-Hertogenbosch

De Groote Heide met knooppunt Leenderheide ten zuiden van Eindhoven

# Een Schets van Noord-Brabant

*Iedere Nederlander komt in Noord-Brabant iets van thuis tegen. Een vergezicht in de polder, de duinen, bossen en heide, het veengebied, het dorp aan de rivier of de grote stad met musea, theater en uitgaansleven. En de Brabander zorgt ervoor dat elke bezoeker zich hier thuis voelt.*

Als Hertog Jan nu terug zou komen in zijn 'Edel Brabants Land' zou hij zwaar teleurgesteld zijn. Vanuit Leuven of Brussel zou hij een grens moeten oversteken, een paspoort moeten laten zien om dan als buitenlander naar zijn 'Hertogen-bos' te kunnen reizen. Vreemd zou hij opkijken als hij zag dat boven de rivieren veel machtigere steden zijn ontstaan dan in zijn Brabant. Het zwaartepunt van de Nederlanden is naar het noorden verschoven, zou hij merken. Hier is zijn Brabant een Noord-Brabant geworden, een provincie van Nederland in het zuiden, vroeger zelfs in 'het donkere zuiden'. Die provincie telt momenteel 68 gemeenten, samen ruim 500 kerkdorpen. Met een knipoog naar de historie en rekening houdend met landschappelijke gegevens valt het te verdelen in 9 gebieden. 's-Hertogenbosch is dan nog een hoofdstuk apart.

**Gevelsteen in Woudrichem**

### Verschillend en toch één

In Dinteloord voelt men zich echt geen Zeeuw, maar de Dintelse Gorzen zijn voor een Lieropper buitenland. De Watersnoodramp van 1953 trof Zeeland maar ook Heijningen, Fijnaart en Hank. Dat werd in Boekel of Bakel pas laat beseft. In Asten voelt men zich echt geen Limburger maar inwoners van Woudrichem of Aalburg moe-

**De molen en gerestaureerde pakhuizen aan de haven van Willemstad**

◁ **De bekende vennen van Oisterwijk liggen er in de zomer schitterend bij**

**Het Klein Kasteel is een van de bewaard gebleven kastelen van Deurne**

ten de kaart bestuderen als ze de Peel willen bezoeken. Grote verschillen en toch heeft ieder het gevoel Brabander te zijn, bij Brabant te horen. Aan de taal kan het niet liggen want 'Brabants' bestaat niet. Wel zeggen ze overal gemakkelijk 'houdoe' en 'gij'. Aan de godsdienst kan het voor een deel liggen want slechts enkele delen van Brabant zijn protestant. Komt het gevoel samen Brabander te zijn dan uit de geschiedenis? Samen in verzet tegen de protestanten. Samen tegen Den Haag dat 'ons' uitbuit en koloniseert. Een minderwaardigheidscomplex dat naar buiten komt als 'gelukkig niet Hollands' maar Brabants! Vooral vanaf 1850 tot 1960 heeft dat zeker een rol gespeeld. De emancipatie van het katholicisme ging gepaard met de emancipatie van Brabant. Die tijd is nu voorbij. Brabant profileert zich nu in alle verscheidenheid als een grote, zelfs de grootste en aantrekkelijkste provincie van Nederland.

**Abdijbier proeven onder de St.-Jan**

### Typisch Brabants

Wat is dat? Ze zeggen: de gemoedelijkheid, de gastvrijheid, de uitbundige zwier, het onbekommerde, Bourgondische, luidruchtige, luchthartige maar evenzeer het zwaarmoedige, kinderlijke, boerse, domme, achterdochtige. Schieten we wat op met deze typeringen? Duidelijk is dat carnaval uitbundig wordt gevierd. Kermis, jaarmarkt en braderie zijn geliefder dan Koninginnedag. De terrassen zitten in de zomer vol. Elk dorp kent zijn harmonie of fanfare, zijn gilden, zijn kiosk en dorpspomp. Het verenigingsleven bloeit. Optochten, processies en bedevaarten worden nog steeds vol overgave georganiseerd. Waarschijnlijk is wielrennen een sport die meer in Brabant dan elders in Nederland wordt beoefend en gewaardeerd.

Traditioneel opgetuigde paarden op de jaarlijkse braderie

### Bijzonder Brabant

Bij een schets van Brabant hoort een verwijzing naar heel bijzondere dingen die alleen in Brabant te vinden zijn. Het fietsroutenetwerk breidt zich vanuit België uit naar Brabant en Limburg en is een grote verrijking van het sportieve entertainment. Het grote aantal losse torens (*blz. 181*) zult u enkel hier aantreffen. Dat geldt ook voor de langgevelboerderijen, de Kempische gotiek en de rijke geschiedenis van kerkenbouw, de sporen van Vincent van Gogh en Jeroen Bosch. Bijzonder Brabants zijn de vennen, het populierenlandschap, de Dommel- en Markvallei en de Biesbosch. De Efteling is uniek. Maar ook het Van Abbemuseum, dat een eigen aanvulling is op de musea met moderne kunst in de rest van Nederland. En waar kunt u heerlijker op een terras een worstenbroodje of Bossche bol eten en een eigen Brabants biertje drinken? In dat Brabant bent u van harte welkom.

Kapel in Oostelbeers

De uitgestrekte heidevelden en stuifzanden van de Strabrechtse Heide

# Flora en fauna van Noord-Brabant

**Klaproos**

Het voorkomen van planten en dieren in Noord-Brabant is bijzonder gevarieerd. De verschillende landsschapstypen zorgen voor een grote verscheidenheid. Elk biotoop heeft zijn eigen specifieke bewoners. De hoge zandgronden, de veengebieden, de natte beekdalen en de riviergebieden zijn ieder voor zich de basis voor een groot aantal bijzondere planten en dieren. Noord-Brabant telt veel unieke natuurgebieden waarvan enkele de status hebben van Nationaal Park.

***Hazen*** *zijn makkelijk te herkennen aan hun uitzonderlijk lange, zwartgepunte oren. Ze houden zich het liefst op in open weide- of akkerland.*

***De Klapekster*** *komt nog sporadisch voor op boerenland met veel heggen en struiken. Daar jaagt hij op insekten en andere kleine prooidieren zoals muizen en kleine vogeltjes.*

***Reeën*** *hebben een voorkeur voor kleinschalige gebieden waar bos en grasland elkaar afwisselen.*

***Selectie van de natuurgebieden***

*1 Dintelse Gorzen*
*2 Biesbosch*
*3 Mattemburgh*
*4 Wouwse Plantage*
*5 Rucphense bossen en heide*
*6 Dorst*
*7 Ulvenhoutse en Chaamse bossen*
*8 Huis ter Heide*
*9 Regte Heide*
*10 De Utrecht*
*11 Loonse en Drunense Duinen*
*12 Oisterwijkse vennen*
*13 Kampina*
*14 Oirschotse Heide*
*15 Dommeldal*
*16 Cartierheide*
*17 Malpie*
*18 Leenderbos en Groote Heide*
*19 Strabrechtse en Lieropse Heide*
*20 De Groote Peel*
*21 Deurnese Peel, Mariapeel, Helenaveen*
*22 Stippelberg*
*23 Groote Slink en Bunthorst*
*24 St.-Anthonisbos*
*25 Maashorst*
*26 Maasheggen*

**0 kilometer 10**

***De distelvlinder*** *is een grote vlinder die uit Zuid-Europa naar onze streken trekt. Hij haalt zijn voedsel bij voorkeur uit uitbundig bloeiende bloemen zoals hier bij de felgekleurde kattestaart.*

***De das*** *is een schuw roofdier dat vooral 's nachts actief is. Het Maasheggen landschap is een ideale leefomgeving.*

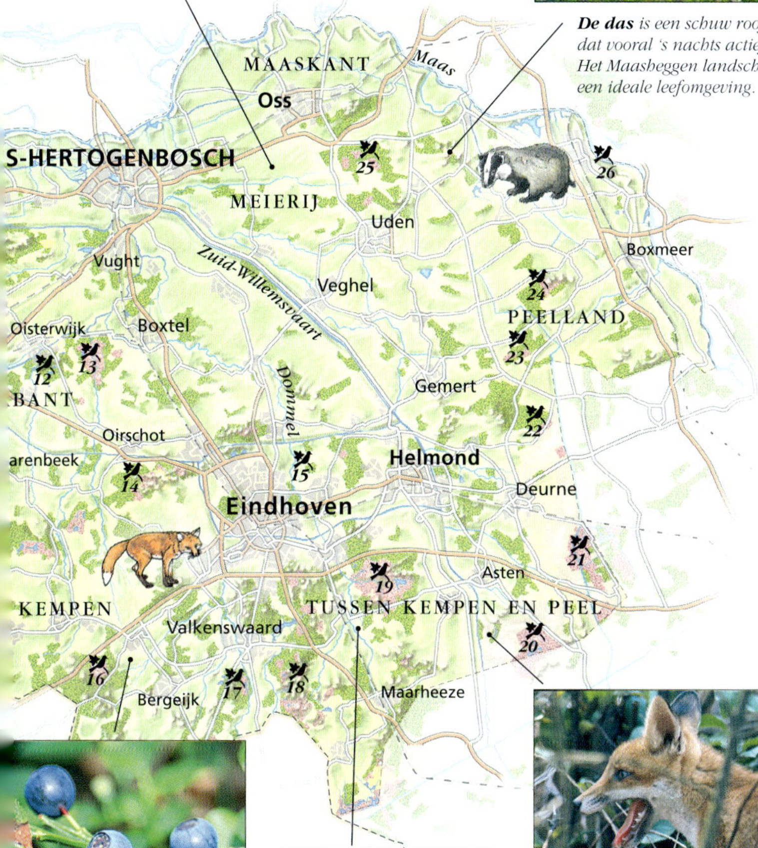

***Vossen*** *komen in heel Brabant voor. Vooral in gebieden met veel bos en heidevelden.*

***Bosbessen*** *groeien veelvuldig in de bossen op de arme zandgronden van Noord-Brabant.*

***Klokjesgentiaan*** *is een zeldzaam plantje geworden dat groeit op sommige plaatsen in de hei. Het is de voedselplant van een al even zeldzame vlinder: het gentiaanblauwtje.*

# Raadhuizen

Als een plaats zichzelf mag besturen, bouwt ze op den duur een eigen raadhuis. In Brabant kregen 24 plaatsen stadsrechten, vooral in de 13de en 14de eeuw. Vanaf het einde der Middeleeuwen kunnen we dus stadhuizen verwachten. Maar uit die tijd resteren slechts een (raads)kelder of een paar muren als onderdeel van een bewaard gebleven gebouw. Uit de 17de eeuw zijn echter prachtige stadhuizen bewaard. Dorpen bleven tot 1795 onder bestuur van een Heer. Hijzelf of zijn schout bestuurde de bezittingen vanuit een kasteel of hof. Gemeentehuizen werden dus vooral in de 19de en 20ste eeuw gebouwd. Vaak werd een ouder gebouw als gemeentehuis ingericht. Nu het grote aantal gemeenten is gereduceerd tot 68, vinden we overal oud-raadhuizen.

***Bergeijk*** *heeft een groot nieuw raadhuis gebouwd. Het oude raadhuis met de typische voorgevel is bewaard gebleven.*

***Eindhoven*** *is een grote stad en heeft een monumentaal raadhuis met veel beeldhouwwerk eromheen.*

**Kasteel Dommelrode**
*Sint-Oedenrode kreeg in 1232 stadsrechten en gebruikt momenteel het gerestaureerde kasteel Dommelrode als raadhuis.*

***Interieur*** *van het stadhuis van 's-Hertogenbosch. Rijk versierd met kostbare gobelins, goudleerbehang, wandschilderingen en schilderijen.*

***Dussen*** *kocht het kasteel en maakte er een gemeentehuis van.*

***Zundert** bouwde in 1840 in klassieke stijl een indrukwekkend monument met een enorm plein ervoor.*

***Boxtel** heeft nu een moderne raadzaal waar als het ware in de open lucht vergaderd wordt, temidden van de bevolking.*

***Halsteren** bezit nog een goed bewaard, fraai raadhuis uit 1633.*

***Oirschot** gebruikt het voormalige raadhuis nog voor trouwerijen.*

***Tilburg** heeft het voormalige paleis van Willem II in gebruik als stadhuis.*

# Kerkgebouwen

**Ornament van de Grote Kerk in Breda**

Kerken werden gebouwd uit vroomheid. God werd er gediend en de Heiligen werden er vereerd. Om te bidden was een wegkruis en kapel genoeg. In kerken wilde men als groep samenkomen om de eucharistie te vieren. De kerk was van en voor de gemeenschap, het dorp of de stad. Behalve vroomheid speelde prestige een rol. De ene plaats bouwde een nog mooiere kerk met een nog hogere toren dan de andere. Dat zorgde ook voor variatie in stijlen.

***Romaans** is het gerestaureerde kerkje van Velp. Het werd in de 14de eeuw opgetrokken uit tufsteen.*

**Romaanse kerkjes**
*In Noord-Brabant staan nog diverse oude Romaanse kerkjes die bewaard zijn gebleven. Ze hebben dikke muren met halfronde bogen en zijn vaak klein en laag. Het kerkje van Heesbeen met de scheefgezakte toren stamt uit de 14de eeuw.*

## Het interieur

Voor de toerist, die vol verwachting voor de ingang staat, is het jammer dat kerken veelal gesloten zijn. Het interieur en de kerkschat zijn slechts tijdens de eredienst en op bepaalde dagen te bekijken. Een goed overzicht van alle religieuze voorwerpen en kledingstukken biedt u het Museum voor religieuze kunst in Uden *(zie blz 158-159)*.

**Interieur van de kerk in Oud Gastel**

***Altaar** in de kerk van Geffen. In 1892 is dit 'nieuwe' gotische priesterkoor toegevoegd aan de kerk die dateert uit 1450.*

**Neobyzantijns**

*Dat zijn bijvoorbeeld de kerken van Ch. Weber, die vaak een koepel hebben. Een daarvan is de kerk in Lierop. De Neobyzantijnse kerk in Waalwijk, die in 1926 door architecht Valk werd gebouwd, telt 19 koperen koepels.*

**BRABANTSE GOTIEK**

Kempische torens met kerken in Brabantse gotiek werden in de rijke Bourgondische tijd gebouwd. Hoog, sierlijk, met kruisribben en een krans van kapellen om het koor. Veel gebrandschilderde ramen maken van het interieur een feestzaal.

***De Grote of Onze Lieve Vrouwekerk*** *van Breda met de 97 m hoge toren is een van de hoogtepunten van de Brabantse gotiek.*

**NEOGOTIEK**

De bouwstijl van de 19de eeuw. Kenmerkend voor de kerken die in deze stijl werden gebouwd zijn de strakke, slanke, hoge torens en het interieur van de kerk, waarin alles naar boven, naar het goddelijke verwijst.

***Gemert*** *is een van de vele plaatsen in Brabant waar een neogotische kerk werd gebouwd.*

# Religies

**Bisdomwapen**

Katholicisme, enkele richtingen van het protestantisme, jodendom en islam zijn de belangrijkste religies in Brabant. Vooral het katholieke geloof heeft een stempel gedrukt op de provincie, zeker sinds de tijd van het Rijke Roomse Leven. U treft er wegkruisen, kapelletjes, processies, bedevaarten, Heilig-Hartbeelden en heel veel kloosters. Hoewel protestantse bestuurders en intellectuelen veel voor Brabant hebben betekend, is hun invloed op het dagelijkse leven behalve in Hollands Brabant gering geweest.

***Kloosters en abdijen*** *zijn er nog veel in Brabant. De meeste hebben inmiddels een nieuwe bestemming gekregen.*

***Heiligenbeelden*** *De meeste katholieke kerken zijn rijk gevuld met prachtige beelden. De mooiste zijn vaak gesneden uit hout en fraai beschilderd.*

***De pastorie*** *laat zien dat de Heren Geestelijken gerekend werden tot de hoogste stand. Tot in het kleinste dorpje was het onderkomen van de pastoor een statig herenhuis.*

***Protestantse kerken*** *die na 1824 door ambtenaren van het departement van Waterstaat werden getekend, werden waterstaatskerken genoemd. Meestal werden klassieke gebouwen als voorbeeld gebruikt.*

***Kapelletjes*** *zijn er in het verleden in heel Brabant veel gebouwd. Veel zijn er in de loop der eeuwen weer verdwenen, andere zijn gerestaureerd. U vindt ze meestal in het buitengebied, zoals deze Martinuskapel in de weilanden bij Druisdijk.*

## KLOOSTERLINGEN

Paters en nonnen hebben veel gedaan voor onderwijs en sociale zorg. Zij stichtten ziekenhuizen, weeshuizen en scholen. De paters en nonnen zijn inmiddels verdwenen, de instellingen bestaan voor een deel nog. Veel van de Brabantse broeders en nonnen werden uitgezonden naar de missielanden.

**Zusters van Trier**
*Gevelplaat op het O.L.V. Gasthuis in 's-Hertogenbosch. De tekst op de plaquette luidt:*
De zusters van Trier
zijn niet meer hier.
Het leven is niet meer
wat het was:
Servitudo et humilitas.

**Synagoge van Geertruidenberg**

## SYNAGOGEN

Al in de Middeleeuwen vestigden zich joden in Brabant. Van tijd tot tijd werden ze vervolgd en verjaagd. Vanaf 1796 kregen ze volledige burgerrechten. Huissynagogen konden nu vervangen worden door een echte sjoel. Er staan er nog een paar, vaak mooi gerestaureerd. Vooral in Oss hebben bekende joodse families grote ondernemingen gesticht. *(zie blz. 118)*.

**Gebedsrol**

## GLAS-IN-LOOD

De kleurrijke gebrandschilderde ramen in de kerken van Noord-Brabant verhalen op velerlei manieren bijbelse taferelen. Vaak zijn daarin de portretten of familiewapens van de schenkers van het raam of van de schenkers van delen van het bouwwerk verwerkt. Ook ramen met afbeeldingen van het leven en de wonderen van (parochie-) heiligen zijn veel voorkomende onderwerpen.

***De islam** is in het straatbeeld verschenen door de bouw van stralende moskeeën. Van islamitische winkels en restaurants genieten velen.*

# Carnaval en gildefeesten

Tamboer

Carnaval begint op de 11de van de 11de met een groot Prinsenbal. De naam van de nieuwe Prins (en Prinses) wordt bekend gemaakt. De Raad van Elf bereidt de drie dolle dagen voor. Tonpraotavonden brengen de mensen al in de stemming. Nieuwe carnavalsschlagers worden door de hermoniekes ingestudeerd. Buurtverenigingen bouwen hun wagens voor de optocht. En dan is het zover.

Elk schuttersgilde met al zijn folklore van kleurige uniformen, schitterende vaandels, reglementen ('caerten') en rituelen heeft zijn eigen feest maar het landjuweel met de opmars van alle deelnemende gilden spant de kroon.

**Het gildezilver**
*Het koningsschild uit 1789 van kuiper Magiel de Jong uit Drunen. Op de zilveren koningsschilden werd behalve de naam, het jaartal en datum, vaak het beroep of een liefhebberij van de koning afgebeeld.*
*Het oudst bekende Noord-Brabantse schild uit 1529 komt van de Cloveniers uit Grave.*

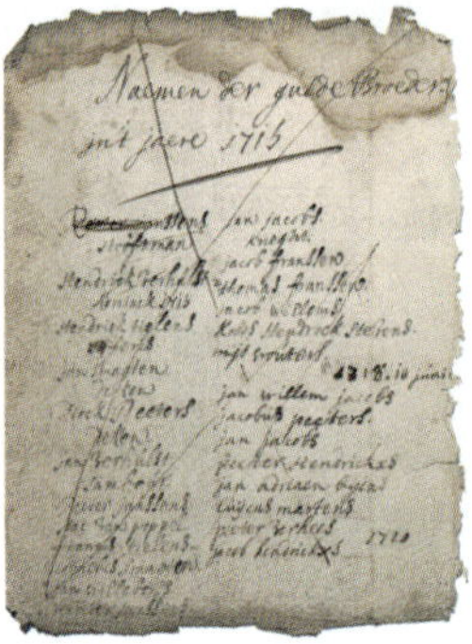

**Gilde-archieven**
*De ledenlijst uit 1716 van het Jorisgilde van Hoogeloon. In gildeboeken is eeuwen achtereen het wel en wee van de gildes bijgehouden. Van ledenlijsten tot uitstaande schulden, begrafenisplichten, kosten van kruit en kaarsen, opbrengsten en kosten van gilde-eigendommen.*

**Koningsvogel**
*De koning van een gilde is herkenbaar aan de papegaai. De koningsvogel is van zilver, draagt een kroontje en staat op een takje.*

**Het vaandel**
*Het vaandel is het gewijde symbool voor elk gilde. Het toont onder andere de gildekleuren, een afbeelding van de gildeheilige en de naam van het gilde.*

**Zottenwereld**
*Carnaval is het feest van verkleedpartijen en schmink. Ruime tijd voor carnaval wordt al begonnen met het bedenken en maken van de meest fraaie kostuums en attributen.*

**De optocht**
*Het hoogtepunt van carnaval. Door buurstschappen en carnavalsverenigingen wordt veel tijd en energie gestoken in het bouwen van de meest fantastische carnavalswagens. Carnaval is de omgekeerde wereld en dus wordt vaak de landelijke en plaatselijke politiek op de hak genomen.*

**Prins Carnaval**
*Met carnaval kiest elke prins een passende naam en heeft in die dagen, samen met de raad van elf zijn eigen residentie. Meestal is dat het stamcafé van de carnavalsvereniging.*

**Het landjuweel**
Al in een ver verleden werden er landjuwelen georganiseerd. Het waren wedstrijden voor schutters, vendeliers en tamboers. De 'spelen' werden aangekleed met optochten en feestelijke maaltijden. De massale opmars van de gilden over het toernooiveld is een feest voor elke toeschouwer.

**Plaatsnamen**
*Oeteldonk, Krabbegat, Blaosdonk. Tijdens de carnavalsdagen heeft elke plaats een bijzondere naam.*

**Muziek**
*Geen carnaval zonder muziek. Overal in Brabant kom je ze tegen, grote en kleine carnavalsbands, luid musicerend, live of playback.*

# Beroemde schilders

**Pieter Brueghel, detail kinderspelen**

Bosch en Van Gogh zijn de twee beroemdste Brabanders. Geniale, hartstochtelijke schilders met een boodschap. Vroom, gevoelig, fel. Beiden met een intense belangstelling voor het dagelijkse leven om hen heen. Begaan met de mens en bezorgd om zijn lot. Dat alles weergegeven in bijzondere kleuren en met een ongelooflijke fantasie. Brueghel schilderde het Brabantse landschap en leven maar was misschien geen Noord-Brabander. Piet Mondriaan tekende Brabant maar verbleef er slechts kort. Zonder de vele Brabantse schilders van verleden en heden, wier kunstwerken te vinden zijn in vele (Brabantse) musea te kort te willen doen, mogen we toch stellen dat deze vier het meest bekend geworden zijn.

**Pieter Brueghel de Oude**

**De pastorietuin te Nuenen**
*Van Gogh schildert in april 1884* de pastorietuin *van Nuenen. Op de achtergrond heeft de vervallen oude kerk nog een spits. Zijn vader zal in 1885 daar begraven worden. Is de vrouw in de tuin zijn moeder?*

### Jeroen Bosch

Jheronimus van Aken heette Jeroen eigenlijk tot hij zichzelf Bosch noemde. Hij is voor of in 1457 geboren in een familie van maelders (pictores) en beeltsnyders. Het ouderlijk huis, Sint Thoenis, is het huidige pand Markt 29. Hij trouwde de welgestelde Aleid van Meervenne en ging wonen In den Salvatoer, het huidige pand Markt 61. Veel opdrachten kreeg hij van de Lieve Vrouwe Broederschap, de Zwanenbroeders, waarvan hij lid was. Hij stierf in 1516. Er zijn 25 panelen en triptieken en enkele tekenbladen van hem bewaard gebleven.

Het is vanzelfsprekend dat juist in 's-Hertogenbosch veel aandacht besteed wordt aan Jeroen Bosch. In het Noordbrabants Museum vindt u een afdeling die aan hem, zijn tijdgenoten en zijn navolgers is gewijd. De beelden op de luchtbogen van de St.-Jan doen denken aan de vreemde wezens bij Bosch. Het huis van de Zwanenbroeders, waar ook Bosch lid van was en opdrachten voor uitvoerde, kan worden bezocht. In oprichting is een Jeroen Bosch Centrum in de voormalige St.-Jacobskerk. U vindt stukken met zijn naam in het Stadsarchief. Alle nieuws over deze grote Bosschenaar vindt u op www.boschuniverse.org

**Het snyden van den kei** *School van Jeroen Bosch*

### Pieter Brueghel

Of de Brueghels uit Breugel stammen weten we niet *(zie blz. 179)*. Pieter Brueghel sr. werd al tijdens zijn leven een 'tweede Jeroen Bosch' genoemd. De Brueghel-schilderijen geven onbedoeld een prachtig beeld van het Brabantse en Vlaamse landschap en het stads- en dorpsleven van die tijd.

**Boerenbruiloft**
*Pieter Breughel de Jonge.*

### Vincent van Gogh

Vincent werd op 30 maart 1853 in Zundert geboren. Het geboortehuis is verdwenen. De kerk waar zijn vader dominee was staat aan het plein met het beeld van Zadkine. Hij ging in 1864 op kostschool in Zevenbergen en in 1866 naar de HBS van Tilburg. Hij bezocht van daaruit zijn vader die dominee werd in Helvoirt (1871), Etten-Leur (1875) en Nuenen waar Vincents atelier bij het domineeshuis bewaard is gebleven. Hier maakte hij voorstudies voor de 'aardappeleters'.

**Molen van Heeswijk, 1904** *door Piet Mondriaan.*

**Oil on paper, remounted on canvas, 36 x 26 cm**


### Piet Mondriaan

Piet Mondriaan (1872-1944) vertrok januari 1904 uit Amsterdam naar een huurhuis in de Stationsstraat van Uden. Hij had zich losgemaakt uit het ouderlijk calvinistische milieu maar zijn socialistische/anarchistische idealen brachten hem ook moeilijkheden met zijn nieuwe omgeving in Amsterdam. Hij vluchtte of zocht rust in Brabant waar hij genoot van het gemoedelijke volk en de eenvoud van leven.

# Agenda van Noord-Brabant

Brabanders houden van feesten. Ieder dorp heeft zijn braderie, jaarmarkt, kermis, carnavalsoptocht en gildefeest. De fanfare speelt in de kiosk die u op menig marktplein aantreft. Het katholieke geloof uit zich (nog steeds) in processies, bedevaarten en ommegang. Sommige evenementen zijn wel heel bijzonder zoals de bloemencorso's, de Brabantse dag, Effe naor Geffe, de taptoes, de havenfeesten of Ravenstein bij kaarslicht. Ook de sport zorgt voor hoogtepunten: de Acht van Chaam, de Draai van de Kaai, dressuurwedstrijden en Kennedymarsen. Galeries, musea en beeldentuinen bieden een gevarieerd programma. Straattheater en jazzweekends treft u in de agenda aan en als het regent is er een voortdurend wisselend aanbod in beursgebouw of schouwburg.

**Carnaval**

**Het jaarlijkse hippische evenement Indoor-Brabant**

## Lente

Vanaf halfvasten beginnen de jaarmarkten, vlieger-, Maas- of bierpompfeesten. Lammetjesdagen worden druk bezocht. Veel kerken en kapellen vieren uitbundig de Mariamaand. Mei is ook de jazzmaand van het jaar.

### Maart

**Indoor-Brabant**. Het grootste hippische evenement in de Brabanthallen van 's-Hertogenbosch.
**Jaarmarkt**, Leende *(halfvasten)*. Er wordt brokmop verkocht, een lekkernij gemaakt volgens een oud geheim recept.

### April

**Nationaal Museumweekend.** Veel musea houden open huis.
**West-Brabantse Molendag**. Veel molens en het molenmuseum in Nieuw-Vossemeer zijn te bezichtigen.
**Zwaluwse Havenfeesten**, Hooge en Lage Zwaluwe. Het watersportseizoen wordt geopend.
**Boeremèrt**, Liempde *(2de paasdag)*. Boerenmarkt uit grootmoederstijd. Alles is in de sfeer van rond 1900 aangekleed.
**Oranjefeesten** *(30 april)*. Vooral in plaatsen die een historische band met het huis van Oranje hebben, maar ook elders, valt veel te beleven.

**Landelijke molendag**

### Mei

**Jazz in Duketown**, 's-Hertogenbosch. Muziek overal in de binnenstad en dus gezelligheid.
**Landelijke Fiets- en Molendag**, (2de zaterdag). Originele fietsroutes lopen vaak langs molens die bezocht kunnen worden.
**Artimond Lentefestival**, Helmond. Een cultureel festival op hoog niveau.
**Vlaggetjesdagen**, Drimmelen. Vrolijke start van het watervertier op de Biesbosch.
**Volkel in de wolken**, Volkel. Vliegshow, een luchtig spektakel, teamwork en technisch vernuft.
**Pinksterie,** Geertruidenberg. Internationale drumband- en majorettentaptoe.
**Brabantse Kastelendag** *(Pinksteren)*. Een mooie mogelijkheid om ieder jaar weer een ander kasteel te ontdekken.

## Zomer

Dit is de tijd voor de kermis, een processie, de braderie met dorpsfeest, de gildewedstrijden en wielrennen. Vakantiegangers zijn overal van harte welkom.

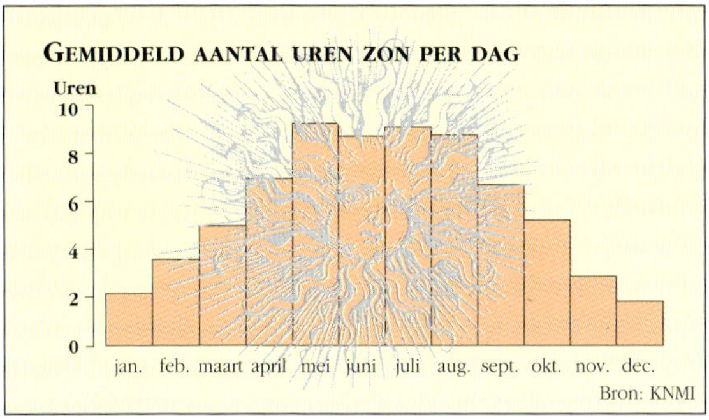


**Zonuren**
*Zoals uit het diagram blijkt, laat de zon zich in Noord-Brabant het vaakst zien in de zomermaanden (van mei tot augustus). Dit is dan ook de aangenaamste periode van het jaar om volop van het landschap te genieten, of ergens op het marktplein een terrasje te pakken.*

## JUNI

**Klokkendagen**. Asten en omgeving zijn bekend om de klokkengieterijen, het klokkenmuseum en het carillonspel. Vandaar de naam van dit dorpsfeest.
**Heilig-Bloedprocessie** *(zo na Pinksteren)*. Een wonder dat elk jaar eerbiedig wordt herdacht in Boxtel, en onder de naam 'de Vaart' in Boxmeer.

Jaarmarkt en braderie

**Tennistournooi**, Rosmalen. Dit sportevenement geniet grote internationale belangstelling.
**Marktfestival**, Bergeijk *(2de zo)*. Het 'hermenieke van Bergeijk' opent het festival.
**Breda Culinair, Eindhoven Culinair, Hap Stap Festival Tilburg en Roosendaal** zijn feesten met een openluchtrestaurant waar plaatselijke koks hun specialiteiten offreren.
**Truckersday**, Stiphout. Van heinde en ver doen truckers mee. Veel muziek en gezelligheid rond dit spektakel.

## JULI

**Brabantse ruiterdagen**, Oudenbosch *(1ste zo)*. Spring- en dressuurwedstrijden worden afgewisseld met amusement.
**Kennedymars**, Someren. Een hoogtepunt in het wandelseizoen.
**Vierdaagsefeesten**, Cuijk. Elk jaar komt de Nijmeegse Vierdaagse door Cuijk. Een goede reden om een feest te organiseren.
**Tilburgse kermis.** De grootste kermis van Brabant.
**Bourgondische krabbenfoor**, Bergen op Zoom *(laatste weekend)*. Muziekgezelschappen in historische kledij, kunstmarkt en braderie.
**Jeugdcircus Il Grigio**, Haaren *(juli-aug.)*. Circusvoorstellingen door kinderen voor kinderen. De optredens hebben een hoog niveau.
**Bloem en tuin**, Nuenen *(eind juli-begin aug.)*. Openluchttuinbeurs met trends en noviteiten.

Plaatselijke gildefeesten

## AUGUSTUS

**Boerendag**, Rijsbergen. Optocht, vendelzwaaien, jaarmarkt en trekkertrek.
**De Acht van Chaam, Draai van de Kaai,** Roosendaal. Na de Tour de France rijden hier alle kopstukken mee.
**Boulevard**, 's-Hertogenbosch *(2de week)*. Theater, beeldende kunsten en muziek op de Parade.
**Jazz in Catstown**, Helmond. Een weekend live-optredens onder grote belangstelling.

Een van de vele wandel- en fietspaden

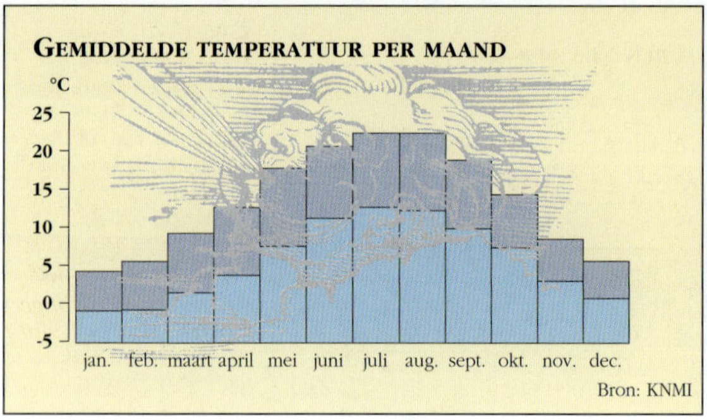


**Temperatuur**
*In dit diagram is de maximum- en minimumtemperatuur aangegeven van Noord-Brabant. Ten zuiden van de grote rivieren is het gemiddeld iets warmer dan ten noorden ervan, hier profiteert Noord-Brabant van. In de zomer schommelt de gemiddelde maximumtemperatuur rond de 20°C.*

**Kaarskensprocessie**, Baarle-Nassau. In het merkwaardige enclavedorp waar ook een kaarsenmuseum is.
**Brabantse dag**, Heeze. Hoogtepunt is de optocht. Wagens en spelers beelden ieder jaar een ander thema uit.
**Kiosk-Kroak**, Loon op Zand *(laatste zo)*. Openluchtmuziekfestival.
**Internationaal Vocalistenconcours**, 's-Hertogenbosch, *(zomer)* Een prestigieus concours dat sinds 1953 wordt gehouden.
**Nationale Taptoe**, Breda *(eind aug.- begin sept.)*. In de stad van de Koninklijke Militaire Academie.

## Herfst

In theaters en musea begint het nieuwe seizoen. Beurzen trekken meer publiek dan in de zomer. Ze worden gehouden in maneges, sporthallen en overdekte zwembaden.

### September

Diverse evenementen, zoals de molenfeesten in Oploo, dweildag in Hoogeloon, fantastival in Oss, boerenmert in Hapert, koepelfeesten in Oudenbosch, Veerse Dag in Raamsdonksveer.
**Bloemencorso**, Zundert *(1ste zo)*. In het dorp van de man die intens met kleuren werkte, Vincent van Gogh.
**Effe naor Geffe**, Geffen *(1ste weekend)*. Demonstratie van oude ambachten en verkoop van eerlijke regionale producten gaan gepaard met muziek en veel gezelligheid.
**Monumentendag**, *(2de za)*. Met ieder jaar een ander thema worden monumenten opengesteld die anders vaak niet toegankelijk zijn.
**Bloemencorso**, Valkenswaard *(2de zo)*. Een optocht van praalwagens waarin duizenden dahlia's zijn verwerkt.
**Lichtjesroute**, Eindhoven *(vanaf 18 sept.)*. De bevrijding van de Lichtstad wordt gevierd. De route loopt langs verlichte ornamenten en lichtprojecten.
**Brabantse fietsdag** *(3de zo)*. De deelname wordt elk jaar groter.

Abrahamdag

### Oktober

**Abrahamdag**, Oosterhout *(1ste za)*. Bij het beeldje van Abraham met de grote voeten komen mannen die 50 jaar werden bijeen.
**Rally Eersel-Postel**, Eersel. Een tocht met 250 ruiters en 150 rijtuigen.
**Marathon**, Eindhoven. Na afloop van deze wedstrijd, de Singelloop in Breda en de West-Brabantse herfstmarathon van Etten-Leur is er altijd een uitbundig runnersfestival.

### November

**Klumkesdag**, Sint-Oedenrode. Het dorp van de klompenmakers viert feest.
**Kunst- en Kadomarkt**, St.-Anthonis. Een kunstenaarsdorp in de Peel pakt uit.

**Duizenden bloemen worden elk jaar verwerkt in de praalwagens**

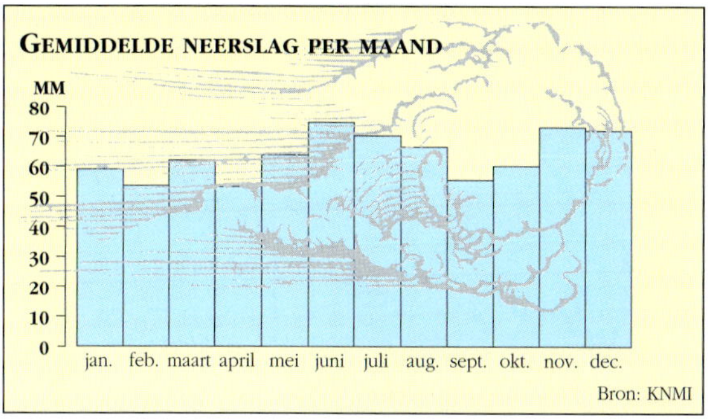


**Neerslag**
*De regenval is in Noord-Brabant ongeveer gelijkmatig over het jaar verdeeld, net als in de rest van Nederland.*
*Ook al hebt u soms een paraplu nodig, de neerslag is wel de reden voor het prachtige groene landschap, dat zoveel wandelaars en fietsers trekt.*

**Boekenfestijn**, Eindhoven. Verkoopbeurs, ook van cd-roms.

## Winter

Sinterklaas, Kerstmis en jaarwisseling zijn feesten die u in huiselijke kring viert. Maar dan beginnen de Tonpraotavonden en wordt het carnaval. Iedereen gaat naar buiten, de straat op. Van café naar café.

### December

**Kerstmarkt**. De typische sfeer van deze markt proeft u in Geertruidenberg, Oosterhout, Helmond, Bergen op Zoom en 's-Hertogenbosch.
**Ravenstein bij kaarslicht.** Dan gaan de lichten uit, de kaarsen aan en zingen koren kerstliederen. De volgende dag is het kerstmarkt.
**Internationaal Kerstwinter circus**, Eindhoven. Circus in de schouwburg.

**Internationaal kerstwintercircus in Eindhoven**

### Januari

**Driekoningenoptocht**, 's-Hertogenbosch en Tilburg. Even zijn veel kinderen koning.

### Februari

**Carnaval** *(feb. of maart)*. Bijna overal in Brabant drie dolle dagen met optochten, hermoniekes, carnavalschlagers en kroegentochten onder leiding van de Prins en de Raad van Elf. Woensdag nog even haringhappen.
**Metworstrennen**, Boxmeer *(carnavalsmaandag)*. Traditie uit de 18de eeuw. Op ongezadelde paarden wordt gestreden om een ellenlange metworst.
**Valentinusprocessie**, Westerhoven. In optocht naor Tinusse en daarna dorpsfeest.

### Feestdagen

Hieronder staan, met uitzondering van het carnaval, nationale feestdagen.

**Nieuwjaarsdag** (1 januari)
**Carnaval** (veertig dagen voor Pasen)
**Koninginnedag** (30 april)
**Bevrijdingsdag** (5 mei; eens in de vijf jaar)
**Goede Vrijdag** (vrijdag voor Pasen)
**Pasen** (maart of april)
**Hemelvaart** (mei)
**Pinksteren** (mei of juni)
**Kerstmis** (25 en 26 dec.)

**Jong en oud viert carnaval met veel muziek en kleur**

# Geschiedenis van Noord-Brabant

Opmerkelijke vondsten uit de prehistorie en Romeinse tijd zijn te bewonderen in het Noord-Brabants Museum in 's-Hertogenbosch. De vondsten, tentoongesteld in kleinere musea en oudheidkamers, vertellen ons over de leefwijze, de middelen van bestaan en zelfs over het denken en geloven van de mensen in deze vroege tijden. Op verschillende plaatsen in Brabant kunt u gerestaureerde paalkransgrafheuvels bezoeken waarbij vaak goede informatieborden zijn geplaatst. De eerste dorpen en ontginningen moeten in die tijden zijn ontstaan. Het zal nog wel eeuwen geduurd hebben totdat het christendom overal was doorgedrongen en dieper ging dan een oppervlakkig vernis. Maar toen tooide Brabant zich ook met prachtige kerken en torens in Brabantse of Kempische gotiek. De Hertogen van Brabant stichtten steden, die gevoed werden vanuit dorpen die steeds meer woeste grond ontgonnen. Archieven bewaren over veel Brabantse plaatsen, kastelen en kerken eerste informatie uit de 11de-13de eeuw. De Bourgondische levenswijze van de Brabander stamt waarschijnlijk uit de late Middeleeuwen.

Romeins schenkkannetje

Het werd voor Brabant een bittere pil toen in de Tachtigjarige Oorlog er een scheur kwam dwars door het vroegere hertogelijke Brabant en toen Staats-Brabant haar zelfstandigheid verloor, de kerken moest afstaan en overvleugeld werd door het jongere Holland. De tegenstelling tussen onder en boven de Moerdijk is voor de Brabander nog steeds relevant. Vaak is Brabant slagveld van Europa geweest. De laatste keer in 1940-1945. Als dorpen al niet door het strijdgewoel verwoest werden dan gebeurde het wel door overstromingen. Maar vooral in de 19de en 20ste eeuw is de infrastructuur voortvarend aangepakt. De provincie Noord-Brabant emancipeerde en is voortdurend gemoderniseerd. De katholieken kregen hun bisschop terug, vrijheid van onderwijs, een katholieke volkspartij en een rooms triomfalisme dat zich uitte in vele nieuwe kerkgebouwen en kloosters die tot de dag van vandaag het beeld van elk dorp bepalen. De Brabander ontwikkelde zich van tweederangs burger via de contente mens naar de levenslustige en energieke Brabander van nu.

**Het peellandschap geschilderd door Willem C. Rip aan het eind van de 19de eeuw**

◁ **Het interieur van de St.-Jan in 's-Hertogenbosch zoals dat er vroeger uitzag**

# De prehistorie

Hoe verder terug op de tijdbalk, hoe ruwer de schatting van de jaartallen wordt. De ontwikkeling wordt afgemeten aan het materiaal en de vorm van de gevonden gebruiksvoorwerpen. Steen, bot, hout, brons en ijzer. Van ruwe naar steeds fijnere messen en priemen. Als er aardewerk verschijnt, wordt gekeken naar vorm en versiering van bekers en urnen. Trends daarin kregen meestal hun naam van de eerste vindplaats: zo onderscheiden we de Tjonger-, Ahrenburg- en de Vlaardingencultuur. Voor Noord-Brabant is de wijze van begraven in brons- en ijzertijd belangrijk bij de datering en onze verdere kennis van die tijd. Het aantal sporen van verblijf en bewonen groeien naarmate we dichter de Romeinse tijd naderen.

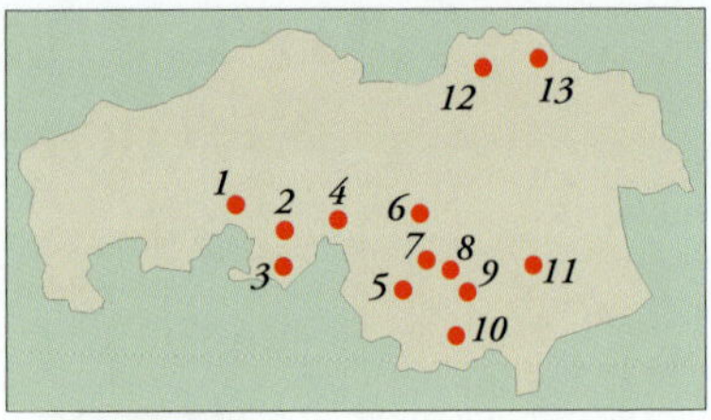


**Noord-Brabant**

● *Belangrijkste grafheuvels en urnenvelden*

1. *Strijbeek*
2. *Alphen*
3. *Baarle-Nassau*
4. *Goirle/Riel*
5. *Hoogeloon*
6. *Toterfout/Halve Mijl*
7. *Knegsel*
8. *Steensel*
9. *Walik*
10. *Bergeijk*
11. *Someren*
12. *Oss*
13. *Herpen*

## Experimentele archeologie

Het Historisch Openluchtmuseum Eindhoven laat een Kempische nederzetting zien uit de ijzertijd *(blz. 174-175)*. Hier kunt u aan den lijve ervaren hoe mensen in die tijd ijzer wonnen, potten bakten, boten en trommels maakten, bot bewerkten en kleren maakten. Kennis over de prehistorie wordt hier opgedaan door experimenten.

**IJzertijd**
Reconstructie van een boerderij met erf uit de ijzertijd.

## Tijdbalk

*Vuurstenen krabber*

Tjongercultuur. Vondsten in de Peel.

**Ca. 35.000 v.C.** Paleolithicum
Einde laatste ijstijd. Op de toendra verschijnen uit de Ardennen rendierjagers/verzamelaars.

**10.000 v.C.**

**Ca. 9000 v.C.** Ahrenburgcultuur. Venus van Mierlo.

*Vondst uit Vessem*

**Ca. 8800 v.C. Mesolithicum**
Ontstaan van bossen, vennen, hoogveen. Meer fauna en dus fijnere werktuigen.

**8000 v.C.**

Bandkeramiek en trechterbekers.

**5000 v.C.**

**Ca. 5300 v.C.** Neolithicum
Eerste boeren op vaste woonplaatsen
Man van Willemstad.

## DE MAN VAN WILLEMSTAD

Op het einde van het Mesolithicum werd dit beeldje gesneden. Het is maar 12,5 cm hoog en is gemaakt van eikenhout. Tijdens de bouw van de Volkeraksluizen bij Willemstad werd het gevonden. Vandaar de naam. Het is in het water goed bewaard gebleven. Was het een speelgoedpopje? Was het een attribuut van een priester? Was het een amulet? We weten het (nog) niet.

**De man van Willemstad**

## GRAFHEUVELS

Mensen werden aanvankelijk begraven in een boomkist. Later werden ze verbrand en werd de as in een urn gedaan of in een linnen zakje. Rondom het graf werden ringsloten en wallen aangelegd en werden paalkransen om de heuvel gezet: de dode werd afgesloten van de buitenwereld. De cirkel vormde een heilige plek. Urnenvelden ontstonden als voor iedere dode een grafheuvel werd opgericht.

**Grafheuvel bij Riel**

**Venus van Mierlo**
*Zeldzame vondsten zoals deze vertellen ons iets over het denken van de prehistorische mens (blz. 185).*

**Vuursteen**
*Werktuigen uit de Tjongercultuur, toen er op rendieren werd gejaagd.*

*Urn uit de late bronstijd*

**Vanaf 1000 v.C.** Urnenvelden en grafheuvels.

**500 v.C.** Vorstengraf van Oss.

**57 v.C.** Einde prehistorie. Eerste schriftelijke bron: 'De bello gallico' van Caesar.

| v.C. | 2000 v.C. | 700 v.C. | 1 v.C. |
|---|---|---|---|

**Boerenwerktuigen** worden gevonden zoals de sikkel, de disselbijl maalstenen en grote voorraadpotten.

**Ca. 2000 v.C.** Bronstijd Klokbekers, Veluwebekers, Vlaardingencultuur.

**Ca. 700 v.C.** IJzertijd Komst van de Kelten (o.a. Galliërs) en Germanen.

*Zilveren munt van Julius Caesar*

# De Romeinse tijd

Het duurde een halve eeuw (57-1 v.C.) voordat de Romeinen deze noordelijke streken onder controle hadden. Menapiërs, Eburonen en Texuandriërs boden verzet tegen Caesar en Drusus. Daarna werd dit gebied geromaniseerd. Veteranen vestigden zich op villa's (grote boerderijen) en verspreidden hier de Romeinse kennis, producten en technieken. Veel Latijnse woorden in onze taal bewijzen dit: venster, kers, poort, wijn, tempel, kelder. Op veel plaatsen zijn belangrijke Romeinse vondsten gedaan. In de 400 jaar dat de Romeinen hier heersten is de Romeinse beschaving langzaam doorgedrongen in heel deze streek.

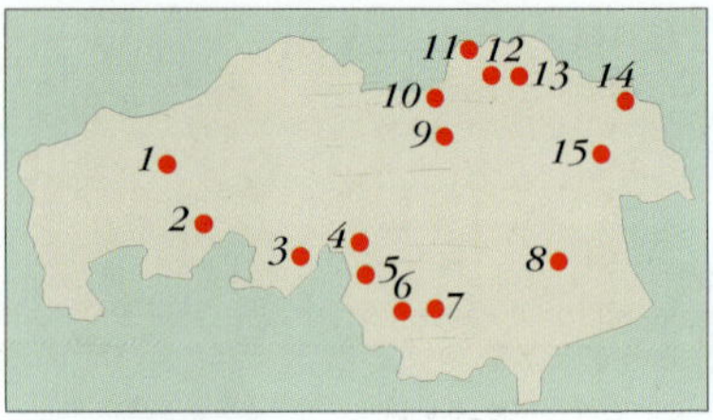


**Noord-Brabant**

● *Belangrijkste Romeinse vindplaatsen*

1. Terheijden
2. Rijsbergen
3. Alphen
4. Diessen
5. Lage Mierde
6. Hoogeloon
7. Veldhoven
8. Deurne
9. Halder/Ruimel
10. Empel
11. Lith
12. Oss
13. Schaijk
14. Cuijk
15. Mill

**Keltische munten**
*Deze munten uit 50 v.C. zijn opgebaggerd uit de Maas.*

**Tempels**
*Een reconstructie van het in Esch opgegraven Romeinse tempelcomplex bevindt zich in het Noordbrabants Museum in 's-Hertogenbosch* (blz. 54-55).

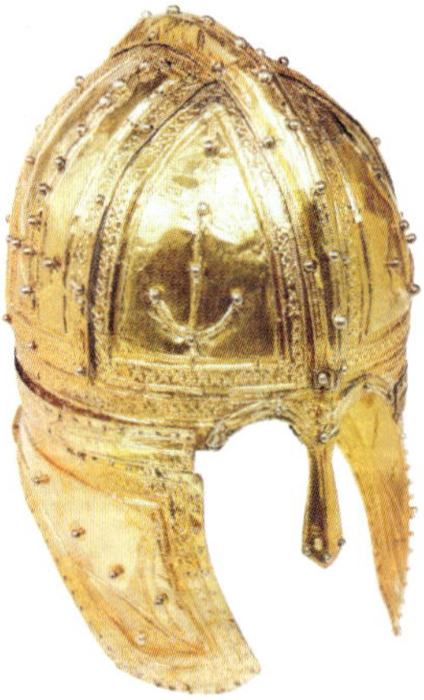

**Vergulde helm**
*In 1910 werd in de Peel bij Deurne deze vergulde helm van een Romeinse ruiter gevonden met een mantelspeld, schoen, paardenspoor, dolkschede en 38 munten.*

**Bacchusbeeldje (op ware grootte)**
*In Esch zijn belangrijke vondsten gedaan. Dit Bacchusbeeldje met sater en panter, uit één stuk barnsteen gemaakt, behoorde tot de bijgiften in de grafkelder van een rijke dame.*

## Tijdbalk

- **57 v.C.** Caesar onderwerpt de Eburonen en schrijft 'De bello gallico'.
- **12 v.C.** Bataven en Texuandriërs worden schatplichtig gemaakt.
- **1 n.C.**
- **47** Claudius maakt de Rijn tot rijksgrens.
- **65-80** Pottenbakkers in Halder.
- **69** Bataafse opstand o.l.v. Julius Civilis.
- **100** Tacitus schrijft over deze streken.
- **200**
- **225** Rijke graven van Esch.

*Oliekruikje, Romeins glas*

*Halders aardewerk*

**Halder**

*In Halder is een pottenbakkersoven gevonden. We kennen zelfs de naam van één van de pottenbakkers: adiutor. Behalve vele andere vondsten werden hier ook 4778 munten aangetroffen.*

## Geloof

De Romeinen hebben hun goden voor een deel overgenomen van de Grieken. Ze respecteerden meestal de goden van de overwonnen volkeren. In Rijsbergen werd een altaarsteen gevonden gewijd aan Sandraudiga, in St.-Michielsgestel een altaarsteen voor Hercules Magusanus. Het waren Romeins-Keltische goden. Men geloofde in een hiernamaals, doden kregen grafgiften mee. Soldaten offerden hun wapenrusting aan de goden. In Empel werden een helm en wapens bij een tempel gevonden.

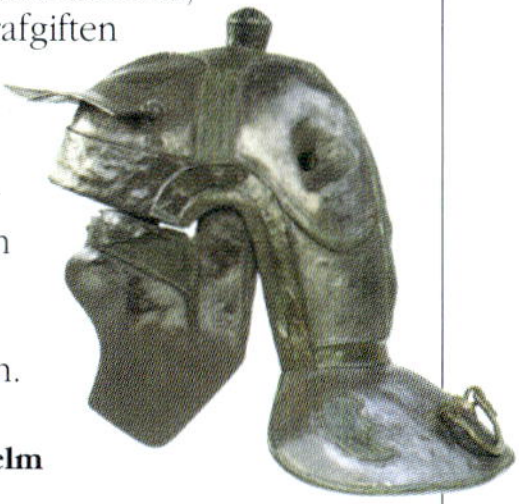

**Romeinse helm**

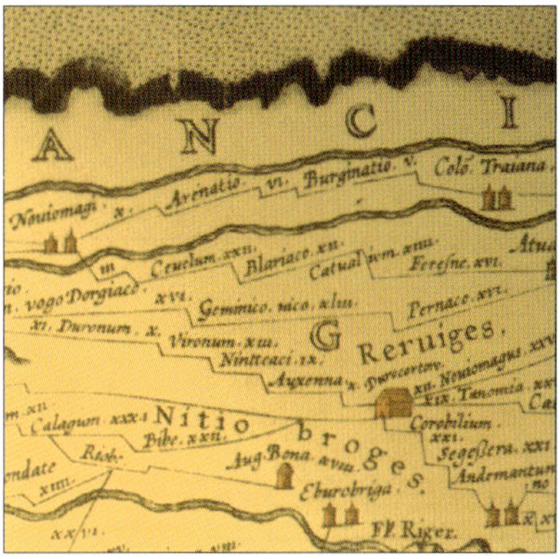


**De Peutingerkaart**

*Een van de weinige Romeinse wegen met een brug in Brabant vindt u aangegeven op de beroemde Peutingerkaart. Tussen Noviomagum (Nijmegen) en Ceuclum (Cuijk) steekt de weg de Maas over. Resten van een castellum en van een brug zijn daar teruggevonden.*

Vanaf **270** vallen Franken telkens binnen. Romeinen bouwen ook forten in het binnenland: Cuijk en Veldhoven.

**369** Nieuwe brug en stenen fort in Cuijk.

*Romeinse munten*

**300** — **400** — **500**

**319** Romeinse ruiter verdrinkt bij Deurne.

**406** Legioenen verlaten de grensposten. Invallen van Franken. Munten worden verstopt en in latere eeuwen gevonden.

*Romeinse glazen kralen*

# Het Hertogdom Brabant

**Jacoba van Beieren**

Onder Merovingische koningen namen de Franken hier geleidelijk de macht en cultuur van de Romeinen over. Met Amandus en Geertrudis van Nijvel begon de kerstening. Pippiniden ontwierpen het leenstelsel en zo ontstond het Graafschap Leuven in een gebied - waarin ook Taxandrië lag - dat werd aangeduid met Bracbant, moerassig grensgebied. Reinier Langhals legde de grondslag. Lambert I werd de eerste Graaf van Leuven. Hendrik I noemde zichzelf Hertog van Brabant. Hij stichtte 's-Hertogenbosch, na Leuven, Brussel en Antwerpen de vierde stad. De 13de eeuw werd een eeuw van grote bloei. Steden werden gesticht. Door de slag van Woeringen werd Brabant verbonden met Limburg. In de 14de eeuw bloeide de Brabantse gotiek en legden burgers hun rechten vast bij de Blijde Inkomste. De St-Elisabethsvloed van 1421 verwoestte een deel van wat we nu Hollands Brabant noemen. Ondanks de bloei van de Bourgondische beschaving kondigde de centralisatiepolitiek van de Hertogen van Bourgondië zware tijden van verzet aan. Dat voelden mannen als Jeroen Bosch goed aan.

**HERTOGDOM-BRABANT**

*van 1000 tot 1288*

*na 1288 toegevoegd*

**Schrijvers**
*In de bloeiperiode van de 13de eeuw werkten in het Hertogdom Brabant schrijvers als Hadewijch, Jacob van Maerland, Jan van Boendale en Jan van Ruusbroeck.*

**Nassau-monument in Breda**

## ORANJE-NASSAU

Vanaf 1403 heeft de familie Nassau Breda in bezit binnen het Hertogdom Brabant. Van daaruit zijn gebieden ingepolderd. De Oranje-Nassaus bezaten op den duur meerdere delen van het Hertogdom. Grave, Cuijk, Cranendonck, Eindhoven, Klundert, Zevenbergen en Willemstad.

## TIJDBALK

Romeinen trekken weg. Franken komen binnen. Tijd van de Merovingen.

*Halssnoer van gekleurde glaskralen*

**600-700** Grafveld van Meerveldhoven.

**739** St.-Willibrordus sterft.

*St.-Willibrord*

400 | 500 | 600 | 700 | 800 | 900

Uit het Keltisch, het Latijn en het Germaans ontstaat de Nederlandse taal.

**450-750** Merovingisch grafveld in Alphen.

**ca. 650** Amandus en Geertruid van Nijvel. Amandus sticht de eerste kerken.

*Amandus*

Willibrordus bekeerde delen van Taxandrië waar een begin werd gemaakt met ontginningen (plaatsnamen op -rode of -loo). Hij kreeg dorpen als Waalre, Alphen, Bakel, Diessen. Hij bouwde kerken. Willibrordusputjes herinneren ons aan zijn bekeringswerk.

**Grafgiften**
*Uit grafgiften in Meerveldhoven kan men zien dat in de 7de eeuw krijgers in hoog aanzien stonden. Naast schilden en zwaarden kregen ze ook duur servies mee.*

**Slag bij Woeringen**
*Hertog Jan I van Brabant verslaat in 1288 Reinoud van Gelre.*

## Hertog Jan I van Brabant

Jan I leefde van 1252 tot 1294 en was vanaf 1267 hertog. Hij was een kleurrijk man. Hij schreef gedichten en kwam om bij een toernooi. Zijn slag bij Woeringen in 1288 maakte van Brabant het machtigste gebied in deze streken. Limburg, Gelre, Keulen, Luxemburg en de Keizer werden overvleugeld. Wel moest hij de Graaf van Holland te vriend houden door steden in het noorden aan hem af te staan. Jan I is de geliefde Hertog van het Brabantse lied 'Toen Hertog Jan kwam varen naar het Edel Brabants Land'. 'Harbalorifa', zong de Hertog.

**Latijnse scholen**
*In de 15de en begin 16de eeuw bloeiden kunst en wetenschap. Leuven kreeg de eerste universiteit in deze streken, Antwerpen werd de grootste haven en Brussel en Mechelen werden wereldsteden. De Brabantse gotiek bloeide. Erasmus schreef zijn eerste boeken. Latijnse scholen zoals deze in Oirschot werden opgericht.*

**1003-1015** Lambert I eerste graaf van Leuven.

*Men noemde hem Lambert met de baard*

1000

**1196** Stichting van 's-Hertogenbosch.

**1190-1235** Hendrik I eerste Hertog van Brabant.

1100

1200

**1288** Slag bij Woeringen door Jan I.

**1356** De Blijde Inkomste legt de rechten van de steden vast.

1300

**1403** Nassau in bezit van Breda.

**1406** Bourgondiërs worden Hertog van Brabant.

1400

Brabantse gotiek (kerken, torens, stadhuizen).

**1421** St.-Elisabethsvloed.

*Jeroen Bosch*

1500

**1516** Jeroen Bosch sterft.

## Staats-Brabant

**Adriaan van Bergen**

Toen Karel V en Philips II van hun 17 Nederlanden één moderne staat wilden maken riepen ze verzet op bij hen die daardoor macht zouden verliezen. Eerst bij de Hertog van Gelre, die zijn generaal Maarten van Rossum Brabant liet plunderen. Verder bij edellieden zoals Willem van Oranje en Philips van Horne. Ook de stadsbesturen verzetten zich. Het volk was ontevreden vanwege de zware lasten en de inquisitiemethoden tegen het opkomende calvinisme. Het verzet begon in het zuiden en duurde tot 1648. Het noorden ging toen de Gouden Eeuw in. Het gehalveerde Brabant verloor haar zelfbestuur en werd een generaliteitsland. Tot 1815 waren de beide Brabanden slagveld, wat rampspoed voor de bevolking betekende. Den Haag wist bovendien het gebied met belastingen en economische maatregelen goed uit te buiten. De katholieke godsdienst werd na 1672 alleen tegen betaling oogluikend toegestaan. Geen wonder dat Patriotten hier aanhang kregen. Succes hadden zij pas vanaf 1796 toen er een eind kwam aan Staats-Brabant en Noord-Braband (tot 1848 met een -d) ontstond.

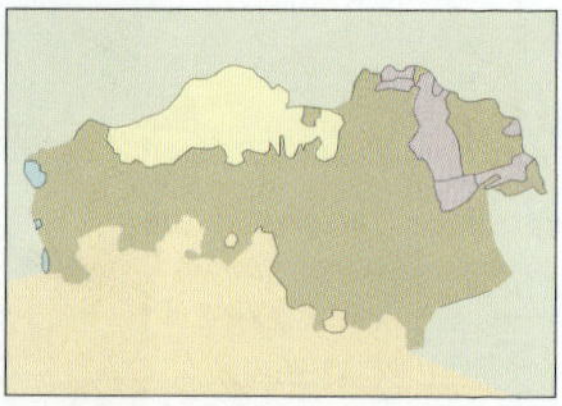

**Staats-Brabant 1648-1795**

- *Staats-Brabant*
- *Hollands gebied*
- *Heerlijkheden*
- *Zeeuws gebied*
- *Zuidelijke Nederlanden*

**De strijd om Breda**
*In 1577 staats, 1581 Spaans, 1590 staats, 1625 Spaans, 1637 staats. De list met het turfschip van Adriaan van Bergen is het bekendst.*

**Kerktorens**
*In Brabant staan veel losse torens. Op blz. 181 wordt uitgelegd dat dit vooral veroorzaakt is door de gebeurtenissen tussen 1648 en 1800.*

**Beleg van 's-Hertogenbosch in 1629**
*Frederik Hendrik en Ernst Casimir op een schilderij van Pauwels van Hillegaert.*

### Tijdbalk

Karel V houdt zijn 'Blijde Incomste' in 's-Hertogenbosch.

**1515-1555** Plundertochten van Maarten van Rossum. Optreden van Luther en Calvijn.

**1622** Bergen op Zoom houdt zich vroom tegen Spinola.

**1500**

**1600**

*Beeldjes worden op de St.-Jan geplaatst*

**1568** Begin Tachtigjarige Oorlog.

*Willem van Oranje*

**1579** De Unies van Utrecht en Atrecht brengen scheiding in de gezamenlijke strijd.

**14 sept. 1629** Frederik Hendrik verovert 's-Hertogenbosch.

*Frederik-Hendrik*

**Protestantse kerkenbouw**
*In het pas gestichte Willemstad werd in 1609 de eerste protestantse kerk van Nederland gebouwd. Toen na 1800 de kerken aan de katholieken moesten worden teruggegeven verschenen de eerste protestantse Napoleonskerken of waterstaatskerken.*

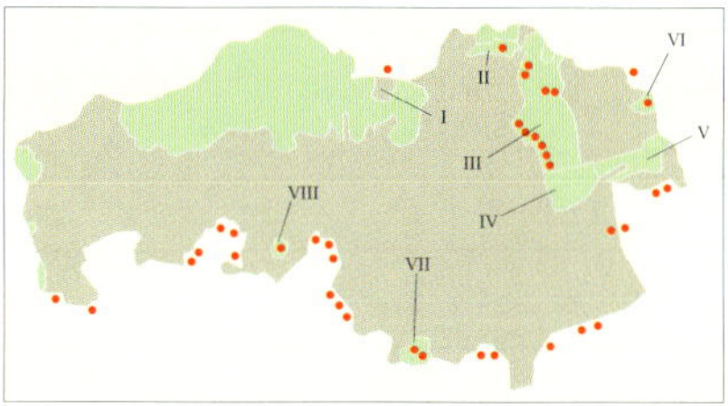


## GRENSKAPELLEN

Tot 1672 was een grenskapel (•) de enige mogelijkheid om naar de H. Mis te gaan. Daarna kwamen er steeds meer schuurkerken waar men tegen betaling de mis kon bijwonen. In de acht enclaves konden ook kloosters blijven bestaan. De jaartallen geven de datum aan waarop het gebied bij Noord-Brabant is gevoegd.
I Bokhoven (1801-1805); II Megen (1801-1805); III Ravenstein/Uden (1801-1805); IV Gemert (1801-1805); V Boxmeer (1801-1805); VI Oeffelt (1815); VII Luijksgestel (1842-1843); VIII Baarle-Hertog (1842-1843).
De groene gebieden behoorden bij andere delen van de Verenigde Nederlanden.

*Schilderij van Th. van Thulden (1606-1669) in Stadhuis van 's-Hertogenbosch*

## PLEIDOOI VOOR GELIJKBERECHTIGING

Pleidooi voor gelijkberechtiging vond in 1651 geen gehoor. Holland wilde geen katholiek gelijkberechtigd gewest omdat dat economisch nadelig zou zijn. Bovendien vreesde Holland een te grote invloed van de Oranjes die juist in Brabant veel macht bezaten.

**1648** Vrede van Munster.

**1667** Vrede van Breda.

*Heense molen*

**1714** Bouw Heense molen.

**1746-1747** Rampjaar voor Brabant, Bergen op Zoom valt.

**Vanaf 1805** Kerken worden teruggegeven. Bouw van waterstaatskerken.

**1700** — **1800**

**1651** Holland houdt gelijkberechtiging van Brabant tegen.

vanaf **1672** schuilkerken.

**1674** Grave verwoest.

*De Oranjes blijven inpolderen en kerken bouwen (Wapen Willem III in Dinteloord)*

**1793-1815** Inval van de Fransen en overgang van Bataafs Brabant naar provincie Noord-Brabant.

# De Provincie Noord-Brabant

De uitbouw van de infrastructuur, de industriële ontwikkeling en de ontplooiing van een gezond agrarisch bedrijf gaan in deze periode samen met een katholieke en Brabantse emancipatie, professionalisering van de zorgsector, gevarieerd onderwijs met groeiende deelname en stijgende welvaart. Daarbij moesten problemen worden overwonnen: de hernieuwde scheur door het verenigde Brabant in 1830, de strijd voor de financiële gelijkstelling van het bijzonder onderwijs, de crisis van de jaren dertig, de Tweede Wereldoorlog, de Watersnoodramp van 1953 en de omschakeling van textiel, tabak, leer en klompen naar moderne producten en diensten.

**NOORD-BRABANT NA 1815**

*Noord-Brabant*

*België*

## GROTE GEZINNEN

Een Brabants katholiek gezin was per definitie een groot gezin. Het sterftecijfer (vooral van kinderen) daalde, de voeding en hygiëne verbeterde, de huwelijksleeftijd kwam lager te liggen en er werd minder geëmigreerd. Brabant groeide tussen 1920 en 1970 sneller dan de rest van Nederland.

## KATHOLIEKEN EN FASCISME

Ondanks het feit dat bij katholieke intellectuelen een zekere sympathie bestond voor de corporatieve denkbeelden en de Vaticaanpolitiek van Mussolini, kreeg de Oisterwijker Arnold Meijer met zijn Zwart Front weinig aanhang. Gelovigen volgden de richtlijnen van het moedige episcopaat. Verzet werd gepleegd door piloten en onderduikers te helpen. Velen hebben dat met hun leven moeten bekopen.

## TIJDBALK

**1822-1826** aanleg van de Zuid-Willemsvaart. Prins Willem ontgint rondom Tilburg.

**1853** Herstel van de bisschoppelijke hiërarchie. Einde van tollen en vestingwerken. Ontginningen, Boerenbond, Boerenleenbank en industrialisatie.

1815 — 1830 — 1850 — 1875

**1831** De Tiendaagse Veldtocht.

tot **1839** is Brabant weer één zoals voor 1648.

*Grenspaal*

**1848** De grondwet geeft vrijheid van onderwijs.

**1891** Philips start.

**189** Coöperatiev Centrale Boerenleen bank

**Trekschuiten**
*Beladen met hoge stapels turf voeren platte schuiten over de peelkanalen richting Zuid-Willemsvaart.*

## KANALEN

In deze periode werden kilometers kanaal gegraven. De Zuid-Willemsvaart 1822-1826, het Eindhovens kanaal 1843-1846, het Drongelens kanaal 1910, het Wilhelminakanaal 1923 en de Peelkanalen na 1850. Op de kanalen verschenen de trekschuit, vrachtzeilboten en stoomboten.

**Sluis 10**
*In de Zuid-Willemsvaart werd een flink aantal sluizen aangelegd.*
*De meeste kregen simpelweg een nummer als naam.*

**Boeren**
*Van Gogh tekende het Brabantse plattelandsleven. Van 'aardappeleters' veranderen de kleinschalig werkende keuterboeren in grootschalige ondernemers van intensieve landbouw en veeteelt.*

## TWEEDE WERELDOORLOG

In 1940 is bij Mill en de Moerdijk zwaar gevochten. Bombardementen brachten veel schade toe aan steden zoals Eindhoven. Bij de operatie Market Garden is hard gevochten bij Best, Son, Schijndel en Uden. De tankslag bij Overloon, de bevrijding van Breda door de Polen en de gewelddaad van de SS in Heusden zijn de meest bekende gebeurtenissen van 1944. Daarvoor waren veel slachtoffers gevallen in de kampen van Vught, Haaren, St.-Michielsgestel en Moerdijk.

**Jacques Frencken**
*Crucifix/Target, 1966.*
*In de zestiger jaren werden de pijlen van twijfel en ongeloof op het eigen katholieke erfgoed gericht.*

*…oh. Zwijssen*

**1940-1945** Tweede Wereldoorlog.

Nieuwe industrialisatie, ruilverkavelingen en verstedelijking.

1925 · 1950 · 1975 · 2000

…ogtepunt van het …e roomse leven.

Er werden bruggen gebouwd:
**1929** Grave
**1930** Keizersveer
**1936** Moerdijk
**1937** Hedel

**1953** Watersnoodramp.

*Monument Watersnoodramp*

Veel kerken en kloosters worden gesloten.

# 's-Hertogenbosch
# van buurt tot buurt

# 's-Hertogenbosch in het kort

De meeste toeristen komen naar 's-Hertogenbosch voor de historische binnenstad, een tocht met een boot over de Binnendieze, een bezoek aan de St.-Jan, een wandeling over de stadswallen en vestingwerken en een confrontatie met de wereld van Jeroen Bosch. De gulle Brabantse gastvrijheid en vrolijkheid -vooral met carnaval- wordt gewaardeerd. Drie wandelingen worden hier gepresenteerd waarin volop tegemoet wordt gekomen aan deze verlangens. Daarnaast is ook buiten het centrum nog veel te zien en te beleven.

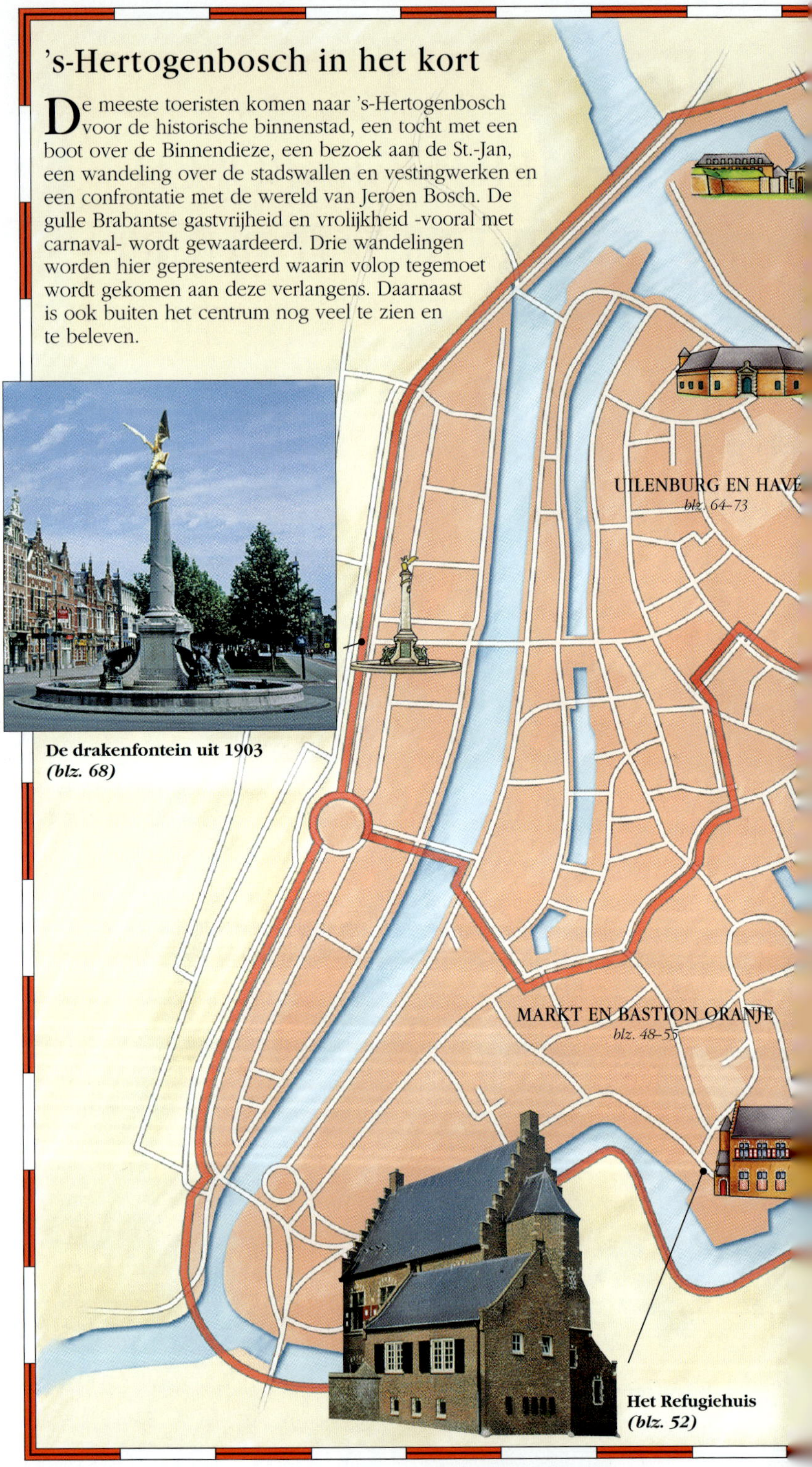


**De drakenfontein uit 1903** ***(blz. 68)***

**Het Refugiehuis** ***(blz. 52)***

◁ **Zicht op 's-Hertogenbosch vanuit natuurreservaat De Bossche Broek**

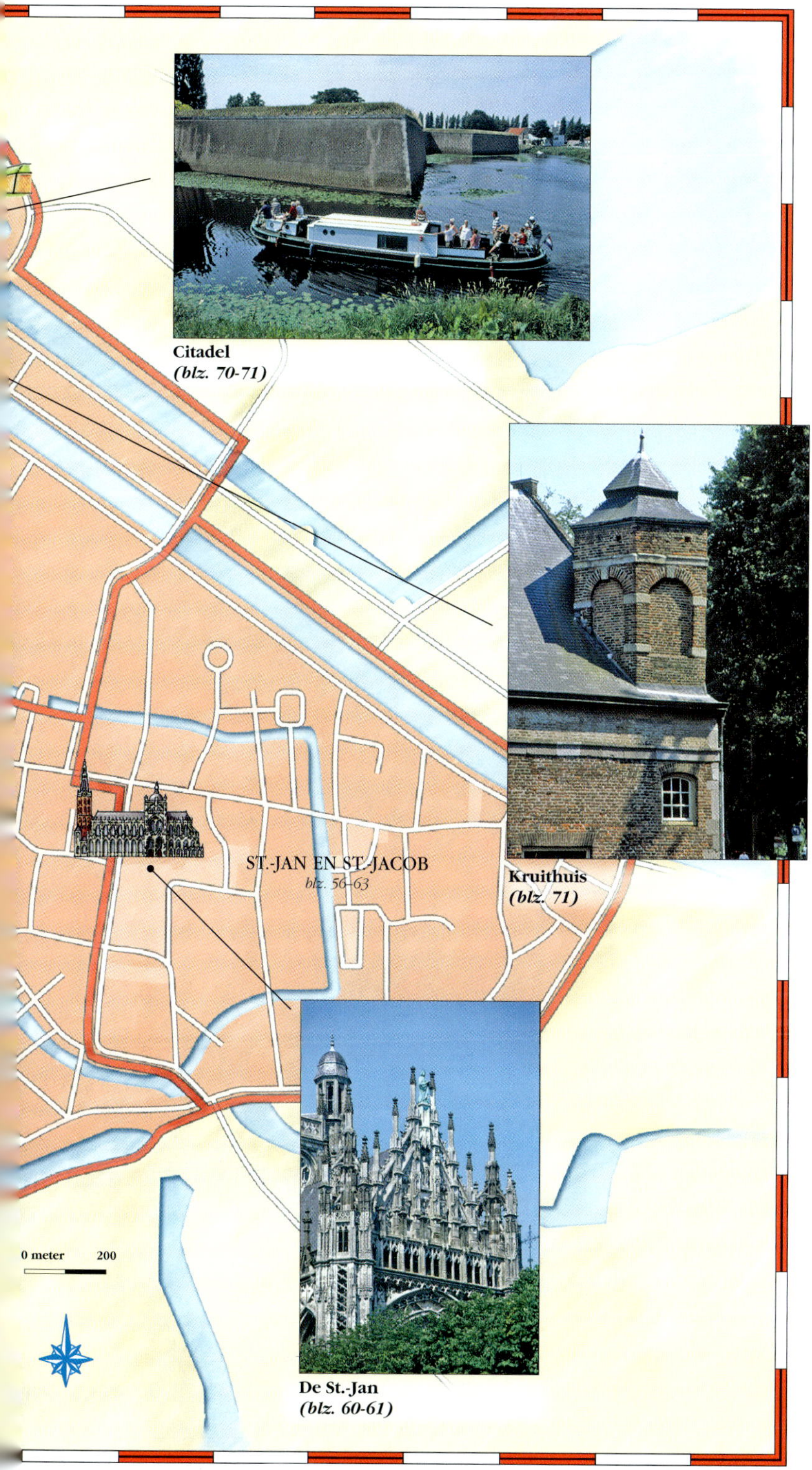
Citadel
(blz. 70-71)
Kruithuis
(blz. 71)
ST.-JAN EN ST.-JACOB
blz. 56-63
De St.-Jan
(blz. 60-61)
0 meter 200

# Markt en Bastion Oranje

Tussen Dommel en Aa, op een hoger gelegen zandplaat, vestigden zich de eerste bewoners. In 1185 werd het een stad met stadsmuren en een driehoekig marktplein. Op een beroemd schilderij uit de 16de eeuw ziet u hoe de houten huizen vervangen zijn door stenen gebouwen. Hier stonden de woonhuizen van Jeroen Bosch en op het plein stond het puthuis dat nu gereconstrueerd is. Rondom de markt vindt u straatjes die telkens met een zogeheten bajonetsluiting op elkaar aansluiten. Verspringende straten zijn gemakkelijker te verdedigen dan doorlopende rechte straten. Nu zijn het heerlijke winkelstraten geworden met mooie gevels. Het aardige van dit deel van 's-Hertogenbosch is dat het bij de oudste stadspoort (de Leuvense poort) begint en eindigt bij het laatst aangelegde vestingbolwerk: Bastion Oranje. Daar is de situatie van de 17de eeuw bewaard gebleven: een prachtig gerestaureerde zuidwal en een behouden gebleven natuurgebied, de Bossche Broek.

**Collectebusje**

## Bezienswaardigheden in het kort

**Historische gebouwen**
Hof van Zevenbergen ❼
Moriaan ❶
Refugiehuis ❺
Woonhuizen van Jeroen Bosch ❷
**Kerken**
Lutherse Kerk ❿
Nh-kerk ❸
St.-Cathrien ❻
Synagoge ❽
**Museum**
*Noordbrabants Museum, blz. 54-55* ❹
**Vestingwerken**
Bastion Oranje ❾

**Symbolen**

- Onder de loep *blz. 50–51*
- Parkeerplaats
- Toeristeninformatie
- Politiebureau
- Kerk
- Synagoge
- Rondvaartboot
- Postkantoor

**Bereikbaarheid**

De binnenstad is zo compact dat de afstanden goed te lopen zijn. Van het station naar de Markt loopt een rechtstreekse verbinding via de Stationsweg, Visstraat en Hooge Steenweg. De Markt is gemakkelijk te vinden, en de bus en treintaxi brengen u er binnen enkele minuten naar toe.

Het standbeeld van Jeroen Bosch op de Markt van 's-Hertogenbosch

# Onder de loep: Markt en Bastion Oranje

**Jeroen Bosch**

De wandeling begint bij het oudst bewaarde huis, de Moriaan, en bij de woonhuizen en het standbeeld van Jeroen Bosch op de Markt. Via straatjes met mooie gevels ontmoet u kerken, een synagoge, een museum, een stadspaleis, een refugiehuis en een bastion. De Vughterstraat en de straatjes achter het stadhuis zijn heerlijke winkelstraten. Uitrusten kunt u op de Markt en in de Korte Putstraat, met vele cafés en restaurants.

**★ De Moriaan**
*Het oudste stenen huis van de stad werd gebouwd in 1220.* ❶

**De lakenmarkt van 's-Hertogenbosch**
*Een detail van het bekende schilderij uit de eerste helft van de 16de eeuw.*

**St.-Cathrien**
*Een in neobyzantijnse stijl gebouwde kerk met een indrukwekkende koepel. De Dieze stroomt onder de kerk door.* ❻

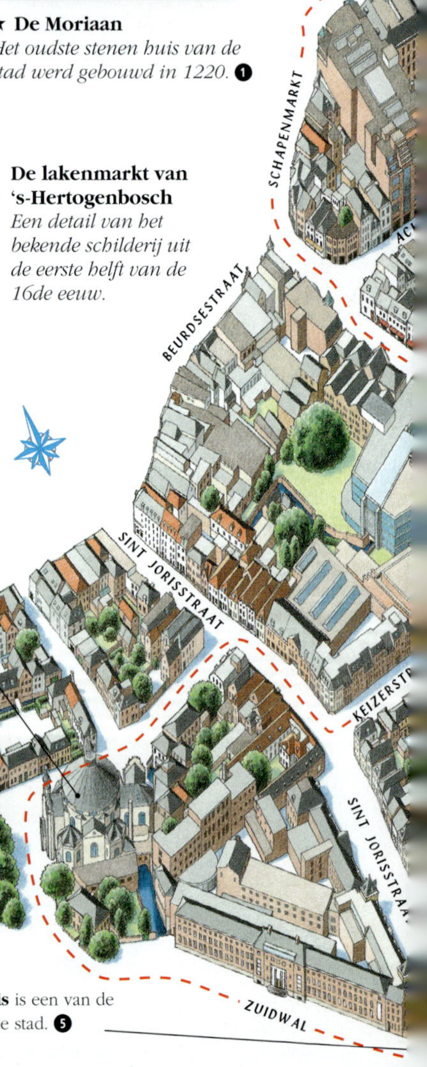


**Het Refugiehuis** is een van de juweeltjes van de stad. ❺

**STERATTRACTIES**

- ★ **De Moriaan**
- ★ **Noordbrabants Museum**
- ★ **Bastion Oranje**

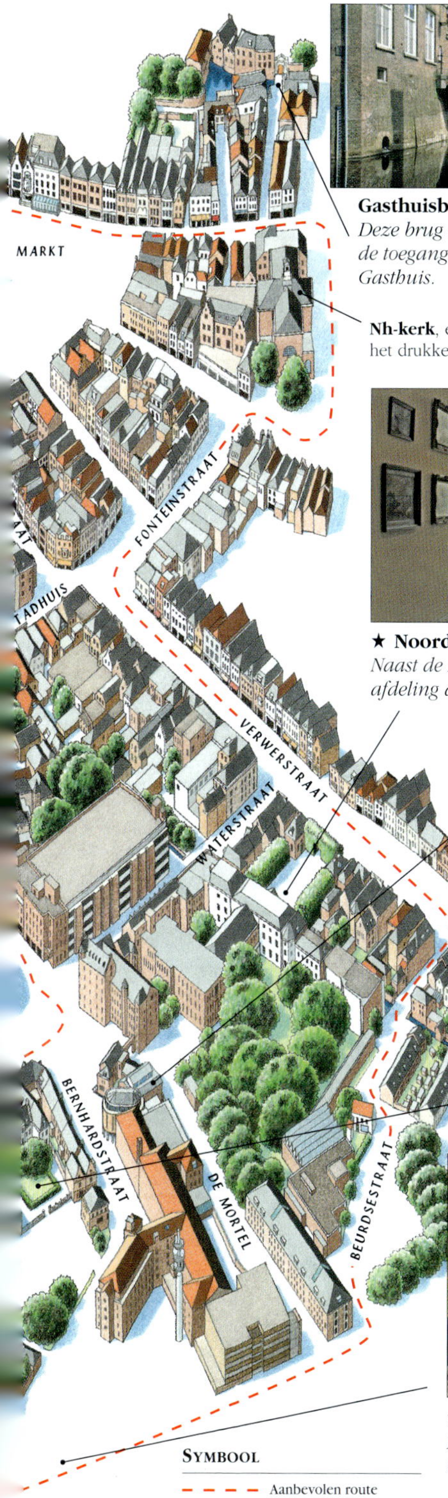

**Gasthuisbrug**
*Deze brug was tot 1932 de toegang tot het Groot Gasthuis.*

**ORIËNTATIEKAART**
*Zie Stratengids, kaarten 1, 2, en 3.*

**Nh-kerk**, een oase midden in het drukke winkelgebied. ❸

★ **Noordbrabants Museum**
*Naast de Brabantse afdelingen ook een afdeling die gewijd is aan Jeroen Bosch.* ❹

In de **synagoge** wordt ook kamermuziek uitgevoerd. ❽

**Hof van Zevenbergen**
*Het fraaie stadspaleis waar eens Karel V verbleef.* ❼

★ **Bastion Oranje**
*Hoge stadswal aan de Dommel met de Boze Griet en uitzicht op de Bossche Broek.* ❾

**SYMBOOL**

– – – Aanbevolen route

## De Moriaan ❶

Markt 77. **Kaart** 2 D3.

Dit gotische huis zou in 1220 in baksteen gebouwd zijn voor Beckerlijn, een vriend van Hertog Hendrik I. Misschien is het zelfs wel gebouwd aan het eind van de 12de eeuw en is het in 1350 verbouwd. Het is het oudste stenen huis van de stad en misschien wel van heel Nederland. Met zijn trapgevel, het vakwerkgedeelte, het ronde torentje en de korfbogen boven de ramen heeft het een echt middeleeuws uiterlijk. Het heeft wel iets van een stadskasteel zoals u die kent van de stad Utrecht. Momenteel is dit de vestiging van de VVV. Waar de naam Moriaan - die elke Bosschenaar kent - vandaan komt, is onbekend.

## De woonhuizen van Jeroen Bosch ❷

Markt 29 en 61. **Kaart** 2 D3.
*Zie blz. 50-51.*

## Nh-kerk ❸

Kerkstraat 20. **Kaart** 2 D3, 3 A3.
*mei-sept.: wo 10.30-16.00 uur.*

Toen de protestanten de St.-Jan weer terug moesten geven, bouwden zij tussen 1817 en 1822 deze waterstaatskerk: neoclassicisme in zuivere vorm. Jan de Greef uit Dordrecht ontwierp deze kruiskerk met vensters van halve cirkels. Het orgel van Baetz werd in 1831 geplaatst. Het meubilair werd door een ingenieur van waterstaat, A. Goedkoop, ontworpen. De kerk ligt aan een mooi plein waar het winkelend publiek even de ruimte krijgt als het uit de nauwe straatjes komt.

De Markt van 's-Hertogenbosch op een schilderij uit de 17de eeuw

## Noordbrabants Museum ❹

*Zie blz. 54-55.*

## Het Refugiehuis ❺

Hoek Spinhuiswal en St.-Jorisstraat. **Kaart** 2 D4.

De term refugiehuis komt u in meer steden tegen. Het van het Latijn afkomstige woord refugie betekent toevlucht. Als er een vijand verscheen hadden mensen soms een huis binnen de vestingmuren van een stad om naar toe te vluchten. Het refugiehuis tegenover het Bastion Oranje is in de 16de eeuw gebouwd door Petrus Was, abt van St.-Geertrui in Leuven. De abdij had veel bezittingen en dus ook veel pastoors in de Meierij. Die konden dan hierheen vluchten.
Een ander refugiehuis staat Achter de Tolbrug 151 en heet Mariënhage. Het werd door de priorij van Woensel gebruikt. Het heeft nog een fraaie traptoren van baksteen en natuursteen.
Ook de paters van de abdij van Postel hadden een refugiehuis in Huijs van Boxtel aan de Postelstraat 46-48.

Toren van Mariënhage

## St.-Cathrien ❻

Kruisbroedershof 4. **Kaart** 1 C4.
*tijdens diensten.*

Van de oorspronkelijke kerk is enkel het priesterkoor uit 1533 bewaard gebleven. De Binnendieze stroomt er onderdoor. In 1915-1917 werd door de architecten Jan Stuyt en Jos Kuypers de kerk in neobyzantijnse stijl herbouwd. De enorme koepel met een diameter van 22 meter bepaalt met de St.-Jan en de koepel van de St.-Jacob het profiel van de stad. In de koepel heeft de schilder Jan Oosterman de bergrede uitgebeeld. Negen schilderijen uit de 18de eeuw van P.J. Verhaghen en een uit de 17de eeuw van Th. van Thulden sieren deze mooi gerestaureerde kerk. De sacristiepastorie - uit 1619 volgens de muurankers - heeft een mooie renaissancegevel.

## Hof van Zevenbergen ❼

Keizerstraat 12a. **Kaart** 2 D4.

Een paleis uit de 15de eeuw. Het is gebouwd door de

Bastion Oranje met uitzicht op de weidse polder

**Hof van Zevenbergen, gebouwd in de 15de eeuw**

Heer van Bergen op Zoom en Zevenbergen, Cornelis van Glymes, voor zijn vrouw. Hij bezat ook nog de kastelen van Croy, Heeswijk en Grave. Een rijk heer dus. Keizer Karel V verbleef in dit paleis bij zijn Blijde Incomste. Vandaar het mooie beeldje op de binnenplaats. In de 17de eeuw werd het paleis uitgebouwd met andere panden en kreeg het een nieuwe voorgevel. Vanaf 1783 was het Roomsch Armen Weeshuis. De gevelsteen is hier bewaard gebleven. De protestanten hadden het weeshuis uit 1566 aan de Parade ingenomen.

## Synagoge ❽

Prins Bernhardstraat 8. **Kaart** 2 D4.

Al in de Middeleeuwen vestigden zich joden in de stad. Maar ze werden telkens weer vervolgd. In de 17de en 18de eeuw kregen slechts zo'n klein aantal het poorterschap - en dus toegang tot de gilden - dat er geen hechte gemeenschap kon ontstaan. Synagogale bijeenkomsten werden in particuliere huizen gehouden. De situatie veranderde moeizaam na 1796 toen door het emancipatiedecreet de gelijkheid voor de wet werd afgekondigd. In 1823 kreeg de stad haar eerste synagoge. De rabbijn werd opperrabbijn van 22 joodse gemeenschappen in Brabant. De synagoge werd in 1886 en 1938 ingrijpend verbouwd. Oorspronkelijk was de synagoge het particulier bezit van B. Hartogensis, die het aan de joodse gemeente schonk onder uitdrukkelijke voorwaarde dat het 'tot geen ander einde hoe ook genaamd moge worden gebezigd'. Toen het gebouw zwaar gehavend uit de oorlog kwam en het voortbestaan van de joodse gemeenschap zorgelijk bleef, heeft de gemeente het gerestaureerd en mede tot podium voor kleinschalige muziekuitvoeringen bestemd.

**Offerblok voor de armen**

## Bastion Oranje ❾

**Kaart** 2 D5.

Dit bastion werd in 1634 gebouwd omdat de afstand tussen de bastions Vught en Baselaar te groot werd gevonden. Nu is het een soort balkon dat uitzicht biedt op het onbebouwd gebleven natuurgebied De Bossche Broek, met graslanden in het beekdal van de Dommel. Het sluit aan op het Sterrenbosch, het landgoed Maurick en het landgoed Haanwijk. Fort Pettelaar kreeg het uiterlijk van een boerderij en is nu een vriendelijk gelegen horecabedrijf. Samen met de Zuiderplas functioneert dit gebied als long voor de stadsbevolking. Men kan hier heerlijk wandelen en fietsen met een prachtig zicht op stad en St.-Jan. U vindt er altijd amateurschilders bezig.

Op het Bastion Oranje staat een beroemd kanon uit de 16de eeuw, de Boze Griet. Het is een van de grootste middeleeuwse kanonnen, in 1511 gegoten door Jan Fyck van Zeghen. Het kanon heeft nooit een kogel afgevuurd. De gans in brons herinnert aan de waakzame ganzen die de stad Rome verdedigden. Als u van het bastion naar beneden kijkt, ziet u dat door de geschiedenis heen de stad meters opgehoogd is.

## Lutherse Kerk ❿

Verwersstraat 49. **Kaart** 2 D4-E4, 3 A4.

De gevel valt meteen op door kleur en stijl. Neogotiek uit 1847, ontworpen door A. van Veghel. De preekstoel met het mooie houtsnijwerk komt uit een katholieke kerk en is van voor 1630, toen voor het eerst Lutheranen vermeld werden in 's-Hertogenbosch. De banken en gietijzeren kandelaars geven het kerkje iets speels en sierlijks.

**Interieur van de synagoge, aquarel van Bosschenaar De Laat**

# Noordbrabants Museum ❹

'Jongeling' houtsnijwerk uit 1580

Dit was vroeger het gouvernementspaleis. Het werd in 1768 gebouwd door Pieter de Swart, bouwheer van stadhouder Willem IV, in Franse stijl op de plek waar eerder een klooster van Jezuïeten stond. Hier resideerden de militaire gouverneur en na 1796 de commissaris van de koningin. Sinds 1987 is het museum. De beroemde architect Wim Quist breidde het gebouw uit met twee vleugels. Het museum laat aspecten van kunst, cultuur en geschiedenis van Noord-Brabant zien, zowel historische als actuele. Het museum organiseert doorlopend tentoonstellingen en laat u zo genieten van het rijke Brabantse verleden en het levendige kunstklimaat in hoofdstad en provincie.

**★ Historische afdeling**
*Slechts een klein deel van de collectie wordt getoond: prehistorische messen, een reconstructie van de tempel in Empel, een video over de romeinse brug bij Cuijk, urnen, schalen en natuurlijk het barnstenen Bacchusbeeld van Esch.*

**Tentoonstellingsgang**
De glaswand biedt uitzicht op tuin en binnenstad.

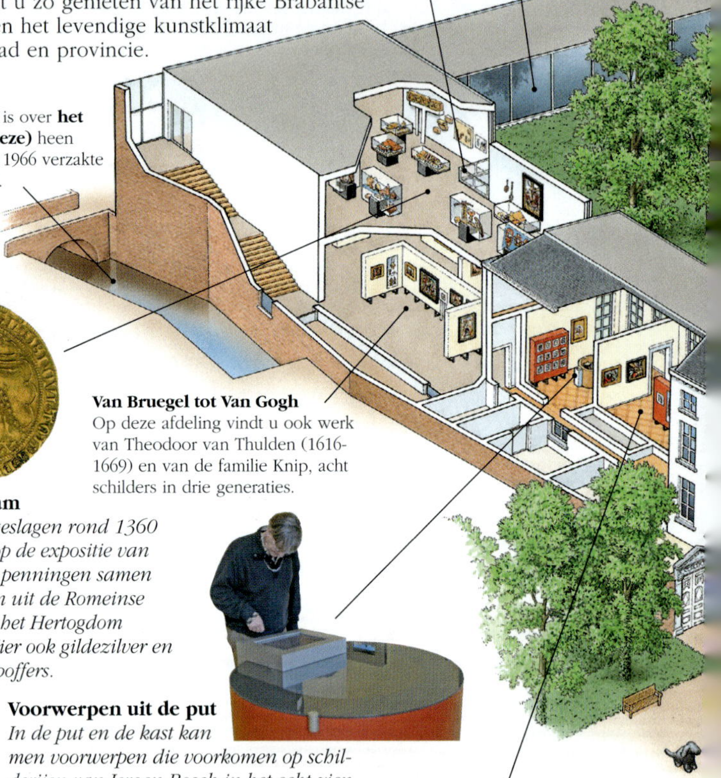

Het museum is over **het Hellegat (Dieze)** heen gebouwd. In 1966 verzakte de statenzaal.

**Van Bruegel tot Van Gogh**
Op deze afdeling vindt u ook werk van Theodoor van Thulden (1616-1669) en van de familie Knip, acht schilders in drie generaties.

**Gouden Lam**
*Een munt geslagen rond 1360 en te zien op de expositie van munten en penningen samen met munten uit de Romeinse tijd en van het Hertogdom Brabant. Hier ook gildezilver en Brabantse poffers.*

**Voorwerpen uit de put**
*In de put en de kast kan men voorwerpen die voorkomen op schilderijen van Jeroen Bosch in het echt zien liggen en vergelijken met voorwerpen van nu met dezelfde functie.*

**STERATTRACTIES**

- ★ **De wereld van Bosch**
- ★ **Bloemschilderkunst**
- ★ **Historische afdeling**

**★ De wereld van Bosch**
*Interactief binnenwandelen in de fascinerende, middeleeuwse wereld van Jeroen Bosch.*

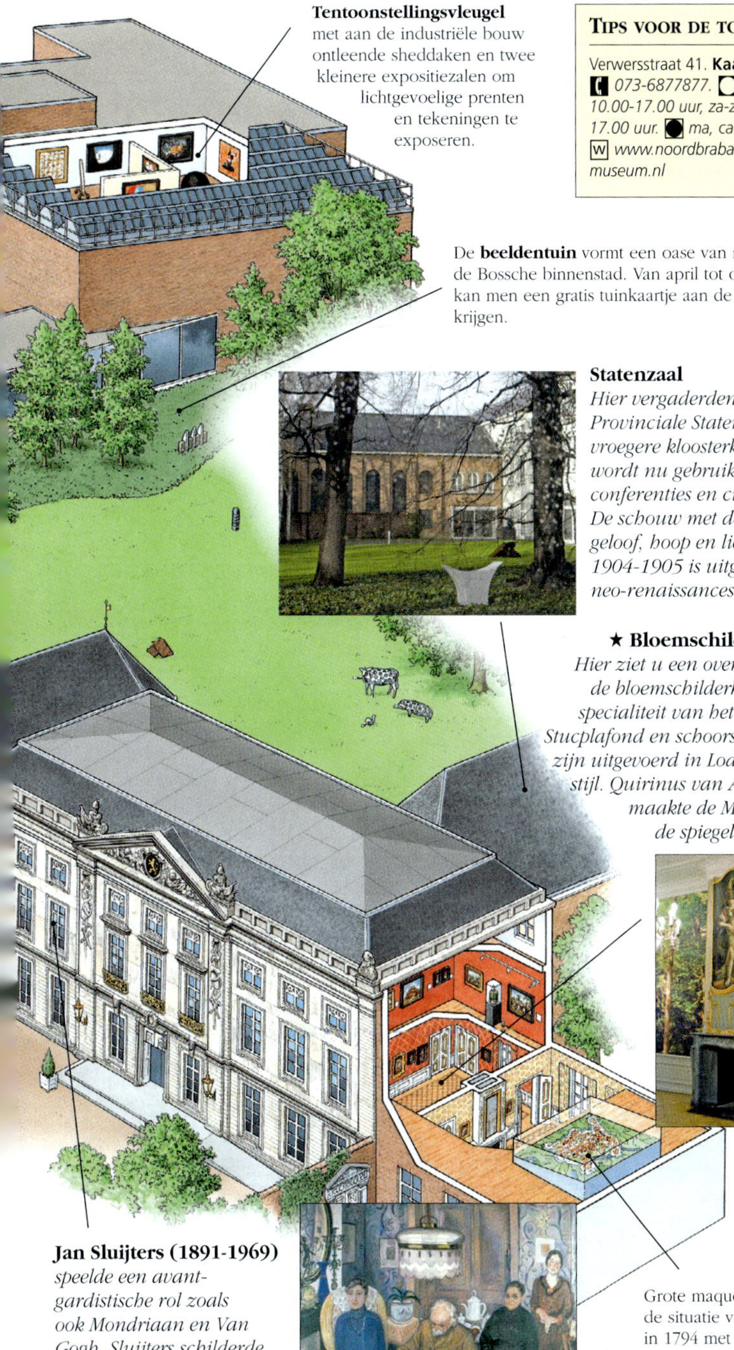

**Tentoonstellingsvleugel** met aan de industriële bouw ontleende sheddaken en twee kleinere expositiezalen om lichtgevoelige prenten en tekeningen te exposeren.

**TIPS VOOR DE TOERIST**

Verwersstraat 41. **Kaart** 2 D4. *073-6877877.* *di-vr 10.00-17.00 uur, za-zo 12.00-17.00 uur.* *ma, carnaval* *www.noordbrabants museum.nl*

De **beeldentuin** vormt een oase van rust in de Bossche binnenstad. Van april tot oktober kan men een gratis tuinkaartje aan de balie krijgen.

**Statenzaal**
*Hier vergaderden de Provinciale Staten in de vroegere kloosterkapel. Die wordt nu gebruikt voor conferenties en cursussen. De schouw met de deugden geloof, hoop en liefde uit 1904-1905 is uitgevoerd in neo-renaissancestijl.*

**★ Bloemschilderkunst**
*Hier ziet u een overzicht van de bloemschilderkunst, een specialiteit van het museum. Stucplafond en schoorsteenpartij zijn uitgevoerd in Lodewijk XV-stijl. Quirinus van Amelsfoort maakte de Minerva en de spiegeldecoratie.*

Grote maquette van de situatie van de stad in 1794 met videopresentatie.

**Jan Sluijters (1891-1969)**
*speelde een avant-gardistische rol zoals ook Mondriaan en Van Gogh. Sluijters schilderde herkenbare landschappen, stillevens en portretten. Realistisch maar met behoud van het moderne kleurgebruik.*

EN DE BAAN DE
PAROCHIANEN VAN
St. JAN A. D. 18

# ST.-JAN EN ST.-JACOB

Vier kerken en een kapel, het Paleis van de Bisschop, Onze Lieve Vrouwe Broederschap, de Godshuizen: meer dan de andere delen van de stad is dit deel getekend door de kerk. Maar drie van de kerken hebben een andere functie gekregen. De kapel is nog slechts een gevel. Veel kloosters zijn verdwenen of verbouwd. De St.-Jan is daardoor nog meer dan vroeger dé kerk van de stad geworden. Dit luisterrijke bouwwerk – kathedraal sinds 's-Hertogenbosch bisdom werd (1562) – getuigt van grote vroomheid, kunstzin, ambachtelijk vakmanschap, maar ook van de welvaart en trots van de stedelingen.

**Beeldhouwwerk van de St.-Jan**

Het wonderbeeld van Maria liep in de 14de eeuw van hier door de stad om mensen van de pest te genezen. In stille en plechtige omgang wordt dit herdacht. Garnizoensoldaten liepen vroeger van de bastions naar de Parade. Nu zijn het de wandelaars die een boottocht hebben gemaakt of een van de vijf musea in dit gebied hebben bezocht. Of het zijn Bosschenaren die voor ze gaan winkelen even een kaarsje willen opsteken bij de Zoete Moeder.

## BEZIENSWAARDIGHEDEN IN HET KORT

**Boottocht**
De Groote Stroom ⑩

**Historische gebouwen**
Antoniuskapel ④
Bisschoppelijk Paleis ②
Zwanenbroedershuis ⑧

**Kerken**
Orangerie ⑦
Oude St.-Jacob ③
St.-Jan ①
St.-Jacob ⑤

**Musea**
Museum Het Kruithuis ⑪
Museum Slager ⑨
Oeteldonks
Gemintemuzejum ⑥

**SYMBOLEN**

| | |
|---|---|
| ▭ | Onder de loep *blz. 58–59* |
| P | Parkeerplaats |
| ✝ | Kerk |
| ⛴ | Rondvaartboot |

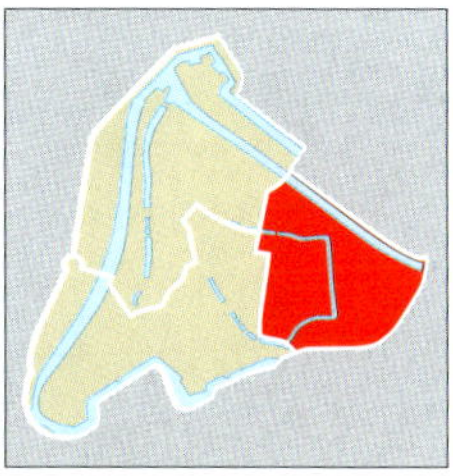

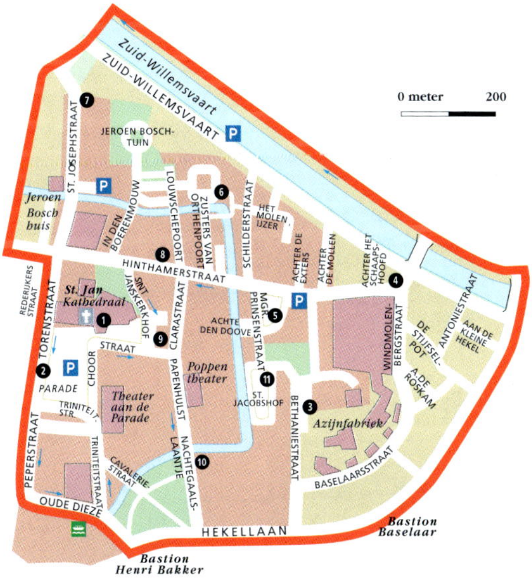


### BEREIKBAARHEID

Tussen de bastions aan de Hekellaan is een groot parkeerterrein. Ook op de Parade kunt u parkeren. Er is een parkeergarage in de St.-Josephstraat. Vanaf het station lopen er ook meerdere buslijnen naar dit deel van de stad.

◁ **Welgestelde Bosschenaren schonken glas-in-loodramen aan de St.-Jan**

# Onder de loep: St.-Jan en St.-Jacob

**Monstrans**

Maak eerst een rondje om de St.-Jan zodat u aan alle zijden het beeldhouwwerk kunt bekijken. Breng daarna een bezoek aan het interieur. Misschien kunt u even genieten van het uitzicht vanaf de toren. Het rondje wandelen breidt u daarna uit naar de wallen en de mooie Hinthamerstraat met de daarachter liggende Groote Stroom. De nieuwe bestemmingen van St.-Jacob en St.-Joseph zullen u blij stemmen want zo blijven deze prachtige ruimten van sloop gespaard. Het is daarna heerlijk uitrusten op een terras aan de Parade.

**Orangerie**
St.-Josephkerk die veranderd is in een sfeervolle feestzaal. ❼

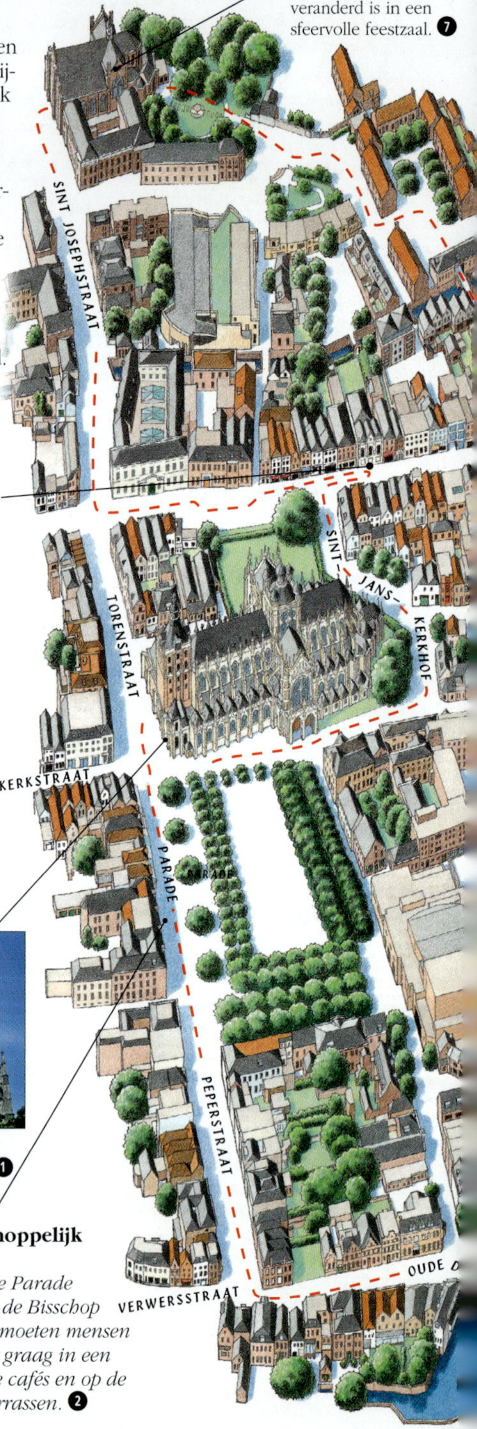

**★ Zwanenbroedershuis**
*Het onderkomen van de in 1318 gevestigde 'Illustere Lieve Vrouwenbroederschap'. De voorgevel onderging diverse verbouwingen. De huidige vorm is neogotisch.* ❽

**★ St.-Jan**
*De trots van stad en provincie.* ❶

**Bisschoppelijk Paleis**
*Aan de Parade woont de Bisschop en ontmoeten mensen elkaar graag in een van de cafés en op de vele terrassen.* ❷

**★ Oeteldonks Gemintemuzejum**
*De omgedraaide wereld tijdens de carnavalsdagen.* ❻

**ORIËNTATIEKAART**
*Zie Stratengids, kaarten 2, 3.*

**Antoniuskapel**
*Van deze kapel is nog enkel de gotische gevel over. De kapel staat aan het eind van de Hinthamerstraat* ❹

**St.-Jacob**
*Een prachtige kerk die behouden blijft als Jeroen Bosch Centrum.* ❺

**SYMBOOL**

- - - - Aanbevolen route

0 meter 100

**Oude St.-Jacob**
Met in het priesterkoor het cultureel café de Azijnfabriek. ❸

**De Groote Stroom**
*Hier heeft de Dieze nog gedeeltelijk natuurlijke oevers.* ❿

**STERATTRACTIES**

- ★ St.-Jan
- ★ Zwanenbroedershuis
- ★ Oeteldonks Gemintemuzejum

# Kathedraal St.-Jan ❶

De bakstenen onderbouw van de toren met de rondbogen is het enige overgebleven deel van de vroegere Romaanse kerk uit begin 13de eeuw. De rest is gotisch. Alle lijnen lopen naar boven, naar het Alziend Oog. Hier komen gelovigen samen met heiligen, engelen, overledenen, dieren, monsters, ja zelfs duivels om de lof Gods te zingen.

**Glas-in-loodramen**
*laten het licht gekleurd binnen en vertellen verhalen uit de Bijbel.*

**De toren** kan beklommen worden.

**De Zoete Moeder**
*Bij dit glimlachende wonderbeeld worden talloze kaarsjes opgestoken.*

**★ Doopvont**
*Aert van (Maas)Tricht beeldde in 1492 de doop van Jezus door Johannes uit en de genezing van blinden en kreupelen in het bad van Bethsaïda.*

**STERATTRACTIES**

- ★ Doopvont
- ★ Luchtboogbeelden
- ★ Koorbanken

**Baldakijn**
Dit gedraaide en toch kaarsrechte stenen baldakijn is de meesterproef van Alard Duhamel.

**Sacramentskapel**
*Dit was de kapel van de Illustere Lieve Vrouwe Broederschap waar ook Jeroen Bosch lid van was.*

**TIPS VOOR DE TOERIST**

Choorstraat 1. **Kaart** 2 E4, 3 A4. *073-6130314. ma-za 9.00-17.00 uur, zo 13.00-17.00 uur. bij de VVV aanvragen of 0900-1122334.*

**Reliëfs in de frontons**
*Zij beelden het hele kerstverhaal uit.*

**★ Luchtboogbeelden** *96 in aantal en uniek in de wereld.*

**★ Koorbanken**
*Deze zijn gedecoreerd met prachtig houtsnijwerk over zonden en de bestrijding daarvan.*

**Beelden**
*Heiligenbeelden tegen de steunberen maken deel uit van de opvallend grote hoeveelheid beeldhouwwerk van de kathedraal.*

**Zicht op 's-Hertogenbosch**
*Talloze amateurs schilderen jaarlijks hun St.-Jan.*

## St.-Jan ❶

*Zie blz. 60-61.*

Origineel beeldhouwwerk is te zien in St.-Jansmuseum De Bouwloods.

**St.-Jansmuseum De Bouwloods**. Torenstraat 16. *073-6126879.* *mei-sept.: di-zo 13.00-16.30 uur, okt.-april: wo en zo 13.00-16.30 uur en op afspraak.*

## Bisschoppelijk Paleis ❷

Parade 11. **Kaart** 2 E4, 3 A4.

Twee herenhuizen uit de 18de eeuw zijn samengevoegd achter een barokke gevel met twee poorten die rijk zijn versierd. Hier woont de bisschop van 's-Hertogenbosch. Het bisdom is in 1562 gesticht. De herindeling van de bisdommen was een politieke daad van Philips II die veel verzet opriep. Het heeft mede geleid tot de tachtigjarige oorlog. De bisschop werd in 1629 verjaagd. Pas in 1853 werd het de katholieken toegestaan weer bisschoppen aan te stellen.

## St.-Jacob ❸❺

**Oude St.-Jacob** Bethaniestraat 4. **Kaart** 2 F4, 3 B4. **St.-Jacob** Hinthamerstraat 175. **Kaart** 2 D3-F3, 3 A3-B3.

De stad heeft al vanaf de Middeleeuwen een kerk toegewijd aan Sint Jacob. De oudste is in 1430 gebouwd en in 1584 uitgebreid waarbij het transept nooit werd voltooid. Na 1629 werd deze St.-Jacob van de katholieken afgenomen en tot de 20ste eeuw door het garnizoen gebruikt. Daarna is het jarenlang Noordbrabants Museum geweest. Nu is het in gebruik door de gemeente. Het priesterkoor wordt Azijnfabriek genoemd en dient als cultureel centrum waar lezingen worden gegeven en kleinere muziek- en theateroptredens worden gerealiseerd. Intussen bouwden de katholieken een schuilkerk met weer de naam St.-Jacob. Later is die kerk uitgebreid. In 1907 werd daar de huidige St.-Jacob gebouwd door de architecten Jan Stuyt en Jos Cuypers. Evenals de St.-Cathrien is het een neobyzantijnse kerk geworden. De koepel zal u dus herinneren aan Constantinopel, het huidige Istanboel. Binnen zullen de fresco's van Georges de Geetere u overtuigen van hun hoge culturele waarde. Deze St.-Jacob en bijgebouwen worden ingericht als nieuw Jeroen Bosch Centrum. Digitaal zullen alle werken van Bosch te bewonderen en te bestuderen zijn.

**De watertoren gebouwd in 1885**

**Hoofdingang St.-Jacob**

## Antoniuskapel ❹

Hinthamereinde. **Kaart** 3 C3.

Dit was sinds 1491 de kapel van de Antoniusbroederschap die toen al bijna een eeuw bestond. Er is enkel de laatgotische gevel van over. Het houten torentje is er in 1751 aan toegevoegd. De klok daarin is tweehonderd jaar ouder. Aan het Hinthamereind stond tot 1874 de Hinthamerpoort. Die is nu weg. Nu tekent zich daar het imposante profiel af van de watertoren alsof het een kasteeltoren met kantelen zou zijn. Architect Kalff bouwde de toren bewust zo in 1885. Overal in de stad werd toen waterleiding aangelegd.

## Oeteldonks Gemintemuzejum ❻

Zusters van Orthenpoort 20-27. **Kaart** 2 F3, 3 B3. *073-6130199.* *april-okt.: di-za 11.11-18.11 uur, zo 13.11-17.11 uur. nov.-maart: wo en za 11.11-17.11 uur. zo 13.11-17.11 uur.*

De naam van het museum staat in spiegelschrift en een nar kijkt u vanuit een spiegel aan, in een lantaarn zit een kikker; u bent aangekomen bij het museum over het Oeteldonkse carnaval in het licht van de nationale en internationale carnavalsviering. Oeteldonk is de carnavalsnaam van 's-Hertogenbosch. Oetel betekent kikker en een donk is een zandbult in een moeras. Vier dagen wonen er enkel boeren en durskes in de stad. Iedereen is gelijk. Het symbool is Knillis, d'n eerste boer d'n beste, gekleed in blauwe boerenkiel met rode zakdoek, boerenpetje en witte wanten. Prins Amadeiro en zijn raad van elf gaan voor in het feest. Dit feest bestaat al eeuwen en viert de nieuwe lente. Na de besloten huiselijke wintertijd gaan we nu weer de straat op, van café naar café. Sinds 1882 bestaat de Oeteldonkse club die het feest organiseert. In dit museum vindt u attributen als kostuums, affiches, ontwerpen voor carnavalswagens, onderscheidingen, films, prenten en muziek. Ook van het carnaval van andere plaatsen in Nederland en ver daarbuiten vindt u vele attributen in dit gezellige museum. Het museum heeft onderdak gevonden in het herbouwde poortgebouw van het middeleeuwse klooster van de Zusters van Orthen. De Dieze stroomt er sierlijk en speels langs.

## De Orangerie 7

St.-Josephstraat 15. **Kaart** 2 E3, 3 A3. *di-za 11.00-17.00 uur, zo 12.00-17.00 uur.*

Een bezoek aan de neogotische St.-Josephkerk (1850) is een bijzondere belevenis. U ziet er een middenschip, twee zijbeuken en een priesterkoor, neogotische gewelven, bundelpijlers en kapitelen, een preekstoel en biechtstoelen. Het is er allemaal nog, maar nu wordt hier een congres gehouden, een groot diner bereid, een beurs of show gegeven. Er is nog een intieme Jeroen Boschzaal. U vindt hier reproducties van diens werk. Het gezellige cafeetje in de voormalige stookkelder heet Tuin der Lusten. Dit café heeft een serre met uitzicht op het mooie stadsplantsoen Jeroen Bosch. Op deze wijze is een overbodig geworden kerk bewaard gebleven tot vreugde van velen. Het voormalige klooster van de Redemptoristen dat ernaast ligt, is verbouwd tot appartementencomplex.

**Orangerie**

## Zwanenbroedershuis 8

Hinthamerstraat 94. **Kaart** 2 D3-F3, 3 A3-B3. *073-6137383. di en do rondleiding 13.30 en 15.00 uur. Reserveren 073-6135098.*

Dit is het thuis van de Illustere Lieve Vrouwen Broederschap, die sinds 1318 bestaat. Illustere heren zijn er lid van. Uit 's-Hertogenbosch Jeroen Bosch bij voorbeeld, maar sinds Willem van Oranje ook de leden van het Koninklijk Huis. De leden schonken vroeger een zwaan voor het jaarlijkse diner. Vandaar de naam Zwanenbroeders. Aanvankelijk had de broederschap de verering van Maria ten doel, na 1629 deed men ook aan armenzorg. De broederschap liet de sacramentskapel van de St.-Jan bouwen en gaf Jeroen Bosch opdrachten. Het neogotische pand werd door de Bossche architect J.H. Laffertee gebouwd in 1846. De gevel draagt een koperen zwaan en vier zwanenbroeders.
De vele kunstschatten in dit gebouw zullen u ervan overtuigen dat de broederschap cultureel op hoog peil stond. U ziet een collectie unieke muziekboeken, houtsnijwerk, tinnen kannen en fraai serviesgoed.

**Het Oeteldonks Gemintemuzejum fraai gelegen aan de Dieze**

**Zwanenbroedershuis**

## Museum Slager 9

Choorstraat 14-16. **Kaart** 2 E4, 3 A4. *073-6133216. di-zo 14.00-17.00 uur. ma. www.museumslager.nl*

In dit museum maakt u kennis met de Bossche kunstenaarsfamilie Slager. Van drie generaties (1841-1994) hangen hier portretten, landschappen en stadsgezichten. Ook andere Bossche kunstenaars als Huib Luns en Kees Verweij zijn vertegenwoordigd. Tentoonstellingen van werk dat hierbij goed past worden regelmatig gehouden.

## De Groote Stroom 10

*Zie blz. 59 en 73*

## Museum Het Kruithuis 11

Hekellaan 2 (tijdelijk). **Kaart** 2 F4, 3 B4. *073-6122188. wo-zo 13.00-17.00 uur.*

Het museum is eigenlijk gevestigd in het Kruithuis (*blz. 70*). Dat moet echter worden gerenoveerd en daarom is het museum met de kunstuitleen ondergebracht in het voormalig stedelijk gymnasium. Het museum specialiseert zich in hedendaagse keramiekkunst en sieraden. Dat is een unieke collectie geworden met werken van Picasso, Braque, Ninaber en Kruger.

# Uilenburg en Haven

De stad is ontstaan op een plek die gunstig was voor de handel en die goed te verdedigen was. De nieuwe stad beschermde het Hertogdom Brabant in het noorden tegen aanvallen. De meier van de Hertog bestuurde de stad en omgeving. In dit deel van de stad, Uilenburg-Haven, vindt u de drie genoemde functies terug: haven, vestingwerken en stadhuis. Zeilschepen en stoomboten kwamen van de Maas, de Dommel en de Aa naar de stadshaven. Handel (vooral in vis) bracht bedrijvigheid in deze buurt en er kwamen herbergen. Pas toen in 1826 de Zuid-Willemsvaart klaar was, verlegden handel en industrie zich naar de buitengebieden. Kenmerkend voor dit stadsdeel zijn de vestingwerken langs de Dommel en aan de rand de Citadel en het Kruithuis. Vanuit het prachtige stadhuis zijn eeuwenlang de besluiten genomen om de welvaart te bevorderen maar ook om het vele stadsschoon te behouden en te restaureren. De bouw van Arena/Stoa en de restauratie van de Dieze zijn goede voorbeelden.

**Gevelsteen in de muur van de Citadel**

## Bezienswaardigheden in het kort

**Historische gebouwen**
Brede Haven ❷
Draak ❶
Stadhuis ❸

**Buurt**
Uilenburg ❹

**Vestingwerken**
Citadel ❻
Kruithuis ❼

**Boottochten**
Diezetochten ❺

**Bereikbaarheid**
Dit gedeelte van de stad sluit direct aan op het Stationsplein. Er is parkeergelegenheid aan de kades van de Dommel. Een parkeergarage vindt u bij de Visstraat, de Tolbrugstraat en het Burgemeester Loeffplein.

**Symbolen**

Onder de loep *blz. 66–67*
Parkeerplaats
Kerk

# Onder de loep: Uilenburg en Haven

**Stadswapen**

Het stadswapen in de gevel van het stadhuis laat zien dat de stad een stevige vesting is (twee wildemannen), door de regering (hertogskroon) beschermd, zodat Dommel en Aa (riviergoden met waterkruiken) welvaart en handel kunnen brengen (hoornen des overvloeds). De Citadel en het Kruithuis beschermen het havengebied met zijn statige panden en het drukke horeca- en winkelgebied van de Uilenburg. Daar vaart u doorheen op de prachtig gerestaureerde Binnendieze.

**Muur en rondelen**
van de tweede ommuring uit 1318 zijn gerestaureerd.

**Draak**
*Symbool van de stad die als een draak in het moeras leefde, onoverwinnelijk, behalve in 1629.* ❶

**Uilenburg**
*Vervallen boerderijen, pakhuizen en een open riool. Gelukkig heeft men voor dit levendige stadsdeel niet besloten tot krotopruiming en sanering maar tot restauratie.* ❹

**Diezetochten**
*Aan het begin van de Molenstraat ligt deze opstapplaats voor een bijzondere tocht over de Binnendieze.* ❺

**STERATTRACTIES**

★ **Stadhuis**

★ **Brede Haven**

**★ Brede Haven**
*De rij monumentale gevels laat zien hoe welvarend de stad eens was door de handel.* ❷

**ORIËNTATIEKAART**
*Zie Stratengids, kaarten 1, 2, en 3.*

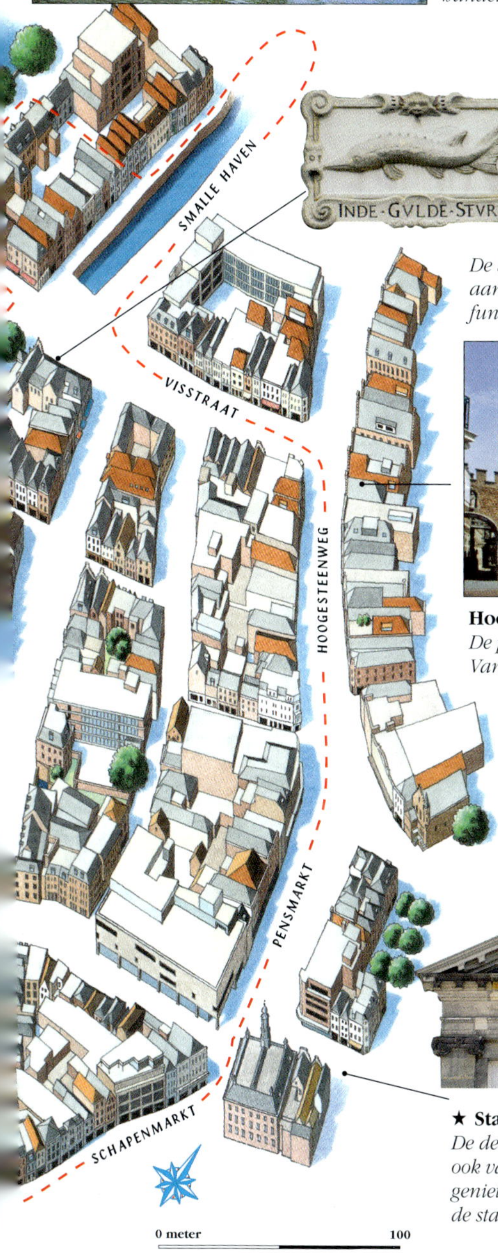


**Middeleeuwse kelders**
*In de Gulde Stur en In den Keijser kunt u de kruisgewelven van de kelders bewonderen. De Drie Haringen, de Twee Snoecken, De Salm, deze namen herinneren aan de tijd dat hier de visbank nog functioneerde.*

**Hooge Steenweg**
*De panden die nu in gebruik zijn door Van Lanschot Bankiers werden vanaf 1600 gebruikt door bierbrouwers en wijnkopers. De gebouwen zijn diverse malen gerestaureerd. Rond 1960 vond de laatste restauratie plaats.*

**★ Stadhuis**
*De deur van het stadhuis staat open om u ook van het bijzondere interieur te laten genieten. Boven de ingang het wapen van de stad met de twee 'wildemannen'.* ❸

**De Drakenfontein**

## De Draak ❶

Stationsplein. **Kaart** 1 B3.

De drakenfontein staat er sinds 1903. De Moerasdraak is een bijnaam voor 's-Hertogenbosch. De stad lag immers als een stevige vesting in een moerassig gebied. Deze draak gold als niet te verslaan, maar Frederik Hendrik kreeg het in 1629 klaar. Het gebied rondom de stad stond onder water. De forten Sint Antonie, Isabella, Pettelaar en Crèvecoeur vormden de eerste beschermingsring. Daarna zouden nog de stadswallen en rondelen en bastions ingenomen moeten worden. Frederik Hendrik had een zeer deskundige vriend, Jan Adriaensz Leeghwater, die 28.000 soldaten en 4000 Hollandse boeren inzette als bouwers van een 45 km lange dijk rondom de stad. Daarna maalden 23 rosmolens het gebied tussen stad en ringdijk leeg. De Dommel en de Aa waren omgeleid en de Dieze viel droog. Toen kon de stad met 116 kanonnen beschoten worden tot er een bres ontstond bij het bastion Vught. Daar staat een herdenkingsplaat. De moerasdraak werd op 14 september 1629 verslagen. Waarschijnlijk heeft de naam moerasdraak de schenker van deze fontein aangesproken: Jonkheer Bosch van Drakenstein.

## Brede Haven ❷

**Kaart** 1 C2-C3.
Rederij Wolthuis ☎ *073-6312048*
[W] *www.rederijwolthuis.nl*

Aan de Buitenhaven, de gekanaliseerde Stadsdommel, zijn de wallen en rondelen gerestaureerd. U kunt langs een steiger van de ene rondeel naar de andere lopen. Een mooi punt in de stad is de plek waar vroeger het bastion Oliemolen stond. U kijkt daar uit over de haven met de ophaalbruggen, de citadel en het samenkomen van Dommel, Aa en Zuid-Willemsvaart. De Brede Haven vormt door de gebogen lijn en de fraaie gevels een

**Gravure van de Brede Haven**

schitterend stadsgezicht. Duizenden vrachtschepen liepen hier vroeger per jaar binnen. De rijkdom van de stad werd hier verdiend. Aan de Smalle Haven kunt u opstappen voor een boottochtje met rederij Wolthuis. Die vaart door de bredere wateren rondom de stad en ook naar het dorpje Engelen, het fort Crèvecoeur en Heusden.

**De ingang van de haven met de Boombrug en het gerestaureerde brugwachtershuisje**

**Het stadhuis aan de Markt, verdeeld over drie huizen, werd later tot één gevel verenigd**

## Stadhuis ❸

Markt 1. **Kaart** 2 D3.
Open tijdens kantooruren. Groepen op reservering via VVV 0900-1122334 of Kring Vrienden van 's-Hertogenbosch 073-6135098.

De majestueuze voorgevel in classicistische barokstijl is in 1670 gebouwd. Vier architecten waren erbij betrokken. Een dubbele trap met bordes voert naar een statige hoofdingang. De gelijke maten van de ramen zorgen voor een klassieke gevelindeling. Het middendeel, door pilasters over twee verdiepingen verdeeld, springt iets vooruit. Daarboven prijkt het timpaan met het stadswapen. Elk half uur leveren zes ruiters een spiegelgevecht. Het carillon dat in het zeskantige Amsterdams uitziend torentje hangt wordt iedere woensdagmorgen bespeeld. Deze voorgevel verbergt drie huizen daarachter. Een daarvan was het oude stadhuis uit de 14de eeuw. De twee andere zijn huizen uit de 16de eeuw. Een bezoek aan het stadhuis is aan te raden. U ziet er wandschilderingen die Antoon Derkinderen in 1892-1897 in de hal maakte. Hij beeldde de stichting van de stad uit en de bouw van de St.-Jan. Schilderijen van Jacob Cuyp, die tonen hoe Frederik Hendrik de stad bedwong, en een schilderij van Abraham van Beerstraten waarop de vroegere voorgevel van het stadhuis te zien is, sieren het gebouw. Kostbaar goudlere behang, lambrisering uit de 17de eeuw en een schoorsteenmantel in Lodewijk XVI-stijl vindt u in de trouwzaal. Er hangen ook portretten van de Oranjes en doeken van Theodoor van Thulden. Maar het hoogtepunt vormt de raadszaal. De gobelins van de Delftse tapijtwever Maximiliaan van der Gucht (1679) zijn juweeltjes van groentapijten, de weelderige begroeiing zal u verbazen.
De Raadskelder onder het stadhuis is nu een café-restaurant in vier kelders met gotische gewelven. Het was ooit tapkelder voor het gemeentebestuur, gevangenis en boterwaag.

## Uilenburg ❹

**Kaart** 1 C3-C4.

Door de nabijheid van de drukke haven was de Uilenburg altijd al een wijk met bedrijfjes, herbergen, winkeltjes, boerderijen en pakhuizen. Gelukkig is dit alles niet afgebroken maar gerestaureerd. De beelden van Zoete Lieve Gerritje onder bij de Dieze en van Maria aan de gevels en in een aparte kapel in de Lepelstraat zijn dankbare foto-objecten. Vroeger stond hier de visbank. Nu trekken kleine winkeltjes uw belangstelling en herinneren namen van huizen aan de tijd dat vis het belangrijkste handelsproduct was. U vindt hier ook een van de oudste stadspanden: het Keershuys waarvan de overkragende zijgevel met Mariabeeld veel aandacht trekt. In de Korenbrugstraat rijgen de terrassen zich aaneen. In de Molenstraat kunt u kaartjes kopen voor een tochtje over de Dieze. Overal in de Uilenburg ziet u bruggen, overkluizingen en daartussen bootjes vol genietende toeristen. In de Postelstraat vindt u het Huis van Boxtel, refugiehuis van de abdij van Postel. Op nummer 42 ziet u de Munt met een laatgotische poort en toren.

## Diezetochten ❺

*zie blz. 72-73*

**Gezellige terrasjes vindt u in het gerestaureerde Uilenburg**

## Citadel ❻

**Zuid-Willemsvaart**
*Gegraven als verbinding tussen 's-Hertogenbosch en Maastricht. In het belang van de scheepvaart is in 1880 een van de vijf bastions gesloopt.*

**Rijksarchief**
*Na de restauratie vestigde zich hier het Rijksarchief Noord-Brabant.*

**Papenbril**
noemt men deze vesting waaruit de katholieken in de gaten werden gehouden.

**Witte huis**
*Rond 1930 gebouwd door architect C. Evers.*

**Kruithuis**
*Een uniek zeshoekig gebouw met muren van een meter dik.* ❼

Schilderij van het Kruithuis in de winter

## Citadel ❻

**Kaart** 2 D1, 3 A1.

Sinds 1874 mochten oude vestingsteden hun omwalling afbreken. 's-Hertogenbosch heeft nog veel wallen en bastions behouden. Het rekent zich nog steeds tot de vestingsteden van Nederland. Een deel van die wallen is behouden na 1874 omdat ze ook dienden als waterkering. De citadel werd gebouwd in 1637, na de inname door Frederik Hendrik. Officieel heet het fort Willem-Maria naar zijn zoon en schoondochter. Het fort moest de stad beter helpen verdedigen aan de noordzijde. Tegelijk werd het een dwangburcht, een plek van waaruit het garnizoen een mogelijke opstand kon onderdrukken. Zo'n opstand zou door de katholieke bevolking begonnen kunnen worden. Die 'papen' moesten in de gaten gehouden worden. Vandaar dat het fort nog steeds de bijnaam Papenbril heeft. In het midden staat het hoofdgebouw uit de 18de eeuw. Nu is dat het Rijksarchief van Noord-Brabant. Vier van de vijf bastions zijn nog intact. U kunt er wandelen en genieten van een boeiend zicht op de oude stad.

## Kruithuis ❼

Citadellaan. **Kaart** 2 D1, 3 A1.

Tot de noodzakelijke ingrediënten van een vestingstad behoort 'een munitiehuys tot bewaeringhe ende meest versekerheijt van de provisie van buspoeder': een kruithuis dus. Het werd gebouwd op een toen open plek op ruime afstand van de huizen. De toegangspoort werd van de stad afgewend gebouwd. Jan van der Weeghen ontwierp de gelijkzijdige zeshoek met buitenmuren van een meter dik en daaromheen een gracht. De binnenplaats maakt ook nu nog grote indruk. De inscriptie *Dormi ut Expergiscaris*, Slaap om te Ontwaken, geeft het jaartal 1618 aan als bouwjaar. Tot 1742 fungeerde het gebouw als kruithuis. In 1769 werd de gracht gedempt en de brug afgebroken. Er kwamen ramen in. Na de Tweede Wereldoorlog kreeg het gebouw een culturele functie en biedt nu muziek, ballet, een fotoclub en toneel. Nu het Kruithuis aan renovatie toe is, is het Museum Het Kruithuis met de uitleen van beeldende kunst voorlopig ondergebracht op Hekellaan 2 (*blz. 63*).

De vesting, imponerende walmuren en een brede gracht

## Diezetochten ❺

De Binnendieze werd druk bevaren. Het water werd ook gebruikt door leerlooiers, lakenverwers, smeden. Straatvuil en riolen kwamen erin terecht. Toen er andere transportmogelijkheden kwamen, begon de verwaarlozing. Onderhoud van de overkluizingen hing af van de eigenaren. Zo nu en dan stortte een woning in, zelfs het gouvernement. In 1969 besloot men de hele boel te dempen. Verzet! 'De Binnendieze is uniek want ze stroomt àchter de huizen, kent een afwisselend beeld van open en overkluisde delen en ligt drie meter diep.' In 1973 startte de restauratie van meer dan 3 km rivier.

### TIPS VOOR DE TOERIST

Stichting Binnendieze
Molenstraat 15a. **Kaart** 1 C3.
*0900-2020178.* *www.kringvriendenvanshertogenbosch.nl*

Rederij Wolthuis
*073-6312048.* *www.rederijwolthuis.nl*

### OPSTAPPLAATSEN

Binnendieze ①
Groote Stroom ②
Rederij Wolthuis ③④

**Zoete lieve Gerritje**
*Door de stuw en het verschil in waterpeil van een halve meter is doorvaren hier onmogelijk.*

**Uilenburg**
*In deze geheel gerestaureerde wijk zijn de bruggen en overkluizingen erg fotogeniek.*

**St.Cathrien**
*Hier gaat de kerkstroom onder het priesterkoor van de kerk door.*

0 meter 200

**Kruisbroedershekel**
*Een gotisch gewelf en een nauwe doorgang maken dit deel spectaculair. Daarna gaat de tocht een stukje verder buiten de stadswal.*

**Waterpoort**
*Vanaf hier verdwijnt de Dieze in een waterpijp onder de stad. Beeldhouwwerk, Gasthuisbrug en arduinstenen poort sieren deze plek.*

**Kunstroute**
*Langs de Groote Stroom ziet u elk jaar een nieuw tentoonstelling. 'Plezante mannekes' was het thema van 2004.*

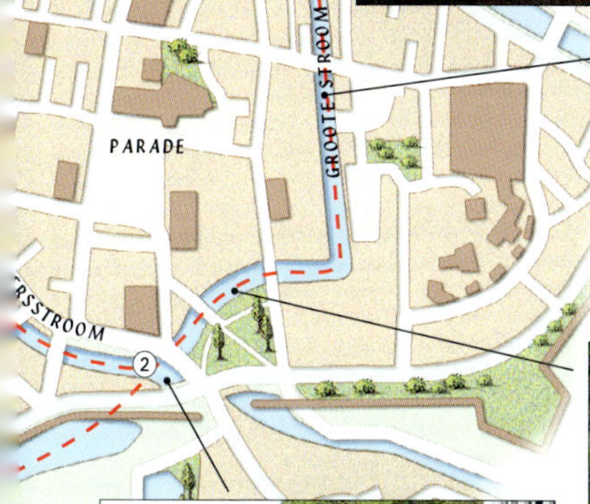

**Louwenschepoort**
*Doorkijkje vanaf de brug bij het Oeteldonks Carnavalsmuseum richting Waterpoort. De bruggen zijn in 1985 gerestaureerd.*

**Groote Stroom**
*Gezien vanaf de Hinthamerbrug die gebouwd werd in 1368 en verbreed in 1453.*

**Casinotuin**
*Dieze en park gezien vanaf de Judasbrug. Hier heeft de Dieze nog natuurlijke taluds. De Judasbrug werd al vernoemd in 1422.*

**Groote Hekel**
*Aan de binnenkant van de stadswallen ligt hier het opstappunt van de Groote Stroom route.*

**SYMBOLEN**

- - - - Vaarroute

(1) Opstapplaats

sinds 1737

# BUITEN HET CENTRUM

Als u vanuit Utrecht de stad nadert ziet u kantoorgebouw 'Bolduc', dat het logo van de stad zou worden als de St.-Jan er niet was. Als u vanuit Vught komt, ziet u in de verte het oude Paleis van Justitie en de machtige wallen. Als u vanuit St.-Michielsgestel naar de stad rijdt, gaat u via de Bossche Broek en Fort Pettelaar recht naar de toren van het Provinciehuis. Als u vanuit Hedel de oude brug over de Maas oversteekt, ziet u de Maaspoort en de huizen die in Empel uitzicht hebben over de uiterwaarden. Daar is 's-Hertogenbosch 'stad aan de Maas' geworden. Als u per spoor de stad nadert vanuit het zuiden rijdt u tussen het PNEM-gebouw aan de ene zijde en het nieuwe Paleiskwartier aan de andere kant. Hoge kwaliteit van wonen, werken en ontspannen is het daar. Daar studeren ook duizenden studenten. 's-Hertogenbosch is een ontmoetingsstad, waar oud en nieuw elkaar treft. Het is de stad van de bolwoningen, huizen met grasdaken, residences met zicht op de Maas, moderne appartementencomplexen, woonerven, sociale woningbouw, maar alle buitenwijken blijven gericht op de levendige oude binnenstad rondom de Markt en de St.-Jan.

**Leeuw bij station**

## BEZIENSWAARDIGHEDEN IN HET KORT

Arena-Stoa 4
Brabanthallen 5
Paleiskwartier 3
Provinciehuis 7
Sportiom 6
Station 'La Gare' 2
Het Zand 1

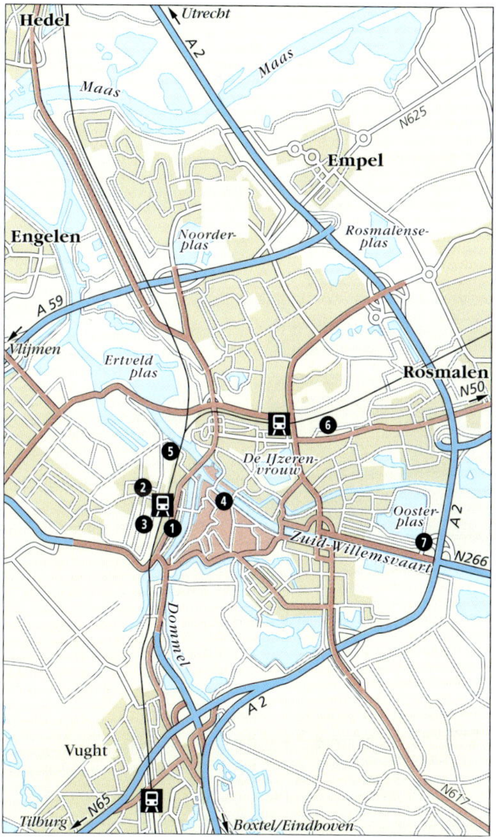


0 kilometer 2

### SYMBOLEN

- Centrum
- Overige bebouwing
- Spoorwegstation
- Spoorlijn
- Snelweg
- Provinciale weg
- Secundaire weg

◁ **Nieuwe architectuur in het Paleiskwartier achter het station**

## Het Zand ❶

**Kaart** 1 B1-5.

Door de wet van 1874 die de oude vestingen ophief konden de steden poorten en muren afbreken en gaan bouwen waar vroeger vrij schootsveld bewaard moest blijven. Voor 's-Hertogenbosch betekende het dat men de wijk Het Zand kon aanleggen. Daarvoor moest het moerasgebied met zand worden opgespoten. Dat haalde men uit de IJzeren Man in Vught. De Koningsweg en de Koninginnelaan verrezen, met daartussen de Draak. De Stationsweg die naar de binnenstad leidt, kreeg zelfs een dubbele rijbaan. Het is een waar genoegen door deze wijk te wandelen en naar de bouwstijlen van de huizen uit het begin van de twintigste eeuw te kijken. Aan het eind rijst het PNEM-gebouw (nu Nuon) op dat in 1921 werd gebouwd en het gebied mooi afsluit. Daarvoor ligt de oude melkfabriek, mooi gerestaureerd en bewoonbaar gemaakt. Aan de Does de Willeboissingel 12 ligt de Capucijnenkerk die door Felix Baijenborg in 1898 is gebouwd. Een nieuwe brede brug vol beeldhouwwerk verbindt het gebied met de oude binnenstad.

**De open passerelle**

## Station 'La Gare' ❷

**Kaart** 1 B2-3.

Het Zand was evenwijdig aan de spoorlijn aangelegd. Het station werd in 1896 in de bekende neogotiek door Cuijpers gebouwd. Na de verwoesting in de oorlog kwam er een nieuw station van S. van Ravesteijn, dat echter in 1995 werd afgebroken. De oude overkappingen bleven. Ron Steenhuis bouwde hier de passerelle. De vroegere stations sloten de binnenstad immers af. Nu vormt de passerelle – 117 meter lang – een winkelpassage van de oude binnenstad naar de nieuwe wijk aan de overkant van het spoor.

**De Armada: een spel van lijnen en kleur in het Paleiskwartier**

## Paleiskwartier ❸

**Kaart** 1 A2-4.

[W] *www.paleiskwartier.nl*
*via VVV.*
[W] *www.VVVs-hertogenbosch.nl*

Waar na de oorlog nog polders lagen en daarna een lelijk fabriieksterrein kwam, is nu een geheel 'nieuwe binnenstad' verrezen. Neerdalend van de 7 meter hoge passerelle komt u op een autovrije, mooie, brede boulevard. Grenzend aan deze boulevard treft u het luxeappartementencomplex in neoclassicistische stijl La Cour (met prachtig binnenhof).
U passeert op het eerste plein La Tour, de Van-Lanschottoren met 12 verdiepingen en 55 meter hoog. Cornelis van Lanschot begon in 1737 een groothandel in koloniale waren waar hij al snel bij ging bankieren. In de binnenstad aan het begin van de Orthenstraat vindt u het fraaie kantoor dat verbonden is met De Gulden Hopsack, brouwershuis sinds 1619.
Tegenover La Tour staat het nieuwe Paleis van Justitie. Het is ontworpen door de Belgische architect Charles Vandenhove. Het gerechtshof moest volgens hem indruk maken, zoals het vroegere gebouw ook deed. Dat kunt u al vanaf Vught zien liggen aan de Spinhuiswal. Daarvoor resideerde het in het eveneens majestueuze gebouw dat nu Muzerije heet, in de Hinthamerstraat.
Op de binnenplaats van nog een groot complex, Le Carrefour, staat een 'goudklomp'. Dat is het nieuwe Stedelijk Gymnasium. Aan de Onderwijsboulevard vindt u nog allerlei andere vormen van onderwijs ondergebracht. Twintigduizend studenten en vele scholieren verlevendigen dagelijks dit stadsdeel. Ook uw kinderen kunnen hier enig plezierig onderricht krijgen. Er is namelijk een kindermuseum, De ontdekhoek. Op heel speelse wijze doen kinderen daar allerlei technische ontdekkingen. Achter de onderwijsgebouwen ligt het uitgebreide Westerpark.

**Het opvallende Rivagebouw**

Tussen Le Carrefour en het Justitiepaleis ligt het slanke, blinkende Rivagebouw, ontworpen door S. Ritzen. Op de begane grond vindt u Riva Grand café, schuin tegenover dit restaurant bevindt zich een informatiecentrum met een maquette van het hele gebied (Hugo de Grootlaan 80). Daarachter kunt u over een weggetje met Portugese kasseien wandelen langs een enorm waterbassin waaronder een parkeergarage ligt. U heeft dan schitterend zicht op een serie gebouwen die de vorm hebben van schepen met gebolde zeilen: de Armada.
Er wordt nog druk gebouwd maar het is nu al duidelijk dat deze wijk een levendige combinatie zal worden van wonen, werken, studeren en ontspannen.

**Ontdekhoek**
Onderwijsboulevard 3.
*073 6215335.*
*www.ontdekhoek.nl*
*di-za 10.00-17.00 uur.*

## Arena-Stoa 4

**Kaart** 2 D2.

Niet buiten het centrum maar wel buiten het gebied dat door onze wandelingen in de binnenstad wordt bestreken, ligt het Tolbrugkwartier. Vroeger was dit een woonwijk rondom de St.-Pieter, die 'de Pijp' werd genoemd. De kerk werd afgebroken. De pastorie staat er nog steeds. Het is het oude refugiehuis Mariënhage met traptoren. De wijk werd 'gesaneerd'. Men had toen nog geen oog voor de historische binnenstad. De Dieze werd hier een rioolpijp. Later, in 1998, heeft men de wijk modern willen verlevendigen. Een nieuw ontmoetings- en winkelgebied ontstond.

## Brabanthallen 5

Diezekade 2.
*073 - 6293911.*
*www.brabanthallen.nl*

Het begon met de eerste en grootste overdekte veemarkt, in 1932. Alle boeren

**De alom bekende toren**

van Brabant zijn er geweest. Wie kent niet de foto's van boeren met pet en stok, sigaar in de mond, die achter de koeienkonten hun handen op elkaar sloegen. En als de boeren vertrokken waren werd alles schoongespoten, want Pax Christi ontving er zijn pelgrims. De veemarkt wordt hier niet meer gehouden. Bijeenkomsten des te meer. Hal na hal is hier bijgebouwd. En er zijn nog steeds plannen. De oude veemarkthallen worden deels afgebroken, gerestaureerd, vervangen. De oude voorgevel met toren is een rijksmonument geworden.

## Sportiom 6

Victorialaan 10.
*073 - 6464646.*
*www.sportiom.nl*

Een modern sportpaleis waar men met de kinderen gemakkelijk een hele dag pret kan hebben. Paradise Bay biedt alle mogelijke zwemplezier in een Hawaïaans décor. Arctic Harbor is het decor voor de schaatsliefhebbers. Health Floor biedt u de mogelijkheid voor fitness, squash, ricochet, sauna, spinning. Er kunnen ook kinderfeestjes of vergaderingen en symposia gehouden worden. Parkeergelegenheid is er genoeg.
Om te kunnen skiën verwijzen wij u naar Indoor Ski & Snowboard. Zwemmen kunt u ook in de Ooster- en Zuiderplas en in het Engelenmeer.

**Indoor Ski & Snowboard**
Korvetstraat 3.
*073 6444366.*
*www.indoorski.nl*

## Provinciehuis 7

Brabantlaan 1.
*073 6812812.*
*www.brabant.nl*
*ma-vr 9.00-17.00 uur.*
*groepen op afspraak.*

Sinds 1814 bestaat de Provincie Noord-Brabant (tot 1848 met een -d op het eind). Het bestuur is in handen van de Commissaris van de Koningin (vroeger Gouverneur des Konings geheten), Gedeputeerde en Provinciale Staten. 'Staten' komt van 'standen': dat waren de burgerij, de adel, de geestelijkheid. Standen zijn er niet meer, maar het woord is blijven bestaan. En de plek waar vergaderd wordt is werkelijk een plek op stand. Tot 1971 was dat in het Gouvernementspaleis in de Verwersstraat. Sindsdien bestuurt men vanuit dit Provinciehuis. Omdat men het silhouet van de stad met de St.-Jan niet wilde verstoren heeft men de 103 meter hoge toren aan de rand van de stad gezet.
Binnen vindt u een keur aan kunstwerken. Beroemd is de collectie textiele kunstwerken die in vogelvlucht een overzicht biedt van de ontwikkeling in de internationale textielkunst vanaf de jaren zestig. In 1993 is een nieuwbouw gerealiseerd, die met een glazen gang is verbonden met het hoofdgebouw. Beroemd is 'de dikke deur' die toegang geeft tot de statenzaal. De deur was een geschenk van de inwoners van Brabant.

**Het Provinciehuis: 103 meter hoog**

# Straatnamenregister

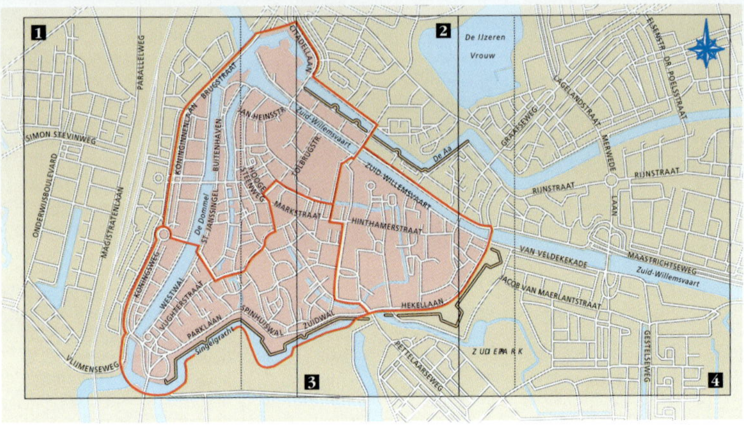


**Symbolen**

| | |
|---|---|
| Openbaar gebouw | Synagoge |
| Parkeerplaats | Museum |
| Parkeergarage | Theater |
| Toeristeninformatie | Rondvaartboot |
| Politiebureau | Postkantoor |
| Ziekenhuis | Spoorwegstation |
| Kerk | Busstation |

**Kaarten 1-2 & 3-4**

0 meter 200

**1: 8.333**

1

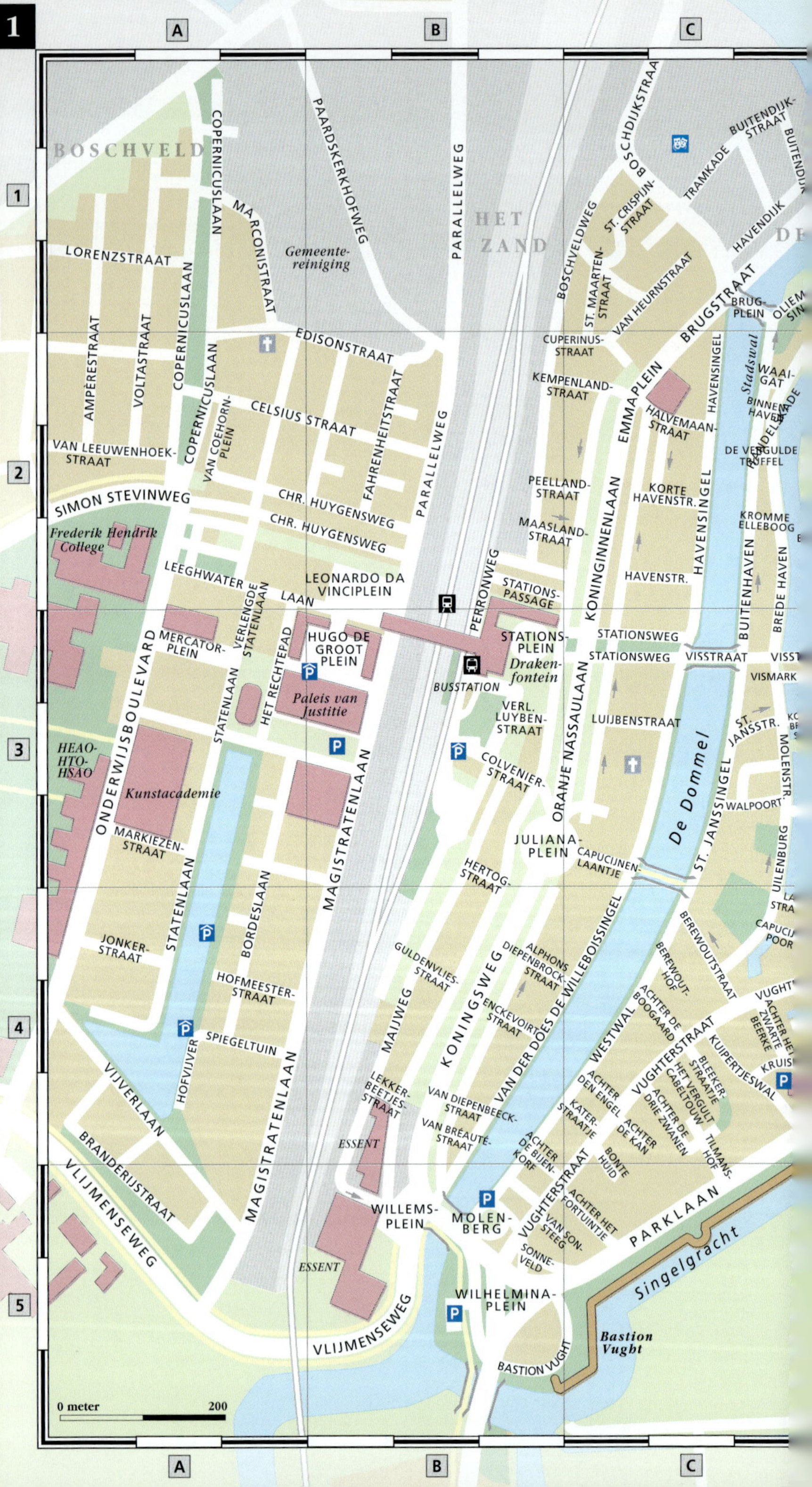

A
B
C
1
2
3
4
5
BOSCHVELD
HET ZAND
COPERNICUSLAAN
MARCONISTRAAT
PAARDSKERKHOFWEG
PARALLELWEG
Gemeente-reiniging
LORENZSTRAAT
AMPÈRESTRAAT
VOLTASTRAAT
EDISONSTRAAT
CELSIUS STRAAT
FAHRENHEITSTRAAT
VAN COEHORN-PLEIN
VAN LEEUWENHOEK-STRAAT
SIMON STEVINWEG
CHR. HUYGENSWEG
Frederik Hendrik College
LEEGHWATER LAAN
LEONARDO DA VINCIPLEIN
MERCATOR-PLEIN
VERLENGDE STATENLAAN
HET RECHTEPAD
HUGO DE GROOT PLEIN
Paleis van Justitie
STATENLAAN
ONDERWIJSBOULEVARD
HEAO-HTO-HSAO
Kunstacademie
MARKIEZEN-STRAAT
MAGISTRATENLAAN
BORDESLAAN
JONKER-STRAAT
HOFMEESTER-STRAAT
SPIEGELTUIN
HOFVIJVER
VIJVERLAAN
BRANDERIJSTRAAT
VLIJMENSEWEG
PERRONWEG
STATIONS-PASSAGE
STATIONS-PLEIN
Drakenfontein
BUSSTATION
VERL. LUYBEN-STRAAT
COLVENIER-STRAAT
JULIANA-PLEIN
HERTOG-STRAAT
GULDENVLIES-STRAAT
MAIJWEG
KONINGSWEG
ALPHONS DIEPENBROCK-STRAAT
ENCKEVOIRT-STRAAT
LEKKER-BEETJES-STRAAT
VAN DIEPENBEECK-STRAAT
VAN BRÉAUTÉ-STRAAT
ESSENT
WILLEMS-PLEIN
MOLEN-BERG
WILHELMINA-PLEIN
BASTION VUGHT
Bastion Vught
Singelgracht
PARKLAAN
BOSCHDIJKSTRAAT
BOSCHVELDWEG
ST. CRISPIJN-STRAAT
ST. MAARTEN-STRAAT
VAN HEURNSTRAAT
TRAMKADE
BUITENDIJK-STRAAT
HAVENDIJK
BRUGSTRAAT
BRUG-PLEIN
CUPERINUS-STRAAT
KEMPENLAND-STRAAT
EMMAPLEIN
HALVEMAAN-STRAAT
HAVENSINGEL
Stadswal
WAAI-GAT
BINNEN-HAVEN
DE VERGULDE TRUFFEL
PEELLAND-STRAAT
KORTE HAVENSTR.
KROMME ELLEBOOG
MAASLAND-STRAAT
KONINGINNENLAAN
HAVENSTR.
BUITENHAVEN
BREDE HAVEN
STATIONSWEG
VISSTRAAT
VISMARK
ORANJE NASSAULAAN
LUIJBENSTRAAT
De Dommel
ST. JANSSTR.
ST. JANSSINGEL
MOLENSTR.
WALPOORT
UILENBURG
CAPUCIJNEN-LAANTJE
VAN DER DOES DE WILLEBOISSINGEL
BEREWOUTSTRAAT
BEREWOUT-HOF
WESTWAL
ACHTER DE BOOGAARD
VUGHTERSTRAAT
KUIPERTJESWAL
BLEEKER-STRAATJE
HET VERGULT CABELTOUW
ACHTER DE DRIE ZWANEN
ACHTER DEN ENGEL
KATER-STRAATJE
ACHTER DE KAN
BONTE HUID
TILMANS-HOF
ACHTER DE BIJEN-KORF
ACHTER HET FORTUINTJE
VAN SON-STEEG
SONNE-VELD
ACHTER HET ZWARTE BEERKE
0 meter
200

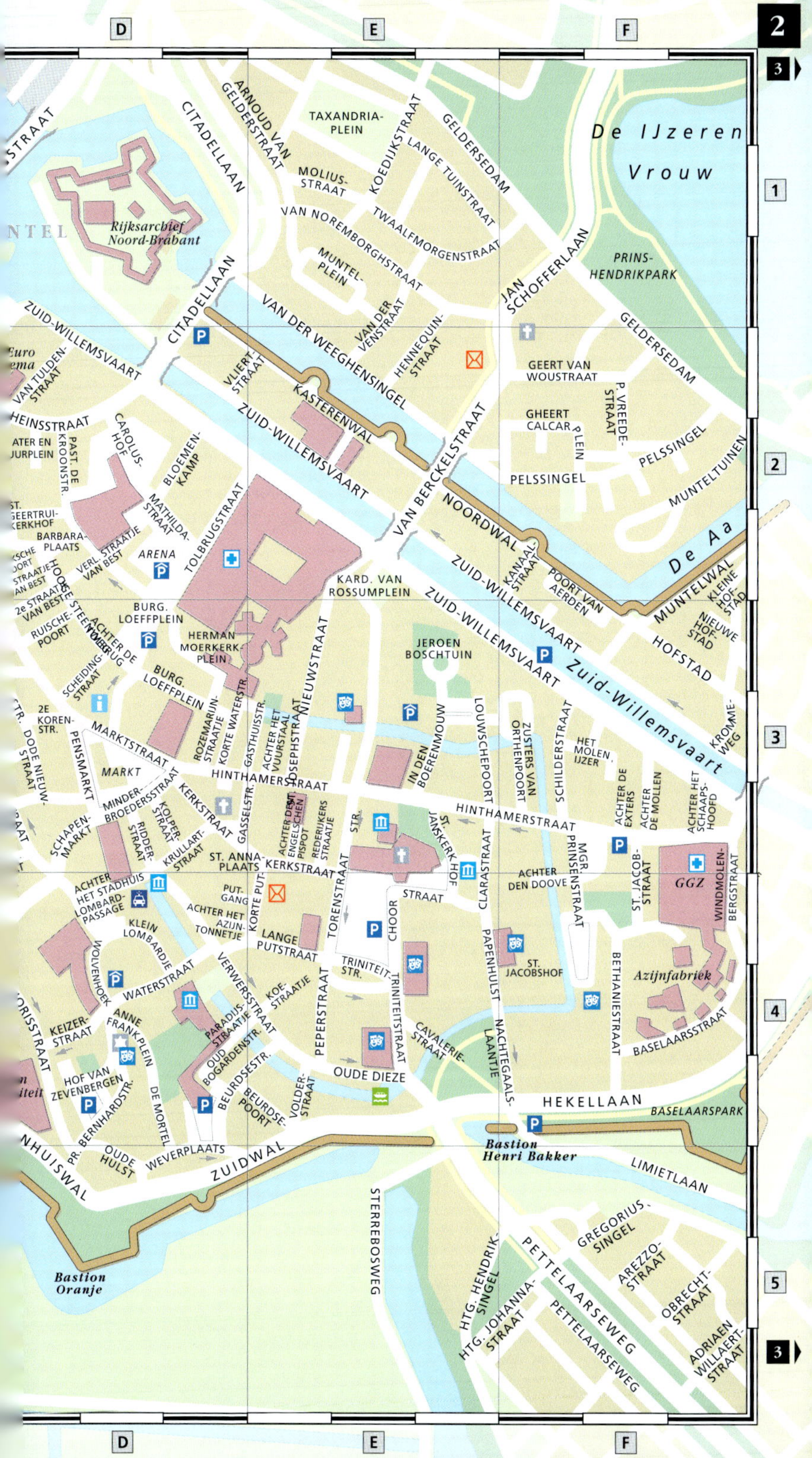
D
E
F
1
2
3
4
5
3
3
De IJzeren Vrouw
Rijksarchief Noord-Brabant
CITADELLAAN
ARNOUD VAN GELDERSTRAAT
TAXANDRIA-PLEIN
MOLIUS-STRAAT
KOEDIJKSTRAAT
LANGE TUINSTRAAT
GELDERSEDAM
VAN NOREMBORGHSTRAAT
TWAALFMORGENSTRAAT
MUNTEL-PLEIN
VAN DER VENSTRAAT
JAN SCHOFFERLAAN
PRINS-HENDRIKPARK
ZUID-WILLEMSVAART
VAN DER WEEGHENSINGEL
HENNEQUIN-STRAAT
GEERT VAN WOUSTRAAT
GHEERT CALCAR PLEIN
P. VREEDE-STRAAT
PELSSINGEL
MUNTELTUINEN
VLIERT-STRAAT
KASTERENWAL
VAN BERCKELSTRAAT
NOORDWAL
De Aa
VAN TULDEN-STRAAT
HEINSSTRAAT
CAROLUS-HOF
BLOEMEN-KAMP
PAST. DE KROONSTR.
MATHILDA-STRAAT
BARBARA-PLAATS
ARENA
TOLBRUGSTRAAT
KARD. VAN ROSSUMPLEIN
KANAAL-STRAAT
POORT VAN AERDEN
MUNTELWAL
KLEINE HOF-STAD
NIEUWE HOF-STAD
HOFSTAD
BURG. LOEFFPLEIN
HERMAN MOERKERK-PLEIN
JEROEN BOSCHTUIN
Zuid-Willemsvaart
KROMME-WEG
ACHTER DE TOLBRUG
SCHEIDING-STRAAT
RUISCHE-POORT
NIEUWSTRAAT
MARKTSTRAAT
MARKT
PENSMARKT
ROZEMARIJN-STRAATJE
KORTE WATERSTR.
GASTHUISSTR.
ACHTER HET VUURSTAAL
JOSEPHSTRAAT
IN DEN BOERENMOUW
LOUWSCHEPOORT
ZUSTERS VAN ORTHENPOORT
SCHILDERSTRAAT
HET MOLEN-IJZER
ACHTER DE EXTERS
ACHTER DE MOLLEN
ACHTER HET SCHAAPS-HOOFD
HINTHAMERSTRAAT
SCHAPEN-MARKT
MINDER-BROEDERSSTRAAT
KERKSTRAAT
RIDDER-STRAAT
KOLPER-STRAAT
KRULLART-STRAAT
GASSELSTR.
REDERIJKERS STRAATJE
ST. JANSKERKHOF
CLARASTRAAT
MGR. PRINSENSTRAAT
ST. JACOB-STRAAT
GGZ
WINDMOLEN-BERGSTRAAT
ST. ANNA-PLAATS
ACHTER HET STADHUIS
LOMBARD-PASSAGE
PUT-GANG
KORTE PUT
TORENSTRAAT
CHOOR STRAAT
ACHTER DEN DOOVE
ACHTER HET AZIJN-TONNETJE
LANGE PUTSTRAAT
KLEIN LOMBARDIJE
WOLVENHOEK
WATERSTRAAT
VERWERSSTRAAT
KOE-STRAATJE
PEPERSTRAAT
TRINITEIT STR.
TRINITEITSTRAAT
PAPENHULST
ST. JACOBSHOF
BETHANIESTRAAT
Azijnfabriek
KEIZER-STRAAT
ANNE FRANKPLEIN
PARADIJS-STRAATJE
OUD BOGARDENSTR.
CAVALERIE-STRAAT
NACHTEGAALS-LAANTJE
BASELAARSSTRAAT
HOF VAN ZEVENBERGEN
BEURDSESTR.
BEURDSE-POORT
VOLDER-STRAAT
OUDE DIEZE
HEKELLAAN
BASELAARSPARK
PR. BERNHARDSTR.
DE MORTEL
OUDE HULST
WEVERPLAATS
ZUIDWAL
Bastion Henri Bakker
LIMIETLAAN
STERREBOSWEG
GREGORIUS-SINGEL
AREZZO-STRAAT
OBRECHT-STRAAT
PETTELAARSEWEG
HTG. HENDRIK-SINGEL
HTG. JOHANNA-STRAAT
ADRIAEN WILLAERT-STRAAT
Bastion Oranje

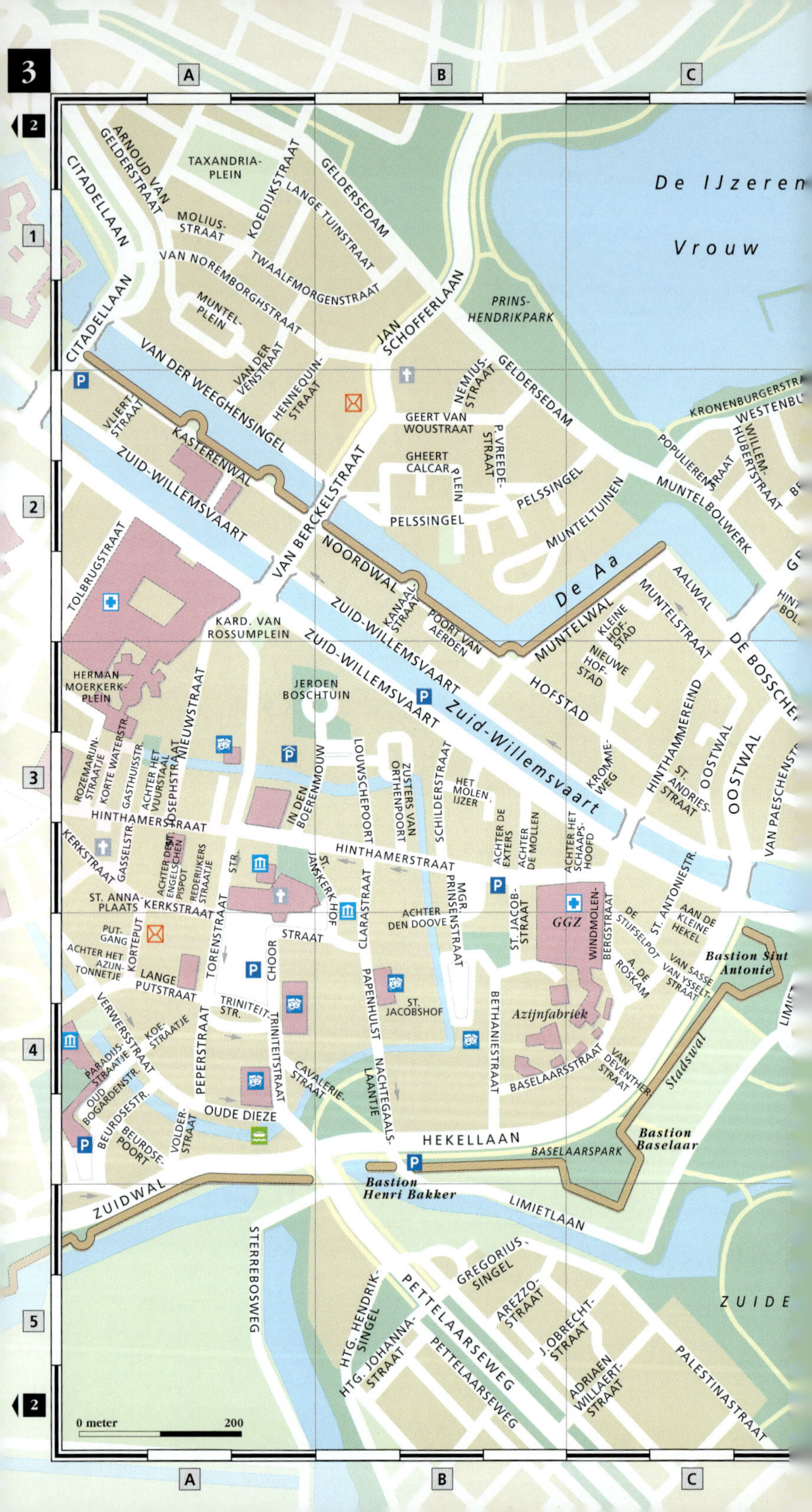

3
A
B
C
2
1
2
3
4
5
De IJzeren Vrouw
PRINS-HENDRIKPARK
De Aa
Zuid-Willemsvaart
CITADELLAAN
ARNOUD VAN GELDERSTRAAT
TAXANDRIA-PLEIN
KOEDIJKSTRAAT
GELDERSEDAM
LANGE TUINSTRAAT
MOLIUS-STRAAT
VAN NOREMBORGHSTRAAT
TWAALFMORGENSTRAAT
MUNTEL-PLEIN
JAN SCHOFFERLAAN
VAN DER VENSTRAAT
HENNEQUIN-STRAAT
VAN DER WEEGHENSINGEL
NEMIUS-STRAAT
GEERT VAN WOUSTRAAT
GHEERT CALCAR PLEIN
P. VREEDE-STRAAT
PELSSINGEL
MUNTELTUINEN
KRONENBURGERSTRA
WESTENBU
POPULIERENSTRAAT
WILLEM-HUBERTSTRAAT
MUNTELBOLWERK
VLIERTSTRAAT
KASTERENWAL
ZUID-WILLEMSVAART
VAN BERCKELSTRAAT
NOORDWAL
TOLBRUGSTRAAT
KARD. VAN ROSSUMPLEIN
KANAALSTRAAT
POORT VAN AERDEN
MUNTELWAL
KLEINE HOFSTAD
NIEUWE HOFSTAD
HOFSTAD
AALWAL
MUNTELSTRAAT
DE BOSSCHE
HERMAN MOERKERK-PLEIN
NIEUWSTRAAT
JEROEN BOSCHTUIN
ROZEMARIJN-STRAATJE
KORTE WATERSTR.
GASTHUISSTR.
ACHTER HET VUURSTAAL
JOSEPHSTRAAT
IN DEN BOERENMOUW
LOUWSCHEPOORT
ZUSTERS VAN ORTHENPOORT
SCHILDERSTRAAT
HET MOLEN IJZER
ACHTER DE EXTERS
ACHTER DE MOLLEN
ACHTER HET SCHAAPSHOOFD
KROMME WEG
HINTHAMMEREIND
ST. ANDRIESSTRAAT
OOSTWAL
VAN PAESCHENSTR
HINTHAMERSTRAAT
KERKSTRAAT
GASSELSTR.
ACHTER DE ST. ENGELSCHEN PISPOT
REDERIJKERSSTRAATJE
STR.
ST. JANSKERKHOF
MGR. PRINSENSTRAAT
ST. JACOBSTRAAT
GGZ
WINDMOLENBERGSTRAAT
DE STIJFSELPOT
ST. ANTONIESTR.
AAN DE KLEINE HEKEL
ST. ANNA-PLAATS
PUT-GANG
KORTEPUT
ACHTER HET AZIJNTONNETJE
LANGE PUTSTRAAT
TORENSTRAAT
CHOORSTRAAT
CLARASTRAAT
ACHTER DEN DOOVE
A. DE ROSKAM
VAN SASSE VAN YSSELTSTRAAT
Bastion Sint Antonie
PAPENHULST
ST. JACOBSHOF
BETHANIESTRAAT
Azijnfabriek
VERWERSSTRAAT
KOESTRAATJE
TRINITEITSTR.
TRINITEITSTRAAT
PEPERSTRAAT
PARADIJSSTRAATJE
OUD BOGARDENSTR.
BEURDSESTR.
BEURDSE POORT
VOLDERSTRAAT
OUDE DIEZE
CAVALERIESTRAAT
NACHTEGAALSLAANTJE
BASELAARSSTRAAT
VAN DEVENTERSTRAAT
Stadswal
HEKELLAAN
BASELAARSPARK
Bastion Baselaar
Bastion Henri Bakker
ZUIDWAL
LIMIETLAAN
STERREBOSWEG
HTG. HENDRIKSINGEL
HTG. JOHANNASTRAAT
PETTELAARSEWEG
GREGORIUSSINGEL
AREZZOSTRAAT
J. OBRECHTSTRAAT
ADRIAEN WILLAERTSTRAAT
PALESTINASTRAAT
ZUIDE
0 meter 200

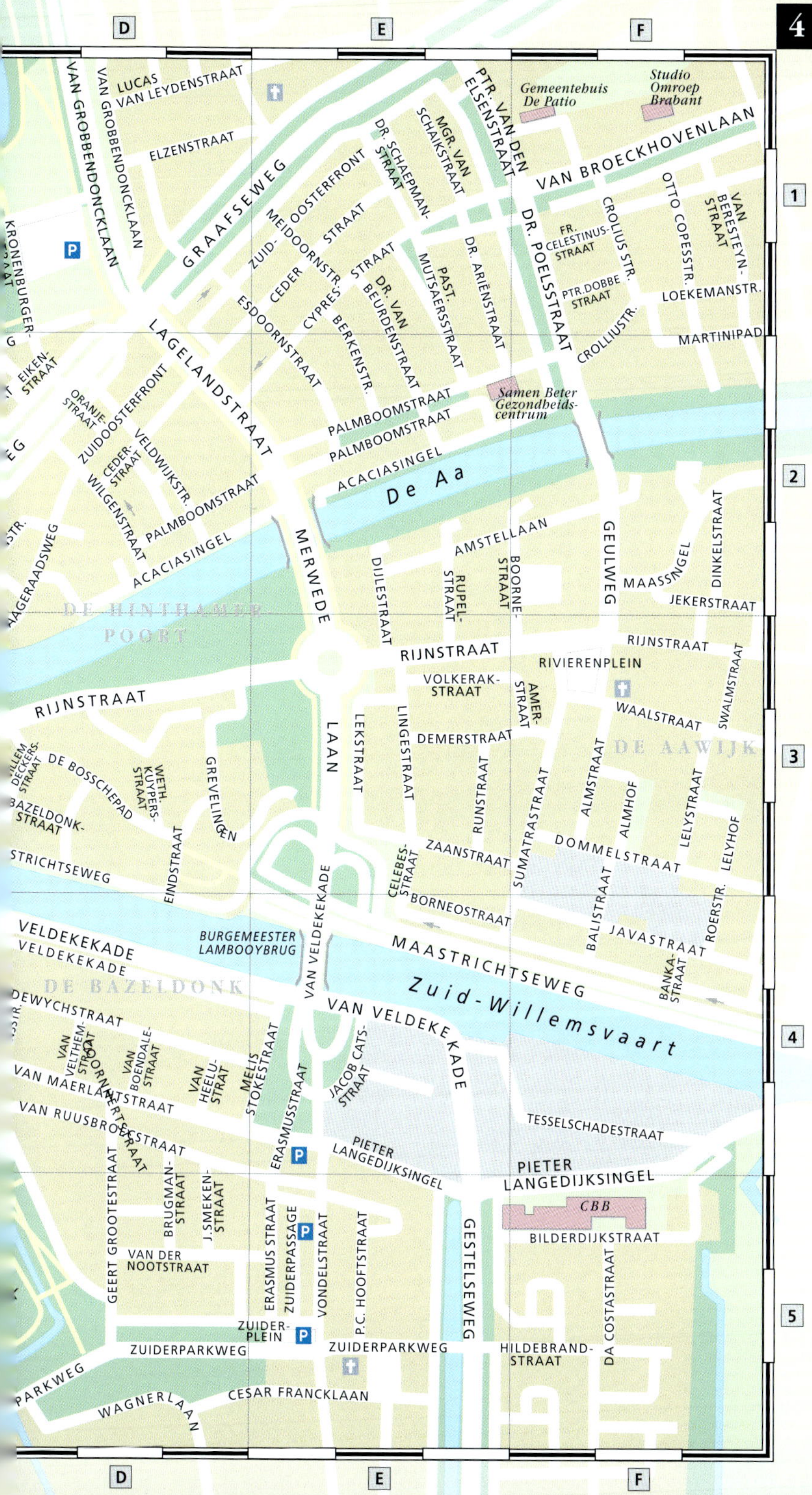
D
E
F
1
2
3
4
5
LUCAS VAN LEYDENSTRAAT
VAN GROBBENDONCKLAAN
ELZENSTRAAT
GRAAFSEWEG
ZUID-OOSTERFRONT
MEIDOORNSTR.
CEDER
STRAAT
DR. SCHAEPMAN-STRAAT
MGR. VAN SCHAIKSTRAAT
PTR. VAN DEN ELSENSTRAAT
Gemeentehuis De Patio
Studio Omroep Brabant
VAN BROECKHOVENLAAN
OTTO COPESSTR.
VAN BERESTEYN-STRAAT
CROLIUS STR.
FR. CELESTINUS-STRAAT
DR. POELSSTRAAT
DR. ARIËNSTRAAT
PAST. MUTSAERSSTRAAT
DR. VAN BEURDENSTRAAT
CYPRES-STRAAT
BERKENSTR.
ESDOORNSTRAAT
PTR. DOBBE STRAAT
LOEKEMANSTR.
MARTINIPAD
CROLLIUSTR.
KRONENBURGER-STRAAT
EIKEN-STRAAT
LAGELANDSTRAAT
ORANJE-STRAAT
ZUIDOOSTERFRONT
VELDWIJKSTR.
CEDER-STRAAT
WILGENSTRAAT
PALMBOOMSTRAAT
PALMBOOMSTRAAT
PALMBOOMSTRAAT
Samen Beter Gezondheids-centrum
ACACIASINGEL
De Aa
ACACIASINGEL
HAGERAADSWEG
MERWEDE
LAAN
DIJLESTRAAT
AMSTELLAAN
RUPEL-STRAAT
BOORNE-STRAAT
GEULWEG
MAASSINGEL
DINKELSTRAAT
JEKERSTRAAT
DE HINTHAMER-POORT
RIJNSTRAAT
RIJNSTRAAT
RIJNSTRAAT
RIVIERENPLEIN
VOLKERAK-STRAAT
AMER-STRAAT
WAALSTRAAT
SWALMSTRAAT
LEKSTRAAT
LINGESTRAAT
DEMERSTRAAT
DE AAWIJK
WILLEM DECKERS-STRAAT
DE BOSSCHEPAD
WETH. KUYPERS-STRAAT
GREVELINGEN
BAZELDONK-STRAAT
RUNSTRAAT
SUMATRASTRAAT
ALMSTRAAT
ALMHOF
LELYSTRAAT
LELYHOF
ZAANSTRAAT
DOMMELSTRAAT
STRICHTSEWEG
EINDSTRAAT
VAN VELDEKEKADE
CELEBES-STRAAT
BORNEOSTRAAT
BALISTRAAT
ROERSTR.
JAVASTRAAT
VELDEKEKADE
VELDEKEKADE
BURGEMEESTER LAMBOOYBRUG
MAASTRICHTSEWEG
BANKA-STRAAT
DE BAZELDONK
Zuid-Willemsvaart
DEWYCHSTRAAT
VAN VELDEKE KADE
VAN VELTHEM-STRAAT
COORNHERTSTRAAT
VAN BOENDALE-STRAAT
VAN HEELU-STRAAT
MELIS STOKESTRAAT
JACOB CATS-STRAAT
VAN MAERLANTSTRAAT
VAN RUUSBROECSTRAAT
ERASMUSSTRAAT
TESSELSCHADESTRAAT
PIETER LANGEDIJKSINGEL
PIETER LANGEDIJKSINGEL
CBB
GEERT GROOTESTRAAT
BRUGMAN-STRAAT
J. SMEKEN-STRAAT
ERASMUS STRAAT
ZUIDERPASSAGE
VONDELSTRAAT
P.C. HOOFTSTRAAT
GESTELSEWEG
BILDERDIJKSTRAAT
VAN DER NOOTSTRAAT
DA COSTASTRAAT
ZUIDER-PLEIN
ZUIDERPARKWEG
ZUIDERPARKWEG
HILDEBRAND-STRAAT
PARKWEG
WAGNERLAAN
CESAR FRANCKLAAN

# NOORD-BRABANT VAN STREEK TOT STREEK

# Noord-Brabant in het kort

Noord-Brabant is een grote provincie. De verdeling in negen regio's is verdedigbaar. Elke regio kan en zal ook afzonderlijk worden getypeerd. Echte grenzen zijn het echter niet. Ondanks de toenemende industrialisatie en verstedelijking - ook van de dorpen - zijn er nog veel prachtige natuurgebieden bewaard gebleven. De accommodatie voor de toerist en het aanbod op gebied van cultuur en ontspanning is groot.

**De fluisterboot** *maakt een overgetelijke tocht door de Biesbosch* (blz. 292-293).

**De Gevangenpoort** *of Lievevrouwepoort uit de Middeleeuwen is de trots van Bergen op Zoom* (blz. 312).

**Het Huis van Oranje** *is nauw verbonden met de geschiedenis van Breda* (blz. 257).

**De Loonse en Drunense Duinen** *is een uniek natuurgebied* (blz. 234-235).

**Kasteel Maurick** *is een van de vele kastelen in het dal van de Dommel* (blz. 99).

**De Hampoort** *(1688) gaf toegang tot de vestingstad Grave* (blz. 126).

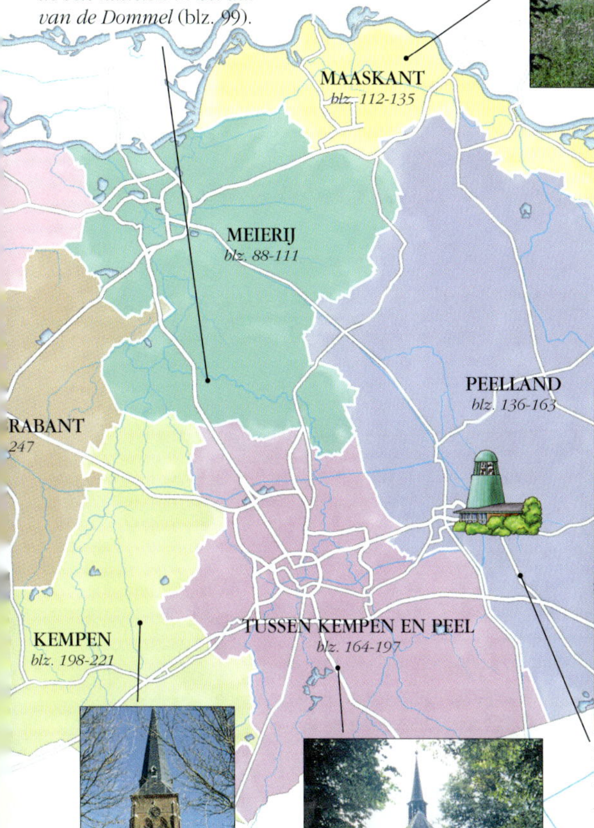

**Het Nationaal Beiaardmuseum** *in Asten* (blz. 145) *toont hoe klokken worden gemaakt en bespeeld.*

**Losse torens** *vindt u veel in Brabant. In Oostelbeers staan er zelfs twee* (blz. 211).

**De Nh-kerk** *van vader Van Gogh staat er nog zoals Vincent die schilderde* (blz. 180).

# MEIERIJ

*Brabantser dan Brabants. Zo voelen ze zich in de Meierij. Geen wonder. Het is het land rondom de hoofdstad. Een ruime driehoek waarvan de zijden gevormd worden door de Dommel en de Aa. Het heerlijke, voor het grootste deel nog kleinschalig en niet al te geïndustrialiseerd, populierenlandschap. De parel van de Meierij is de hoofdstad zelf. De parel daarvan is de St.-Jan.*

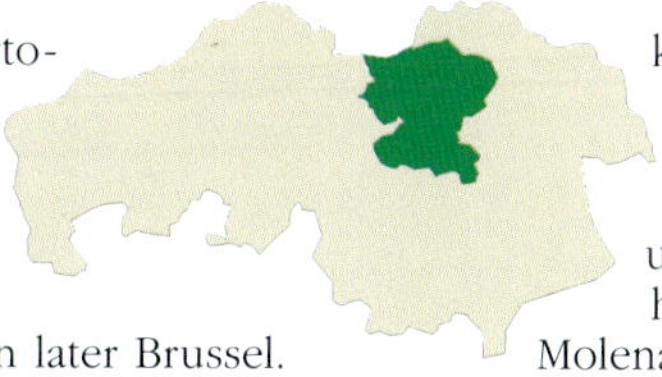

De Meierij van 's-Hertogenbosch was slechts een deel van het vroegere Hertogdom Brabant *(blz. 38-39)*. De hoofdzetel van de Hertog was Leuven en later Brussel. Het gebied in het noorden van zijn Hertogdom liet hij besturen door een meier, een plaatsvervanger. Deze meierij bestond uit vier kwartieren: Maasland, Peelland, Kempenland en het Land van Oisterwijk. Wij gebruiken het woord meierij tegenwoordig voor een kleiner gebied.

Hier bent u welkom. Hier geniet u van de vele landhuizen, kastelen, villa's met hun oprijlanen en parken. Kerken, torens en kapelletjes behoren wezenlijk tot dit landschap. In de kapel langs de weg branden kaarsen en er staan altijd verse bloemen. Boerenbedrijven informeren u graag en bieden hun producten aan. Molenaars ontvangen u gastvrij. Musea laten u genieten van oude interieurs, poffers en mutsen maar evenzeer van moderne kunstwerken, oldtimers en jukeboxen.

In de Meierij koopt u een paar klompen, een mooi gevlochten mand, verse melk en eieren of een Bossche bol.

Op terrassen geniet u van een brandewijntje met suiker. U luistert naar de plaatselijke harmonie in de muziekkiosk of u kijkt naar het gilde dat vaandel zwaait.

**In de Bossche Broek werd 100 jaar geleden het hooi nog met paard en wagen binnengehaald**

◁ **Hoog opgeschoten 'peppels' langs de landwegen rond Sint-Oedenrode**

# Meierij verkennen

De Meierij omvat acht gemeenten. Wat u daar beleeft, kan heel verschillend zijn.
Een fietstocht van Bokhoven, Engelen, Oud-Empel en Gewande aan de rand van de Maas. Het Smouse kerkhoff van Geffen. Het kasteel van Heeswijk. De beeldenroute van Schijndel. Een bezoek aan het Monument Kamp Vught. Het Kanunnikenhuisje van Boxtel. Het poffermuseum in het St.-Paulusgasthuis van Sint-Oedenrode. De kastelen Maurick, Henkenshage en Dommelrode. De landhuizen van St.-Michielsgestel. En dit is nog maar een greep.

## Gemeenten

Bernheze 3
Boxtel 7
's-Hertogenbosch 1
Maasdonk 2
Schijndel 6
St.-Michielsgestel 5
Sint-Oedenrode 8
Vught 4

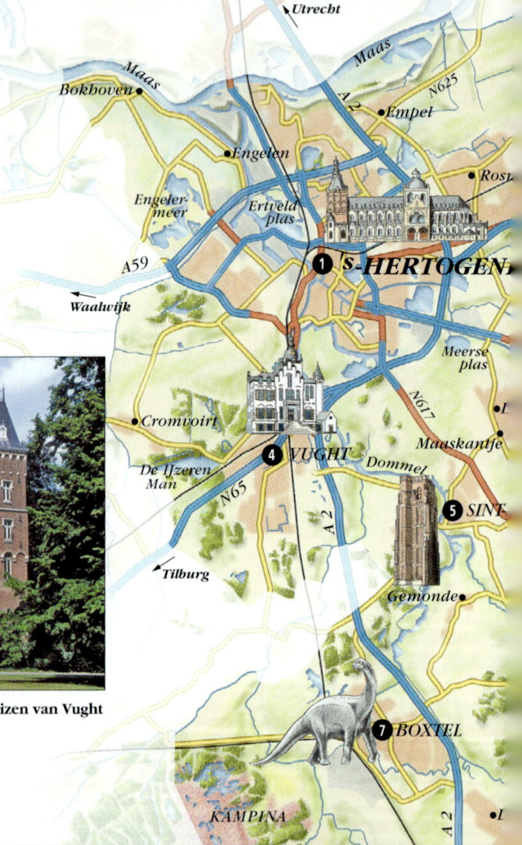

Een van de vele kastelen en herenhuizen van Vught

## Symbolen

Snelweg
Provinciale weg
Secundaire weg
Kanaal/rivier

Charolaisrunderen in de Kampina

Fietsers in natuurgebied Bossche Broek *(blz. 102)*

## Activiteiten

U kunt gaan zwemmen in de IJzeren Man. U stapt in Kasteren in een kano en vaart op de Dommel. U trekt met de kinderen naar de Eerdse Bergen, de Wamberg of Zegenwerp. U fietst door de Bossche Broek. U bezoekt kleine dorpjes zoals Olland, Gemonde, Liempde. Dan geniet u met volle teugen van de Meierij.

### *Zie ook*

- ***Accommodatie*** blz. 332, 344
- ***Restaurants*** blz. 338

Kasteel Heeswijk in Heeswijk-Dinther

De Dommel bij Sint-Oedenrode

**Kribben in de Maas bij het dorp Bokhoven**

**GEMEENTE 'S-HERTOGENBOSCH** ❶

**Wegenkaart D3.** *130.500.* *Markt 77 (0900-1122334).*

's-Hertogenbosch, *blz. 44-83*

## Engelen

Het gebied ten noorden van 's-Hertogenbosch en ten westen van de Dieze behoorde vroeger tot het graafschap Holland. Engelen dus ook. Alleen omdat Engelen en Bokhoven sinds 1970 bij de gemeente 's-Hertogenbosch ingedeeld zijn, behoren ze in onze verdeling van Brabant tot de Meierij en niet tot Hollands Brabant.
Als u via Deuteren en De Kruiskamp of via De Rietvelden 's-Hertogenbosch verlaat, komt u in het poldergebied voor de Maas, het **Engelenmeer**. Het is een moerassig gebied, en was vroeger een prima plek om eenden te vangen. Vandaar de **Eendenkooi**. Nu ziet u mensen spelevaren op het meer. Soms overstroomde de Maas of de Dieze en sloeg een gat in de grond waar het water binnenspoelde. Zo ontstonden in het polderlandschap de **wielen**. Rondom Engelen ligt er ook een aantal. Engelen zelf ligt op een terp aan de Dieze. Geen wonder dat Engelen een uitstekend hoofdkwartier was voor de Graaf van Solms, tijdens de belegering van 's-Hertogenbosch in 1628-1629. Hij stelde er veel molens op om het geïnundeerde land droog te malen.
De **kerk** is een restant van een kerk uit 1481 die in 1587 werd verwoest. Binnen heeft ze een houten tongewelf. Op het dak staat een houten toren met een klok uit 1668. Het dorp heeft meer dan een eeuw een meisjespensionaat gehad.
In de hoek waar de Dieze in de Maas stroomt ligt het **fort Crèvecoeur** (Hartsmart). Bij de verovering van 1587 kreeg het deze naam. Het is daarna nog vaak veroverd en heroverd.

## Bokhoven

Bokhoven was eerst een heerlijkheid, later een baronie, weer later een graafschap, daarna een gemeente en nu gewoon een dorp. Zijn geschiedenis is bekend vanaf de 13de eeuw. Voorname families zijn bezitter geweest van het **kasteel**. Dit is in 1794 verwoest. Er is slechts een stuk muur met schietgaten en

**Gedenkteken bij gemaal Gewande aan de Maas**

een slotpoort over.
De **kerk** uit de 15de eeuw is een juweel. Gebrandschilderde ramen, antiek meubilair, een barok hoofdaltaar, een plafond in rococostijl en oude liturgische voorwerpen. Vooral indrukwekkend is het meesterwerk van de Vlaamse beeldhouwer Artus Quellinus de Oude: een **graftombe** in zwart en rood marmer met in wit marmer de eerste Graaf en Gravin van Bokhoven, Engelbert van Immerzeel en Helena de Montmorency.
In het kerkje wordt de Heilige Cornelius (Knillis) vereerd. Hij beschermde kinderen tegen de stuipen.

## Empel

's-Hertogenbosch heeft zich naar het noorden uitgebreid tot aan de Maas. De **Maaspoort** bij de Noorderplas loopt uit op huizen die een prachtig uitzicht hebben over uiterwaarden en Maas. Daar vindt u als laatste weggetje de Empelse Dijk, die u door **Oud Empel** voert, een heerlijke plek om even een biertje te drinken. De Romeinen hadden hier al een tempel. Na de verwoestingen van de Tweede Wereldoorlog heeft het dorp zich verplaatst.
Het fietspad over de dijk voert u langs wielen en uiterwaarden naar het **gemaal Gewande** dat ook met de auto te bereiken is. Het **poldergemaal Caners** is niet meer in gebruik. Het is ingericht als museum over de waterstaatkundige geschiedenis van deze streek. Iets verderop ligt **museum Hertogsgemaal** waar u een grote verzameling botten vindt van uitgestorven dieren die hier hebben geleefd. Ook zijn hier vondsten uit het stenen tijdperk bijeengebracht.

**Gemaal Caners**
Krommenhoek 10. *0412-698300.* *april-okt. laatste zo 13.00-17.00 uur.*

**Museum Hertogsgemaal**
Rosmalensedijk. *073-6415266.* *april-okt. laatste zo 13.00-17.00 uur.*
*www.brabantmuseumland.nl*

**Het Hertogsgemaal van Empel is ingericht als museum**

## Rosmalen

Een urnenveld uit de ijstijd bewijst dat hier al vroeg mensen woonden. Ook Romeinen woonden hier voordat het als middeleeuws dorp Rosmella bekend werd. Het heeft veel te lijden gehad van de Geldersen en van het krijgsgewoel in de Tachtigjarige Oorlog. Ook waren er steeds weer overstromingen van de Maas.
Er werden kloosters gesticht: **klooster Mariënwater** in **Coudewater** in 1434 en de **Annenborch** in 1503. Van beide kloosters zijn delen bewaard gebleven.
De **St.-Lambertuskerk**, een gotische kerk met een Kempische toren uit 1400 met carillon siert het centrum.

Rosmalen heeft een mooi gerestaureerde **standerdmolen** uit 1732.
Maar Rosmalen is vooral bekend om zijn tennistoernooien en om het **Autotron**. Het is eigenlijk een groot autopretpark met educatieve elementen. In april 2004 is begonnen met de aanleg van de nieuwe dagattractie: het strandbad. Het speelparadijs zal naar verwachting in 2006 volledig zijn voltooid.
In het Autodrome staat een prachtige collectie oldtimers. Evenementen vinden plaats in het ExpoDome. En er is een grandioze speeltuin.

**Autotron**
Graafsebaan 133. *073-5233300.*
*tijdelijk gesloten*
*www.autotron.nl.*

**Het wiel van Armando aan de rand van het stuifzandgebied in Rosmalen**

In het buitengebied rond Vinkel is het heerlijk wandelen of fietsen

**Gemeente Maasdonk ❷**
**Wegenkaart E2.**
*11.400. Dorpsplein 3, Geffen (073-5321243).*

## Nuland

De drie dorpen van de gemeente Maasdonk liggen aan de rand van het Maasdal en de hogere dekzandrug. De naam Nieuw-land wijst erop dat men al dorpen durfde te gaan stichten in het poldergebied. In de 13de en 14de eeuw begon men dijken aan te leggen bij de Maas. Daar ontstonden dorpen aan de rivier. Empel, Maren, Kessel, Lith, Lithoijen. Het gebied tussen dijk en zandrug werd ingepolderd en daar in die polder ontstond Nieuw-land, Nuland. De naam Hertogswetering herinnert aan deze middeleeuwse tijden.
Soms brak de dijk. Dan sloeg de Maas met geweld een groot gat, een wiel, en overspoelde de polder. Soms ook werd het water binnengelaten via de Beerse Overlaat. De dorpen moesten zich met ringdijken beschermen. Als u van Nuland de polder inrijdt, passeert u zo'n dijk.
Een ander gevaar voor dorpen in dit gebied was oorlogsgeweld. De Geldersen hebben hier flink huisgehouden. Nuland had voortdurend last van inkwartiering, vorderingen, plundering door legers van Gelre, Spanje en Oranje. De Fransen hebben later het kasteel verwoest. De Duitsers hebben in de laatste oorlog de kerk vernield.
Er valt toch nog genoeg te genieten in en rond Nuland. De weidse **polder** en (aan de westkant) een **bos- en heidegebied** waar verschillende instituten liggen die nog restanten bevatten van vroegere landgoederen, zoals **Duyn en Dael** waar de broer en zus van Maarten Tromp woonden en **De Brinckhorst**.

Het klooster van Nuland uit 1912 is nu in gebruik als woonwinkel

## Vinkel

De naam is ontleend aan de beek die er stroomt. Het is een aardig dorp met een mooie moderne kerk. Het dorp is vooral bekend door het **Vrijetijdspark Vinkeloord**. En dat is weer bekend omdat het grenst aan het **Autotron** (*blz. 93*). Even buiten Vinkel vindt u ook de **sterrenwacht Haley.**

Sterrenwacht Haley

Het is heerlijk wandelen en fietsen door **Het Vinkel** en de **Hooghei** maar vooral door recreatiegebied **Engelenstede**. Dat is een oud landgoed. Het bestaat nu uit vier boerderijen waarvan de oudste gebouwd is rond 1600. Daar vlakbij ligt de voormalige **St.-Cunerakapel** uit 1535, hersteld in 1631. Nu is het een woonhuis.
Na zoveel moois gezien te hebben verlaat u Vinkel als 'ene blijen mens'. Zo typeert een beeldje in het dorp de Brabander.

## Geffen

**Effe naor Geffe** heet het jaarlijkse evenement in

september dat duizenden bezoekers trekt. Het is een boerenmarkt met oude ambachten en nieuwe producten. Een feestelijk gebeuren aan de voet van het moderne raadhuis en de oude **Maria Magdalenakerk**. Een toren met gekoppelde galmgaten in twee rijen boven elkaar uit de 15de eeuw steekt sierlijk in de lucht. Het gotische schip van de kerk stamt uit de 16de eeuw maar in 1892-1893 heeft C. Franssen uit Roermond er flink aan verbouwd. In de toren hangt nog een klok uit 1645.
Op het plein bij de kerk staat een dorpspomp. In het dorpscentrum vindt u meerdere herenhuizen met allure.
De twee molens hebben nogal wat te verduren gehad. De **Vlijt** stamt uit 1681 en stond in Boxtel, daarna in Nistelrode. Vandaar kwam hij in Geffen terecht, eerst op een andere locatie maar sinds 1975 staat hij op de huidige plek aan de Groenstraat.

**Het rijk versierde altaar van de Maria Magdalenakerk**

**De dorpspomp van Geffen**

Ook de **Zeldenrust** uit 1621 stond vroeger op een andere plek in Geffen. Beide molens behoren tot de oudste molens van Brabant.
Een bijzonder monument in Geffen is **Het Smouse kerkhoff**, het joodse kerkhof. De oudste zerk is van 1760 maar het kerkhof bestond al een eeuw eerder. De zerken die nu zichtbaar zijn, stammen vooral uit de tweede helft van de 19de eeuw.
De **Geffense bosjes** en de **Geffense Plas** zijn heerlijke recreatiegebieden aan de rand van het naburige Oss.

## Het Smouse kerkhoff

Hier begroeven joden hun doden van 1693 tot 1908. Beth Haim, Huis des levens of Gutort, de Goede Plaats of Keiwer Owes, Graf der Voorvaderen noemden ze deze plek. Het ligt een flink eind van het dorp af. Dat zegt wat over de verhouding met de plaatselijke katholieke bevolking. Maar hier in Geffen mochten ze ten minste nog wonen en werken. Zo waren er in heel Brabant 33 plaatsen waar joden zich voor kortere of langere tijd mochten vestigen. Brabant telde 24 synagogen. Nu zijn er nog 5 in gebruik.
Het kerkhof had een regionale functie. Van de 86 grafstenen behoren er een groot aantal tot de families Van de Bergh en Van Zwanenberg. De Van de Berghs hadden zich oorspronkelijk in Geffen gevestigd. De familie Van Zwanenberg kwam uit Heesch. Beide families zijn beroemd geworden in Oss als vlees- en margarinefabrikanten.

**Het Smouse kerkhoff is een oude joodse begraafplaats**

# Kasteel Heeswijk

**Baron André van den Bogaerde van Terbrugge**

Al voor 1080 stond hier een mottekasteel. Sindsdien is het vaak verbouwd. Heer Albert was in de 12de eeuw de eerste bewoner van een compleet kasteel. Hier logeerde de Hertog van Brabant. Maarten van Rossum en later Maurits wist men hier tegen te houden, Frederik Hendrik nam het in. Ook onder Franse legerleiders was dit een populaire pleisterplaats: Lodewijk XIV, generaal Pichegru en Napoleon.

Het kasteel werd in 1835 eigendom van de familie Van den Bogaerde van Terbrugge die het verbouwde en verrijkte met een grote verzameling unieke kunstvoorwerpen.

**Slotgracht**
*Rondom het kasteel is een uitzonderlijk brede gracht aangelegd.*

**Franse tuin,** ontworpen door Copijn en aangelegd na de verbouwing van het koetshuis waar de laatste baron en barones tot 1994 hebben gewoond.

**Duiventoren**

**Smeedijzeren hekken**
*Hekken sieren de toegangen tot de tuinen rondom het kasteel en de vele beukenlanen op het landgoed.*

**Voorburcht**
*Het vroegere koetshuis, van 1949 tot 1994 woonhuis, nu winkel en expositieruimte.*

**STERATTRACTIES**

- ★ **Chinese kamer**
- ★ **Gotische zuilengalerij**
- ★ **Bibliotheek**

**Kasteel Heeswijk**
*Hier in gehavende toestand op een gravure uit de 17de eeuw.*

**TIPS VOOR DE TOERIST**

Kasteel 4. **Wegenkaart E3.**
*0413-292024. mei-sept. di en wo 11.00-16.00, do 11.00-14.00 en zo 12.00-16.00 uur. okt.-april 1ste en 3de zo.*
*ma. op hele uur.*
*www.kasteelheeswijk.nl*

**Neogotische Wapenzaal,** speciaal gebouwd voor de uitbreidende verzameling, nu trouwzaal.

**★ Gotische zuilengalerij**
*Op de vloer vindt u grafzerken, door de baron verzameld.*

**★ Chinese kamer**
*Het interieur heeft met de hand geschilderd papieren behang, zijden gordijnen, beschilderd plafond en zwarte lakdeuren.*

**Leeuwen**
*Aan beide kanten van de toegangsbrug staan leeuwen.*

**★ Bibliotheek**
*Hier bevindt zich een 16de-eeuws altaarstuk. Het was de favoriete werkkamer van de laatste baron.*

**GEMEENTE BERNHEZE** ❸

**Wegenkaart E2-E3.**
*28.800.* *Abdijstraat 51, Heeswijk (0413-292884). De Misse 4, Heesch (0412-456194). Laar 57, Nistelrode (0412-611945).*

**Jachtslot De Berkt in Heesch hoorde bij kasteel Heeswijk**

## Heeswijk-Dinther

Het **kasteel** *(blz. 96-97)*, de **abdij** van de Norbertijnen, de **Museumboerderij**: de heren, de geestelijken, de boeren. Eeuwenlang zijn dat de drie standen in Brabant geweest. Deze drie plekken in Heeswijk informeren u erover. Bij Imkerij **'t Polletje** leert u alles over honing en de bijen die ervoor zorgen. In **Interart Beeldentuin & Gallery** geniet u van kunst uit onze tijd.

## Heesch

De weg van 's-Hertogenbosch naar Grave die koning Willem I liet aanleggen, liep dwars door het dorp. Er werd tol geheven om uit de kosten te komen. Die weg werd na de laatste oorlog een grote last voor het dorp, want het verkeer nam zienderogen toe. Dat is nu afgelopen en de rust is weergekeerd. De Tweede Wereldoorlog heeft veel verwoest. De geschonden kerk brandde later ook nog eens af. Nu staat er een moderne **kerk** van Geenen en Oskan.
Over de geschiedenis van Heesch en omgeving wordt u geïnformeerd in **Heemschuur Maasland**. Men toont u poffers van de boerin, gereedschap van de boer en vondsten uit de prehistorie.
Een belangrijke gebeurtenis in de geschiedenis van Heesch is de bouw in 1754 van kasteel **De Berkt**. Dit kleine jachtslot hoorde bij het kasteel van Heeswijk en het ligt er mooi. Genieten kunt u ook in het **Poppenhuismuseum**. De honderd poppenhuizen waren niet altijd bedoeld als speelgoed maar als pronkstuk. Men wilde in miniatuur laten zien hoe het eigen huis er uitzag. Interessant is een bezoek aan **Sterrenwacht Halley**, maar u kunt natuurlijk ook het **Arboretum** bekijken of een partijtje gaan golfen.

**Melkmeisje**

## Nistelrode

De natuur in de omgeving is schitterend. Daarover kunt u zich laten informeren in **Bezoekerscentrum Slabroek**.
Het dorp heeft een gezellig centrum. **Piet Mondriaan**, die in 1904-1905 in Uden woonde, kwam hier graag schilderen. Brabantse landschappen, molens, bomenrijen, grazende koeien. De patronen en kleuren zouden later verstrakken tot de hem kenmerkende lijnen en heldere kleurenvlakken. Hij heeft de molen **Windlust** uit 1532 en de molen van **Vorstenbosch** die ook Windlust (1820) heet, zeker gekend.
Als u wilt kijken naar zweefvliegen of het zelf eens wilt proberen, bezoekt u dan **Aeroclub** Nistelrode.

**Museumboerderij**
Meerstraat 28, Heeswijk. *0413-291546.* *mei-okt. wo, za, zo.*

**Imkerij 't Polletje**
Jan de Boomstraat 7, Heeswijk. *0413-229384.* *op afspraak.* *www.brabantsemeierij.nl*

**Interart Beeldentuin & Gallery**
Gouverneursweg 6 c, Heeswijk. *0413-293328.* *mei-okt. do-zo 13.00-17.00 uur.* *www.interart.nl*

**Heemschuur Maasland**
Schoonstraat 35, Heesch. *0412-457320.* *april-okt. laatste zo 13.00-17.00 uur.*

**Poppenhuismuseum**
Beellandstraat 10, Heesch. *0412-452575.* *wo-za 10.00-17.00, zo 11.00-16.00 uur.* *www.poppenhuismuseum.nl*

**Bezoekerscentrum Slabroek**
Erenakkerstraat 5, Nistelrode. *mei-okt. zo-vr 10.00-17.00, za 13.00-17.00, nov.-april zo 10.00-17.00 uur.*

**Aeroclub**
Vorstenboscheweg 10, Nistelrode. *0413-261897.*

**GEMEENTE VUGHT** ❹

**Wegenkaart D3.**
*25.600.* *Leeuwensteinplein 5 (073-6580620).*

# Vught

Al in de 11de eeuw werd in Vught tol geheven en een eigen munt geslagen. Het bestond dus al lang toen in de 13de eeuw de Duitse Orde er een commanderij vestigde in de **Zionsburg**, een landgoed midden in Vught.
Voor die tijd bestond al het **kasteel Maurick**, mogelijkerwijs herbouwd in 1509 door een van de bouwmeesters van de St.-Jan van 's-Hertogenbosch, Jan Heijns. In 1891 heeft het zijn huidige aanzien gekregen. Een bezoek aan Maurick, nu een restaurant, en aan het bosgebied er omheen, dat doorloopt tot de Dommel met **Het Vaantje** aan de overkant, is zeer aan te raden.

**Raadhuis van Vught**

Het **Raadhuis**, villa Leeuwenstein (1901), ligt ook in een prachtig park met fonteinen en vijvers. Alle onderdelen van de villa, binnen en buiten, zijn zeer verfijnd uitgevoerd. Het is het meest gefotografeerde pand van Vught. Vught kent evenwel veel villa's: **Huize Bergen, Leeuwenhof, Leeuwenburgh, Beukenhorst, Crayenstein, Bleijenburg, Sparrendaal**. Ouder dan deze villa's is **Sophiae Domus** in de Taalstraat. Het is misschien begonnen als klooster. Koning Willem II verbleef hier vaak in de jaren van de Belgische opstand. Daarvoor hadden Maurits en Frederik Hendrik er gelogeerd. Nu is hier een oudheidkamer, het **Vughts Historisch Museum**, gevestigd. Overigens staan er in diezelfde Taalstraat veel mooie statige herenhuizen.
Het centrum van Vught is voor een toerist ook zeer aantrekkelijk. Een intiem marktplein en aardige straten bij de imposante neogotische **Petruskerk**. Nog indrukwekkender is de **St.-Lambertustoren** uit 1560 met zijn kenmerkende 'speklagen' van verschillende soorten steen. Als u uit Tilburg komt, ziet u hem recht voor u op de weg staan. In 1600 is de spits eraf gevallen. Het schip van de kerk heeft men toen afgebroken. Het koor van de kerk is in 1619 hersteld. Zo is de toren los komen staan.

**Kasteel Maurick, in 1891 ingrijpend verbouwd, nu restaurant**

Op de **Vughtse Heide** en rondom de **IJzeren Man** is het fijn wandelen en fietsen. De naam stamt van de stoommachine die hier het zand opzoog dat nodig was voor de spoorlijn.
Hier op de Vughtse Heide heeft het Konzentrationslager 's-Hertogenbusch gelegen. Het **Nationaal Monument Kamp Vught** informeert u erover. Indringend, met eerbied, waarschuwend maar ook bescheiden en dus niet akelig. Een goede plek om uw kinderen uit te leggen wat onderdrukking en discriminatie kunnen veroorzaken.
Indrukwekkend is een bezoek aan de **fusilladeplaats**, waar de namen van allen die in Vught stierven staan genoteerd.
Ook bij het karakteristieke **station** wordt u herinnerd aan het feit dat vanhier 14.000 joodse mannen, vrouwen en kinderen zijn weggevoerd.
De barakken van het kamp Vught zijn na de oorlog gebruikt om oorlogsmisdadigers op te sluiten. Daarna zijn de barakken gebruikt als opvangcentrum voor Zuid-Molukkers (Ambonezen, zei men toen) die er nog jarenlang als groep hebben gewoond.
Het gebied rondom 's-Hertogenbosch heeft altijd kazernes gekend. Ook hier op de Vughtse Heide oefenden militairen. De genie heeft er een **Geniemuseum** ingericht met uniformen, modellen van bruggen, pontons en vlotten.

### Vughts Historisch Museum

Taalstraat 88a. *073-6568603.*
*zo, di, do 14.00-17.00 uur.*
*www.brabantmuseumland.nl*

### Nationaal Monument Kamp Vught

Lunettenlaan 600. *073-6566764.*
*di-vr 10.00-17.00, za-zo 12.00-17.00 uur.* *gesloten ma.*
*www.nmkampvught.nl*

### Geniemuseum

Lunettenlaan 102. *073-6881867.* *na afspraak op di, do 13.00-16.00 uur.*
*www.brabantmuseumland.nl*

'De Oude Tol' aan de oude weg van 's-Hertogenbosch naar Luik

## De Oude Tol

Zo heet de Halsche Barrière, een van de vele tolhuizen in Brabant. U herkent ze gemakkelijk want ze hebben dezelfde bouwstijl. U vindt ze ook in Boxtel, Valkenswaard, Geldrop en Leende. Tolhuizen waren vaak ook café. Tol werd van iedere passant geheven om wegenaanleg mogelijk te maken. Hier bij Vught gaat het om de weg van 's-Hertogenbosch naar Luik.
De tolheffingen werden in Brabant in 1872 afgeschaft. De tolhuizen en namen met tol of barrière of hut bleven bewaard.
Pas in de 20ste eeuw werd wegenbelasting ingevoerd. Aanvankelijk bestond er ook voor de fiets zo'n belasting. Iedereen die een fiets bezat, moest een fietsplaatje hebben. Wie armlastig was, hoefde niet te betalen. Dat kon dan wel iedereen zien want men knipte een gat in het fietsplaatje.

Fietsplaatje

Tolhuis in Leende aan de oude weg van Weert naar Eindhoven

## Cromvoirt

Een klein Brabants dorpje aan de rand van de **Helvoirtse Heide**.
Hier vindt u een aantal **boerderijen** en **stallen** van verschillende bouwstijlen. Die kunt u hier goed bestuderen. Een informatiebord bij de kerk helpt u daarbij.
Tot op de dag van vandaag ziet u bovendien dat de kruiden- en groentetuin voor de boerderij liggen. Dat was het terrein van de boerin. De stallen en landerijen erachter waren de werkplek van de boer. Oorspronkelijk werden de boerderijen door de plaatselijke bevolking gebouwd met materialen die in de buurt aanwezig waren. Het zichzelfdragend skelet werd eerst op de grond in elkaar gezet, dan uiteengehaald en daarna definitief bevestigd. Het was van eikenhout. De bomen had men uit voorzorg jaren geleden geplant. Wanden werden

Cromvoirtse boerderij

met leem uit de leemputten op de hei aangestreken. Wilgentwijgen waren daarbij nodig. De wilgen had men langs de sloten goed onderhouden. Stenen werden soms nog zelf gegoten, gedroogd of gebakken. Pannen werden slechts voor een klein deel van het dak gebruikt en aangeschaft bij een steenfabriek in de buurt. Riet en stro was altijd wel voorradig. Materiaal, afmetingen en vorm bleven op deze manier eeuwenlang hetzelfde.
De **St.-Hubertuskerk** van Cromvoirt wordt reeds in de 15de eeuw genoemd. Na 1648 werd het kerkje verwaarloosd en afgebroken. Een schuurkerk werd pas in 1890 vervangen door een nieuwe kerk met toren. De Duitsers hebben deze toren in 1944 opgeblazen. De kerk is hersteld, de toren niet.

**GEMEENTE ST.-MICHIELSGESTEL ❺**

**Wegenkaart D3.**

*27.800.* *Petrus Dondersplein 1, St.-Michielsgestel (073-5531187). Mercuriusplein 55, Berlicum (073-5033196).*

**In Berlicum en Den Dungen staan veel monumentale boerderijen**

## Gemonde

Door het Dommeldal nadert u het rustieke dorp Gemonde. Vandaar loopt er een prachtig fietspad naar de **Hooibrug**. Door de bossen van **Venrode** en **Zegenwerp** komt u weer in Gestel. Een andere route gaat door de bossen van de **Halsche Barrière** naar Halder.

## Maaskantje

Dit gehucht tussen Gestel en Den Dungen heeft een belkorenmolen uit 1864, de **Pelikaan**.

## Den Dungen

Hier lag vruchtbare grond; 'dung' betekent mest. Hier geen landhuizen maar flinke **boerderijen** van het lang- en kortgeveltype. U vindt ze vooral aan de Bosscheweg en de Spurkstraat. De boeren leverden aan 's-Hertogenbosch, want ze werden tot de burgers van deze stad gerekend. Hier ging men ook ter kerke totdat men begin 16de eeuw de eigen **Jacobuskerk** bouwde. De kerk is van binnen gerestaureerd en met smaak ingericht.
Het dorp heeft men met dijken beschermd tegen het Maaswater van de Beerse Overlaat. Nu loopt er een prachtig fietspad over langs wielen, dijkhuizen en boerderijen.
In een boerderij uit 1412 vindt u het **Museum 't Brabants Leven** waar de bewoners 35 ambachten uit het leven van vroeger tentoonstellen en toelichten.

**'t Brabants Leven**
Spurkstraat 70. 073-5942872.
*april-nov. op afspraak.*

**Huis Verbeek was het eerste kleinseminarie van bisdom 's-Hertogenbosch**

## Berlicum

Ook in dit gedeelte van de gemeente vindt u veel buitenhuizen.
De **Wamberg** stamt voor een deel nog uit de 16de eeuw. Poortgebouwen, het kasteelhuis zelf en het park eromheen zijn indrukwekkend.

**Poortgebouw van de Wamberg**

Aan de **Loofaert** liggen meerdere fraaie boerderijen, maar **Eikenlust** (16de eeuw) spant de kroon. Het is een langgevelboerderij die opvalt door de zeskantige toren tegen de voorgevel met waterlijsten en spaarnissen met spitsbogen. Het huis heeft een bakhuis, een duifhuis en een gracht er omheen.
**Huis Verbeek** is het eerste kleinseminarie van het bisdom geweest. De schrijver Herman de Man heeft hier gewoond.

# St.-Michielsgestel

Instituut voor Doven in St.-Michielsgestel

Kortweg Gèstel. Dat betekent hoog gelegen zandgrond. Daar hebben zich Kelten, Romeinen en Germanen gevestigd. Veel vondsten zijn gedaan in **Halder**, waar Essche Stroom en Dommel bij elkaar komen en het lager gelegen rivierkleigebied begint. Men heeft er waterputten en zelfs een complete pottenbakkersoven opgegraven. Men legt verband met de opgravingen in Esch en Empel en de 5000 Romeinse munten van Vught.

In **Ruimel**, iets verderop aan de Dommel, heeft Willibrordus een kerk gesticht dat in bezit kwam van de abdij van Echternach. De kerk is verdwenen. Het gehucht Ruimel bestaat nog op een soort terp aan de Dommel.

Van **Kasteel Oud Herlaer** uit de 11de eeuw is sinds de afbraak in 1736 niets meer over dan een boerderij met die naam. **Kasteel Nieuw Herlaer** uit de 14de eeuw is in 1791 grotendeels afgebroken. De achtkantige traptoren met uivormige spits is gelukkig blijven staan en siert deze Halderse plek aan de Dommel.

Over een houten brug voert een oprijlaan naar het **landgoed Haanwijk**, een jachthuis uit 1649, deel van kasteel Haanwijk dat in de 19de eeuw is afgebroken. Hier werden al in 1553 hagenpreken gehouden. Het landgoed is nog steeds in handen van een protestantse familie.

Als u van Halder via Haanwijk naar Ruimel fietst, passeert u enkele lage dijken. Frederik Hendrik heeft die aangelegd bij de belegering van 's-Hertogenbosch in 1629. Van hier kunt u heerlijk door het beschermd natuurgebied de **Bossche Broek** en het **landgoed De Pettelaer** naar Vught of 's-Hertogenbosch fietsen. U bent dan een van de velen.

Het dorp St.-Michielsgestel is niet bij het kasteel Herlaer ontstaan. Wel aan de Dommel, maar een eind stroomopwaarts. Rond 1100 werd er een kerk gebouwd. Nu staat er nog enkel de **toren** uit de 16de eeuw. Een machtig bouwwerk.

Het **dorpsplein** met raadhuis, fraaie herenhuizen en een protestantse kerk, is na de oorlog heringericht. De brug was opgeblazen. Het klooster en **Huize De Brenthof** waren verwoest en zijn afgebroken. Nu is er een fraai uitzicht op natuurgebied **Zegenwerp** ontstaan. Aan het einde van de oprijlaan ligt het landgoed Zegenwerp, dat al in 1306 wordt vermeld. Het ziet er nu uit als een Engels landhuis.

Na de oorlog kon ook een fietspad langs de Dommel worden aangelegd. Dat voert met een bocht om het bekende **Instituut voor Doven** weer terug naar Halder. In een van de gebouwen van dit Instituut kunt u een bezoek brengen aan het **Oudheidkundig Museum**. Bij de presentatie ligt daar de nadruk op de Romeinen in het stroomgebied van de Dommel.

Van de **Grote Ruwenberg** is alleen een achtkantige bakstenen toren uit de 16de eeuw overgebleven en een klein deel van het latere woonhuis. Het is prachtig gerestaureerd. De hele neogotische bouw van het internaat dat ervoor stond werd in 1987 afgebroken. In dat internaat hebben de Fraters van Tilburg generaties jongens uit heel Nederland aan een handelsdiploma geholpen.

De 15de-eeuwse **Kleine Ruwenberg** is in 1842 afgebrand en vervangen door het landhuis dat er nu ligt. Het park eromheen is toegankelijk.

Mariënburg, een van de luxe buitenhuizen

Van het **Klein Seminarie Beekvliet**, ook een neogotisch bouwwerk, resteert de voorbouw met de toren. Hier zijn generaties priesters opgeleid voor het Bossche Bisdom.
De grond was nogal onvruchtbaar. 'Klapzand' noemen ze het. Goedkope grond dus. Vandaar dat behalve genoemde kastelen en gebouwen veel rijke mensen uit 's-Hertogenbosch er een buiten bouwden: **Mariënburg, Overberg, Padua State, De Dennenboom, Hemelrijk** om er enkele te noemen. Verder woonden er keuterboeren, waarvan de boerderijen nu vaak prachtig zijn gerestaureerd door nieuwe rijken. Ten slotte wijzen we nog op het **Ambachtencentrum Van der Helm** waar een smederij, blikslagerij, bakhuis en bierbrouwerij in bedrijf te zien zijn.
Op de **Genenberg** staat een bergkorenmolen uit 1841.

**Poortgebouw van het Slotje Seldensathe in Middelrode**

**Oudheidkundig Museum**
Therestraat 42. *073-5517903.*
*di 10.00-16.00, 1ste zo 13.00-16.00 uur.*
*www.brabantmuseumland.nl*
**Ambachtencentrum Van der Helm**
Venkant 17-19. *073-5512137.*
*op afspraak.*

## Middelrode

De ruïne van het slot **Seldensathe** en de kasteelpoort van hoeve **Assendelft** liggen in het Aadal. Het poortgebouw van landgoed Seldensathe wordt geflankeerd door een ranke duiventoren. Die vindt u meer in Brabant. Bij het kasteel van Heeze (*blz. 96-97*) staat ook een mooi uitgevoerde duiventoren. In Kasteren bij Liempde staat aan de Dommel een duiventoren uit 1661. Het waren de heren van landgoederen die de heerlijke rechten bezaten: jachtrecht, rechten van eendenkooi, duiventil, zwanendrift en natuurlijk het belangrijke tiendrecht. In de 19de eeuw werd in het licht van de ideeën van de Franse revolutie steeds meer geprotesteerd tegen deze rechten. Soms kwam het tot flinke ongeregeldheden, zoals in Leende in 1848. Maar tegen het einde van de 19de eeuw werden toch deze rechten tegen schadeloosstelling afgekocht. Nieuwe wetten regelden jacht en visserij.
Zo is het recht van duivenhouden afgeschaft en is het een hobby en sport geworden. Het natuurgebied **De Engelenstede** biedt volop wandel-, fiets- en ruiterpaden, speel- en ligweiden. Daar dichtbij ligt de **St.-Cunerakapel** die in 1618 van Rhenen (bekend om zijn Cuneratoren) een relikwie kreeg.

### De Gijzelaars van Gestel

In de Tweede Wereldoorlog zijn op de Grote Ruwenberg Indische gijzelaars door de Duitsers geïnterneerd. In Beekvliet gijzelden zij in het voorjaar 1942 mannen uit geheel Nederland die een belangrijke rol in het publieke leven hadden gespeeld. Acht van hen zijn door de Duitsers gefusilleerd.
Omdat deze mannen van alle gezindtes en politieke stromingen intensief met elkaar in contact kwamen, hebben zij bijgedragen aan de "doorbraakgedachte": de poging na 1945 om de verzuiling te doorbreken.
In Beekvliet heeft men in de jaren zeventig oude mannen en vrouwen ondergebracht. Zij kwamen uit Suriname toen dat zelfstandig werd. Zij waren eerder uit Indië vertrokken toen dat Indonesië werd. Velen van hen liggen begraven op het kerkhof van Gestel.

**Graven van Indische Nederlanders op het kerkhof van Gestel**

# Genieten van de Dommel

Dommel komt van Dut(h)mal(l)a, Didmella, Dumella, Dommele. De stam dhu of dut betekent duizelen, draaien. Mala betekent plekken. Dus water met (veel) draaiende plekken (kolken). Ruim 40 beken komen uiteindelijk via de Dommel in de Maas terecht. De Dommel ontspringt niet aan een bron maar wordt op het Kempisch Plateau ten zuiden van Peer gevormd door het samenvloeien van kleine beken met regenwater en kwelwater uit de Ardennen. Ze komt bij de Achterste Brug, een gehucht van Schaft in het natuurgebied de Plateaux bij grenspaal 184 ons land binnen. Het verval is tot daar al van 77 tot ongeveer 30 m boven NAP en het verval door Noord-Brabant bedraagt nog eens 75 m tot de Dommel onder de naam Dieze de Maas bereikt op 2 m NAP. Dat zijn de technische gegevens. Maar op deze kaart ziet u dat de Dommel allerlei facetten heeft waarvan u kunt genieten.

**Boottochten**
*De Dommel stroomt door de Bossche Broek naar 's-Hertogenbosch om daar als Dieze bevaren te worden door duizenden toeristen.*

**Monumenten**
*Bij Kasteren staat aan de Dommel de Duiventoren van 1661 en het Groot Duyfhuis van 1433. Tot 1960 stond er ook nog een watermolen.*

**Vesting**
*De Dommel stroomt bij 's-Hertogenbosch langs de stadswallen en maakte zo deel uit van de vroegere verdedigingswerken.*

**Fietsen en wandelen**
Op veel plaatsen voeren schitterende fietspaden en wandelroutes door het dal van de Dommel, dat voor grote delen bestaat uit beschermde natuurgebieden.

**SYMBOLEN**

| | |
|---|---|
| ═ | Wegen |
| — | Spoorlijn |
| ♜ | Kasteel |
| ✲ | Watermolen |
| ≈≈ | Mooi gedeelte |

0 kilometer 5

**Kanoën op de Dommel**
*Op meerdere plaatsen langs de Dommel kunnen kano's worden gehuurd. Op sommige plekken kan men ook leren kajakken.*

**Vroege bewoners**
*Bij Halder en Ruimel werden vondsten gedaan uit de Romeinse tijd. Rivieren waren verbindingswegen door het binnenland. Later werd op deze plek Kasteel Herlaer gesticht.*

**Van Gogh**
*Tussen Son, Breugel en Nuenen stroomt de Dommel door het landschap en langs de watermolens die van Gogh tekende. En nog steeds velen met hem.*

**Flora en fauna**
*In het beekdal van de Dommel vindt u op veel plaatsen nog mooie stukken ongerepte natuur met een grote variatie in planten- en dierensoorten.*

IJsvogel

**Watermolens**
*Er hebben vroeger bijna 40 watermolens aan de Dommel gestaan. Het zachte water leende zich uitstekend voor het vollen. Heren bouwden er ook dwangmolens om koren en olie te malen.*

**Moderne kunst**
*U geniet van eigentijdse schilders maar tevens van de snelstromende Dommel aan de rand van het Van Abbemuseum waar onlangs een vistrap is aangelegd.*

**GEMEENTE BOXTEL 7**

**Wegenkaart D3.**
*29.300. Markt 36, Boxtel (0411-685443). Raadhuisplein 4, Liempde (0411-631280).*

# Boxtel

De Dommel kronkelt nog wel door het centrum maar het meeste water gaat via een omleidingskanaal. De Dommel voedt de grachten rondom **kasteel Stapelen**. Rond 1100 begon hier de geschiedenis van de Baronie van Boxtel, onder heerschappij van de families Nerheim, Van Ranst en Van Horne. In het kasteel overnachtten Willem van Oranje en Lodewijk XIV. Hier verbleven kartuizers en sinds 1915 assumptionisten. In het midden van de 19de eeuw is het kasteel omgebouwd in neogotische stijl. Het maakt echter nog steeds een laatmiddeleeuwse indruk. De kapel is een bezoek waard. Vlakbij ligt het **Museum Stapelen**, waar u een indruk krijgt van het kloosterleven en het missiewerk van de paters assumptionisten.
In Boxtel vestigden zich nog een tiental andere kloosterorganisaties waarvan de gebouwen deels weer afgebroken zijn. In dit vroeger erg vrome dorp vindt u het **Museum voor volksdevotie Gaudete**. Heiligenbeelden, wijwatervaten, stolpen, medailles en kerststallen geven u een beeld van het katholieke leven in Brabantse huiskamers.
Het belangrijkste kerkgebouw is de imposante **St.-Petruskerk** uit 1480. De toren in Kempische gotiek is een van de mooiste van Brabant. Aan deze kruisbasiliek waren kanunniken verbonden. Het **Museum De Canonye**, gevestigd in een huis voor negen kanunniken, informeert u over hun leven. Het toont u getijdenboeken, bijbels en liturgische kleding.

Oertijdmuseum De Groene Poort

De kerk dankt zijn ontstaan, behoud en rijkdom aan het **Heilig Bloedwonder** van 1380, dat nog elk jaar met een grootse processie wordt herdacht. Vanaf 1648 verbleven de altaardoeken met niet uit te wassen bloedvlekken van de omgestoten kelk in het Belgische Hoogstraten. Ook daar wordt elk jaar een processie gehouden. De doeken werden pas in 1924 teruggegeven.
Tussen kerk en kasteel liggen de markt en de winkelstraten. In de hoek van de markt naast het gemeentehuis staat een rij witte huizen. Uit de gevelsteen blijkt dat het een **vrouwengasthuis** betreft, in 1646 door joffrouwe Magdalena Van der Stappen gesticht. In een deel van dit hofje is de VVV ondergebracht. In een ander deel bevindt zich het **Historisch museum Piet Dorenbosch** over de geschiedenis van Boxtel. Achter dit hofje strekt zich het gemeentehuis uit. Een zeer moderne **raadszaal** waar iedereen naar binnen kan kijken vormt de afsluiting. Architectonisch en landschappelijk met smaak gebouwd.

Gevelsteen in 't Hofje

Brabantse rivieren hebben een grote rol gespeeld bij het vervaardigen en wassen van kleding. Boxtel heeft een museum over dit onderwerp: het **Wasch- en Strijkmuseum**. Een fraai voorbeeld uit de cultuurgeschiedenis. Het strijkglas, de mangel, de linnenpers, schilderijen, etsen en videofilms.
Boxtel biedt u en uw kinderen nog een spectaculair museum: het **Oertijdmuseum De Groene Poort**. Fossielen, mineralen, edelstenen, dinosauruseieren, een mammoetkaak, een 15 meter lange potvis en Brabantse walvissen van 10 miljoen jaar oud.

Kasteel Stapelen omgeven door een brede slotgracht

Boxtel heeft al heel lang voorop gelopen als het ging om gezonde voeding, duurzame levensstijl, milieuzorg, ecologisch tuinieren, verstandig bouwen en wonen. **De Kleine Aarde** is een begrip geworden. Laat u daar informeren. Voor kinderen is er ook nog een klimtoren, een doolhof, een insectenhoek, een natuurpad en een speurtocht.

De beschrijving van Boxtel beëindigen we met het aanbevelen van een wandeling door het dal van **Smalwater** en **Kleine Aa**, maar vooral door het enorme natuurgebied dat hier begint en doorloopt tot Oisterwijk: de **Kampina**.

**Museum Stapelen**
Prins Hendrikstraat 49. *0411-673402.* *april-aug. wo en laatste zo 14.00-17.00 uur.* *www.brabantmuseumland.nl*

**Museum voor volksdevotie Gaudete**
Eindhovenseweg 29. *0411-673879.* *eerste en laatste zo; april-sept. ook di en wo 11.00-16.00 uur.*

**Museum De Canonije**
Duinendaal 9. *0411-684992.* *mei-okt. 2de zo 14.00-17.00 uur.*

**Historisch Museum Piet Dorenbosch**
Markt 38. *0411-674023.* *2de za en laatste zo 14.00-16.00 uur.*

**Wasch- en Strijkmuseum**
Stationsstraat 39. *0411-673417.* *dagelijks op afspraak.*

**Oertijdmuseum De Groene Poort**
Bosscheweg 80. *0411-616861.* *april-okt. wo-zo 10.00-17.00, nov.-maart za-zo 10.00-17.00 uur.* *www.oertijdmuseum.nl*

**De Kleine Aarde**
Het Klaverblad 1. *0411-684921.* *april-okt. di-zo 10.00-17.00, nov.-maart di-vr 10.00-17.00 uur.* *gesloten ma.* *www.dekleineaarde.nl*

## Liempde

Als u Liempde nadert vanuit Best of Sint-Oedenrode rijdt u door de Meierij op zijn mooist. Populieren in lange rijen rondom weilanden. Populierenbossen hier en daar. Het dal van de Dommel, Berkenloop en Grote Waterloop. De Scheeken, Vleesbroek, Hezelaars Broek. Hooggelegen weidse bolakkers. Gehuchten als Hezelaar en Kasteren met fraaie langgevelboerderijen. De **Veldkapel**, **Mariakapel**, **Antoniuskapel**. In Kasteren kunt u de oude duiventoren bewonderen.

Vogeltjesmarkt in Liempde

En dan komt u in een juweel van een dorp: Liempde. Het is landelijk bekend geworden door de Liempdse werktuigendagen. De **Boerenmert** op tweede paasdag trekt nog altijd veel bezoekers. Dat geldt ook voor de **Vogeltjesmarkt** die elke laatste zaterdagmorgen van de maand in Liempde wordt gehouden. 's Zomers strijken er de wandelaars en fietsers neer. Cafés genoeg.

Verspreid door het dorp vindt u een dertigtal monumenten: woonhuizen, langgevelboerderijen en een enkele **Vlaamse schuur**.

Op de punt van de plaetse, een typisch driehoekig plein, ligt het **raadhuis**. Daarnaast staat een beeldje van Nico de Leest, **Hanne met de moor**. Een **vuurput** wekt uw nieuwsgierigheid. Een infobord vertelt u wat een **kransakkerdorp** is.

Het raadhuis aan de plaetse van Liempde

Het maken van klompen was een belangrijk middel van bestaan. Vandaar de populieren. Ook nu nog zijn in Boxtel en Liempde **klompenfabrieken**. Het leven van de klompenmakers en boeren aan het begin van de 20ste eeuw wordt u getoond in **Museum De Klöskes**.

Wijzen wij u ten slotte nog op de **kano-opstapplaats** aan de Dommel in Kasteren.

**De Klöskes**
Oude Dijk 21. *0411-631300.* *jan.-juni eerste za en zo 13.30-15.00, okt.-dec. eerste zo 13.30-15.00 uur.* *gesloten juli-sept.*

Fietsen rond Liempde

**GEMEENTE SCHIJNDEL**
6

**Wegenkaart E3.**
*23.400.* *Pompstraat 17 (073-5492276).*

Populierenlandschap, typerend voor dit deel van Brabant

# Schijndel

Interessant is dat in het dialect Schijndel uitgesproken wordt als Skijndel. Schijndel werd immers vroeger geschreven als Skinle. Skin betekent schors en -lo bos. Een eikenboom siert het wapen van Schijndel. Eikenschors gebruikte men bij het leerlooien. Verder maakte men er hoepels, manden en klompen van. U kunt nu nog steeds een **klompenmakerij** bezoeken.

Voor de zeven bierbrouwerijen werd hop geteeld. Nog steeds zet één overgebleven **brouwerij** de poort voor u open, om te laten zien hoe haar soorten bovengistend bier worden gebrouwen. In 1871 begon men hier kaarsen te fabriceren en in 1915 kousen. Deze laatste fabriek kreeg de bijnaam 'de sok'. Klompen, kousen, kaarsen. Nu is het de kunst waarmee Schijndel zich promoot. En met succes. Er is een beeldenroute uitgezet die u langs 70 traditionele en moderne kunstwerken leidt. Die vertellen u de geschiedenis van Schijndel en laten u genieten van verrassende vormen, interessant materiaalgebruik en de rijke fantasie van de kunstenaars. In het **Jan Heestershuis** worden tentoonstellingen georganiseerd, ook in de tuin. Het **Atelier Dorus van Oirschot** toont, behalve het werk van deze Schijndelse kunstenaar, kunst van zijn tijdgenoten. Ook hier vindt u een beeldentuin.

'Het Gesprek' van Pieter d'Hont

Cultuurhistorisch belangrijk zijn natuurlijk de boerderijen in het dorp en in Wijbosch, maar dat geldt vooral voor de toren van de **St.-Servatiuskerk**. Die stamt nog uit de Middeleeuwen, terwijl de kerk als waterstaatskerk vernieuwd is. In de toren hangt een mooi klinkend carillon.

Schijndel is twee molens rijk: **Catharinamolen** uit 1837 en de **Pegstukken** uit 1845.

Ten slotte wijzen wij u op het natuurgebied **Wijboschbroek en Smaldonk**. Als u op kleinere schaal de typische eigenschappen van het landschap in deze omgeving wilt leren kennen, kunt u een bezoek brengen aan **Heempark De Blekert** midden in het dorp of aan de kijk- en wandeltuin **De Langstraterhof**.

Als u dit alles vanuit de lucht wilt bekijken, kunt u bij **Ballonair** een ballonvaart regelen.

**Klompenmakerij**
Korteweg 7. *073-5492424.*
*op afspraak.*

**Jan Heestershuis**
Pompstraat 17. *073-5492276.*
*di-zo 13.00-17.00 uur.*
*gesloten feb.*
*www.brabantmuseumland.nl*

**Atelier Dorus van Oirschot**
Venushoek 2a. *073-5475304.*
*za-zo 13.00-17.00 uur.*

**Bierbrouwerij Sint Servattumus**
Ericastraat 11b. *073-5478956.*
*op afspraak.*

**Heempark De Blekert**
Beemdstraat. *073-5498822.*
*april-sept. zo-middag.*

**De Langstraterhof**
Langstraat 18. *073-5492947.*
*mei-sept. wo, za-zo 10.00-18.00 uur.*

**Ballonair**
Planetenlaan 5. *073-5480325.*

Sfeer van vroeger in het kleinschalige gebied rond Schijndel

# Groen Brabant, kennis en kunst

Gelukkig is er nog veel natuur in Noord-Brabant, die wordt bewaakt en beheerd. Ongerepte natuur is er nergens meer, maar er zijn nog vele en uitgestrekte stukken waar deze er wel zo uitziet. Daar kunt u van de natuur genieten en uw kennis ervan vergroten. Aparte natuurgidsen over Noord-Brabant zijn te koop. Bij elk groter natuurgebied vindt u een educatief bezoekerscentrum. Voor een natuurgebied als de Biesbosch is er een eigen Biesboschmuseum en voor de Peel is er 'Mijl op Zeven'.

**Informatie aan het begin van een route**

**Laarzenpad**

**Leerpad**
Op meerdere plekken heeft Staatsbosbeheer een leerpad uitgezet. Bij bomen, struiken, vennen vindt u dan bordjes met uitleg. Een biologieles in hapklare brokken.

**Kruidentuin**
Bij een begijnhof (Breda) hoort een kruidentuin. Ook bij een klooster (Uden). Vaak vindt u een kruidentuin bij een museum (Eersel). Kruidentuinen zijn geordend naar de kwalen die bestreden moeten worden.

**Gespecialiseerde tuin**
Er zijn tuinen die zich richten op één enkele bloem of boomsoort. Fuchsia's in Oudemolen of dahlia's in Gilze. Hobby of kwekerij om den brode maar toegankelijk voor het publiek. Vaker afficheert een tuin zich als wildeplantentuin, heidetuin of botanische tuin.

**Arboretum**
Om boomsoorten te zien, kunt u in veel stadsparken terecht. Kasteeltuinen zijn ook vaak tuinen met indrukwekkende oude bomen. Een echt arboretum vindt u in Oudenbosch.

**Natuurmuseum**
Over de natuur leert u natuurlijk veel in het museum dat juist daarvoor is opgericht: het natuurmuseum. U vindt er een in Tilburg, Asten, Etten-Leur en Oudenbosch.

**Beeldentuin**
Beeldende kunst en natuur is een combinatie waar bijna iedereen van houdt. Het stadswandelpark van Eindhoven, de stadstuin Schelp van Oosterhout, de Willem Merkxtuin van Breda zijn mooie voorbeelden. Talloze bezoekers trekken de galerie-beeldentuinen van Heeswijk, Duizel, Fijnaart, Dorst, St.-Anthonis en Lithoijen.

**Het arboretum van Oudenbosch**

**Poëzie in de natuur**
Soms wordt u verrast door een fietsroute waarbij u telkens een gedicht tegenkomt. In St.-Michielsgestel vindt u er een.

**Heemtuin in Asten**

**Beeldenroute**
Een gemeente heeft zoveel mooie sculpturen op pleinen en in parken geplaatst dat er een route van te maken was: Schijndel, Uden, Breda.

**Schilders**
De natuur van Brabant is eindeloos vaak gefotografeerd en geschilderd. Van Gogh, Brueghel en Mondriaan. In kleine musea ziet u hoe plaatselijke schilders het deden: Slager in Den Bosch, Wiegersma in Deurne, Kruysen in Oirschot.

**Heempark**
Om de natuur van een streek goed te leren kennen zijn op enkele plaatsen tuinen aangelegd die u precies laten zien welke kenmerken typerend zijn voor die streek. Een heempark is er in Schijndel. Bij het museum in Asten vindt u een Peeltuin. De Heemtuin in het Genneperpark bij Eindhoven is ook een mooi voorbeeld.

**GEMEENTE SINT-OEDENRODE 8**

**Wegenkaart E3.**
*17.000. Kerkstraat 20 (0413-474100).*

**Het fotogenieke St.-Paulusgasthuis, het Hofke**

# Sint-Oedenrode

Het landschap rondom **'de Groenste Gemeente van Europa'** is telkens anders. Als u per auto of fiets vanuit Schijndel, Veghel of Son Sint-Oedenrode benadert, rijdt u via lange rechte wegen met haakse bochten door wat vroeger de **Schijndelse heide**, de **Rooise heide** en de **Jekschotse heide** was. Op die vroegere heide heeft men naaldbomen geplant omdat men dacht dat de naalden de grond vruchtbaar zouden maken. De naalden verzuurden echter de grond en maakten deze ongeschikt voor de landbouw. De bomen werden weer gerooid en er was kunstmest nodig om de grond weer vruchtbaar te maken. Langs de wegen heeft men de naaldbomen en de eikenbomen laten staan. Dat geeft een heel apart beeld.

Als u via het Dommeldal Sint-Oedenrode benadert, gaat de tocht door het **Vresselse Bos**, de **Hazenputten**, de **Dommelbeemden** en **Moerkuilen** naar het centrum. Daar meandert de Dommel prachtig doorheen om te verdwijnen in de richting van het kerkdorp **Olland**. Hier zijn nieuwe fietspaden in het dal van de Dommel aangelegd, zodat u heerlijk kunt genieten van dit stuk natuur.
In de **Scheeken** rond het gehucht **Boskant** ziet u bosjes of rijen peppels, populieren, ook wel canadassen genoemd. Peppels, elzen en wilgen vormen de coulissen in dit landschap. In lange rijen staan ze langs de wegen en rondom de weilanden. Van dit hout worden klompen gemaakt. Sint-Oedenrode was een klompenmakersdorp. **De klomp** is het symbool van het dorp. Op de Schijndelseweg vindt u nog een klompenmakerij.
De populierenbossen zijn nu vervangen door grote boomkwekerijen. Ook boeiend om te zien.
Het aandoenlijk mooie **St.-Paulusgasthuis**, het **Hofke**, gesticht in 1435 met de oude pomp voor de deur en de wit-

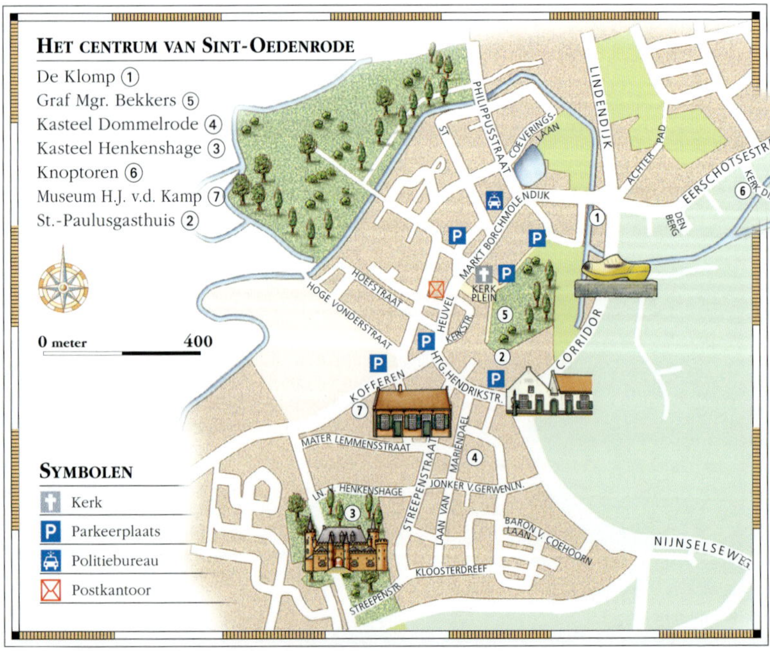

**Kasteel Henkenshage was een tijd nonnenklooster en school**

te gevel is een van de meest gefotografeerde monumenten van Sint-Oedenrode. Binnen is ook een verzameling Brabantse poffers en mutsen te zien. Een kruidentuin op de binnenplaats vormt de finishing touch.
De geschiedenis van de familie De Girard de Millet van Coehoorn is te zien in **kasteel Henkenshage**.
Dit kasteel dateert uit de 14de eeuw en heette ook wel Huis Strijpe of Streepen. In 1803 werd het aangepast om als nonnenklooster en school te dienen. Tussen 1830 en 1860 heeft de familie De Girard de Millet van Coehoorn het laten 'vermiddeleeuwsen' tot een romantisch sprookjesslot met ronde torens, kantelen, een poortgebouw en witte binnenplaats.
In de prehistorie zwierven hier al mensen rond, die zich later gingen settelen. Bodemvondsten zijn nu te zien in kasteel Dommelrode. **Kasteel Dommelrode** was oorspronkelijk middeleeuws. Het is in 1605 en in de 19de eeuw verbouwd. Het werd aangepast voor dezelfde nonnen die van Henkenshage hierheen verhuisden. Vanaf 1960 is er gerestaureerd en verbouwd, want toen werd dit het raadhuis.
Van de oorspronkelijk uit 1173 daterende **Odakerk** resteert slechts een klein deel binnen de huidige grote Martinuskerk uit 1915. Aan de achterzijde ziet u dat het beste. Daar ziet u nog de gotische ramen en de constructie van baksteen en tufsteen.
Als u daar eenmaal bent, maak dan ook eens een wandeling over het **kerkhof**. Veel beelden en grafzerken staan op de monumentenlijst. Aan de voet van de Odakapel ligt het graf van **Mgr. W. Bekkers**, bisschop van 's-Hertogenbosch. In de jaren zestig heeft hij zo'n grote indruk op de mensen gemaakt dat zijn graf nog steeds veel wordt bezocht. Zijn standbeeld staat voor de kerk.

**Gevelsteen aan het raadhuis**

Een andere sfeervolle plek ligt aan de oever van de Dommel, in het deel van Sint-Oedenrode dat Eerschot heet. Hier stond de eerste Martinuskerk uit de 15de eeuw met de knoptoren, nu opgenomen in de **Nederlands Hervormde Kerk** van 1808. De toren uit ongeveer 1400 heeft dan wel zijn knop verloren bij een zware storm maar de naam **knoptoren** behouden, hoewel hij nu voorzien is van een hoge spits met lantaarn. Het onderste deel van de buitenmuren van de Martinuskerk liet men staan als de ommuring van het hervormde kerkhof.
De **markt** met zijn oude herenhuizen, zijn gezellige cafés, muziekkiosk en oude raadhuis heeft veel sfeer.
Ten slotte noemen we nog twee musea. **Museum H.J. v.d. Kamp**. In dit oud-Brabantse huis begon v.d. Kamp in 1905 een dorpssmederij. Nu staat ertegenover een grote stalen-meubelenfabriek. De herd, slaapkamer, opkamer, geut, kelder, smidse en hoefstal geven een indruk van het leven toen. Een glaasje brandewijn met suiker sluit uw bezoek af. Buiten Sint-Oedenrode op het landgoed Den Hulst is een verzameling **jukeboxen** te bezichtigen.

**St.- Paulusgasthuis**
Kerkstraat 20. *0413-474100.*
*april-sept. ma-za 10.00-16.00, okt.-maart di-do 13.00-16.00, vr-za 10.00-16.00, mei-sept. ook 1ste zo 13.30-16.00 uur.*
*www.brabantmuseumland.nl*

**Kasteel Henkenshage**
Laan van Henkenshage 3.
*0413-473877.* *mei-sept. zo 11.00-14.00 uur.*

**Kasteel Dommelrode**
Burg. Wernerplein 1. *0413-481911.* *tijdens kantooruren.*

**Museum H.J. v.d. Kamp**
Kofferen 43. *0413-473530.*
*mei-sept. za 13.30-16.00, 1ste zo 13.30-16.00 uur.*

**Jukeboxenmuseum**
Hulst 10. *0413-476666.*
*zo 13.00-17.00 uur.*

**De klomp, symbool van Sint-Oedenrode**

# MAASKANT

*Van Lith tot Vierlingsbeek zo dicht mogelijk bij de Maas zien te blijven. Over het roodbont vee in de uiterwaarden kijken naar de platte duwboten tussen de kribben en het silhouet van de overkant. Tegen de verhoogde dijk grazen schapen. Dijkhuizen, wielen, boomgaarden, weien tussen heggen of akkerland. Elke 5 km een dorp, elke 15 km een vestingstad.*

De Maas is een regenrivier. Dat leverde nog wel eens problemen op! Soms stond er zo weinig water in dat er niet gevaren kon worden. Vaak ook overstroomde de Maas. Bovendien verlegde de rivier zichzelf nog al eens.
De mens heeft ingegrepen. Dijken werden aangelegd, waardoor de rivier zich niet meer kon verleggen. Behalve bij noodweer. Dan sloeg de rivier een gat in de dijk, overspoelde het land, koos een andere richting of liet een wiel of dode rivierarm na als de dijk weer was gedicht.

Om dijkdoorbraak elders te voorkomen liet men boven Cuijk de dijk wat lager. Daar, bij wat men 'De Beerse Overlaat' zou gaan noemen, stroomde dan het water Brabant in, soms tot aan 's-Hertogenbosch.
Pas in 1942 is daar de dijk verhoogd. De Maas werd op sommige stukken recht getrokken en uitgediept. Er kwamen stuwen en sluizen bij Sambeek, Grave en Lith. Onlangs zijn de dijken verhoogd. Maar nog steeds blijft de Maas onvoorspelbaar.

**In de zomer passeren veel plezierjachten het sluizencomplex bij Sambeek**

◁ **De Molenbeek stroomt bij Vierlingsbeek in de Maas**

# Maaskant verkennen

Straat in Ravenstein

Is het een opgaande lijn op de schoonheidsschaal, als u - na elkaar - een bezoek brengt aan Lith, Megen, Ravenstein, Grave, Cuijk, Boxmeer? En wat ligt er niet allemaal voor moois tussen? Het kasteel van Oijen, de romaanse kerken van Dennenburg en Neerlangel, het fotogenieke Velp en Linden, de molens van Katwijk, Beugen, de kapellen van Groeningen en Holthees, het Maasheggenlandschap bij Sambeek, de watermolen van Vierlingsbeek. Een tocht over of langs de Maas brengt u op al deze plekken.

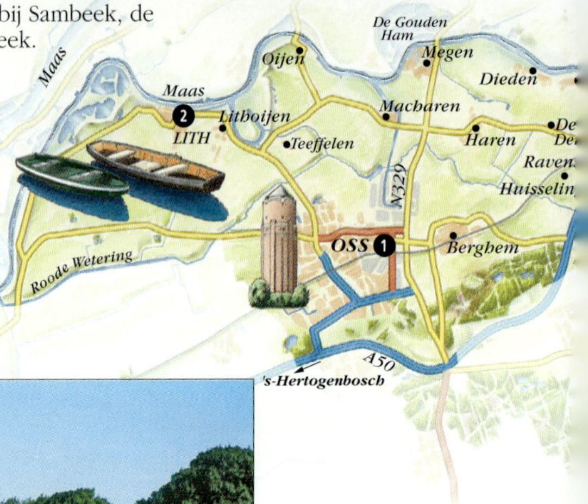


### Gemeenten

- Boxmeer 5
- Cuijk 4
- Grave 3
- Lith 2
- Oss 1

Fietsen over de Maasdijk bij Neerlangel

### Symbolen

- Snelweg
- Provinciale weg
- Secundaire weg
- Kanaal/rivier

### Activiteiten

Voor museumbezoekers is er in Maaskant een grote diversiteit. In het museum Jan Cunen te Oss en in de galerie Sous-Terre in Lithoijen geniet u van moderne kunst. In Grave, Cuijk en Boxmeer zijn musea die de plaatselijke historie in beeld brengen. Het Amerikamuseum van Cuijk is iets bijzonders. Onvergetelijk is een bezoek aan het Nationaal Oorlogs- en Verzetsmuseum van Overloon.

De ingang van Kasteelmuseum Boxmeer

***Zie ook***


- ***Accommodatie*** blz. 332, 344
- ***Restaurants*** blz. 338-339

Markt van Grave

Maasplassen bij Linden

Nationaal Oorlogs- en Verzetsmuseum van Overloon

0 kilometer 4

Pontje bij Vierlingsbeek

Monumentaal fabrikantenhuis, nu Museum Jan Cunen aan de Molenstraat

**GEMEENTE OSS ❶**

**Wegenkaart E2.** *75.800.* *Spoorlaan 24 (0900-1122334).*

## Oss

Hoofdplaats van een van de vier kwartieren van de Meierij van 's-Hertogenbosch. In 1399 kreeg Oss al stadsrechten, wallen, grachten en poorten. Vele malen is het door de Geldersen geplunderd. In 1751 brandde een flink deel van de binnenstad af. Overstromingen van de Maas zorgden vaak voor grote overlast.

In de 19de eeuw begon Oss te groeien. De industrialisatie werd er voortvarend aangepakt, voornamelijk op basis van vlees en boter. De kleigronden in de omgeving werden veelal als weiland gebruikt vanwege het voortdurende overstromingsgevaar. Daar graasden koeien. Die leverden melk, boter, vlees en huiden op. Aanvankelijk werden die op kleine schaal verhandeld, door de boeren zelf. Al vanaf de 17de eeuw leefden er in Oss en omgeving joden die handelden in boter en vee. Ze waren ook vaak slachter. Zij hadden ruime, zelfs internationale contacten en durfden grotere economische risico's aan dan de conservatieve Ossenaren. Buitenstaanders als de Duitser **Jurgens** en de joodse families **Van Zwanenberg, Hartog** en **Van den Bergh** hebben de grondslag gelegd voor **Bergoss** (begonnen als watten- en kapokfabriek), **Unilever** (vooral na de uitvinding van de margarine groot geworden), **Unox, Organon, Akzo** (eerst slachterij en zeepfabriek, daarna medicijnenfabricage uit organisch afval).

Watertoren van Oss

De joodse ondernemingen en families vertrokken uit Oss toen de kansen in Rotterdam en Engeland beter bleken en een haven en een kanaal naar de Maas uitbleven.

Werkeloosheid en criminaliteit waren het gevolg. Dat stadium is men nu te boven en de stad floreert.

Mooie **fabrikantenhuizen** vindt u in de binnenstad. In een van die huizen is het **Museum Jan Cunen** ingericht. Het vertelt de geschiedenis van Oss en het toont een prachtige collectie eigentijdse kunst. In Oss en Megen vindt u verschillende galeries.

De stad heeft een fraaie **watertoren** en twee **molens**: **Nieuw Leven** (1895) en **Zeldenrust** (1860). Aan de rand van de stad vindt u de **skibaan Oss**.

**Museum Jan Cunen**
Molenstraat 65. *0412-629328.* *di-zo 12.30-16.30 uur.* *www.museumjancunen.nl*

**Skibaan Oss**
Aengelbertlaan 50. *0412-623586.* *jan.-maart en sept.-dec. ma-vr 10.00-23.00, za-zo 10.00-17.00 uur.*

◁ **Oude Maaswielen tussen Dieden en Megen**

## Megen

Als graafschap bestaat Megen vanaf de 12de eeuw. Stadsrechten heeft het sinds 1357. Vanaf 1469 heerste hier de familie de Brimeu. Karel (1524-1577) koos bij het begin van de tachtigjarige oorlog voor Oranje maar later definitief voor Spanje en het katholieke geloof. Megen eert hem met een **standbeeld**. Na zijn dood brandden kerk en kasteel totaal af (1581). Van de oude stadswallen bleef slechts de **Gevangen Toren** uit de 14de eeuw over.
Megen bleef een enclave tot het in 1800 aan de Bataafse Republiek werd verkocht en daarna een Nederlandse gemeente werd. Tot 1800 was de enclave katholiek en mochten zich hier franciscanen vestigen, die er tussen 1645 en 1654 hun **klooster** en een **Latijnse school** bouwden. In 1719 kwam er nog een **klooster** voor de clarissen bij op het vroegere kasteelterrein. In de **gotische kerk** treft u een voor Brabant zeldzaam barokinterieur aan. De **Kapel der Zeven Weeën** is in 1733 gebouwd. De **Kapel van het heilig bruurke van Megen** in 1954.
We vermelden nog de **molen Desiré** uit 1874.

Gevangen Toren van Megen

Het watersportgebied **De Gouden Ham** aan de overkant van de Maas bezorgt Megen veel bezoekers.

## Haren en Macharen

Beide dorpen hoorden bij het graafschap Megen. Er stonden al in de 9de eeuw kastelen maar die zijn verdwenen. Vanaf 1500 zijn er zusters penitenten in Haren. Van het **klooster** is de **kapel** uit 1520 het oudste gedeelte.
De **toren** van Macharen dateert uit de 15de eeuw. In beide dorpen staan mooie boerderijen.

## Berghem

Vanaf 1955 zijn hier bij opgravingen grafheuvels, een urnenveld en veel Romeinse voorwerpen gevonden. Een **Willibrordusput** op de Osse Heide herinnert aan de vroege kerstening van dit gebied. Het onderste gedeelte van de **kerktoren** is romaans en dateert uit de 13de eeuw.

## Deursen, Demen, Dieden, Dennenburg

In het land van Ravenstein vindt u kerkgebouwen uit alle eeuwen. In Deursen is de **Vincentiuskerk** vroeg 17de-eeuws. Het **klooster Soesterbeeck** stamt uit de 18de en 19de eeuw. In Demen is de **toren** uit de 15de eeuw. In Dieden staat een ronde stenen stellingmolen uit 1866, **Stella Polaris**. In Dennenburg vindt u een 11de-eeuwse **kerk** en **toren**, waar nu een pottenbakkerij in huist. Dit is een van de oudste monumenten van Nederland.

De toren en kerk van Dieden staan tegen de dijk

**Raadhuis van Ravenstein, vroeger de Latijnse School**

# Ravenstein

Isaak Tirion zei in 1740: 'De Stad Ravenstein die aan den linker oever der Maaze, een uur bewesten Graave gelegen, doch van weinig aanbelang is. De gantsche Heerlijkheid vervat veertien Vlekken en Dorpen. Het kasteel is zeer oud en tamelijk sterk.' Jacobus Kok sprak in 1791: 'Geen ander gezag oeffenen hier de Algemeene Staaten, dat zij aan zich hebben behouden het regt om in de Stad, die van weinig aanzien is, Bezetting te mogen leggen en er eene Gereformeerde Kerk te hebben. Het eerste geschiedt niet altijd maar wel het laatste.'

De geschiedenis van Ravenstein begint eigenlijk in Herpen. Daar stond het kasteel van het Land van Herpen. Daarvandaan is ene Walraven van Valkenburg tol gaan heffen op de Maas in 1355. Om de tol effectief te kunnen afdwingen verlegde hij in 1360 het kasteel naar de oever van de Maas en bij dat kasteel ontstond ('s)Raven(steen), dat in 1380 stadsrechten kreeg. In 1397 kreeg de Hertog van Kleef de heerlijkheid en in 1614 werd ze eigendom van de Keurvorst van Brandenburg. In 1606 werd de hele stad, op het kasteel na, door brand verwoest. In de 18de eeuw kende de stad een grote bloei. In 1813 werd deze buitenlandse heerlijkheid een Nederlandse gemeente. Sinds 2002 is Ravenstein gefuseerd met Oss.

Ravenstein is een hele interessante plaats om eens rond te wandelen. Er is veel te zien. Het uitzicht op de Maas met in de verte de Maasbrug is schitterend. Hier vindt u een jachthaven en terrassen die 's zomers lekker vol zitten.

De binnenstad betreedt u via de **Maaspoort**, die in de Middeleeuwen werd gebouwd en in 1521 werd uitgebreid en versterkt. U ziet 'In den Moriaen', een naam die wel vaker aan een stadsapotheek of doktershuis werd gegeven. Veel oude en mooi gerestaureerde gevels ziet u op uw wandeling naar de Markt. Op de Markt staat, bij de **stadspomp**, de 17de-eeuwse vesting in steen getekend. Daartegenover staat een pand dat vroeger uit drie panden bestond. Het ene pand heette **de Swaen**. In een ander

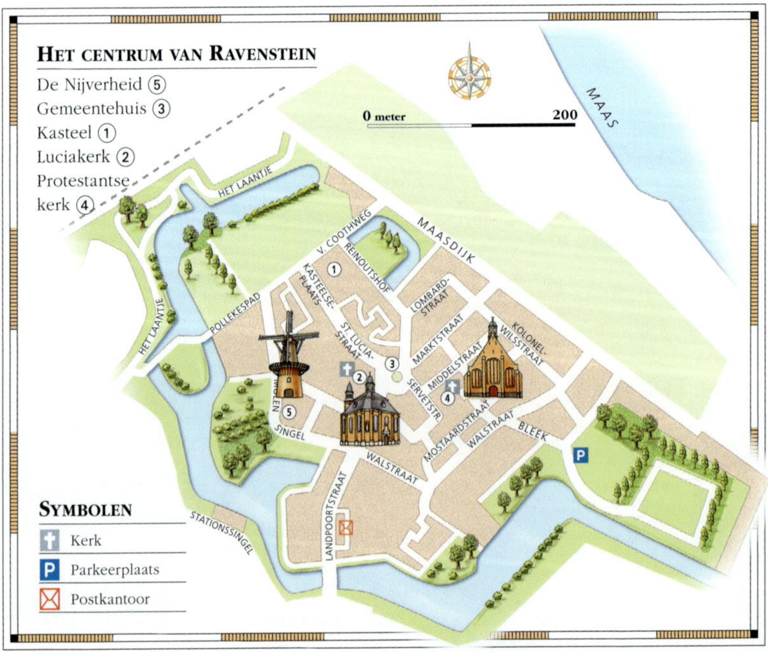

Wandelen door de schilderachtige straten

pand was van 1752 tot 1878 de Latijnse school gevestigd. Daarin was tot de fusie het gemeentehuis ondergebracht. Aan de overkant ligt de **stadsherberg 'De Keurvorst'**, dat aan de Duitse heren herinnert.
Aan de Markt ligt ook de Luciakerk uit 1735 met achtkantige koepel. Het is een van de weinige barokkerken van Brabant. In deze Duitse heerlijkheid werd het katholieke geloof niet gehinderd. En dus bouwden de katholieken - zoals elders in katholieke streken - een barokkerk. Barok moest de schittering van het geloof uitstralen. Duitse wapenschilden sieren de ingang.
Iets verder vindt u de **Kasteelse poort**, **de Kasteelse plaats** en de binnengracht aan het Reinoutshof. Dit herinnert aan het **kasteel** dat hier stond van 1360 tot 1818. De bastions, rondelen en vestingmuren zijn afgebroken maar in de plantsoenvorm nog wel herkenbaar.
Op de Maasdijk vindt u nog een restant van een rondeel. Waar stadsmuur en stadsgracht liepen is nu een park waar u via Het Laantje en Pollekespad leuk kunt wandelen naar **stellingmolen De Nijverheid** uit 1857. Die verving een houten voorganger op dit **bastion 'Utrecht'**. Hier liep al in de Middeleeuwen de stadsmuur. Op het 'bliekbenkske', een stenen opstapje kijkt u in de lager gelegen tuin van het vroegere paterskloostег.
Als u terugwandelt vanaf dit hoge punt naar het centrum passeert u **Huis Cortegaer**. Het is in de 17de eeuw gebouwd voor de soldaten en de naam is dan ook een verbastering van corps de garde. Een bijzondere plek in Ravenstein is het pleintje bij de protestantse kerk. In het katholieke Ravenstein bouwde men in 1641 een gotische **zaalkerk** voor het protestantse garnizoen dat de stad in haar midden moest dulden. Voor of door protestanten gebouwde gotische kerken komen in Brabant weinig voor.
De kerk bezit een mooi orgel en ademt een devote sfeer. Het is dan ook fraai gerestaureerd en wordt behalve voor kerkdiensten ook voor culturele activiteiten gebruikt.
Tegenover de kerk liggen twee oude brouwerijen. **De Oranjeboom** draagt een gevelsteen die herinnert aan de verschrikkelijke brand van 1606 toen het hele stadje - ongeveer 120 houten huizen - in vlammen opging.

Gevelsteen van brouwerij Oranjeboom

De andere brouwerij heette **het Anker**. Hier werd al in 1621 bier gebrouwen. De luiken naar de bierkelder ziet u nog.
Al deze lekkere bieren kon men drinken in de Keurvorst en vele andere cafés zoals de **Taveerne** met zijn deuromlijsting in empirestijl.

Door de samenvoeging van de gemeenten Oss en Ravenstein is een gemeente ontstaan met twee kernen en een hele reeks kleine kerkdorpen. Het is een heel interessant deel van Brabant. Heerlijk fietsen op de dijk aan de Maas en in de diverse dorpen genieten van de cultuur. Een oversteek naar het land van Maas en Waal is op veel plaatsen mogelijk.

Kanon bij Ravenstein op de vroegere stadsmuur

Restaurant aan de rand van natuur- en recreatiegebied Herperduin

## Herpen Koolwijk

In 2001 zijn hier opgravingen gedaan en zijn er prachtige vondsten gedaan, zoals vuursteen uit het Neolithicum, aardewerk versierd met wikkeldraad uit de bronstijd, een tweeschepige boerderij uit de ijzertijd, drie waterputten uit de vroege Middeleeuwen en huizen uit de latere Middeleeuwen. De bewoners van die huizen zijn gedoopt in de 12de-eeuwse doopvont, versierd met koppen, die in de **Sebastianuskerk** staat. Het koor is nog uit de 15de eeuw, evenals de calvariegroep. De toren is een eeuw ouder.
In buurtschap Koolwijk staat een **Annakapel** die oorspronkelijk uit 1520 dateert.
**Herperduin** is een ontgonnen stuifzandgebied met veel naaldbos en heggen. De 400 hectare zijn voor de recreant op alle mogelijk gebied aantrekkelijk gemaakt.

## Overlangel en Neerlangel

Ze liggen in een bocht van de Maas, aan kronkelwegen langs wielen en dijkhuizen. De **kerk** van Overlangel is neogotisch (1854) en heeft een gietijzeren torenspits met een scheepje in plaats van een haan als windvaan.
De **toren** van Neerlangel is misschien wel de oudste van Brabant. Hij staat er al vanaf de 11de eeuw.

## Neerloon

Aan de **St.-Victorkerk** in waterstaatsstijl (1821) staat een 14de-eeuwse **toren.** De kerk ligt beschut tegen de dijk. Het uitzicht is er schitterend.

## Huisseling

Dit is een van de dorpen waar nog een orgel te beluisteren is van de beroemde orgelbouwersfamilie Smits uit het nabije Reek. Het orgel dateert van 1860. Van Smits staan er meerdere orgels in deze buurt: Neerloon (1848), Overlangel (1858), Oijen (1848), Demen (1846), Deursen (1863).

### Romaans

De vraag dringt zich op waarom juist hier nog zoveel oeroude kerken en kerktorens bewaard zijn gebleven. Romaanse kerken werden meestal afgebroken en geheel of gedeeltelijk vervangen door een gotisch bouwwerk. Soms bleef er een opvallend romaans deel over zoals in Waalre maar meestal bleef slechts de romaanse toren gespaard. Romaanse torens staan er nog veel in Brabant.
Als men elders in het dorp de nieuwe kerk bouwde kon de romaanse kerk soms blijven staan, zoals het boterkerkje van Oirschot. Waar de bevolking echter niet groeide en de welvaart niet toenam werd geen nieuwe kerk gebouwd. Dorpen als Veen, Velp, Eethen, Dennenburg en Dieden zijn voorbeelden. Als in de 19de eeuw een dorp wel groeide, werd er een neogotische kerk gebouwd, zoals in Neerlangel.

Dijkhuis onder aan de dijk bij Neerlangel

**GEMEENTE LITH ❷**

**Wegenkaart E2.** *6.800.*
*Zie Oss blz. 118.*

## Lith

Lith noemt zich 'Dorp aan de Rivier', naar de roman van Anton Coolen. Het verhaal speelt zich af rondom het **doktershuis** uit 1686, een mooi wit huis met trapgevel en voorname voordeur. Toen Fons Rademakers in 1958 het boek verfilmde, koos hij als doktershuis het **notarishuis**, een fraaie villa aan de dijk tussen hoge bomen.
Bij het silhouet van een Brabants dorp hoort een bergkorenmolen. Hier heet hij **Zeldenrust** en dateert van ongeveer 1800.
Een V 2 ('vliegende bom') heeft aan het eind van de Tweede Wereldoorlog de protestantse kerk verwoest. Van de stenen is een **Mariakapel** gebouwd.

Lith betekent misschien 'weg' of 'overtocht' vanwege een doorwaadbare plek in de Maas. Doortocht verleent Lith nu aan schepen op de Maas via de **Lithse sluizen**. Die zijn een bezoek waard. Het hele systeem wordt er uitgelegd. De vissen hoeven hier niet met een vistrap de rivier op maar gaan met de **vislift**.

**De sluizen in de Maas bij Lith**

Lith ontwikkelt zich tot recreatiedorp aan de rivier. Met de **Lithse Ham** heeft het een prachtig recreatiewater. De dode armen van de Maas, de nabijheid van de Waal en het natuurgebied Sint Andries geven Lith alle kansen. Het **Soldatenwiel** is een beschermd vogelgebied.
Het is heerlijk om over de dijk te rijden en te genieten van stille dorpen als **Maren** en **Kessel**.

## Lithoijen

Een vriendelijk dorp aan een dode arm van de Maas, waarop watersport beoefend wordt. Maar u kunt ook een bezoek brengen aan **zuivelboerderij Het Kaasvat** of aan **Galerie Sous-terre** met beeldentuin, een van de grootste galeries van Nederland.

**Het Kaasvat**
Langwijkstraat 35. *0412-81282.*
*op afspraak.*
**Sous-Terre**
Batterijstraat 23a. *za-zo 13.00-17.00 uur en op afspraak.*
*www.galerie-sous-terre.nl*

## Oijen

**Kasteel Oijen** is lang een ruïne geweest. In 1837 werd het kasteel voor het grootste deel gesloopt. Onlangs zijn er delen gerestaureerd. De twee ronde torens zijn duidelijk restanten uit de 16de eeuw.

## Teeffelen

De **kerk** van de H. Benedictus is gebouwd in 1657. Van de twee kastelen en een klooster die hier al in de 9de eeuw moeten hebben gestaan, is niets meer over.

**De kerk van de H. Benedictus aan de rand van het dorpje Teeffelen**

**Uitnodigende terrassen op de markt van Grave**

**GEMEENTE GRAVE** ❸

**Wegenkaart E2.** *12.800.* *Rogstraat 28 (0486-475300).*

# Grave

*Onder de loep: blz. 126-127.*

Een vestingstad behoudt vaak eeuwenlang zijn stratenplan binnen de wallen, bastions, grachten en ravelijnen. Kijkt u maar naar de plattegrond van Isaak Tirion uit 1740. Hij schrijft erbij: 'De stad is klein binnen haare wallen, en kan in een vierdendeel uurs rond gegaan worden'. De wandeling die u voorgesteld wordt op *blz. 126 en 127* zal wel wat langer duren want er is veel te zien in Grave.

Op de Maaskade kijken de **twee kanonnen** samen met eenden, duiven, meeuwen en gepensioneerden uit over de Maas. In de verte ligt sinds 1929 de **brug**, nu zo verrassend met regenboogeffect opgeschilderd. Die brug was in 1940 vernield, daarna hersteld en in 1944 door Amerikaanse parachutisten ongeschonden veroverd. De bronzen parachute op de Maaspoort herinnert ons daaraan. Ginds ligt ook de **stuw** die u kent van de mededelingen over de waterstanden. De brug maakte het veer overbodig. De toegangsweg naar de brug snijdt dwars door een deel van de vestingwerken.

**Gevelsteen**

De stuw en het rechttrekken van de Maas verloste Grave van de overstromingen via de Beerse Overlaat. In de vlakte voor Grave kon toen gebouwd worden en hier werd een blindeninstituut gesticht. Iets verderop verscheen een **kazerne**. Daarmee hoefde het garnizoen niet langer in de stad gelegerd te blijven. Grave was al bekend vanwege onze vaderlandse geschiedenis, de brug, de waterstanden en generaties blinden en soldaten. Nu komt er een reden bij waarom Grave bekend wordt, het toerisme. Er is veel te zien in dit vestingstadje.

Over de geschiedenis van Grave wordt u geïnformeerd in het nieuw ingerichte **Graafs Museum**. Grave behoorde tot het Land van Cuijk. Herman II in de 11de eeuw,

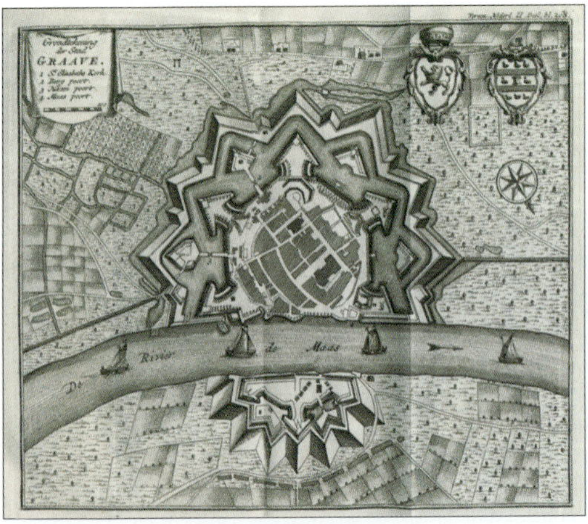


**Originele 'Grondtekening der stad GRAAVE'**

Jan I in de 13de eeuw en Arnoud van Egmond in de 15de eeuw hebben kasteel, stad en vesting aangelegd. De Tachtigjarige Oorlog en het rampjaar 1672 verwoestten de stad weer. Het kasteel verdween onder een nieuw **Bastion Kat** en onder een kazerne waarvan u het **Arsenaal** zeker zult gaan bezoeken. Aan de garnizoenstijd herinneren ook **Bastion Bekaf** en kazerne het **Noorder Blok**, nu een wooncomplex met ateliers. Ook de **Hoofdwagt** en het **strafpaard** bij de kerk en de naam **'Infirmerie'** hebben met het garnizoen te maken. Na de verwoestingen van 1794 zou het tot de Tweede Wereldoorlog duren voor Grave weer een rol speelde in de militaire geschiedenis. Dit alles wordt u in het museum verteld. Daarna is er koffie op een van de gezellige terrassen op de markt of bij de Maaspoort. U kunt ook even uitrusten bij de fraaie **pomp** uit het jaar 1798. Daar staan **visstenen**. Dat zijn stenen waarop de riviervis werd schoongemaakt. Als u daarna door de oude straten wandelt, geniet u van de vele mooie panden. Die zijn vaak gebouwd in de **Dordtse stijl** met trap- en klokgevels en met prachtige **gevelstenen**. Een bijzonder mooi huis is **Logement De Eenhoorn** met een binnenplaats en een koetshuis. De **Nederlands-hervormde kerk** en de **synagoge** (met gevelsteen) zijn twee heiligdommen die u niet mag vergeten op uw tocht door de stad.

**Volop watersportactiviteit aan de Maaspoort in Grave**

**Stadhuis Grave**

Wilt u de stad eens van bovenaf bekijken, bel dan voor een ballontocht met **De Greeff Recreatie** (0486-476000).

**Graafs Museum**
Lomberdstraat 3. *0486-475948.*
*ma-za 13.30-17.00 uur, mei-okt. ook zo.*

## Gassel Escharen

**Molen Bergzicht** uit 1808 vangt hier de wind waarvan Tirion in 1740 schreef: 'De lugtstreek is er zagt en gezond'. Het **Graafsche Raamdal** en de **Gasselse Heide** nodigen u uit om er met volle teugen van de gezonde lucht te genieten.

## Velp

Niet in het nieuwe dorp maar verscholen achter huizen en voor hoge bomen van een oprijlaan ligt een prachtig gerestaureerde romaanse **kerk** uit tufsteen. De toren stamt uit de 14de eeuw. Het koor is gotisch. In de directe omgeving staan twee kloosters uit de 17de en 18de eeuw.

**De St.-Vincentiuskerk van Velp**

### Blindenzorg

Bisschop Zwijssen liet zijn Fraters van Tilburg de zorg voor katholieke blinde jongens op zich nemen. Dat gebeurde vanaf 1859 hier in Grave in het internaat 'St.Henricus'. In 1882 begonnen zijn Zusters van Liefde voor blinde meisjes het internaat 'De Wijnberg'. Blinden begonnen aan een soort kloosterleven waarin ze 'gelukkig en zorgeloos' zouden zijn. Ze kregen (aanvankelijk slechts lager en beroeps-)onderwijs. Ze droegen bij in de kosten door het maken van manden, matten van stoelen, produceren van borstels en matten, waarmee ze ook de ledigheid konden ontvluchten. Kortom ze waren voorwerp van katholieke liefdadigheid. De overheid kwam pas later tot het besef dat deze zorg betaald moest worden. Vanaf ongeveer 1960 begon men met thuiszorg en met een poging de blinden zoveel mogelijk in de maatschappij te laten incorporeren. Het nieuwe instituut Theophaan (1982) is een begeleidingscentrum geworden met intramurale zorg als dit werkelijk nodig is. De blinden leven dan in gemengde leeftijdsgroepen bijeen.

# Onder de loep: Grave

Willibrordus

De vestingwerken die door Menno van Coehoorn in de 17de eeuw zijn gebouwd zijn sinds 1876 grotendeels gesloopt.

Grave was een felbegeerde vesting die vaak is beschoten en veroverd, in 1568 door Alva, in 1577 door Oranje, in 1586 door Parma, in 1602 door Maurits, in 1672-1674 en in 1794 wederom door de Fransen en in 1940 door de Duitsers. Tijdens die veroveringen werd er veel verwoest. Maar er is toch nog veel moois overgebleven.

**★ Het Arsenaal**
*In een vesting hoort een arsenaal. Nu is het een showroom-complex met café en binnentuin.*

**De Latijnse school**
*Samen met logement De Eenhoorn gebouwd in 1666. De panden staan in de Gasthuisstraat.*

**★ De Hampoort**
*Gebouwd in 1688. Het is de enig overgebleven stadspoort.*

**Gevelstenen**
*In de Rogstraat en Hamstraat staan veel panden met mooie gevelstenen.*

**Ned.-hervomde kerk**
*Deze voormalige kloosterkerk ligt op het oude Bagijnenhof tegenover het in 1290 gestichte St. Catharina Gasthuis. De kerk is ingewijd in 1526. Na o.a. gebruikt te zijn als paardenstalling en kapel voor de Hugenoten was het vanaf 1798 het kerkgebouw van de Lutherse Gemeente.*

**TIPS VOOR DE TOERIST**

*Rogstraat 28 ☎ 0486-475300. St.-Elisabethskerk en de Nederlands-hervormde kerk zijn op afspraak van binnen te bezichtigen. ☎ 0486-471646. vr 8.30-12.30 uur.*

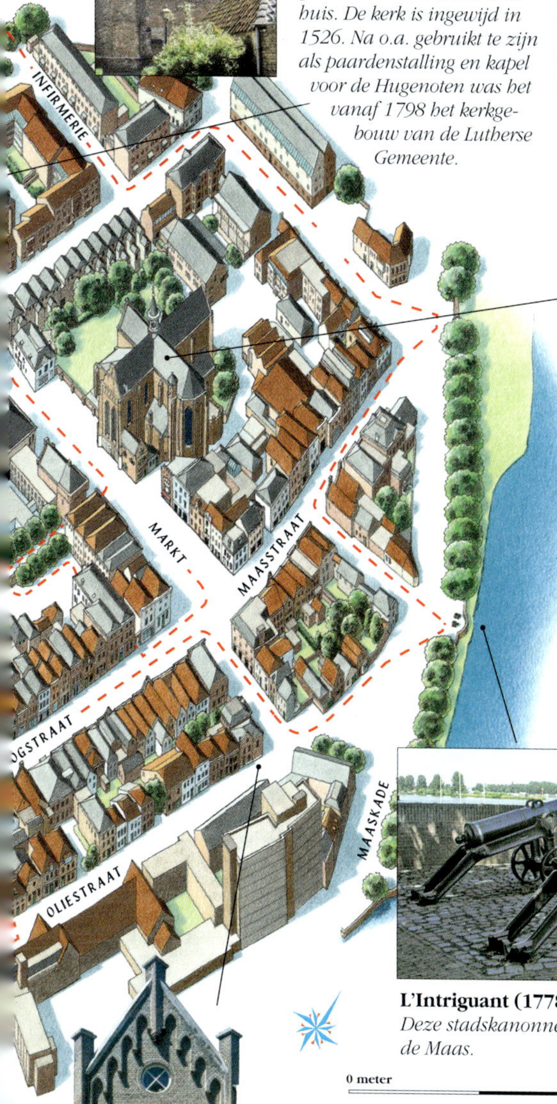

**★ St.-Elisabethskerk**
*Van de laatgotische kerk zijn slechts het koor, dwarspand en een deel van het schip over. Bijzonder zijn het altaar en zijaltaren, de biechtstoelen, de preekstoel, het grafmonument voor Hertog Arnoud van Gelre, beelden en schilderijen.*

**L'Intriguant (1778) en Le Partisan (1787).**
*Deze stadskanonnen van Grave kijken uit over de Maas.*

0 meter — 100

**SYMBOOL**

- - - Aanbevolen route

**Synagoge**
*In de stad Grave hadden joden hun eigen synagoge.*

**STERATTRACTIES**

- ★ **Het Arsenaal**
- ★ **De Hampoort**
- ★ **St.-Elisabethskerk**

**De torens van Cuijk, rechts van de kerk staat de oude toren die nu in gebruik is als museum**

**GEMEENTE CUIJK ❹**

**Wegenkaart F2.** *24.300.*
*Grotestraat 62-64 (0485-317644).*

## Cuijk

Veel vondsten in het **Museum Ceuclum** illustreren het feit dat mensen hier al in het stenen tijdperk gebruik maakten van een doorwaadbare plek. Brons en ijzer zijn teruggevonden in grafheuvels, grafvelden en opgegraven nederzettingen.
De Romeinen bouwden hier een brug en een castellum aan de weg van Nijmegen naar Heerlen en Tongeren.
Hier heeft het kasteel gestaan vanwaar de Heren van Cuijk het Land van Cuijk bestuurden. Mannen als **Jan I van Cuijk** (1254-1308) - een standbeeld vindt u bij de doorgang naar de haven - was toen de gelijke van de Hertog van Brabant of Gelre. De heren van Cuijk zijn later verhuisd naar Grave en het kasteel is gesloopt.
Van verre wordt het silhouet van Cuijk bepaald door de oude **toren** en de neogotische **Martinuskerk**. In de kerk vindt u een monumentaal **barokorgel** van Andries Severijn uit 1650. Hendrik van Geld sneed uit eikenhout 200 figuren voor het drieluikhoofdaltaar.
Cuypers heeft de **calvariekapel** gebouwd op het kerkhof. Tussen de oude grafstenen is daar een **beeldentuin** ingericht door de kunstenaars van **Artifex**, die in hun centrum, een voormalig pakhuis van de leerlooierij, tentoonstellingen organiseren. Cuijk heeft u nog meer te bieden, namelijk het **Looierijmuseum**. Binnen en buiten krijgt u een goede indruk van het hele looiproces zoals zich dat afspeelde in de elf fabrieken die in het Land van Cuijk stonden. In de Streekschouwburg is het **Amerikamuseum** gehuisvest. Met wisselende tentoonstellingen vraagt het aandacht voor pre-Columbiaans Amerika.
Overal in het gezellige centrum vindt u moderne beeldhouwwerken. Het **Joods monument** voor de omgekomen joden uit de eigen bevolking is indrukwekkend.

**Jan I van Cuijk**

**Looierijmuseum**
't Tuigleerstraatje. *op afspraak via VVV.*

**Amerikamuseum**
Grotestraat 62. *0485-316221.* *di-vr 10.00-12.30 en 13.30-16.30, zo 13.00-16.30 uur.* *www.amerikamuseum.nl*

**Artifex**
Kerkstraat 14. *za-zo 14.00-17.00 uur.*

## St.-Agatha

Het **Kruisherenklooster** uit de 14de eeuw is vaak verwoest en herbouwd. De laatste keer in 1944.
De muren, de grafzerken in de muur, de kloostergang en twee luidklokjes zijn oud. De kapel is gerestaureerd. De rest van het klooster is neogotisch. De **kloostertuin** is mooi aangelegd en ook in de omgeving (**'t Laarzenpak**) is het fijn wandelen.

**Nis in het poortgebouw uit 1644 van het Kruisherenklooster**

# Cuijk in de Romeinse tijd

## Museum Ceuclum

Ceuclum noemden de Romeinen deze plek die eerder de naam Keukja droeg dat 'kromming' of 'bocht' betekent. Inderdaad buigt de Maas vanaf hier naar het westen. Op de beroemde Peutingerkaart staat Ceuclum vermeld. Een Romeinse heirbaan stak hier de Maas over om via Blariacum (Blerick) naar Atuatuca (Tongeren) te gaan. Precies op deze plek staat het museum.
Castellum 1. ☎ *0485-322280.*
◯ *mei-okt. di-vr 11.00-16.00 uur. zo 13.00-17.00 uur. nov.-april zo 13.00-17.00 uur.*

### Vondsten

*Het zal u niet verbazen dat de langdurige Romeinse aanwezigheid veel museumstukken heeft opgeleverd. Aan de hand van deze vondsten valt veel te vertellen over het leven en de godsdienst van de Romeinen. Romeinse modetrends werden in het verre Cuijk bijgehouden. Dat vertellen ons bijvoorbeeld de onlangs gevonden onbeschadigde sandalen.*

**Voorraadpot**

### Martinustoren

*In de museumtoren uit 1485 voeren een sierlijke wenteltrap en een stenen traptoren naar de verschillende etages. Op de eerste verdieping ziet u ook het 'kroetegat', de gevangenis. Op de bovenste verdieping hebt u een prachtig uitzicht. De klokken zijn in de oorlog weggehaald.*

### Romeins Fort

*Al in de 1ste eeuw werd een castellum gebouwd. In de tijd van keizer Diocletianus werd een verdediging achter de rijksgrens bij Nijmegen nodig geacht. Toen werd een dikke muur met halfronde torens rond een terrein van 100 $m^2$ voor 500 soldaten met hun voorraadschuren nodig geacht.*

**Model van de toegangspoort**

## De brug

Op funderingspalen en een houten frame werden zandstenen blokken gestapeld, met klampen aan elkaar verbonden. In de blokken ziet u nog de hijsgaten en de verbindingsgaten. Elk van de 6 tot 8 pijlers telde 1000 stenen en was 7,5 m hoog. Omdat er geen boogstenen werden gevonden, veronderstelt men dat het brugdek zelf van hout is geweest. De brug is rond 340 gebouwd, in 368 en 390 gerepareerd en vanaf de 5de eeuw verdwenen in de golven.

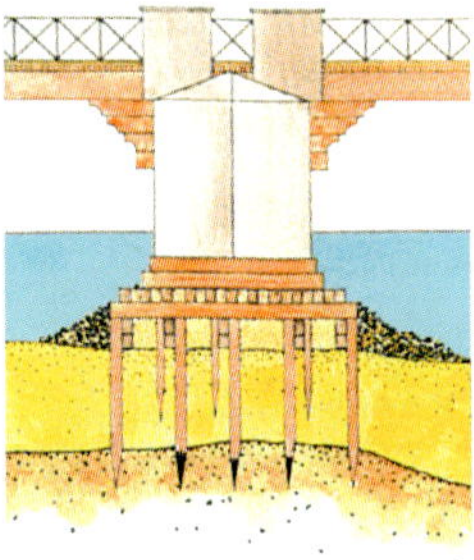

### Houten palen

*De brugpijlers werden gebouwd op funderingspalen met ijzerbeslag op de spitse punt. Palen van 30 cm diameter en 3 tot 5 meter lang. Uit onderzoek van de jaarringen van het hout kon de bouw van de brug vrij nauwkeurig worden gedateerd.*

**IJzerbeslag**

De Katwijkse stellingkorenmolen werd gebouwd in 1869

## Linden

**Kerk, toren** en beelden stammen uit de 15de eeuw. En het ligt er zo mooi. Duizenden mensen komen naar de **Kraayenbergse Plassen** om er te zeilen, waterfietsen, kanoën, surfen of om zich lekker aan de kant te vermaken. Nog steeds wordt er gebaggerd naar zand voor de uitbreidingsplannen en wegen in deze streek.

## Beers

Bekend vanwege de **'Beerse Overlaat'**. Bij hoog water liet men hier de Maas het land in stromen, soms tot 's-Hertogenbosch! Zo werd de druk op de rest van de dijk verminderd. Nu is de Maas gekanaliseerd en van hoge dijken voorzien. Toch denkt men ook nu weer aan 'overlaatgebieden'.
Beers kent een uniek museum: het **museum voor Veeteelt en K.I.** (kunstmatige inseminatie). Het is interessanter en boeiender dan u zou denken. Maar u kunt ook landgoed **De Barendonk** of **Huize De Ossenbroek** bekijken.

**Museum voor Veeteelt en K.I.**
Dr. Moonsweg 5. *0485-330241.*
*wo, za 10.00-16.00 uur.*

## Katwijk

Achtkantige **stellingkorenmolen** uit 1869, gebouwd boven op een woning.
Hier in Katwijk kunt u iedere zaterdag terecht op de vrije markt. Daar staan 1500 standhouders.

**Vrije markt**
Korte Oijen 3. *0485-361793.*
*za 9.00-16.30 uur, paasmaandag en pinkstermaandag 9.00-16.30 uur.*

## Haps

De **Mariamolen** uit 1802 is zeskantig en bijna geheel van hout. Hij torent hoog boven de **rozenkwekerijen** en de visvijver uit.
Van de prehistorische vondsten die in Haps zijn gedaan, kunt u genieten in **museum Ceuclum**.

Het Maasheggenlandschap *(blz. 132)* is een beschermd natuurgebied

**GEMEENTE BOXMEER** ❺

**Wegenkaart F3.** *29.300.*
*De Raetsingel 1 (0485-576665).*

# Boxmeer

**Poortgebouw van het Karmelietenklooster**

Gesticht door de Romeinen. Over de heuvelrug langs de Maas liep een 'heerbaan'(nu Heerstraat = legerstraat) van Heerlen naar Cuijk en Nijmegen. Hier bouwden zij een castellum aan de rivier de Meere. Dat werd het begin van de geschiedenis van het huidige kasteel.
De plaats is genoemd naar Jan (de) Boc, Heer van Meere. Het wapen van Boxmeer bevat een bok. Die vindt u ook afgebeeld op het sierlijke raadhuis en op het café daar tegenover.
Het **kasteel** is vele malen geplunderd en gedeeltelijk gesloopt. De ridderzaal uit de 17de eeuw is behouden gebleven. In de kelders is een **museum** ingericht. De historie van kasteel en bewoners wordt er tentoongesteld.
De bewoners behoorden tot de adellijke families Van den Bergh en Von Hohenzollern-Sigmaringen die tot het einde van de 18de eeuw over de Vrije Heerlijkheid Boxmeer regeerden. Het gevolg was dat in deze heerlijkheid het katholieke geloof vrij uitgeoefend kon worden. De collectie kerkzilver - kelken, wierookvaten, kandelaars en monstransen - laat zien hoe het geloofsleven hier bloeide.
Vanaf 1896 betrokken de Zusters van Julie Postel het kasteel waaraan een nieuwe vleugel werd gebouwd. Het werd een ziekenhuis en later verpleeghuis. Ook het werk van deze zusters wordt in het museum op aanschouwelijke wijze uitgebeeld.
Aan het begin van de oprijlaan naar het kasteel staat een **kapel** (1737) ter ere van de Tsjechische priester, de Heilige Johannes Nepomuk. Omdat hij het biechtgeheim niet wilde schenden werd hij in de rivier gegooid. In Tsjechië staan beelden van hem op vele bruggen. Hij beschermt tegen alle onheil dat water, hier dus de Maas, kan aanrichten.
Aan de overzijde van de oprijlaan staat een mooi gerestaureerde **protestantse kerk**.
Een monumentaal complex vormen de **Latijnse school** (1707), het **Karmelietenklooster** (1652) en het **poortgebouw** (1653). In het klooster vindt u achttien glas-in-loodramen uit de 17de eeuw.
De **r.k. kerk** staat op de plek waar voor 1946 een laatgotische kruiskerk stond. Die had in de oorlog zoveel schade opgelopen dat ze afgebroken moest worden. Gelukkig is het eiken oxaal dat Jan Werkens maakte gered evenals enkele beelden uit de 16de eeuw.
Van de oude kerk is slechts een **graftombe** uit 1741 en een **crypte** - uniek in Brabant - bewaard gebleven. Op Sacramentsdag trekt 'de Vaart', de bloedprocessie, al sinds 1400 door de straten van Boxmeer. Men gedenkt dan het wonder van de bloedvlek die ontstond toen uit de miskelk met geconsacreerde wijn gemorst was. Eeuwenlang kwamen hier pelgrims op af.
In de gezellige winkelstraat staan oude **patriciërshuizen**.
Als u door de overdekte winkelpassage loopt, komt u uit bij het huis **De Weijer**, dat ouder is dan 1719 wat de ankers aangeven. Nu is het cultureel centrum en VVV-kantoor.

**De Nepomuk-kapel staat aan de oprijlaan naar het kasteel**

**Kasteelmuseum Boxmeer**
Veerstraat 49. *0485-571541.*
*wo, za en zo 14.00-17.00 uur.*
*www.brabantmuseumland.nl*

Veel rozenkwekerijen kleuren in de zomer het Maaskantgebied

## Beugen

Molenliefhebbers vinden hier de **Martinusmolen**, een ronde stenen bergkorenmolen uit 1866.
Beugen heeft een jachthaven. Natuurgebied **De Vilt** is een oude Maasmeander, waar u heerlijk kunt wandelen.

## Rijkevoort

In de kom van het dorp staat de **molen Luctor et Emergo** uit 1901. De naam van de molen herinnert aan de tijd dat dit een moerasgebied was, met veel broeklanden.

## Oeffelt

Hier heet de **bergkorenmolen De Vooruitgang** (1913).
De Maas was hier vroeger doorwaadbaar en dus al voor de Romeinen een interessante plek. In de Middeleeuwen werd hier tol geheven. Eeuwenlang bleef Oeffelt verbonden met Gennep en Kleef en dus kon men hier vrij het katholieke geloof blijven uitoefenen.

Dassengebied

## Sambeek

Het oorlogsgeweld heeft van de kerk enkel de **toren** uit 1486 overgelaten.
Nog ouder misschien is de oudste **lindeboom** van Nederland.
Indrukwekkend is het **stuw- en sluizencomplex** dat steeds vele bezoekers trekt. Jaarlijks passeren hier 50.000 schepen.
Zeker aan te bevelen is een tocht door het **Maasheggenlandschap**. Kleine weipercelen worden omgeven door dichte heggen van sleedoorn en meidoorn. Hier nestelen veel vogels. Toen er nog geen prikkeldraad bestond, werden weilanden altijd op deze manier afgezet. Dit is een beschermd natuurgebied.
De **St.-Jansbeek** meandert door deze uiterwaarden naar de Maas.

## Groeningen

Een mooi dorp met monumentale **herenboerderijen** met resten van kasteel de Voirt en de Hertogstoren. Er staat een **kapel** uit de 15de eeuw. U kunt wandelen door een duingebied, de **Groeningse en Vortumse Bergen.**

Het stuw- en sluizencomplex bij Sambeek

**'Zicht op Limburg' vanuit de oversteek bij Vierlingsbeek**

## Holthees

Een dorp rondom de **kapel** uit de 16de eeuw, opvolger van een kapel uit 1464, gewijd aan OLV van de Zeven Smarten.

## Vortum-Mullem

Oude **herenboerderijen** zoals **Hofsaete Aude Oerdonck** en het **Hooge Huis**, de **Hubertuskapel** maar vooral de rivierduinen in de uiterwaarden laten u van dit dorp genieten.
In de rivierduinen leven dassen en dat betekent dat het gebied een hoge natuurwaarde bezit. Het IVN heeft er een natuurpad uitgezet.
Op carnavalsmaandag vindt hier het Boxmeerse **metworstrennen** plaats. Dat is een paardenrace van vrijgezellen die in Boxmeer geboren en getogen zijn en lid van de 'Instelling der Tijdelijck Jonggesellen van Boxmeer'. Deze race wordt zeker al 250 jaar gehouden maar, net als carnaval, kan ook deze traditie uit veel oudere tijd stammen. De winnaar ontvangt de titel 'Koning van de metworst' en een zeven ellen lange metworst, twee wittebroden, twee vaten bier en een halve varkenskop.
U kunt hier ook op forellen gaan vissen.

## Maashees

Hier zijn urnenvelden en veel Romeinse vondsten gedaan.
Van hier is het de moeite waard even over de grens met Limburg te gaan naar het prachtige dorp Geijsteren.

## Vierlingsbeek

Met veel zorg is de **watermolen** gerestaureerd. Die ligt aan de rand van een prachtig geaccidenteerd landschap met bomenrijen en heggen.
In het dorp is het oude **Jachthuis** van Koning Willem I gespaard gebleven van het oorlogsgeweld. Daarnaast staat een mooie **protestantse kerk**. U vindt hier ook een **joods kerkhof**.

**Koningskerkje in Vierlingsbeek**

## Overloon

Sinds kort heeft Overloon een eigen **dierenpark** met een botanische tuin.
Maar bekend is Overloon door het **Nationaal Oorlogs- en Verzetsmuseum**, waarover wij u op de volgende twee bladzijden informeren.

**Zoo Parc Overloon**
Stevensbeekseweg 19-21.
*0478-640046. mei-aug. 9.30-18.00, sept.-april 10.00-17.00 uur.*
*www.overloonzoo.nl*

**De gerestaureerde watermolen van Vierlingsbeek aan de Molenbeek**

# Nationaal Oorlogs- en Verzetsmuseum

USA Carriër

Toen Arnhem een brug te ver bleek bij de operatie Market Garden werd het van groot belang de corridor door Brabant snel in de breedte uit te breiden richting Maas. Dat begrepen de geallieerden maar ook de Duitsers. In de duinen en bossen van Overloon kwam het tot een enorme tankslag waarbij aan beide zijden honderden doden vielen. Al in 1946 werd met de restanten van het oorlogsmaterieel een openluchtmuseum begonnen, dat nu is uitgegroeid tot een van de best bezochte en grootste historische musea van ons land. Het doel is informeren, gedenken, waarschuwen, aanklagen, de vredesgedachte bevorderen.

**Documentatiecentrum De Veste**
Behalve tentoonstellingen en informatie over de slag bij Overloon krijgt u een overzicht van het ontstaan van fascisme en de Tweede Wereldoorlog, collaboratie en verzet, bezetting en bevrijding. Uw gang door het museum loopt uit op een moment van bezinning in de chapelle ardente.

**Beeldenlaan**
*Hier staan gedenktekens die herinneren aan het verzet, oorlogsgeweld en oorlogsslachtoffers.*

**Baileybrug**

**Kampenmuseum De Kluister**
In de vorm van een bunker laat dit gebouw het vreselijke lot zien van hen die in concentratiekampen terechtkwamen. Foto's, documenten, authentieke voorwerpen en artistieke uitingen, zoals hier links en rechts getoond, worden zorgvuldig gecombineerd.

**Eenmansbunkers**
*Deze dienden ter bescherming van schildwachten tijdens luchtaanvallen.*

**Expositiehal De Keper**
Historische vliegtuigen, carriërs en jeeps uit de oorlog worden aangevuld met materieel dat gebruikt is tijdens vredesmissies van de V.N. hier tentoongesteld.

**TIPS VOOR DE TOERIST**

Museumpark 1. **Wegenkaart F3.**
*0478-641250.*
*sept.-mei 10.00–17.00 uur, juni-aug. 9.30–18.00 uur.*
*www.oorlogsmuseum.nl*

**Restaureren en onderhouden**
*Sommige tanks werden opgeknapt en gerepareerd. Af en toe zijn ze buiten te bekijken.*

**Oorlogstuig**
*Verspreid over het terrein een collectie scheepsgeschut, anti-tankgeschut, luchtdoelgeschut van het Nederlandse, Duitse, Engelse, Amerikaanse of Russische leger.*

**Oorlogskerkhof**
*Verliezen in de slag van Overloon: 452 Amerikanen, 1426 Engelsen en ongeveer 600 Duitsers. Een aantal slachtoffers ligt begraven op het oorlogskerkhof van Overloon.*

# Peelland

*Peelland. Zo heette één van de kwartieren van de Meierij van 's-Hertogenbosch. Helmond was 'de hoofdstad'. Met 'de Peel' bedoelen we een landschap. Het bestond voor een groot gedeelte uit 'palus', een Romeins woord voor moeras. Eeuwenlang werd er in deze streek turf gestoken. Het afgraven is gestopt en de overgebleven veengebieden zijn nu beschermde natuurgebieden.*

Aan de randen van het langgerekte Peelgebied ontstonden aan de oostzijde Saksische dorpen. De namen van de dorpen eindigen vaak op -loo. Aan de westzijde ontstonden Frankische dorpen met namen die vaak eindigen op -el. Na grootscheepse ontginningen in de 19de en 20ste eeuw ontstonden de dorpen die nu aan de Midden-Peelweg liggen.

De Groote Peel, de Deurnese Peel en de Mariapeel zijn waardevolle restanten van dit eens zo uitgestrekte en gevaarlijke gebied. Het 'goud van de Peel' is gedolven. Uitgestrekte landerijen zijn ontstaan. Maar ook prachtige bosgebieden zoals bij Sint-Anthonis.

Dit is het land waar boeren zich verenigd hebben in een 'Boerenbond'. Pater Gerlachus van den Elsen uit Gemert en pastoor Roes uit Deurne waren hun leiders.

Peelland biedt u een grote diversiteit. Plaatsen rondom kastelen zoals Helmond, Deurne, Gemert en Mill. Plaatsen met soms wel twee of drie molens zoals Oploo of Zeeland. Ontginningsdorpen in een zee van rust rondom een modern kerkgebouw zoals Elsendorp en Odiliapeel. Steden als Uden en Veghel waar het religieuze leven leidde tot grootse kerkgebouwen. En veel gewone, kleine, vriendelijke Brabantse dorpen waar het leven goed is.

**Het drogen van met de hand gestoken turf behoort tot het verleden**

◁ **Kenmerkend voor het peellandschap: veenmos, pitrus, pijpestrootjes en berkenstammen**

# Peelland verkennen

Hier is nog ruimte genoeg. Prachtige restanten Peelgebied. Overgebleven stukken heide met vennen en grazende schapen en runderen. Uitgestrekt bos. Eindeloze weilanden met hier en daar een grote boerderij.
Ooit was dit een woeste en ongenaakbare streek. Nu zijn alle plaatsen gemakkelijk bereikbaar. U wordt overal gastvrij ontvangen. Voor campings en recreatieoorden is plaats genoeg.
In dit gebied vindt u een bedevaartsoord, een snoepgoedgigant, een losse toren, een vriendelijk kasteeltje, een kanaal van sluis 4 tot 11, klokkengieterijen, een openluchtmuseum, een religieus museum en musea voor moderne kunst.
Het is een interessant en afwisselend deel van Brabant.

**Huiskapellekes in de omgeving van Gemert**

## Gemeenten

Asten 2
Boekel 9
Deurne 3
Gemert-Bakel 4
Helmond 1
Laarbeek 11
Landerd 7
Mill en Sint-Hubert 6
Sint-Anthonis 5
Uden 8
Veghel 10

**Anna-te-Drieën in het Religieus Museum in Uden**

## Activiteiten

Peelland nodigt uit om een kastelentocht te houden. U vindt er een kasteelmuseum in Helmond, een ruïne in Asten, twee kastelen tegenover elkaar in Deurne, een kasteel-klooster in Gemert, een kasteel in een fraai landschap bij Stiphout en Beek-en-Donk, een verdwenen kasteel Het Juffre in Oploo, een poorttoren op de Tongelaar en een kasteel-villa Aldendriel in Mill.

0 kilometer 4

**Het kanaal in Helmond met een terras op het water**

**Zie ook**

- ***Accommodatie*** blz. 332, 344-345
- ***Restaurants*** blz. 339

De windmolen en op de voorgrond het sluisje van de watermolen in Oploo

De zwerfkei van Liessel

**Symbolen**

- Snelweg
- Provinciale weg
- Secundaire weg
- Kanaal/rivier

Kruidentuin van het Natuurhistorisch Museum in Asten

# Het goud van de Peel

**Veenmos**

De stormen tijdens de ijstijden bliezen dekzand van de Noordzee landinwaarts en dit veroorzaakte op de Peelhorst een verstopping van de waterafvoer. Hierdoor ontstond het veenlandschap. De begroeiing was weelderig, ook in de vennen. Zo weelderig dat de meertjes dichtgroeiden met veenmos. Veenmos sterft aan de onderkant af maar groeit boven aan. Het zuigt regenwater op. Het veenmos overwoekerde het hele, uitgestrekte gebied en in de loop der eeuwen vormden zich dikke veenlagen. Aan de randen ontstonden uitgestrekte heidevelden.

**Kienhout**
*Bomen verdronken in het moeras: fossiel hout (kienhout) uit de prehistorie. Bij lage waterstanden zijn de door turfstekers achtergelaten 'peelpuisten' te zien.*

**KLOT STEKEN**
Toen men vanuit de dorpen de heide ontgon, ontdekte men ook de plekken waar turf of klot kon worden gestoken. Dat bleek een uitstekende brandstof te zijn. Men begon turf te steken in kleine, ronde kuilen, totdat die vol water liepen. Later leerde men systematischer te werk te gaan en konden grotere stukken worden afgestoken.

**Drogende turven**

**Gereedschap**
*Voor het steken van de turf had men speciaal gereedschap. De stikker en de klotspaai zijn daarvan de bekendste. De afmeting daarvan bepaalde de maat van de turven. Die werden na het steken in lange rijen of als gestapelde torentjes te drogen gelegd.*

**Stapelen van 'stoeken'**

**Turfindustrie**
*Toen de grootschalige vervening zijn intrede deed, werden er vaarten en kanalen gegraven en turfstooiselfabrieken gebouwd. Alleen de vaarten en kanalen zijn er nog.*

## Ontginnen

Afwatering en vervoer leidden tot problemen toen de ontginning grootschaliger werd. Midden 19de eeuw begonnen particulieren aan deze ontginning van het goud. De beroemdste zijn de gebroeders Van de Griendt. Maar al snel ging ook een gemeente als Deurne begrijpen dat er wat te verdienen viel.
In dezelfde periode werden aan de randen van het Peelgebied ook de heidevelden ontgonnen. Waar geen bossen voor de houtproductie werden geplant, was de ontgonnen grond bedoeld als weide en bouwland. Ongerepte Peel is er bijna niet meer. Wel zijn er een paar mooie ontgonnen maar niet in cultuur gebrachte gebieden over. Daar kan de toerist volop genieten!

**Zanddijkjes (peelbanen) werden aangelegd om turf af te voeren. Nu kan er gewandeld worden.**

**Zonnedauw**
*Dit vleesetende plantje is helemaal aangepast aan het barre veenmilieu en groeit op de drijvende laag veenmos. Naarmate zo'n drijvende laag dikker wordt, komen er ook andere planten bij zoals veenpluis en wollegras.*

**Kraanvogels**
*Voor deze sierlijke vogels is het uitgestrekte peelgebied een aantrekkelijke pleisterplaats op hun lange trekvlucht van Scandinavië naar het warme zuiden.*

**GEMEENTE HELMOND ❶**

**Wegenkaart E4.** *82.900.*
*Markt 123 (0492-543155).*

# Helmond

In 1496 stonden er 395 woningen binnen de wallen of direct daarbuiten.
In 1820 woonden er ongeveer 3000 mensen. In 1920 waren dat er 19.000. Nu zijn het er bijna 83.000 en in 2015 zullen het er 100.000 zijn.
Voor al deze mensen moest werk en onderdak gezocht worden. De aanleg van verharde wegen, van het kanaal (1826) en het spoor (1866) bevorderde de nijverheid maar bepaalde mede de structuur van de stad. Helmond werd een industriestad. Maar door het verdwijnen van textiel- en metaalfabrieken in de binnenstad ontstond er een stedenbouwkundige uitdaging, die op succesvolle wijze is uitgevoerd.
Opvallend zijn de **paalwoningen** van Piet Blom, gekantelde kubussen met een punt op een betonnen voet. Cultureel Centrum 'Het Speelhuis' is er ook in ondergebracht.
Het gebied bij het station met **'t Cour** en **Parc Bruxelles** heeft allure. **Boscotondo** van Adolfo Natali met zijn koperkleurige daken is schitterend aangelegd. Een filmhuis en een gedeelte van het gemeentemuseum met moderne en hedendaagse kunst vormen er onderdelen van. Men heeft Boscotondo met een nieuwe brug verbonden aan het **kasteelpark**. Omdat het kanaal verlegd werd kon hier een heel apart soort vijvergebied met fonteinen gevormd worden. Terrassen aan de rand hiervan hebben een fraai uitzicht en vormen een gezellige entree naar de winkelstraten.
Aan de rand van de stad werd **Kasteel Noord** gebouwd. Hier wonen mensen niet meer in een flat maar in een kasteel.
Flats werden afgebroken, oude wijken werden gerenoveerd maar er werden ook nieuwe 'dorpen' met telkens een heel eigen karakter aangelegd zoals **Dierdonk** met de sfeer uit de dertiger jaren. Gaat u zeker eens kijken naar de **veste Brandevoort**. Hier ontstaat een soort vesting-

Markante paalwoningen van Piet Blom

Kunst bij Boscotondo

**HET CENTRUM VAN HELMOND**

Boscotondo ②
Cour en Parc Bruxelles ⑤
Huis met de Luts ④
Kasteel van Helmond ①
Paalwoningen ③

0 meter 200

**SYMBOLEN**

- Kerk
- Toeristeninformatie
- Politiebureau
- Spoorwegstation
- Postkantoor
- Parkeerplaats
- Voetgangersgebied

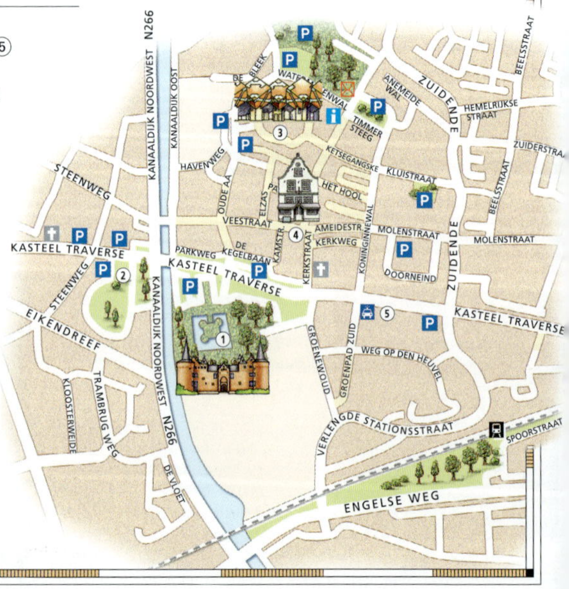

stadje met grachten en torens en gebogen straten.
Behalve al dit nieuws heeft Helmond ook mooie historische bouwwerken.
Het **Kasteel van Helmond** met vier torens, gracht en toegangspoorten ziet er vriendelijker uit dan het in de 15de eeuw was. Omdat er het raadhuis in ondergebracht werd, zijn er nogal wat ramen in de dikke muren aangebracht. Het kasteel is ook **Gemeentemuseum**. De geschiedenis van stad en streek is het thema. Mens en werk in de beeldende kunst vanaf 1830 zijn er te zien en voor kinderen is er de spannende soldatenkelder. Het museum heeft Cobra, Ecole de Paris en andere moderne werken tentoongesteld in de Boscotondohal, waar ook tijdelijke tentoonstellingen worden georganiseerd.
De **Markt** is een ruim gebied met herenhuizen die nu winkels zijn geworden. Hier ligt ook het **Huis met de Luts** ofwel Luifel 4, gebouwd in 1594 als herberg De Swaen.
De nabijgelegen **Lambertuskerk** is bekend om haar mooie orgel van Guillaume Robustelly.
In deze binnenstad is het goed winkelen. De zaterdagse markt trekt altijd veel bezoekers. De Kasteeltuinconcerten, het Artimond Lentefestival en Jazz in Catstown zijn jaarlijk terugkerende evenementen. Een ware belevenis is het bijwonen van een concert in het Carat-paviljoen. De muziekkiosk is uniek voor Brabant.
Een bezoek moet u zeker brengen aan de **kapel van Binderen** (*blz. 144*), een soort schaapskooi. Op een balk staat een houten Madonnabeeld. Het kapelletje is een restant van een vroegere abdij. De grachten liggen er nog. De poort is bij de kerk van Lieshout terechtgekomen. Veel fietsers stappen hier even af om een kaarsje op te steken. Daarna fietsen ze naar een van de knooppunten in het fietsroutenetwerk, maar ze kunnen ook even gaan kijken naar het aangrenzende **Jan Vissermuseum**, een museum over de landbouw in Brabant.

**Huis met de Luts**

Men ziet er gereedschap dat werd gebruikt voor het poten en rooien van aardappels. Er is een omvangrijke collectie ploegen en eggen. Alles wat te maken heeft met het houden van melkkoeien wordt getoond. Er is ook een bijenstal en een nog werkende dorsmachine. Mannen die dit alles nog hebben meegemaakt vertellen u er graag over.
Het fietsroutenetwerk of de Croyroute brengt u naar een mooie hoek van Helmond: het park **De Warande**. Dit is het voormalige jachtgebied van de kasteelheren van Helmond. Lange lanen door eiken- en beukenbos liggen in deze 30 hectare natuurgebied waar de Goorloop zich omheen wentelt. In het midden, op een eilandje, ligt het oude graf van de familie Wesselman. De fietsroute brengt u daarna naar de oude toren van Stiphout en het kasteel van Croy.
De **Stiphoutse bossen** zijn met hun 450 hectare een veel groter natuurgebied. Dit is een naaldbos, aangeplant op de vroegere heide. Er zijn ook enkele vennen (**Witven** en **Kamerven**) en een flink stuk open heideveld.
Aan de oostzijde van Helmond zijn nog zeer ruime bosgebieden waar het prettig wandelen en fietsen is, zoals de **Bakelse Beemden, Bakelse Bossen** en **Brouwhuisse Heide**.

**De robuuste hoektorens van het Kasteel van Helmond**

Kasteel Croy met achtkantige torens, gebouwd in de 15de eeuw

## Stiphout

Direct buiten het dorp staat **kasteel Croy** uit de 15de eeuw. Het ligt er prachtig. Een voorpoort met traptoren uit 1500 geeft toegang tot de oprijlaan. Een brug over een slotgracht leidt naar het poortgebouw met twee torens. Deze entree leidt niet naar een binnenplaats, maar is onderdeel van een rechthoekig kasteelcomplex met nog twee achtkantige torens op de hoek. Het woongedeelte eindigt bovenin met een trapgevel. Het geheel is opgetrokken uit baksteen. Het lijkt meer een slot of kasteelvilla dan een vervaarlijke burcht. Toen nieuwe wapens in de mode kwamen na de Middeleeuwen verviel de militaire betekenis van de kastelen. Ze werden nog wel gebouwd met de schijn van grote militaire kracht, maar in feite woonde men er slechts. In zoverre leek de bouwmode van de 16de eeuw op die van de 19de eeuw toen men ook weer landhuizen ging bouwen op de middeleeuwse manier. In onze tijd gaan wij weer in steden zoals Helmond flats als een kasteel bouwen en een hele wijk (Brandevoort) als middeleeuws stadje.

Ook de boerderijen in de omgeving zien er prachtig uit en het café op het driehoekig pleintje zit altijd vol fietsers die even in deze sfeervolle omgeving willen pauzeren. Stiphout heeft ook een losstaande **toren** uit de 15de eeuw.

Deze losstaande toren in het bouwland van Stiphout is een restant van de middeleeuwse kerk. Kerk en dorp werden in 1512 door Maarten van Rossum en zijn Gelders leger in brand gestoken. Het dorp verplaatste zich. De toren bleef alleen achter met de graven van vijf leden van de familie Van der Brugghen, heren van het kasteel Croy.

**Gemeentemuseum**
(op 2 locaties) Kasteelplein 1.
en
**Boscotondohal**
F.J. van Thielpark 7. *0492-587716.* *di-vr 10.00-17.00, za-zo 13.00-17.00 uur.* *www.gemeentemuseumhelmond.nl*

**Jan Vissermuseum**
Keizerin Marialaan 5. *0492-548504/525617.* *april-sept. di-vr 10.00-12.00, 13.00-17.00 uur.* *www.brabantmuseumland.nl*

**Gaviolizaal**
Torenstraat 36a. *0492-542055.* *Collectie dansorgels.*

**Evenementen**
*Artimond Lentefestival in mei.*
*Jazz in Catstown in aug.*

De kapel van Binderen in de vorm van een schaapskooi

**Gemeente Asten ❷**

**Wegenkaart F4.** *15.900.*
*Koningsplein 6 (0493-692999).*

## Asten

Asten is bezig haar dorpskern te vernieuwen. Oud en nieuw moeten elkaar harmonisch aanvullen. In het midden pronkt de hoge **neogotische kerk** van C. Franssen, leerling van Cuypers. In de toren hangt een **beiaard** met 55 speelklokken. De oudste klok is van de Astense klokkengieter Jan die Smet uit 1447. Alle andere klokken zijn gegoten door de wereldberoemde klokkengieterij **Eijsbouts** uit Asten. Tijdens de markt wordt de beiaard bespeeld. Ook aan het **gemeentehuis** kan men zien dat Asten een klokkendorp is. Er is een figurenspel aangebracht boven de ingang. Op enkele hele uren van de dag vecht St.-Joris met de draak op de tonen van de beiaard in de kerktoren.
In het **Nationaal Beiaardmuseum** staat een astronomisch kunstuurwerk, een collectie luidklokken, torenuurwerken, carillons, bellen uit de hele wereld en van alle tijden. U mag er zelf even beiaardier spelen. Over het gieten van klokken krijgt u duidelijke informatie.
In hetzelfde gebouw huist ook het **Natuurhistorisch Museum De Peel**. U ziet zoogdieren, reptielen, vlinders, insecten, vogels, vissen, fossielen. De nadruk ligt op flora en fauna van De Groote Peel en de Strabrechtse Heide. Buiten loopt u door een veentuin, een vlindertuin, een klimplantentuin en een recyclingtuin, om maar enkele van de tuinen te noemen.
Er is een vleermuizenkelder, een insectenmuur en een kikvorsenpoel. Bij het museum behoren een **sterrenwacht** en een **planetarium**.

**Nationaal Beiaardmuseum**

Wandelend door Asten noteerden wij moseiken, moerascipressen, treurwilgen, leilindes, bolesdoorns, olijfwilgen en kastanjes. Prachtige langgevelboerderijen vindt u in het gehucht **Achterbos**.
We wijzen ook nog even op een **Mini Speelgoedmuseum De Speeldoos**. Speelgoed vanaf 1940 en driehonderd speeldozen verschaffen jong en oud veel kijkgenot.
Voor de molenliefhebbers vernoemen we de **standerdmolen** uit 1506. Vaak gerestaureerd maar toch een gouden ouwe.

**Vlinders in het Natuurhistorisch Museum De Peel**

**Nationaal Beiaardmuseum en Natuurhistorisch Museum De Peel**
Ostaderstraat 23. *0493-691865.*
*di-vr 9.30-17.00, za-ma 13.00-17.00 uur.*
*www.museumasten.nl*
*www.museumdepeel.nl*

**Mini Speelgoedmuseum De Speeldoos**
Mercuriusstraat 35. *0493-692743.* *wo 10.30-16.00 uur.*

## Ommel

Een bedevaartsoord naar het wonderbeeld van Onze Lieve Vrouw, een ivoren reliëf dat uit de vroege Middeleeuwen stamt.
Het dorp heeft in de oorlog veel geleden, maar de natuur in de omgeving heeft haar schoonheid behouden. De **Oostappense heide** is een 120 ha groot naaldbos, afgewisseld met heide, berkenbos en een groot recreatiepark.

## Heusden

Hier liggen de resten van het kasteel van Asten uit de 16de eeuw: een **poortgebouw** en **kasteelboerderij**. De ruïne daarachter heeft ook zo haar charmes. Het kasteel was net gerestaureerd toen het in 1944 in brand werd geschoten.
Heusden ligt aan de rand van **Nationaal Park De Groote Peel**, een natuurgebied van 1500 ha. Aan de andere zijde van het park, op Limburgs grondgebied, ligt het bezoekerscentrum **Mijl op Zeven**. Vandaar gaan er wandelingen de Peel in. Delen van het moeras zijn met knuppelbruggen toegankelijk gemaakt. Er komen meer dan 200 vogelsoorten voor. Het is een van de laatste hoogveengebieden in ons land.

**Heusden ligt aan de rand van Nationaal Park De Groote Peel**

**GEMEENTE DEURNE ❸**

**Wegenkaart F4.** *32.000.*
*Markt 2, Deurne (0493-323655).*
*Oude Peelstraat 5, Helenaveen (0493-539597).*

## Deurne

Knooppunt van wegen, vruchtbare grond, bescherming vanuit een kasteel, stichting van een kerk of klooster: ze zijn vaak de verklaring waarom een dorp of stad is ontstaan. Deze redenen gaan alle tegelijkertijd op voor Deurne.

Het was een knooppunt van wegen. Ook nu komen er nog zes straten uit op de markt. Daar werd het gemeentehuis gebouwd. In 1895 werd dat het huidige magistrale **raadhuis.** Hier vindt u ook nu nog de cafés die laten zien dat naast handel ook toerisme een belangrijke bron van inkomsten is geworden.

St.-Willibrord heeft hier een kerk gesticht. Hij is patroon van kerk en dorp. De huidige **kerktoren** stamt uit 1200, koor en dwarsvleugel uit 1460. Cuypers heeft de kerk ingrijpend verbouwd. Het park met muur is mooi aangelegd. U vindt er een beeld van **pastoor Roes** die veel voor de boeren van Deurne en Brabant heeft betekend.

**Fietsroutenetwerk**

De **protestanten** kregen tijdens Lodewijk Napoleon een eigen achtkantige kerk. Het bijbehorende **domineeshuis** is een schitterend pand waarin de muziekschool is ondergebracht. Deze is genoemd naar de bekende Deurnese **Aaltje Noordewier-Reddingius**, domineesdochter en sopraan die 'de nachtegaal van de Peel' werd genoemd.

Op het Haageind zijn twee kastelen gebouwd. Het **Groot Kasteel** uit 1460 is in 1944 verwoest. Het wordt nu weer gedeeltelijk herbouwd. Bij dit kasteel ligt het **Dinghuis** uit 1560. Binnen, of buiten onder de lindeboom, werd vroeger recht gesproken. Aan de rand van het prachtige kasteelpark ligt een **kasteelboerderij** uit 1804. Aan de

**Het voor een deel gerestaureerde Groot Kasteel in Deurne**

**Woonhuis van Hendrik Wiegersma, nu Museum de Wieger**

overkant ligt het **Klein Kasteel** uit de 14de eeuw waar de Heren van Deurne eerst woonden. De woontoren in het midden is het oudste deel. Naast het Klein Kasteel vindt u de **watermolen** aan de Vliet uit de 17de eeuw. Grote rijkdom kwam eigenlijk pas met de ontginningen. Toen de gebroeders Van de Griendt succes bleken te hebben, begon ook de gemeente Deurne zelf te ontginnen. In 1869 werd het **Deurnes Kanaal** gegraven. Scheepsladingen vol turf werden verkocht. De ontgonnen grond werd verkaveld en verkocht of beplant met productiebossen. Na 1950 hield het op. Men stookte liever olie of gas. Nu zijn het de grote intensieve bioboerderijen die geld opleveren. Ook het toerisme in de overgebleven bosgebieden zoals de **Stippelberg** en de **Deurnese Peel** brengt geld in het laatje.

Zo werd Deurne een rijke plaats waar ook het culturele leven ging bloeien. U kunt dat zien aan de huizen in de **Stationsstraat** en **Stationslaan**: Villa Gelria, Mariahof, Zonneweelde, Doornehof, Wilbertshoeve, Van Beek en Rozenberg. Allerlei boeiende stijlen treft u hier aan.

Schrijvers, schilders en geleerden hebben in Deurne gewoond, zoals Anton Coolen, Toon Kortooms, Jules de Corte, Jan Hanlo, Otto van Rees en natuurlijk Hendrik Wiegersma (1891-1969). Hij was hier eigenzinnig schilder, schrijver en huisarts. Zijn woonhuis is nu museum **De Wieger**. Het huis stamt uit 1922 en is gebouwd in neorenaissancestijl. Het huis was een centrum van kunstenaars en bevat nu veel werk uit de periode 1915-1940. Daar is ook het tentoonstellingsbeleid op gericht.

Informatief zijn de exposities in het **Heemhuis** van de Heemkundekring en in het **Natuur en Milieu Educatiecentrum** aan het Haageind.

Geen kunstenaar maar wel uitvinder van formaat was **Hub van Doorne.** Hij was de oprichter van de DAF-fabrieken in Eindhoven en VDT in Tilburg. Grote namen heeft ook het **Nederlands Hippisch Centrum** voortgebracht.

Ten slotte noemen we nog de molens: **Holtens molen** (1890) en de **Marie Antoinette** (1893). In Vlierden staat de **Johanna Elisabeth** (1848). In Liessel vindt u de **Volksvriend** (1903).

**Turfwagonnetje**

**Museum De Wieger**
Oude Liesselseweg 29. *0493-322930. di-zo 12.00-17.00 uur.*
*www.dewieger.nl*

**Heemhuis**
Stationsstraat 73. *0493-320709.*
*di 19.00-21.00, 2de zo van de maand 14.00-17.00 uur.*

## Helenaveen

Het gebied rond Griendsveen en Helenaveen is zeer interessant. De afwateringskanalen, de bouwwijze van de huizen en boerderijen en de begroeiing geven beide dorpen een heel eigen sfeer. Helenaveen is genoemd naar mevrouw Helena van der Griendt-Panis.

In het **Dorps ServiceCentrum Helenaveen** kan men een foto-expositie zien over vervening en afgraving. Er staat ook een replica van de **gouden Romeinse helm** die samen met munten en een geldbuideltje in de Peel is gevonden.

Helenaveen is een beschermd dorpsgezicht.

**Dorps ServiceCentrum Helenaveen**
Oude Peelstraat 5. *0493-539597. ma-za 10.00-16.00 uur, april-sept. alleen zo.*

**Vroeger veenschuiten nu kunstobjecten in de Helenavaart**

Rond 1400 werd begonnen met de bouw van Kasteel Gemert, rechts het oudste gedeelte: de Donjon

**GEMEENTE GEMERT-BAKEL** ❹

**Wegenkaart E3-F3.** *27.700.* *Ridderplein 49, Gemert (0492-366606). Schoolstraat 6, Bakel (0492-341643).*

# Gemert

*Onder de loep: blz. 150-151.*

Het is zeer de moeite waard om een wandeling door Gemert te maken. Rutger, een van de Heren van Gemert, heeft na een kruistocht enkele van zijn bezittingen aan de Duitse Orde geschonken. Deze orde uit de kruistochtentijd bezat vele gebieden vooral in Pruisen en Oost-Europa. Het kruistochtideaal werd omgezet in het veroveren van gebieden in Oost-Europa en het kerstenen en ontginnen daarvan. Nadat de Duitse Orde in Gemert was binnengehaald, wist ze op slinkse wijze alle bezittingen van de Heren van Gemert over te nemen. De Hertog van Brabant en later de Staten Generaal erkenden de vrije heerlijkheid Gemert o.l.v. de Duitse Orde.

Rond 1400 heeft de orde er een **kasteel** gebouwd, rond 1450 een **kerk** en in 1587 een **Latijnse School**.

Na 1648 kon men hier vrij het katholieke geloof blijven belijden. Opmerkelijk is echter dat men in Gemert ook het protestantse geloof openlijk mocht belijden.

In een van de fraaie boerderijen van Gemert werd in 1853 **Van den Elsen** geboren. Hij werd pater Gerlachus in het klooster van Heeswijk. Hij is bekend geworden als de 'boerenapostel' en stichtte de NCB, de Noordbrabantsche Christelijke Boerenbond. De boerderij en naaste omgeving werden omgebouwd tot **Boerenbondsmuseum**. Een boerderij met alles erop en eraan, een klompenmakerij, een smidse, een weversuisje, tuinen, een winkel en een café. Een prachtig en informatief museum, gelegen in een omgeving vol mooie boerderijen.

Gemert heeft ook veel kapellekes en 'keskes' (kastjes met een heiligenbeeld). Het interessantste **kapelleke** is dat van het gehucht **Esdonk**. Het is toegewijd aan Maria Magdalena. Zigeuners vereerden deze heilige overal in Europa. Dus ook hier. Men kon er verlost worden van zweren door roestige spijkers te offeren aan het liggende beeld van de dode Christus.

Gezellige drukte in en rond het Boerenbondsmuseum

De gevarieerde bossen op de Stippelberg zijn een aantrekkelijk wandelgebied

Gemert heeft twee molens: de **Bijenkorf** uit 1665 en de **Volksvriend** uit 1887.

**Boerenbondsmuseum**
Pandelaar 106. 0492-366444 *april-juni en sept.-okt. di, do, zo 13.00-17.00, juli-aug. di-vr 10.30-17.00 en zo 13.00-17.00 uur.* *www.boerenbondsmuseum.nl*

## Bakel

Een oud Peeldorp uit de tijd van Willibrordus. **Toren** en **kerk** stammen uit de 16de eeuw. De **molen** heet naar St. Willibrord en stamt uit 1752.
Bakel heeft veel mooie boerderijen. In één daarvan is streekmuseum **De Tolbrug** gevestigd. U vindt er een verzameling werktuigen vanaf de 10de eeuw. Daar valt veel van te leren.
Buiten Bakel kunt u heerlijk wandelen over de **Stippelberg**.

Het processiepark in Handel

**De Tolbrug**
Neerstraat 11. *0492-341819.* *april-okt. op afspraak.*

## Handel

Na de Zoete Moeder van Den Bosch is Handel het bedevaartsoord bij uitstek in Brabant. De Duitse Orde heeft het heiligdom in 1220 gesticht. Van de gotische kerk is door de vele verbouwingen niet veel over. Wel heeft de kerk veel kunstschatten. **Het processiepark** is in 1910 aangelegd. Interessant is de **Keskesdijk**, de weg naar Gemert. Wegkapelletjes beelden de zeven smarten van Maria uit.
'Een beeld van een dorp' noemt Handel zich. Beelden genoeg en ook beeldige huizen en beeldschone boerderijen aan het driehoekige dorpsplein.

Grootmoeders tijd beleeft u in **'t Museumke**. U vindt daar een prachtige collectie poffers, mutsen en boerenkleding. Zet uzelf met een poffer op de foto. In Handel kunt u een afspraak maken om een tocht met een **luchtballon** mee te maken. Op de **Rooyse plas** kunt u leren waterskiën.

De varkensboer in De Mortel

**'t Museumke**
Pastoor Castelijnstraat 37. 0492-322402. *vr en laatste zo 13.00-17.00 uur en op afspraak.*
**Van Den Bosch Ballon vof**
Haveltweg 14. *0492-323059, reserveren verplicht.*

## Milheeze, De Mortel, Elsendorp, De Rips

Dit zijn vier ontginningsdorpen. Milheeze met een mooie **molen**, **Laurentia** uit 1890. De Mortel met een **standbeeld** dat de varkensboer uit deze streken eert. Elsendorp met een moderne **kerk** waarvan u de **glas-in-loodramen** van Jac Frenken zeker moet gaan bewonderen.

# Onder de loep: Gemert

**Embleem Latijnse School**

Het belangrijkste gebouw van Gemert is het kasteel van de Duitse Orde. Het is gesticht in 1391. Het poortgebouw is van 1607. Boven de ophaalbrug staat een beeld van Maria, patrones van de Duitse Orde. Het oudste deel begint bij de volgende poort (1448) die het wapen van de Heren van Gemert (Wijnant van Brijel) en van de Duitse Orde draagt. Het ziet er gotisch uit en heeft sierlijke hoektorens. De traptoren draagt het jaartal 1463 en het wapen van Johan van der Noot. Het kasteelgedeelte rond de binnenplaats met de fraaie wapens is rond 1740 gebouwd in klassieke stijl. Paters hebben het kasteel in gebruik als klooster. Een wandeling door de tuinen rondom het kasteel is zeer aangenaam.

**Het vroegere raadhuis en de vroegere herberg De Korenbeurs** hebben als dakkapel een sierlijke oeil de boeuf (ossenoog).

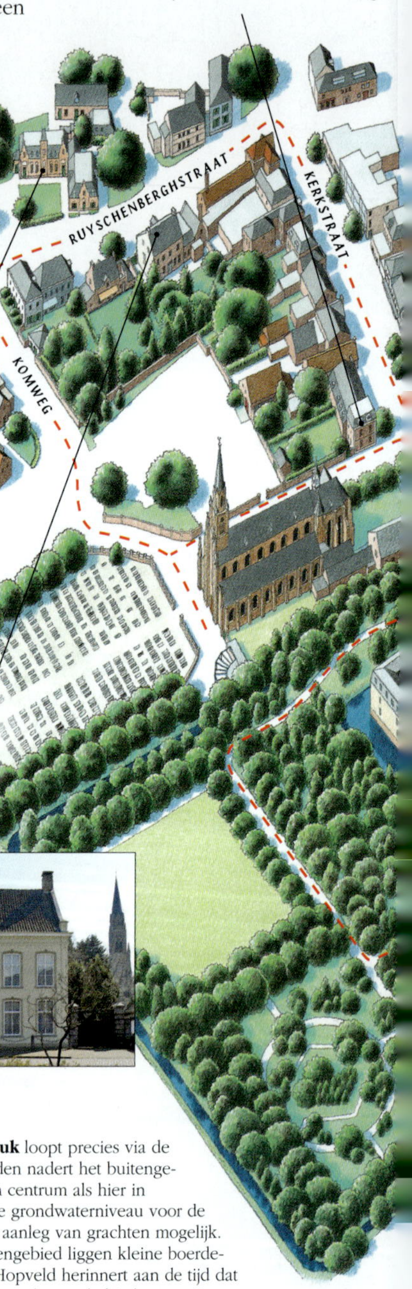

**★ Latijnse School**

*Op deze plek stond het middeleeuwse kasteel van de Heren van Gemert dat in 1479 werd verwoest. In 1587 werd hier de Latijnse School gesticht.*

**De oude pastorie**

*Gemert bezit nog vele mooie herenhuizen zoals dit in de fraaie Ruyschenbergstraat.*

**STERATTRACTIES**

- ★ Het kasteel
- ★ Het centrum
- ★ Latijnse School

**De Peelrandbreuk** loopt precies via de winkelstraat. Zelden nadert het buitengebied zo dicht een centrum als hier in Gemert. Het hoge grondwaterniveau voor de breuklijn maakte aanleg van grachten mogelijk. Direct in dit buitengebied liggen kleine boerderijtjes. De naam Hopveld herinnert aan de tijd dat hier hop geteeld werd voor de bierbrouwerij.

**SYMBOOL**

- - - - Aanbevolen route

**★ Het kasteel**
*Brabant heeft niet zoveel profane gotiek. Dit kasteel is een mooi bewaard voorbeeld.*

**TIPS VOOR DE TOERIST**

Ridderplein 17. april-sept. za 11.00 uur, reservering via VVV Gemert (0492-366606). Ridderplein. 12.00-17.00 uur. Variantmarkt 6 keer in de zomer op za 11.00-17.00 uur. Ballonfestival in juni.

0 meter 100

**Deftige binnenplaats** met veel sfeer.

**★ Het centrum**
*Vaandeldragers van de 'Rooj en Grujn Skut', twee Gemertse gilden. Het raadhuis verderop is het verbouwde herenhuis van een margarinefabrikant.*

**Van der Noot**
*In het oudste deel van het kasteel bij de hoofdpoort is het familiewapen ingemetseld.*

**Poortgebouw**
*Gebouwd in 1607 met robuuste hoektoren.*

De kerk en brink van Sint-Anthonis

**GEMEENTE SINT-ANTHONIS 5**

**Wegenkaart F3.** *11.700.*
*De Merret 2, Sint-Anthonis (0485-383849). Lepelstraat 17a, Wanroij (0495-451313).*

## Sint-Anthonis

Roepnaam: Sint Tunnis. De Heilige Anthonius Abt, eerste kluizenaar, sinds de Middeleeuwen gewoonlijk afgebeeld met varken, is de patroonheilige van de **kerk**. Al in de 14de eeuw was er een kapel. Een deel van de huidige kerk dateert van 1477. Het grootste deel is van verbouwingen uit 1834 en 1930. De toren is van de 16de eeuw.
Sint Anthonis behoorde tot eind 18de eeuw bij Boxmeer, een vrije heerlijkheid. Dat had een eigen bestuur en hoorde dus niet bij de Republiek der Zeven Verenigde Nederlanden. Het protestantisme werd in het land van Boxmeer niet opgelegd en dus ook niet hier in Sint-Anthonis. U vindt er geen protestantse kerk.
Omdat het dorp met Boxmeer vroeger onder het bisdom Roermond viel, vindt u in dit dorp ook een **kapelanie**. In het bisdom 's-Hertogenbosch woonde de kapelaan op de pastorie. In het bisdom Roermond had de kapelaan een eigen huis. De kapelanie valt onder Monumentenzorg.
Het dorp kent ook nog een huis dat bekend staat als de **vicarie**. Een vicaris was een priester die kon leven van een kapitaaltje dat door een vroom mens was geschonken. Hij moest er wel missen voor lezen en soms de pastoor helpen.
De **Brink** is een mooi en ruim plein. Op een dergelijk plein dreef men vroeger de schapen van de verschillende boeren bijeen om naar de heide te gaan. Vaak zie je op de brink een plek waar water gedronken kon worden en soms een stal. De brink was natuurlijk niet bestraat. Dat heeft men hier (voor een deel) ook niet gedaan. Er staan nieuwe huizen maar de **krukhuisboerderij** op nummer 7 uit 1830 mag er wezen.
De molen van Sint-Anthonis is afgebroken in 1935 maar het **molenaarshuis** staat er nog in volle pracht.
Het vroegere uitgestrekte heidegebied is vooral tussen 1920 en 1940 ontgonnen. Het werd landbouwgebied maar ook bos. Er was grote behoefte aan palen voor de mijnschachten, telefoonpalen en onderleggers voor de rioolbuizen. De grove den wordt tegenwoordig aangevuld met andere boomsoorten. Gelukkig is er ook heide blijven bestaan, vooral in de **Ullingse Bergen**. Daar treft u de jeneverbes aan. Om vergrassing te voorkomen lopen er Kempische heideschapen en Schotse hooglanders rond. Het **Peelven** is een veenplas omringd door heide. Het is voor wandelaars ontsloten.

## Oploo

De grootste toeristische trekpleister is de plek van waaruit u de **watermolen** (1728) en de **standerdmolen De Korenbloem** (1747) samen kunt fotograferen.
De watermolen wordt door het gilde onderhouden. De Korenbloem staat er pas sinds 1800. Daarvoor stond hij in Den Dungen en daarvoor op de stadsmuur van 's-Hertogenbosch.
Een mooie plek is het hofje dat zich gevormd heeft op de plaats waar tot 1800 het **kasteel Het Juffre** stond. Heggen en geschoren beukenbomen tekenen de plattegrond van het verdwenen kasteel. In het midden staat een beeldengroep van de laatste **'Drie juffers van Oploo'**.
Iets verderop ligt **kasteelboerderij Bekenstein**. Vroeger lag er nog een gracht

Boerderij Bekenstein was vroeger een kasteel

omheen. De rentmeester woonde iets verderop in een langgevelboerderij uit 1674. De landgoederen **De Groote Slink** en **Bunthorst** zijn bij de ontginningen van rond 1900 aangelegd op de ontgonnen Peelgrond. Ze zijn zeker een bezoek waard.

## Wanroij

Het mooiste gebouw in Wanroij is ongetwijfeld de **Hamse molen**, een standerdkorenmolen uit 1811. De molen wordt ook wel 'De Ster' genoemd. Voor 1811 heeft hij ergens in de Achterhoek gestaan. Het is de enige standerdmolen met drie zolders.
Binnen de muren van een voormalig klooster heeft de IVN een educatieve tuin, de **Corneliushof**, aangelegd. De tuin toont de verschillende landschappen uit deze buurt.

**Corneliushof**
Lepelstraat. *april-okt., za en zo en feestdagen.*

Natuurgebied bij Stevensbeek

## Landhorst, Stevensbeek, Westerbeek

Bijna heel de oppervlakte van de gemeente Sint-Anthonis is ontgonnen. Modeldorpen werden gesticht. In 1870 Westerbeek, in 1935 Stevensbeek en in 1945 Landhorst.

De Hamse molen in Wanroij is gebouwd in 1811

Er was plaats genoeg. Aan de rechte straten kreeg iedereen zijn huis en tuin. In het midden werd een plein met een kapel of kerk aangelegd. Het is een aparte ervaring.

### Sporen van de oorlog

Zo heet een route die is uitgezet en die in dit gebied vooral de sporen laat zien van de **Peel-Raamstelling**. Deze is pas vlak voor de oorlog, in de mobilisatietijd 1939-1940, aangelegd. Als de stellingen bij de oostgrens en bij de Maas gevallen waren, zou men hier de Duitsers moeten kunnen tegenhouden. Maar Nederland was neutraal, wat betekende dat er geen overleg gevoerd kon worden met de Belgen. De Peel-Raamstelling sloot niet aan op de Belgische verdedigingslinie. Dus werd er besloten dat bij een aanval de troepen zich direct zouden terugtrekken achter de Hollandse waterlinie. Inpakken en wegwezen in plaats van vechten. Het liep nog anders. Al in de nacht van 9 op 10 mei kwam een Duitse legertrein ongehinderd over de grens en over de Maas en kon doorrijden tot Mill. De Peel-Raamstelling was al gepasseerd! De Duitsers waren onze troepen voor in hun opmars naar Moerdijk, waar bovendien Duitse parachutisten waren geland.

Fiets- en wandelroute langs 'Sporen van de oorlog'

**Al in de Middeleeuwen bestond er een Kasteel Aldendriel**

**GEMEENTE MILL EN SINT-HUBERT 6**

**Wegenkaart F3.** *11.000.*
*Hoogveldseweg 1, Mill (0485-441838).*

## Mill

Mill vormt met Langenboom en Zeeland de noordgrens van de Peel. Ten noorden daarvan liggen onontgonnen natuurgebieden op de hoge Peelrug. Naar het oosten, naar de Maas verandert het landschap. Naar het zuiden strekt zich het typische ontgonnen Peellandschap uit. Daar is nog ruimte genoeg.

Het landgoed **De Tongelaar** is zeer gevarieerd met bossen, weiden, akkers, houtwallen, eikenlanen en rivieren. In de buurt van enkele oude boerderijen staat een 15de-eeuwse **poorttoren**, restant van een nog ouder kasteel. Hij is via mooie zandwegen bereikbaar. In Mill zelf staat ook een kasteel, **Aldendriel**. Het wordt al in de Middeleeuwen genoemd. Zoals het er nu staat, is het van de 17de eeuw. Van de gotische **kapel Maria ten Hove** was slechts een ruïne over tot ze in 1982 geheel in oorspronkelijke staat werd gerestaureerd. De naam ten Hove leeft ook voort in het fraaie huis aan het begin van het dorp, **Hof ten Hove**. Daar stroomt het riviertje de Raam. U vindt er een restant van de **Peel-Raamstelling** (*blz. 153*) die ons land moest

**Een mooi begroeide boerderij in Mill**

### DE PIONIERS

In Langenboom waren paters-ontginners. Maar, waar kwamen toch al die ontginners en bewoners vandaan?
Voor een deel waren ze autochtoon. Boerenzonen en boerenarbeiders uit de buurt pachtten hier een stuk grond van de ontginningsmaatschappij, die net als de overheid gunstige voorwaarden schiep om hier te beginnen. De NCB en de Boerenleenbank hebben boeren vaak over de drempel geholpen.
Er kwamen ook mensen van elders op af. Duitsers uit Westfalen, Drentse en Overijsselse veenwerkers en Belgische vluchtelingen van de Eerste Wereldoorlog. Ook waren er ambtenaren, klerken en middenstanders, die in het kader van de werkverschaffing tijdens de crisisjaren hier waren tewerkgesteld en bleven hangen.

beschermen tegen een inval van de Duitsers. Een pantsertrein maakte gebruik van de verlaten ontginningsspoorweg. In de nacht van 9 op 10 mei kon die trein pas in Mill worden tegengehouden. Onze soldaten vochten met kanonnen uit de Frans-Duitse oorlog van 1870. De spoorlijn werd opgeblazen en de terugkerende trein ontspoorde. Maar er was een gat in deze verdedigingslinie geslagen. Voor de molenliefhebbers: in het dorp staat een ronde stenen **bergkorenmolen** uit 1847, de **Korenbloem.**

**De vierkante toren en het hoge schip van de kerk van Mill**

**Fontein 'De bron van Leven'**

## Sint-Hubert

Intiemer dan Mill. In het midden van het dorp staat de forse **toren** uit de 15de eeuw. Eraan vast zit een éénbeukige **kerk** uit de 16de eeuw. Een mooie fontein - water is de bron van ons leven - siert een sfeervolle hoek bij de kerk. In Sint-Hubert werd vroeger ijzeroer gewonnen en tot gietijzer gemaakt. Vandaar het bronzen **beeld** van de ijzeroerwerker. Iets verder wiekt de **Heimolen** uit 1877.

## Wilbertoord

Ten zuidwesten van Mill lag een gebied van een kleine zeshonderd hectare veen- en heidegrond, **de Princepeel**. Het werd in 1864 gekocht door fabrikant Nering Bögel. Zo begon hier de particuliere ontginning zoals Van de Griendt dat bij Deurne zou doen. In 1888 nam Dominicus van Ophoven het over. In 1908 was de ontginning voltooid, en waren een weg en een spoorlijn aangelegd. De grondstukken werden verpacht aan boeren.

**Van Ophoven**, de grootste boer van Brabant, werd het voorbeeld voor de kleine boer. Hij liet zien hoe men met modernisering - kunstmest, mechanisatie en rationalisatie - vooruit kon komen. Hij werd de eerste voorzitter van de **NCB**, de Noordbrabantsche Christelijke Boerenbond. Wilbertoord werd in 1920 gesticht.

## Langenboom

Eind 19de eeuw gesticht door paters dominicanen, die hier de woeste grond ontgonnen. Het **klooster** staat er nog. Voor de ingang ziet u een **tornadoperk**, dat ons herinnert aan de verwoestende tornado van 1925.

**Oude populieren en houtwallen in de omgeving van Sint-Hubert**

**Gemeente Landerd 7**

**Wegenkaart E2.** *14.500.*
*zie Oss (blz. 118)*

Verwrongen elektriciteitsmast, een stille getuige van de windkracht

## Zeeland

De naam heeft niets met de zee en ook niet met de provincie Zeeland te maken. Zee stamt van het vroegmiddeleeuwse woord 'sala'. Sala was een Frankische hoeve. Die zal de oorsprong van het dorp zijn geweest. Zeeland hoorde ooit bij Ravenstein. Ravenstein viel niet onder het gezag van Den Haag maar was bezit van Duitse heren. Hierdoor kon in Zeeland het katholieke geloof vrij worden beleden.
Het dorp ziet er gezellig uit. In het centrum staan vijf cafés en een danspaleis rondom een grote neogotische kerk. Voor mooie boerderijen moet u naar de gehuchten in de buurt. **Het Oventje** is erg mooi.
Dat het daar flink kan waaien bewijst de in 1925 door de storm verdraaide ijzeren **elektriciteitsmast**.
De drie **molens** van het dorp hebben wel wind nodig maar het hoeft geen storm te zijn. In het oventje vindt u **Coppens molen** uit 1883, **Van Aarssens molen** uit 1893 en de **St. Victor** uit 1938. Coppens molen was vroeger van hout maar in 1883 werd de stadsmuur van Grave gesloopt en met die stenen is de molen toen herbouwd.
U kunt in Zeeland ook genieten van moderne schilderkunst en ruimtelijke kunst. Daarvoor moet u op zondag naar **'t Kelderke**.
Maar u kunt natuurlijk ook fijn de natuur in en dan liggen de **Gemeentebossen** in de directe nabijheid. Die maken deel uit van het uitgestrekt natuurgebied de **Maashorst**. Er grazen schapen, geiten en runderen. Op het grondgebied van Nistelrode (gemeente Berheze) staat het bezoekerscentrum Slabroek dat gevestigd is in een achttiende-eeuwse boerderij.
Ten slotte wijzen wij u nog op twee attracties in Zeeland: **De Pannenkoekenbakker** organiseert steptochten en **De Heische Tip**, waar op sportgebied van alles mogelijk is, heeft ook een natuurijsbaan.

De molen van Reek

**'t Kelderke**
Kapelweg 3. *0486-452354.*
*zo 11.00-17.00 uur en op afspraak.*
**De Pannenkoekenbakker**
Udenseweg 31. *0486-452014.*
**De Heische Tip**
Straatsven 4. *0486-451458.*
*www.heischetip.nl*

## Reek

De **Reekse Heide** maakt deel uit van het natuurpark de Maashorst.
Reek bezit ook een molen, **de Hellemolen** uit 1832. Die weet iedereen te staan die vroeger van 's-Hertogenbosch naar Nijmegen reed, over de door koning Willem I aangelegde rijksweg. Halverwege wilde men dan even uitrusten. Dat kon en kan nog steeds in deze molen, want er is een restaurant in gevestigd.
Reek zelf ligt iets verwijderd van deze weg en de snelweg die er intussen is aangelegd. Het is een lieflijk dorp met bomen langs de wegen.
U vindt hier een prachtig **huis** uit de 18de eeuw van de orgelbouwers Smits. Het sierlijke bovenlicht in de voordeur stelt een orgel voor. Voor het huis staat een **beeld**.

De Orgelbouwer

## Schaijk

Het dorp heeft zich moeten ontworstelen aan zijn omgeving. Van de ene zijde dreigde steeds gevaar van de Maas, als de Beerse Overlaat werd gebruikt. Het land aan deze zijde kon niet intensief worden gebruikt. Het was meestal weiland. Aan de andere zijde lag de weliswaar hoger gelegen heide, maar die was onontgonnen en zonder kunstmest niet vruchtbaar te maken. Het heeft dan ook tot de 20ste eeuw geduurd voordat Schaijk uitgroeide tot een groter dorp. Nu is het voor de toerist die in deze buurt op een camping of vakantiepark verblijft een prettige plaats om boodschappen te gaan doen of een terrasje te pikken.

**GEMEENTE UDEN** ❽

**Wegenkaart E3.** *40.000.*
*Mondriaanplein 14a (0413-250777).*

## Uden

Vanuit de verte wordt het beeld bepaald door de **koepelkerk** in neostijl zoals Ch. Weber die ook in Geldrop, Lierop en Raamsdonk bouwde. De kerk staat iets naast het geheel vernieuwde winkelgebied dat in het centrum is ingericht. Ruime parkeermogelijkheden liggen in een cirkel om dat nieuwe centrum heen. Uden is sterk verstedelijkt.
Dat is ook gebeurd met de **kersenboomgaarden** en het boerenland. Die hebben grotendeels plaats moeten maken voor uitbreidingsplannen en industrieterreinen. Uden was in 1951 kerngemeente geworden en ook het vliegveld van Volkel bracht een grote economische impuls.
Gelukkig zijn er natuurgebieden vlakbij in mooie staat behouden: **De Wijstgronden** en **De Bedafse Bergen**. Hier loopt nog zichtbaar de Peelrandbreuk doorheen met een hoogteverschil van vijf meter en hier treft u een stuifzandwal van 25 m hoog.
**Piet Mondriaan** hield van dit Brabantse landschap. In 1904 en 1905 heeft hij hier in een oude boerderij gewoond. In dit bos- en landbouwgebied deed hij inspiratie op. Hij schilderde typisch Brabantse thema's zoals bosranden, molens, koeien in de wei. Hij wilde rekening houden met de smaak van het publiek maar zocht tegelijkertijd naar zijn eigen stijl. Mogen we in zijn latere lijnen- en kleurvlakkenspel toch dit Brabantse land zien?
Uden is een stad met hart voor kunst en kunstenaars gebleven. Ze koopt regelmatig kunstwerken aan. Een **wandelroute Uden in Beeld** voert u daar langs.
In de **Pronkkamer**, museum voor hedendaagse kunst, is de collectie Uden tentoongesteld. Bovendien worden er regelmatig wisselexposities gehouden.
We noemen hier ook **Villa d'Arto**, een kunstencentrum met uitleen, galerie en beeldentuin.
Aan het **Museum voor Religieuze Kunst** besteden we op de volgende bladzijden aandacht.

**De stuifzanden in natuurgebied De Bedafse Bergen**

**Militaire begraafplaats in Uden**

Uden was altijd een gastvrije plaats. Omdat het behoorde bij het Land van Ravenstein mocht hier het katholieke geloof worden uitgeoefend. De Kruisheren die uit 's-Hertogenbosch waren verjaagd vonden hier onderdak in een **klooster** waar nu nog het beeld van **Onze Lieve Vrouw ter Linde** uit de 14de eeuw vereerd wordt. Ook de zusters birgitinessen mochten hier een nieuwe **abdij** stichten. Gastvrij was Uden ook voor Belgische vluchtelingen in de Eerste Wereldoorlog. De omgekomen bevrijders uit de Tweede Wereldoorlog eert Uden met een sfeervolle begraafplaats midden in bewoond gebied. Zevenhonderd meest Britse bevrijders, waarvan 260 vliegeniers, zijn hier begraven.

**Pronkkamer museum hedendaagse kunst**
Mondriaanplein 16. *0413-267947.* *wo-vr 14.00-17.30, za-zo 13.00-16.30 uur.*
*www.brabantmuseumland.nl*

**Villa d'Arto**
Hoog-Slabroekseweg 3. *0412-617275.* *vr-zo 13.00-17.00 uur.*
*www.villadarto.nl*

## Volkel

Iedereen kent het dorp Volkel vanwege het militaire vliegveld. In de **Traditiekamer Typhoon** zijn veel luchtfoto's te zien. Elk voorjaar is er een **vliegshow**. Het dorp heeft een aardig driehoekig plein en een standerdkorenmolen **De Neije Kreiter**.
Ook hier natuur en een bijbehorend recreatiepark **Hemelrijk** met water, survivalmogelijkheden, zeeroversland, poppentheater, kinderkermis, verkeersspeeltuin, waterfietsen en diverse eettentjes.

**Billy Birdpark Hemelrijk**
Zeelandsedijk 34a. *0413-272987.* *dag. 10.00-18.00 uur.*
*gesloten 25 dec. en 1 jan.*
*www.billybird.nl*

# Museum voor Religieuze Kunst

**Aartsengel Michaël**

In het klooster Maria Refugie bidden en werken zusters birgitinessen. De gebouwen stammen grotendeels uit 1712-1738. De zusters waren gedwongen hun klooster bij 's-Hertogenbosch te verlaten. In Uden mocht men het katholieke geloof uitoefenen. Hier waren zij welkom. Sinds 1972 is hier het Museum voor Religieuze Kunst gevestigd. De collectie van het Bossche bisdom vormde het uitgangspunt. Toen vanaf de zestiger jaren kerken en kloosters sloten en er vaak een 'beeldenstorm' door de kerken woei breidde de collectie zich uit. Ook werk van hedendaagse kunstenaars werd verzameld.

**Icoon**
*Het museum is in het bezit van een aantal iconen zoals deze uit Kreta (1550).*

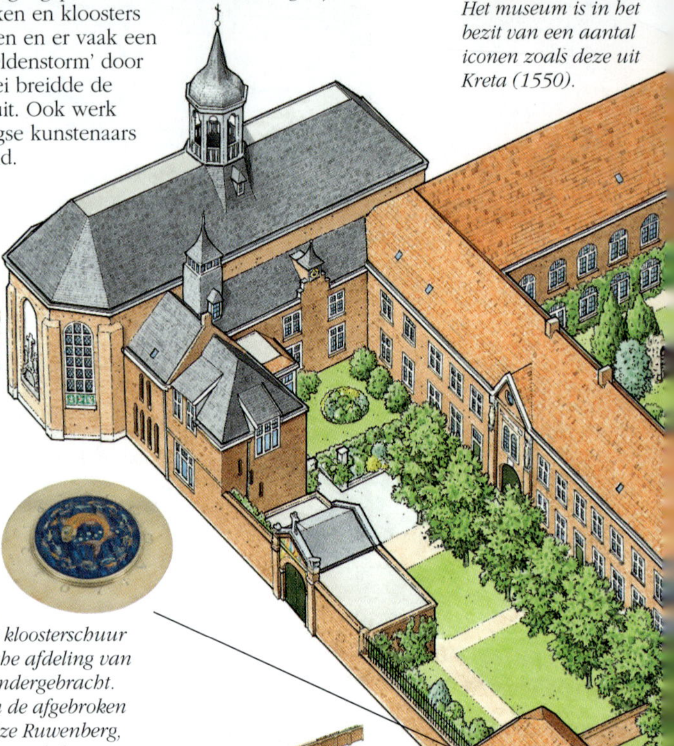

**★ Neogotiek**
*In de vroegere kloosterschuur is de neogotische afdeling van het museum ondergebracht. Het altaar van de afgebroken kapel van Huize Ruwenberg, gemaakt door Hendrik van der Geld (1838-1914), vormt het hoogtepunt. Deze kelk en pateen van Eloy en Brom uit 1942 zijn een prachtig voorbeeld van goudsmeedkunst.*

**Nieuwbouw**
Het museum wordt opgeknapt en uitgebreid. De ruimtes in het klooster worden gemoderniseerd en er komt een aanbouw die 5 meter diep in een betonnen bak gerealiseerd wordt zodat het zicht op de oude kloostermuur bewaard blijft.

**STERATTRACTIES**

- ★ **Meester van Leende**
- ★ **Meester van Koudewater**
- ★ **Neogotiek**

**★ Meester van Koudewater**
*De zuster birgitinessen brachten uit hun klooster Koudewater bij 's-Hertogenbosch beelden, schilderijen en manuscripten mee. Die maken deel uit van het museumbezit. Van de meester van Koudewater ziet u de aartsengel Michaël. De St.-Anna-te-Drieën dateert uit ca 1490.*

**TIPS VOOR DE TOERIST**

Vorstenburg 1. **Wegenkaart E3.** ☎ *0413-263431.* ◯ *di-vr 10.00-17.00, za-zo 13.00-17.00 uur.* ● *ma, 25 dec., 1ste paas- en pinksterdag, carnaval en 1 jan.* W *www.museumvoor religieuzekunst.nl*

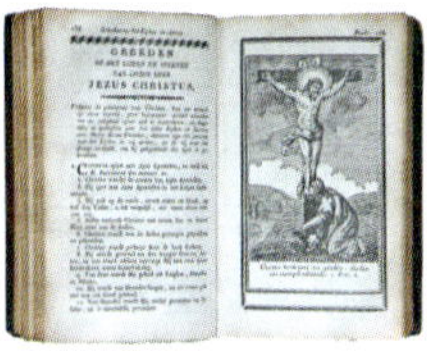

**Devotionalia**
*Ook hiervan bezit het museum een grote collectie.*

**Houten beelden**
*Het museum bezit houten beelden die met groot vakmanschap zijn 'gesneden'. Bij een aantal daarvan is de originele beschildering nog aanwezig, zoals hier bij het beeld van de H. Margateha uit 1480.*

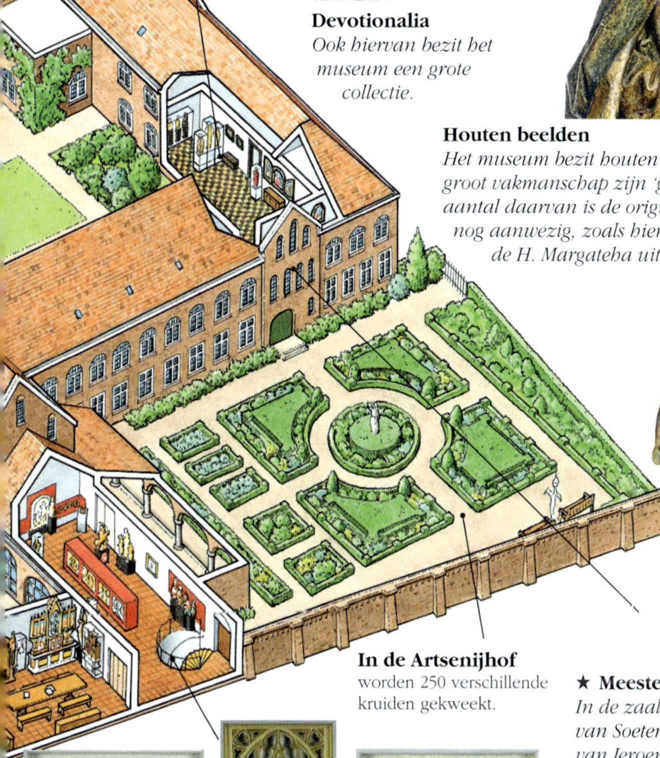

**In de Artsenijhof**
worden 250 verschillende kruiden gekweekt.

**★ Meester van Leende**
*In de zaal waar de meester van Soeterbeeck en navolgers van Jeroen Bosch worden getoond, treft u ook vier van de elf bekende werken van de Meester van Leende.*

**Moderne religieuze kunst**
*Het museum verzamelt ook werk van moderne kunstenaars. Hier afgebeeld de Verzoeking van de H. Antonius (1966) van Jacques Frenken.*

**Boekelse boerderij uit de 16de eeuw, nu café Het Brabants Hof**

**GEMEENTE BOEKEL ❾**

**Wegenkaart E3.** *9.300.*
*Gemeentehuis, St.-Agathaplein 2 (0492-324495).*

## Boekel

De plaats wordt voor het eerst genoemd in 1313 maar is zeker ouder. De uitgang -el betekent hetzelfde als -lo(o): bos. Toen in de 12de en 13de eeuw de bevolking toenam begon men dit gebied te ontginnen. Aan de beekjes, lopen, ontstonden kleine buurtschappen. Nu zijn er nog steeds zeker 15 herkenbaar. Ze hebben mooie namen als Gewandhuis, Arendnest en Mutshoek. Hier woonden boeren en tot op de dag van vandaag is dat een belangrijke beroepsgroep. De industrie die er zich vestigde hangt samen met het agrarisch bedrijf. Het dorp gaat wel uit zijn voegen groeien. Een van de uitbreidingsplannen heet Wijk Zuid. Het centrum heeft een facelift gekregen. De sfeer is behouden, zeker rond de **molen** die in een bocht van de weg staat te pronken. Hij wordt omgeven door gezellige cafés. Bij elke entree van het dorp wordt u trouwens door een café verwelkomd. Het mooiste is **Het Brabants Hof** uit de 16de eeuw.
In een langgevelboerderij uit 1664 is het **Kachelmuseum De Drie Kronen** ondergebracht. Het bezit een unieke verzameling.

**Kachelmuseum De Drie Kronen**
Volkelseweg 8. *0492-321595.*
*ma-do 10.00-17.30, vr 10.00-21.00, za 10.00-17.30 uur*
*www.dedriekronen.nl*

**De voormalige kloostergebouwen van Huize Padua**

## Huize Padua

Hier stond vroeger De Oude Kluis uit 1742. Paters penitenten vestigden zich hier om land te ontginnen, een grote boerderij op te richten, bier te brouwen en een kostschool te stichten. Ze woonden eerst in Gemert maar de Gemertse brouwers dwongen hen het dorp te verlaten. Nu is het een centrum waar psychiatrische patiënten terecht kunnen.

## Venhorst

Een nieuw dorp. Pas ontstaan bij de ontginningen van 1920. Het **beeld** van de pionier staat op het plein bij de kerk.

**GEMEENTE VEGHEL ⑩**

**Wegenkaart E3.** *36.400.*
*Gemeentehuis, Stadhuisplein 1 (0413-386289)*

## Veghel

Er zijn gemeentes die zichzelf niet afficheren met aantrekkelijke folders als toeristische verblijfplaats. Voor Veghel is dit voor een deel toch ten onrechte.
Van oudsher heeft Veghel een **haven**. Nu liggen daar ook plezierjachten. Silo's tekenen zich af tegen de hemel maar er staan ook fraaie herenhuizen. Waar elders vindt u een mooie neogotische **kerk** met fraai beeldhouwwerk, gesecondeerd door een neogotische kapel die nu als **moskee** wordt gebruikt? Tegenover deze twee heiligdommen ligt een prachtig gerestaureerde **synagoge**. Zo vormt zich in combinatie met het klooster iets verderop een veelzijdig religieus centrum.
Voor een toerist is ook het plein bij het oude **raadhuis** zeer aantrekkelijk. Gezellige cafés en mooi zicht op dat raadhuis waar veel kostbare schilderijen hangen. Veghel heeft sinds 1826 de Zuid-Willemsvaart. Daarvoor moesten de schepen via de Aa naar 's-Hertogenbosch. Geen wonder dat er zich industrie vestigde. Hier waren in het achterland genoeg arbeidskrachten te vinden. In 1911 vestigde zich hier de CHV. Nu staan er ook de fabrieken die Mars- en Nutsrepen maken.

**Waterspuwer aan de kerk van Veghel**

**De binnenhaven van Veghel**

## Erp

Een heerlijkheid uit de 12de eeuw. Van het **kasteel** is niets meer over. Ook de oude kerk is in 1844 vervangen door een **waterstaatskerk**. Het **raadhuis** staat er sinds 1791. De oude dorpsstraten zijn behouden gebleven. Die dwingen het verkeer in vele bochten, maar er staan veel mooie huizen en boerderijen aan.

**Bloemenkwekerij in Boerdonk**

## Boerdonk en Keldonk

Dit waren vroeger kleine besloten katholieke boerengemeenschappen. Nu zijn het vooral forensenplaatsen geworden voor mensen die in de industrie werkzaam zijn. Het is hier zalig wonen in landelijke rust. U vindt er ook **rozen- en bloemenkwekerijen**.

## Eerde

Een mooie plaats met nog iets extra's: de **Eerdse Bergen**. Kinderen kunnen hier spelen op de stuifwal die flink boven de omgeving uitsteekt. Iets verderop ligt het loof- en dennenbos de **Coevering**.

### DE BOERENBOND

Met die naam bedoelden de mensen niet in eerste instantie de NCB, de Noordbrabantsche Christelijke Boerenbond. Ze bedoelden het pakhuis waar boeren met hun kar voorreden en zakken kunstmest en veevoer kochten. Daar brachten ze ook hun graan en vaak ook de melkbussen naar toe. Vanuit de NCB werd de CHV opgericht. Die kocht centraal in en verdeelde met gegarandeerde kwaliteit en tegen redelijke prijs die goederen over heel Brabant. Zo werden vanaf 1911 steeds meer 'boerenbonden' bevoorraad vanuit de CHV in Veghel.
De boerenbond ontwikkelde zich tot winkel waar de boer alles voor zijn bedrijf kon kopen. Later verliet men vaak het oude typische pand met de hoge laadstoep. Tegenwoordig zijn het vaak grote doe-het-zelfzaken geworden. De CHV, waar ook nu nog het meeste veevoer vandaan komt, ziet u liggen als u aan de haven van Veghel staat.

**GEMEENTE LAARBEEK ⑪**

**Wegenkaart E3.** *21.500.* *Dorpstraat 9, Aarle-Rixtel (0492-381684).*

## Beek en Donk

Hier gaan Zuid-Willemsvaart en Wilhelminakanaal in elkaar over. Druk waterverkeer dus. Interessant om eens te bekijken.
Ook hier treft u weer een losstaande **toren** uit 1400 aan. De kerk werd gesloopt. De houten beelden uit de 15de en 16de eeuw worden bewaard in de nieuwe kerk van Beek, die door H. Valk is gebouwd.
Tussen Beek en Donk ligt een bijzonder mooie **muziektuin**. Ook als er geen muziek wordt gemaakt, valt er veel te genieten.
Het **kasteel** van het dorp heet **Eyckenlust**. Het is mooi gerestaureerd en ligt temidden van hoge bomen aan de overkant van het kanaal. De toegangspoort stamt uit ongeveer 1500 en heeft een sierlijke rondboogfries.

## Aarle-Rixtel

Het bekendst is dit dorp door **klokkengieterij Petit en Fritsen**, opgericht in 1660 en een eeuw later van

**Poortgebouw van Eyckenlust**

Someren naar hier verhuisd. Overal in Nederland en daarbuiten hangen de luiklokken en de carillons uit deze werkplaats.
De naam Rixtel zou duiden op een rijkdom aan kastelen. Daar is er tegenwoordig slechts een van over, die iets buiten het dorp staat, namelijk **kasteel Croy**. De gang er naartoe is de moeite waard.
Verdwenen zijn het Huis ter Semesse, het Huis ter Hurckens, het Huis ter Strijp en het Gulden Huis. De bewoners van dat laatste Huis en de dorpelingen hadden hier in 1300 van Hertog Jan II van Brabant hei en weilanden in eigendom gekregen. De oorkonde wordt gezien als officiële stichtingsoorkonde van het dorp, dat behalve Rixtel ook Aarle ging heten. Aarle of Aarloo betekent plaats aan de Aa.

Er is nog meer moois te zien in dit dorp. Een uniek **hagelkruis** in de Hooge Akkers. Zo'n kruis werd op een viersprong neergezet om natuurrampen te weren.
Het kruis stamt uit de Middeleeuwen, maar is niet precies te dateren.
Oud (1500) is ook het wonderbeeld in de kapel van **Onze Lieve Vrouw in 't Zand**. Ook de kapel zelf en een drieluik zijn 16de-eeuws. Een jaarlijkse Mariaprocessie was een deel van de Mariadevotie die hier eeuwenlang bij de bevolking leefde. Maria werd dan ook in het wapen

**Carillon in de bijzondere kerktoren van Aarle-Rixtel**

van Aarle-Rixtel opgenomen.
Indrukwekkend zijn het **raadhuis** en de **waterstaatskerk** midden in het dorp.

**Het sfeervolle park en de muziektuin van Beek en Donk**

Het raadhuis van Aarle-Rixtel met op de achtergrond de indrukwekkende waterstaatskerk

De waterstaatskerk werd in 1846 naar ontwerp van E.C.B. Ridder van Rappard gebouwd. Later heeft men er de zijbeuken aan toegevoegd. Het front van de kerk maakt grote indruk. Een hoog portaal met zuilen, een gevel met drie beelden, een tympaan en een bijzondere toren die uit vier lagen en een kruis is opgebouwd naar de hemel toe.

De zaalkerk die de protestanten bouwden in 1847 maakt in zijn eenvoud ook indruk. A. van Veggel was de architect. Toen kon de gemeente niet achterblijven. Het raadhuis werd niet zo hoog als de kerk, maar er kwam wel een klokkentoren op. Hoe kan het anders in deze plaats van klokkengieters? Het raadhuis werd ook flink breed uitgebouwd. Het geheel kreeg daardoor iets kasteelachtigs: echt Rixtels dus. Wenst u meer te weten over de geschiedenis van Aarle-Rixtel, bezoek dan de **Heemkamer Barthold van Heessel** in het gemeenschapshuis De Aar.

Petit en Fritsen in Aarle-Rixtel

**Heemkamer Barthold van Heessel**
Bosscheweg 14a. 0492-383553.
*di 20.00-22.00 uur, 1ste zo van de maand 14.00-17.00 uur.*
*www.brabantmuseumland.nl*

## Lieshout

Molendorp bij uitstek. Hier staat het nationaal **monument** voor de mulder, door Prins Claus onthuld. Het dorp heeft twee gerestaureerde molens, **Vogelenzang** uit 1819 en **De Leest** uit 1900. Het dorp is vooral beroemd om zijn bier. **Bavaria** torent hoog boven het dorpscentrum uit. De familie Swinkels is er al sinds 1716 brouwer.

Het pand van meubelmaker **Merkelbach** zal u zeker opvallen als u door het dorp wandelt. Het **poortgebouw** (1472) dat wat verloren bij de kerk staat, zou afkomstig zijn van de Abdij van Binderen bij Helmond. Er zou om gekaart of gedobbeld zijn.

## Mariahout

Dit is een dorp dat ontstaan is in het begin van de vorige eeuw toen heidevelden werden ontgonnen. De **Lieshoutse Heide**, de **Molenheide** en de **Eeuwsels** zijn nog overgebleven, heerlijke stiltegebieden voor wandelaars. Mariahout bezit een indrukwekkende **Lourdesgrot**.

Molen De Leest in Lieshout, gebouwd in 1900

STRATUM

# TUSSEN KEMPEN EN PEEL

*Overgangsgebieden zijn meestal zeer interessante en rijk geschakeerde gebieden. De natuur is op zijn uitbundigst aan de randen van het bos. Borders bieden meer variatie dan het veld dat ervoor ligt. Om het verstedelijkte Eindhovense gebied heen gaat de Kempen langzaam in de Peel over. Van Zandoerle in de Kempen tot Someren aan de rand van de Grote Peel.*

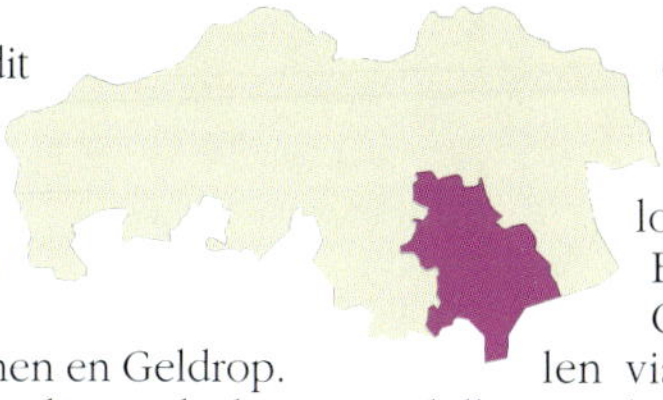

Als men de kaart van dit gebied bekijkt is een half spinnenweb te zien. De spin Eindhoven heeft zijn draden gespannen naar Veldhoven, Best, Son, Nuenen en Geldrop. Naar het zuiden echter loopt slechts één draadje tot Aalst. Verder vormen daar heide en bossen een enorm natuurgebied. De Plateaux en de Malpie, het Leenderbos en de Groote Heide, de Budeler Bergen, de Pan, de Somerse, Strabrechtse en Lieropse Heide, en de Molenheide.
Daar tussendoor wringen zich beken, zoals de Run, de Dommel, de Tongelreep en de Kleine Dommel, gevoed door Strijper, Sterkselse en Buulder Aa. Het interessante is dat deze beken zich een vaak schitterende weg banen door de stadsagglomeraties. De Dommel loopt dwars door Eindhoven, van de Genneper watermolen via stadsparken naar wandelbos Eckart en Soeterbeek. De Kleine Dommel gaat dwars door Geldrop.
Kortom, dit gebied is een prachtige combinatie van heerlijk winkelen en uitgaan in de stad, eindeloos wandelen over de heide en kanoën op de beken.
In dit gebied liggen ook veel goed bewaarde kleine dorpjes, zoals Zandoerle, Loon, Leenderstrijp, Boomen, het Broek en Riel.
Het is het land dat het mooist in beeld is gebracht door Vincent van Gogh.

**Het dal van de Tongelreep bij de Achelse Kluis op de grens van Nederland en België**

◁ **Deze hardstenen grenspalen staan op verschillende plaatsen in de Kempen**

# Tussen Kempen en Peel verkennen

Klompenmuseum in Best

Papegaaiencentrum in Veldhoven

Voor museumbezoekers is dit een ideaal gebied. Het Van Abbemuseum biedt u eigentijdse kunst. Dat doen ook veel galeries. Philips en DAF tonen hun geschiedenis. Alles over valkeniers vindt u in Valkenswaard. Weverijmusea zijn er in Waalre en Geldrop. De prehistorie beleeft u aan den lijve in Eindhoven. In Museum Kempenland Eindhoven en in 't Oude Slot van Veldhoven wordt over de geschiedenis van deze streken verteld. In Best staat een Klompenmuseum en in Nuenen een Documentatiecentrum over Vincent van Gogh. Kortom, keuze genoeg.

## Gemeenten

- Best 2
- Cranendonck 11
- Eindhoven 1
- Geldrop-Mierlo 5
- Heeze-Leende 9
- Nuenen, Gerwen en Nederwetten 4
- Someren 10
- Son en Breugel 3
- Valkenswaard 8
- Veldhoven 6
- Waalre 7

De Achelse Kluis ligt voor de helft in België (*blz. 189*)

## Activiteiten

De kastelen van Maarheeze, Heeze en Geldrop, de kerken van Waalre, Leende, Lierop en Nuenen, de losse torens van Son en Nederwetten, en de molens van Someren, Budel, Opwetten, Hooijdonk en Dommelen.
Dit alles is nog maar een greep uit de vele bezienswaardigheden van dit land tussen Kempen en Peel.

## Symbolen

- Snelweg
- Provinciale weg
- Secundaire weg
- Kanaal/rivier

De Collse watermolen ligt nog net op het grondgebied van Eindhoven

***Zie ook***

- ***Accommodatie*** blz. 332-333, 345
- ***Restaurants*** blz. 339-340

0 kilometer 4

Natuurgebied De Mosbulten bij Nuenen

Ingang van kasteel Heeze

Kasteel Cranendonck

**GEMEENTE EINDHOVEN** ❶

**Wegenkaart E4.** *205.000.*
*Stationsplein 17 (0900-1122363).*

# Eindhoven

Van middeleeuws Eindhoven is enkel nog in archieven, musea en onder de grond iets terug te vinden. Klooster **Mariënhage** heeft muren die gebouwd zijn met stenen van Kasteel 'Die Hage' dat daar eerder stond. Het nieuwe kasteel van de Heer van Eindhoven kwam te liggen waar nu **Huize Ravensdonck** (1830) tussen de bomen staat. Onder het huis liggen nog de kelders van het vroegere kasteel. Ook de **toren van Woensel** is een middeleeuws restant.

**Gerard Philips**

Het stratenplan en veel namen zijn van oorsprong middeleeuws. Op de plek waar nu de monumentale neogotische **St.-Catharinakerk** (1861-1867) oprijst, heeft altijd al een kerk gestaan.
U bezoekt dus een betrekkelijk jonge stad. Maar de bezoeker zal verrast zijn als hij langs de **Dommel en Tongelreep** een wandeling dwars door Eindhoven maakt, is met veel groen en bezienswaardigheden (*blz. 174-175*).
In de binnenstad kan de bezoeker heerlijk winkelen, uitgaan of een museum bezoeken. Er is genoeg aanbod. De **Heuvel Galerie** van 1992, de gezellige **winkelstraten** en de **Markt** bieden volop mogelijkheden tot funshopping.
In de Galerie vindt u ook een **Casino** en het **Muziekcentrum Frits Philips** met een fantastische akoestiek. Als u de Galerie verlaat bij het muziekcentrum, ziet u zes portretten: Gershwin, Britten, Sjostakovitsj, Andriessen, Stockhausen en Messiaen. Componisten uit

**Heuvel Galerie**

de tijd toen Philips Eindhoven groot maakte.
Winkelen, lekker eten en uitgaan combineert u op de **Kleine** en **Grote Berg**, de **Dommelstraat** en natuurlijk het bekende **Stratumseind**.
Wandelend door de stad ontmoet u veel kunstwerken. Het standbeeld van **Anton Philips** is het meest bekend. Bij de ingang van de Heuvel Galerie ziet u een **mozaïekfontein**. Andere kunstwerken zijn de **Badende**, een beeld van Carla Rutgers, **Communi-**

**HET CENTRUM VAN EINDHOVEN**

DAF museum ⑥
Heuvel Galerie ③
Museum Kempenland Eindhoven ①
St.-Catharinakerk ④
Van Abbemuseum ⑤
Witte Dame ②

**SYMBOLEN**

- Spoorwegstation
- Busstation
- Parkeerplaats
- Toeristeninformatie
- Kerk
- Voetgangersgebied

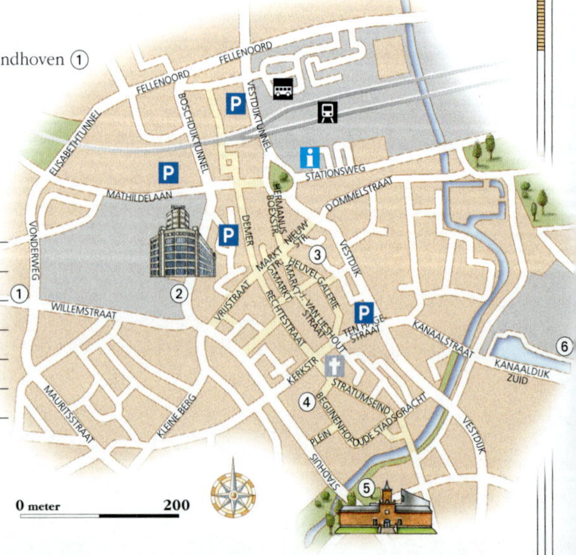


◁ **Op de Strabrechtse Heide loopt een kudde Kempische heideschapen**

**catie** van Wessel Couzijn, het **Bevrijdingsmonument** van Paul Grégoire, **Bloemsculpturen** van Huub Kortekaas, **Ons Moeder** van A. Briët, **De Flying Pins**, de knalgele kegels die u meteen het gevoel geven dat u in een moderne levendige stad rondloopt. Behalve door beelden kenmerkt de stad zich ook door bijzondere gebouwen. De **Lichttoren** (1921) waar lampen werden getest is de vuurtoren van Eindhoven. De **Bijenkorf** (1969) van G. Ponti is een waar sieraad. De **Regent** (1999) is 95 meter hoog. De **Witte Dame** is het eerste betonnen fabrieksgebouw van Nederland, nu omgebouwd tot bibliotheek en tehuis voor design- en kunstinstellingen. Ook het **PSV-stadion**, midden in de stad, mag er als modern bouwwerk wezen.

Eindhoven heeft veel galeries en enkele bijzondere musea. Het **Philips Gloeilampenfabriekje** laat zien hoe het concern in 1891 van start is gegaan. Het is enkel via een rondleiding van de VVV te bezoeken. In datzelfde gebouw kunt u ook de tentoonstelling **Kunstlicht in de Kunst** bezoeken.

Wisselende exposities in de Witte Dame

De Flying Pins

Behalve Philips waren het Huub en Wim van Doorne die de stad groot hebben gemaakt. In de oude smederij en in een verbouwde bierbrouwerij wordt u alles over de **DAF** verteld. **Museum Kempenland Eindhoven** is gehuisvest in de 'Steentjeskerk' (1919). Het bezit een grote collectie archeologica, meubels, uurwerken, religiosa en werken van Brabantse schilders en fotografen.

**Centrum Kunstlicht in de Kunst**
Emmasingel 31. *040-2755183.* *wo-za 12.00-16.00 uur.* *www.kunstlichtkunst.nl*

**DAF-museum**
Tongelresestraat 27. *040-2444364.* *di-zo 10.00-17.00 uur.* *www.brabantmuseumland.nl*

**Museum Kempenland Eindhoven**
St.-Antoniusstraat 5-7. *040-2529093.* *di-zo 13.00-17.00 uur.* *www.museumkempenland.nl*

In Historisch Openluchtmuseum Eindhoven proeft u de sfeer van de prehistorie

# Van Abbemuseum

**Chagall, Hommage à Apollinaire 1911-1912**

'I believe in miracles' schreef Douglas Gordon in de 27 meter hoge toren van de nieuwbouw. Hier vinden inderdaad wonderbaarlijke dingen plaats. Hier bekijkt u niet enkel schilderijen aan de muur. Hier maakt u tentoonstellingen mee die u zullen verwonderen, schokken, verbazen en doen genieten. Verwacht dus geen volledig overzicht met topwerken van de hele moderne kunst vanaf 1900. De eigenzinnig aangekochte collectie biedt doorzicht vanuit het ex-pressionisme naar de heftige kunstuitingen van nu. In dit museum maakt u een mentaal proces door waardoor u rijker naar buiten gaat.

**Het oude gebouw** uit rode bakstenen dat A.J. Kropholler in 1936 bouwde, is nu voorportaal geworden.

**Bibliotheek**
*De rijke bibliotheek is door Maarten van Severen ingericht.*

**Restaurant en auditorium** hebben een eigen avondingang. Op het terras geniet u van de spiegeling in het bewegende Dommelwater.

**Tentoonstellingen**
*De binnenplaats kan door kunstenaars telkens anders worden ingericht en aangekleed.*

**STERATTRACTIES**

- ★ **De toren**
- ★ **Werk van Lissistzky**
- ★ **Eigen collectie**

**★ Eigen collectie**
*De tentoonstelling van schilderijen in eigen bezit wordt afgewisseld met kleine tentoonstellingen.*

*Karel Appel,*
De Veroordeelden *1953*

**De nieuwbouw**
*Het gebouw van Abel Cahen is bedekt met Fins leisteen en roestvrijstalen strips.*

**TIPS VOOR DE TOERIST**

Bilderdijklaan 10. **Wegenkaart E4.** *040-2381000.*
*di-zo 11.00-17.00 uur.*
*ma*
*www.vanabbemuseum.nl*

**★ De toren**
*In dit verticale museum mag telkens een andere kunstenaar de speelse ruimten en intieme hoekjes invullen. Hier is het de Schot Douglas Gordon.*

**Mario Merz** bouwde aan zijn 'Igloo Nero' van 1967-1979.

**Tuimelfiguren**
*Juan Muñoz maakt mensachtige tuimelfiguren.*

**In de kelder** krijgt een kunstenaar de kans ter plekke een kunstwerk te maken. Het museum is niet enkel reproducent maar ook producent. Hier maakte Jason Rhoades 'Sloto: the secret life of the Orion 2002'.

**Collectie Van Abbe**
Het eigen bezit begon met de collectie van H.J. Van Abbe, sigarenfabrikant. Met de aankoop van Chagall, Picasso en Braque werd de collectie internationaal. Daarna richtte het Van Abbemuseum zich op de Amerikaanse minimal art en op Russische meesters als Lissistzky. De Duitse Wilden volgden en later kwamen er allerlei uitingen van installatiekunst bij.

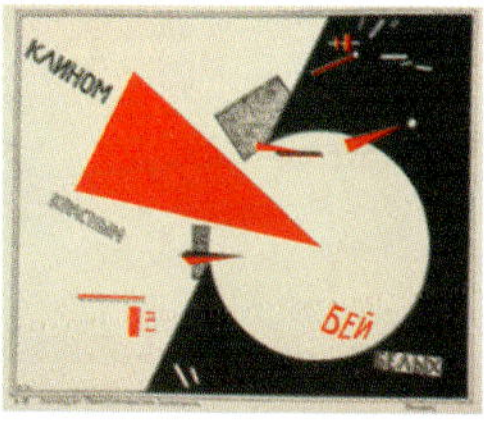


**★ Werk van Lissistzky**
*Het museum bezit vele werken van deze vooral grafisch werkende Russische kunstenaar.*

# Onder de loep: de Dommel in Eindhoven

**Historische route langs de Dommel**

In de Genneperparken stromen Dommel en Tongelreep naar elkaar. In de Elzent komen ze bijeen. Dan stroomt de Dommel dwars door de stad om die weer bij het wandelbos en kasteel Eckart te verlaten. Twee prachtige natuurgebieden verbonden door een stadsrivier waaraan al in de Middeleeuwen bedrijven werden gesticht. Watermolens leverden energie. De meeste fabrieken zijn vervangen door kantoorgebouwen. Een lange interessante wandeling eindigt bij het Historisch Openluchtmuseum Eindhoven. De stadsbus brengt u terug.

**Moerasbos**
*Op de plaats waar Dommel en Tongelreep samenkomen vindt u nog een stukje ongerepte natuur.*

**1940-1945**
*Men herdenkt hier de joodse kinderen uit Eindhoven die omkwamen in de Tweede Wereldoorlog.*

**★ Genneperparken**
*200 hectare tussen Dommel en Tongelreep. Ideaal om te fietsen, wandelen en sporten. Diverse routes worden goed aangeduid. De watermolen, het Milieu-Educatiecentrum en Heempark liggen dicht bijeen en zijn via een wandelpad achter het Openluchtmuseum bereikbaar. In het sportgedeelte vindt u een ijssportcentrum, een golfterrein en midgetgolfbaan, een indoor-sportcentrum en een zwemparadijs.*

**★ Stadswandelpark**
*Aan deze zijde van het park staat het Observatorium, aan de andere zijde de muziekkiosk en de stadsschouwburg. In het park staat een schat aan beelden.*

**STERATTRACTIES**

- ★ Genneperparken
- ★ Stadswandelpark
- ★ Van Abbemuseum

**Het Spoelhuisje**
*Het rond 1884 gebouwde huisje is alles wat nog rest van een linnenfabriek die hier aan de Dommel stond.*

**Huize De Laak**
*Hier ziet u het huis dat in 1906 voor Anton Philips werd gebouwd.*

> **TIPS VOOR DE TOERIST**
>
> **Wegenkaart** E4. *VVV Eindhoven. 0900-1122363. www.vvveindhoven.nl Historisch Openluchtmuseum Eindhoven, Boutenslaan 161b. 040-2522281. www.historischopenluchtmuseumeindhoven.nl Genneperparken, Antoon Coolenlaan. 040-2381111. www.genneperparken.nl Stadswandelpark, Elzentlaan. 0900-1128409.*

**Villa Elsheim**
*In 1906 gebouwd door fabrikant Brüning. De villa werd in 1935 in gebruik genomen als zusterhuis van het Diaconessenziekenhuis dat acher de villa werd gebouwd.*

**DAF-museum**
*(blz. 171)*

**Studentenkerk**
*Deze kerk is gebouwd in de stijl van de Amsterdamse School*

**★ Van Abbemuseum**
*Lopend langs de Dommel heeft u een schitterend zicht op de nieuwbouw. (blz. 172-173).*

**SYMBOLEN**

- Spoorwegstation
- Kerk
- Museum
- Toeristeninformatie
- Parkeerplaats
- Bushalte
- Voetgangersgebied

**GEMEENTE BEST** ❷

**Wegenkaart D3.** *27.500.*
*Oranjestraat 12 (0499-374177).*

Tanks en ander geschut in Museumpark Bevrijdende Vleugels

# Best

Best afficheert zichzelf met 'de superlatief van goed'. De plaats heeft dan ook altijd aantrekkingskracht gehad. Al in de prehistorie, blijkt nu uit vondsten en opgravingen. Omdat er in Best veel gebouwd is, is er ook veel bodemonderzoek gepleegd. Op de **Aarlese Heide** woonden al in 10.000 v.C. mensen. Uit latere tijden werden een grafheuvel, voorwerpen uit de Hallstatt-cultuur en veel urnen van Keltische en Germaanse oorsprong gevonden. In Aarle is in 1628 een kapel gebouwd. Daarin wordt een mooi beeld van St.-Anna-te-Drieën vereerd.
Best is het geboortedorp van **St.-Odulphus** die als missionaris met St.-Willibrordus naar Friesland trok en daar in Stavoren rond 850 is gestorven. Op zijn geboortehuis zou in de 15de eeuw een kapel zijn gebouwd. De kerk die er nu staat is in 1820 door C. Weber gebouwd.

Peppellandschap met hoog oprijzende populieren

Oorspronkelijk was Best een dorp van boeren en klompenmakers. Die woonden verspreid in kleine gehuchten. Zeshonderd hectare bos en agrarisch cultuurlandschap is buiten de ruilverkaveling gehouden. Dat gebied heet **De Mortelen**, een zeer afwisselend landschap met akkers, weiden, beemden en bos. Ook in de **Vleut** en de **Bestse Broek** vindt u datzelfde beeld. In deze drie gebieden vindt u prachtige Brabantse boerderijen die ook nog echt boerenbedrijven gebleven zijn.
De meest opvallende boom is de populier, ook wel peppel of canadas genoemd. Hij staat in lange rijen rondom de akkers en weilanden. Soms ook in kleine bospercelen. Daarmee wordt het coulissenlandschap gevormd, dat zich uitstrekt naar Oirschot, Boxtel, Liempde en St.-Oedenrode. In al deze plaatsen was sprake van klompenindustrie. In 1900 waren in Best alleen al 83 klompenmakerijen. Door de mechanisatie verdwenen ze snel. Nu zijn er nog twee. Best heeft het eerste Nederlandse **klompenmuseum de Plantijn**. Niet ver daar vandaan ligt een **klompenfabriek met winkel**. Een klompenwinkel vindt u ook in het centrum.
Tegenwoordig wordt het populierenhout gebruikt voor het maken van lucifers en triplexplaten.
Industrie is nu het belangrijkste middel van bestaan voor Best. Dat werd bevorderd door de aanleg van het Wilhelminakanaal en de spoor-

**Bij de kinderboerderij is het altijd druk**

lijn. In 1933 vestigde zich hier de Bata-Schoenfabriek, afkomstig uit Tsjechië. Voor de arbeiders werd **Batadorp** gebouwd. Later volgde veel meer industrie en een uitbreidingsplan, **Wilhelminadorp**. In het fraaie gebied van **De Vleut** is een **dierenpark** ingericht met kinderboerderij en pannenkoekenhuis en een plek waar u een traptrein, trapfietsen en een huifkar kunt huren en waar men bij **Toon Vertier** uw vertier voor een hele dag kan arrangeren.

Zo'n plek tot vermaak biedt ook **Aquabest** aan Ekkersweijer. Hier kunt u windsurfen, waterskiën, duiken, zwemmen en zonnen. DippieDoe Speelland en Adventure & Thrill behoren er ook toe. Tussen Best en Son ligt het bosgebied de **Nieuwe** en de **Sonse Heide**. Hierin ligt het openluchttheater **Joe Mann**. Een monument herinnert aan een parachutist die bij de operatie Market Garden zijn leven opofferde om enkele kameraden te redden.
In dit bosgebied ligt ook het museumpark **Bevrijdende Vleugels**. Dit biedt u een terugblik op de Tweede Wereldoorlog en de bevrijding van Brabant.

**Joe Mann monument**

**Klompenmuseum De Plantijn**
Broekdijk 12-16. *0499-371247.*
*april-sept. wo-vr 13.00-17.00 uur, za-zo 10.00-17.00 uur, tijdens vakanties dag. 10.00-17.00 uur.*

**Dierenpark De Vleut**
Broekdijk 15. *0499-371706.*

**Toon Vertier**
Broekdijk 10. *0499-399090.*
*april-nov.*

**Aquabest**
Ekkersweijer. *0499-392236.*
*april-sept. dag. 10.00 tot 1 uur voor zonsondergang.*
*www.aquabest.nl*

**Museumpark Bevrijdende Vleugels**
Sonseweg 39. *0499-329722.*
*www.wingsofliberation.nl*

## Klompen

**Het begin ...**

Vanaf de Middeleeuwen liep men al op klompen. 'Geschoeyt met holle ofte houte blocken'. Het is geen typisch Nederlands product. België was in de 19de eeuw een grote concurrent. Het is ook geen typisch Brabants product. Denk maar aan de Friese klompen of de beschilderde klompen van Marken.
Zolang het een schoeisel voor boeren was en de leren schoen en de laars nog duur waren, kende Brabant een levendige klompenmakerij. Eerst als huisnijverheid door de boer zelf, daarna door loonarbeiders in werkplaatsen. In 1909 waren er 750 bedrijfjes met ongeveer 2000 arbeiders. De productie liep op van 400 tot 1500 paar per man per jaar. En dat ging toen nog met de kloofbeitel, guts, lepelboor en varshaak. Vanaf 1909 begint de mechanische klompenmakerij op te komen.
Aanvankelijk wilden de boeren die serieproducten niet kopen. Dat kon niks zijn. Toch werden er toen acht miljoen paar in Nederland geproduceerd.
Na de Tweede Wereldoorlog kwam er zoveel alternatief schoeisel op de markt dat zelfs het maken van souvenirklompen de meeste werkplaatsen niet meer kon redden. Nu vindt u ze nog enkel in de traditionele klompendorpen Dussen, Hoge- en Lage Zwaluwe en hier in de omgeving van Best. U vindt ze ook op jaarmarkten met oude ambachten

**Bij de ingang van een klompenfabriekje**

# Begraafplaatsen in Brabant

De toerist stapt uit zijn auto of zet zijn fiets even aan de kant als hij een kruisbeeld, een kapel, een monumentje of een standbeeld passeert. Na zijn bezoek weet de toerist vaak meer van deze plek dan veel omwonenden. In het dorp **Son** vraagt hij zich af hoe een hardstenen graf met een keurig sierhek eromheen toch midden in een woonwijk terecht kan zijn gekomen. Een solitair **graf** van ene Wilhelmina Jacoba van Heusden. Ze is op 12 juli 1895 overleden en was toen 96 jaar oud. De stoffelijke resten van haar man die al in 1869 overleden was, zijn er in 1895 bijgezet. Het was een eigenzinnige vrouw. Op het katholieke kerkhof mocht ze niet begraven worden want ze was protestant. Bij haar man in de tuin van haar huis begraven worden mocht niet meer volgens de begrafeniswet van 1869, even later uitgevaardigd dan diens sterfdatum. Begraven op eigen grond mocht nog wel maar dan zeker 50 meter buiten de bebouwde kom. Omdat de vrouw ook niet op de algemene begraafplaats wilde liggen tussen de zelfmoordenaars en ongedoopte kinderen, kocht ze dit stukje grond. Ze was de vrouw van burgemeester Samuel van Hoven. Toen haar schoonzoon nieuw meubilair voor de raadzaal van Son schonk, nam de gemeente op zich haar graf te onderhouden.

**Het graf van Wilhelmina van Heusden in Son**

In Brabant vindt u her en der wel meer van dit soort afzonderlijke graven. Op de heide van de Kampina vindt u het graf van Pieter Gerbrand **van Tienhoven** (1875-1953), initiatiefnemer van de Vereniging tot Natuurbehoud. Maar meestal ziet u herinneringstekens aan de dood van militairen, verzetshelden, slachtoffers van verkeer of misdaad. Begraven liggen ze er dan niet.

In Putte ziet u het monument voor **Jordaens** met aan de voorzijde de grafzerk van deze beroemde schilder. Hij ligt echter begraven in de kerk die er tegenover heeft gestaan en afgebroken is.

Een landweg voert in **Megen** diep het veld in. Het loopt uit op een smeedijzeren hekwerkje met daarin een 'grafsteen' waarop vermeld staat dat daar 3 arbeiders door de bliksem werden getroffen toen ze voor de werkverschaffing bezig waren met de kanalisatie van de Maas in 1935.

**Fusilladeplaats in Vught**

Midden in de bossen van **Vught** ligt een fusilladeplaats waar de namen van hen die hier omkwamen geëerd worden. In Zwaluwe is een kerkhof voor **drenkelingen**. In Willemstad vindt u een grafplaats voor de omgekomen **Belgische krijgsgevangenen** en in meerdere plaatsen (Valkenswaard, Mierlo, Uden) zijn **oorlogskerkhoven**. In Heijningen worden de slachtoffers van de **watersnoodramp** herdacht. Sommige graven, vooral in de kerken, zijn ware kunstwerken: **praalgraven en epitaven**. (in de Grote kerk van Breda maar ook in een dorpje als Bokhoven).

**Graftombe van Van Renesse in de Grote Kerk van Breda**

**Het Kerkhof is de naam van een gehucht bij Heeze. Daar bevindt zich dan ook de oude begraafplaats**

**GEMEENTE SON EN BREUGEL ❸**

**Wegenkaart E3.** *15.000.*
*zie Eindhoven (blz. 170)*

## Son

Tot de A50 klaar is en het centrum kan worden heringericht, wordt het dorp genadeloos doorbroken door de weg Eindhoven-Nijmegen. Een nieuw winkelcentrum aan de ene kant, kerk en raadhuis aan de andere kant. De 15de-eeuwse **toren** staat sinds de brand van 1958 wat verloren naast een moderne kerk.
In dit dorp werd de eerste bisschop van 's-Hertogenbosch geboren, Frans van de Velde. Hij is bekend gebleven onder de naam **Sonnius**. Hij was een fel bestrijder van het protestantisme. Deze inquisiteur, die onder het volk gehaat werd, kon zich slechts met hulp van de Spanjaarden (Alva) handhaven en stierf in 1576.
In het mooie **gemeentehuis** uit 1760 ziet u bij de hoofdingang een bovenlicht in de vorm van een zon.
De **Sonsche Heide** met grove dennen, loofbomen, heide, stuifzand en vennen is gedeeltelijk een natuurreservaat. Met het **Airborn Monument**, de landing per parachute van een soldaat, herinnert het dorp u aan de actie Market Garden van 17 september 1944.

**De Dommel meandert tussen Son en Breugel**

## Breugel

Er heeft vermoedelijk een Romaanse kerk uit het begin van de 14de eeuw gestaan op de plek waar nu de **St.-Genovevakerk** staat. Die is gotisch en dus van een eeuw later. Er staat in de hele kerk geen enkele pilaar. Wel acht altaren. Het is een kerk met veel sfeer.
Die gemoedelijke Brabantse sfeer vindt u ook terug op het **dorpsplein**. Daar heeft het dorp zich sterk gemaakt als geboortedorp van de Firma Brueghel. Twee beelden staan er tussen de langgevelboerderijen.
Achter de kerk stroomt de Dommel, die de grens vormt tussen Son en Breugel. Het Dommeldal is hier erg mooi. De Dommel meandert vaak binnen steile wanden door **Dommelrode** en **Breugelsbroek**, graslanden, houtwallen, bossen en moeras.

### BRUEGHEL UIT BREUGEL?

Er is maar weinig met zekerheid te vertellen over het leven van Pieter Brueghel de Oude, ook wel de Boeren-Brueghel genoemd. Zelfs zijn geboortejaar staat niet vast. Iets later dan 1525 moet dat zijn geweest. Wel weten we dat hij in 1551 als meester werd ingeschreven in het St.-Lucasgilde van Antwerpen. Hij trouwde en ging wonen in Brussel en kreeg twee zonen. Pieter de Jonge (de Helse Brueghel) en Jan de Oude (de Fluwelen Brueghel). Ook die zonen kregen weer schilderzonen. Pieter de Oude stierf in 1569 te Brussel. Hij heeft veel beroemde werken geschilderd die door zijn familie in grote aantallen werden gekopieerd. In Brabant zult u de boerenbruiloft heel vaak aantreffen als placemat in restaurants.
Maar was Breugel zijn geboorteplaats? Of was het Breugel bij Breda? Of misschien Brögel in Vlaams-Limburg? Of heeft zijn naam niets met een plaats te maken?

**Buste van Pieter Brueghel de Oude**

**GEMEENTE NUENEN, GERWEN EN NEDERWETTEN ❹**

**Wegenkaart E4.** *24.000.*
*Berg 17, Nuenen (040-2844868).*

Het oude kostershuis van Nuenen

## Nuenen

Nuenen is de plaats waar **Vincent van Gogh** van 1883 tot 1885 zeer productief was in het **atelier** achter het **domineeshuis.** Hij schilderde hier zijn **aardappeleters** maar ook de **kerk** waar zijn vader preekte. Die staat er nu nog mooi te zijn.
Zijn **standbeeld** staat op het dorpsplein. Even verderop vindt u **Plaatse de Berg**, waar van **Hildo Krop** een **Van Goghmonument** staat. Een zon, die onmiddellijk doet denken aan de zonnebloemen en aan de ongenadige zon van Zuid-Frankrijk die Vincent schilderde.

Het domineeshuis

De oude **lindeboom** hier op de Berg wekt ontzag. Het **kostershuis** daartegenover ontroert.
De Hoofdstraat met de twee pleinen en de vele oude gevels is goed intact gebleven in dit dorp dat toch overspoeld werd vanuit Eindhoven en Geldrop. Het dorpsplein met zijn bomen en zijn kiosk en vele cafés ziet er heel gezellig uit. De mooie lanen rondom het gemeentehuis hebben veel sfeer. Nuenen is immers een oud dorp, ontstaan in de vroege Middeleeuwen. **Hertog Jan II** van Brabant gaf Nuenen rond 1300 zelfstandigheid. Zijn beeld staat daarom bij het huidige gemeentehuis. Daar bevindt zich ook het **Van Gogh Documentatiecentrum.** In dit park vindt u een galerie in een prachtig gerestaureerd voormalig **Weefatelier**.
Aan de rand van het dorp staat een stenen bergkorenmolen uit 1887, de **Roosdonck**.
Er is veel natuur rondom Nuenen. In het zuiden ligt het dal van de **Kleine Dommel** waar de **Collse watermolen** uit de 13de eeuw net op het grondgebied van Eindhoven ligt. In het noorden vindt u het **Broek** en in het oosten de **Papenvoortse-** en **Geeneindse Heide** met het **Kamerven.**

**Van Gogh Documentatiecentrum**
Papenvoort 15. *040-2631668.*
*ma-vr 9.00-12.00 uur en 14.00-16.00 uur.*

Plaatse de Berg met in het midden de eeuwenoude lindeboom

## Opwetten

Vincent van Gogh schilderde in zijn Nuenense periode de **watermolens** uit zijn omgeving. Een mooie watermolen staat hier in Opwetten aan de Kleine Dommel. Die dateert uit 1743 maar op deze plek stond er al een in de 11de eeuw. De oorspronkelijke watermolen werd waarschijnlijk al begin 13de eeuw gebouwd maar ging twee keer in vlammen op, in 1644 en in 1743. In het houtwerk staan veel namen van molenaars.
Het was een volmolen maar ook een houtzaag- en oliemolen en er werd koren gemalen. Het waterrad is 9,3 m hoog en 80 cm breed en telt 44 houten schoepen. Daarmee is dit de grootste watermolen van Nederland. 'De stroom kreeg alles in zijn draai. Dus leve het rad dat altijd draait, ook als er geen windje waait.'

Hooydonkse watermolen

## Nederwetten

Ook hier staat een watermolen, de **Hooydonkse watermolen** uit 1150 die

misschien wel oorspronkelijk uit 850 stamt. Een augustinessenklooster dat nu op een kelder na verdwenen is, heeft hem lang beheerd. Op de plek waar dit klooster bij de watermolen stond is nu een sfeervol **processiepark** aangelegd. Architect Valk ontwierp klokkentoren en park. Al in de 13de eeuw was dit een bedevaartsplaats van het Heilig Kruis. In de generaliteitsperiode is het klooster verlaten en uiteindelijk in 1724 gesloopt. Hier in Nederwetten staat ook een **losse toren** uit de 14de eeuw. Die staat er alleen sinds de kerk in 1898 werd afgebroken. Het is een niet gerestaureerde toren en dat is opvallend omdat Brabant niet zoveel ruïnes heeft.
De gemeente kent vijf gilden. Hier in Nederwetten wordt het **Annagilde** geëerd met een fraai beeld midden in het dorp. Nuenen heeft een St.-Anna- en een Catharinagilde.
Eeneind, een gehucht van Nuenen, kent een Antoniusgilde. Dit gilde is het oudst en had van 1450 tot 1917 een gildekapel in Opwetten. Het gilde bouwde aan de Stationsweg een nieuwe kapel nadat met een kruiwagen grond van de oude kapelplaats was uitgestrooid. Gerwen heeft een Heilig-Kruisgilde, dat als het eerbiedwaardigst van de vijf wordt beschouwd.

**Vaandeldrager H. Kruisgilde**

## Losse torens in Brabant

**Oude toren van Nederwetten**

Waarom zijn er zoveel losse torens? Soms heeft het dorp zich verplaatst of verviel de kerk. De toren bleef ergens in het boerenland staan zoals in Nederwetten, Oostelbeers of Stiphout.
Soms werd de kerk te klein en bouwde men elders een grotere. De toren liet men staan. Dit gebeurde in St.-Michielsgestel.
Soms brandde de kerk af of werd door een storm verwoest. De toren bleef over, zoals in Son, Duizel en Vught.
Toch is er een speciale reden waarom er in Brabant meer losse torens staan dan elders en die is te vinden in de godsdienstgeschiedenis. Vanaf 1648 had meestal slechts een heel klein groepje protestanten de vroegere katholieke kerk overgenomen. Dat duurde tot ongeveer 1800. Zij hadden de kerk twee eeuwen niet goed kunnen onderhouden. De toren daarentegen was vaak bezit van de gemeente. Daar hingen de brandklokken en brandslangen en de toren was de staande klok van het dorp. Die toren was vaak wel onderhouden. Na 1800 bouwde men een nieuwe kerk tegen de oude toren bijvoorbeeld in Moergestel en Esch. Maar vaak wilde men die verwaarloosde kerk niet terug. Men bouwde elders een nieuwe. De toren bleef dan staan, soms vlak bij de nieuwe kerk zoals in Cuijk.

## Gerwen

Midden in het dorp staat een juweel van een **gotische kerk**. Na de schade van 1944 is de kerk mooi gerestaureerd. Toen men een nieuwe moderne kerk bouwde heeft men deze gelukkig niet afgebroken. Voor de kerk staat een standbeeld voor het **Brabantse trekpaard.**

## Stad van Gerwen

Een merkwaardige naam voor een uiterst klein gehucht, dat u aandoet op uw fietstocht door de omgeving van Nuenen. Het dorp ligt aan het **Wilhelminakanaal** waarvan het jaagpad een fijn fietspad is. U fietst hoog door het landschap en hebt een prachtig uitzicht.
De naam 'stad' is waarschijnlijk een verbastering van Staart. De Staart van Gerwen dus en dat klopt want u fietst of wandelt nog een flink stuk door de **Breugelse Beemden** voordat u bij Gerwen arriveert.

**Standbeeld voor het Brabantse trekpaard in Gerwen**

**GEMEENTE GELDROP-MIERLO** ❺

**Wegenkaart E4.** 28.500.
*Langestraat 12, Geldrop (040-2863492).*

## Geldrop

Bij de gemeente Mierlo kunt u lezen over de vondst van 'de Venus van Mierlo'. De steen bleek uiteindelijk in Geldropse bodem te zijn gevonden. Daarom wordt de afbeelding ook wel beschreven als **'Danseres van Geldrop'**. Meerdere vondsten uit de Ahrensburgcultuur werden hier gedaan.
De naam Geldrop werd ook wel gespeld als Geldorp of Gelredorp en dat zou kunnen betekenen dat Geldersen hier de baas zijn geweest. Geplunderd hebben ze er in ieder geval.
Niet geheel duidelijk is of de heerlijkheid ouder is dan de 14de eeuw. Het **kasteel** wordt in 1403 en 1405 genoemd. Het middelste gedeelte is gebouwd in 1616 en is later uitgebreid. De graven van Horne zijn een tijd Heren van Geldrop geweest. Het wapenschild in de westelijke vleugel is van Adriaan van Spranghh. Nu wordt het kasteel o.a. gebruikt als trouwzaal. De heemkundekring heeft er zijn oudheidkamer, waar u de vondsten uit de Geldropse bodem kunt bewonderen.

**De indrukwekkende koepel van de Brigidakerk**

**Wapen van Adriaan van Sprangh**

Zeer interessant is de **omgeving** van het kasteel. Mammoetbomen, platanen, treurwilgen en een zeldzame melasequoia sieren het park. De Engelse tuin is in 1870 aangelegd. U wandelt door

**Historische panden in het centrum**

**HET CENTRUM VAN GELDROP**

Kasteel Geldrop ①
Brigidakerk ③
't Nupke ④
Weverijmuseum Geldrop ②

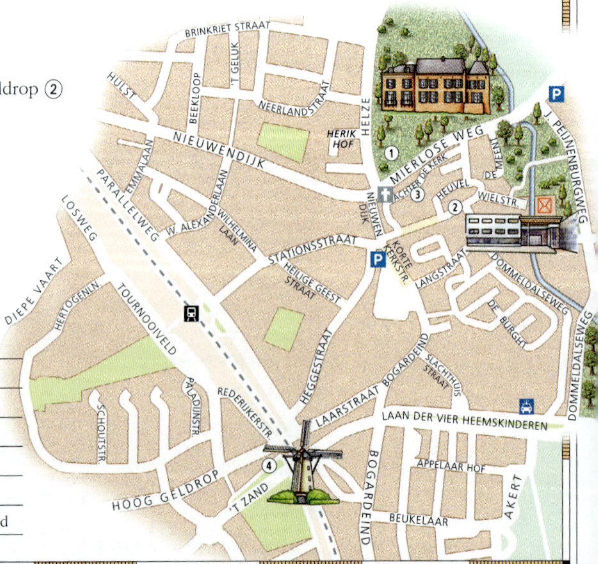


0 meter 200

**SYMBOLEN**

- Kerk
- Parkeerplaats
- Postkantoor
- Spoorwegstation
- Politiebureau
- Voetgangersgebied

**Het middengedeelte is van 1616 maar al in 1403 is er sprake van een Kasteel Geldrop**

lanen en langs het rentmeestershuis, het koetshuis, plantenkassen, oranjerie en schansmuren.
De tiendrechten op de kerk van Geldrop zijn in 1462 overgegaan van de Heren van Geldrop naar de Duitse Orde. Dat waren aanvankelijk kruisridders die daarna als een soort kloosterorde werden ingezet bij de verovering, ontginning en kerstening van Pruisen en Oost-Europa. Die Orde bezat echter ook Gemert en zodoende werd Geldrop vanuit Gemert voorzien van priesters. Dat heeft geduurd tot 1795.
De **Brigidakerk** uit de Middeleeuwen is echter verwoest, herbouwd en ten slotte in 1889-1891 vervangen door de huidige majestueuze koepelkerk van architect C. Weber uit Roermond. Aanverwante koepelkerken bouwde hij ook in Lierop, Uden en Raamsdonk.
In de binnenstad van Geldrop staat ook de ronde stenen **bergkorenmolen 't Nupke** uit 1843.
Geldrop was bekend om zijn weverijen. Bij de kerk staat een prachtig beeld van de wever. In het **weverijmuseum** kunt u de machines in werking zien. Het is gevestigd in een oude textielfabriek, de N.V. Wollenstoffenfabriek A. van den Heuvel & Zoon. Het gebouwencomplex uit 1863 herbergt ook het Sociaal Cultureel Centrum Hofdael en het Creativiteitscentrum de Wiele. In het centrum zijn meerdere fabrieken, fabrikantenwoningen en arbeidershuisjes opgeknapt en op de monumentenlijst gezet. Zo ook het vroegere **St.-Vincentiusgebouw** (met wit Elisabethbeeld) uit 1899.

**Monument voor de thuiswever**

De omgeving van Geldrop nodigt u uit tot wandelen en fietsen. U bent vlak bij de Strabrechtse Heide. Fietsen langs het Eindhovens Kanaal is zeer ontspannend. Via **Zes-Gehuchten**, een deel van Geldrop dat het dorpse karakter heeft behouden en via het beschermde dorpsgezicht van **Riel** fietst u door het schitterende **Gijzenrooij** en over het 'bels lijntje', een vroegere spoorweg, naar de Groote Heide en Valkenswaard.
De aangename zoete lucht van **Peijnenburg's Koekfabrieken** laat u achter u.

**Weverijmuseum Geldrop**
Molenstraat 21. *040-2863574.*
*za 13.00-17.00 uur, tijdens de grote vakantie di-za 13.00-17.00 uur.* *www.weverijmuseum.nl*

**Op de Groote Heide is het heerlijk wandelen en fietsen**

# Mierlo

Al van verre kondigt zich Mierlo aan. De radio- en tv-toren steekt boven alles uit. Die ziet u overal als u op de **Strabrechtse Heide** wandelt of op de **Molenheide** fietst of paard rijdt op de **Luchemse Heide**. U ziet hem als u bij het glinsterende **Wolfsven** pauzeert met uw gehuurde huifkar. De toren werd in 1961 gebouwd en is 105 meter hoog. Mierlo is een snel uitgegroeide forensengemeente maar de kern is nog steeds vriendelijk dorps. Daar staat het **oude raadhuis** uit 1806, nu trouwzaal en pied-à-terre van de heemkundekring.

**Het oude raadhuis van Mierlo werd gebouwd in 1806**

Aan heemkunde geen gebrek, want de geschiedenis van Mierlo gaat ver terug. Daarvan getuigen de vondsten uit de prehistorie die hier worden bewaard en bestudeerd. Helaas is de **'Venus van Mierlo'** hier niet te zien.
Mierlo betekent eigenlijk 'dorp aan de waterplas of moeras', een Peeldorp dus. Het is als dorp ontstaan in de vroege Middeleeuwen.
Op de Overakker stond in 1117 een houten jachthuis, dat in 1200 vervangen werd door een stenen gebouw. Dat werd uitgebouwd tot een groot kasteel met gracht, torens en dikke muren. Door jarenlange verwaarlozing zakte het rond 1800 in. De laatste poort werd in 1948 door een storm vernield en is daarna afgebroken. Er rest nu nog een mooie **kasteelboerderij**.
In Mierlo werd Willem van Enckevoirt (1464-1534) geboren. Hij was door keizer Karel V benoemd tot bisschop van Utrecht. Hij werd kardinaal en bevorderde samen met zijn vriend Adriaan VI, de enige Nederlandse paus, de politiek van de keizer. In Mierlohout stichtte hij het **Apostelhuis**, een huis voor twaalf oude mannen, dat nog bestaat.
Van de overgebleven fondsen van de schenking van de kardinaal werd in 1874 een klooster gebouwd van waaruit zusters franciscanessen ook voor de twaalf oude mannen zorgden. Dit Huize Bethanië werd bij de bevrijding hoofdkwartier van het Achtste Britse Legerkorps. Veldmaarschalk Montgomery verbleef er.
Een stukje geschiedenis in de vorm van een halfgesloten **standerdmolen** staat in de kern van het dorp. In 1993 heeft men op een ruim veld deze uit 1640 stammende molen neergezet. Hij stond oorspronkelijk op de Molenheide.
De **Elderse molen**, een ronde stenen bergkorenmolen uit 1851, staat aan de rand van het dorp en is aan restauratie toe.
De **St.-Luciakerk** is een neogotische kerk, gebouwd in de jaren 1856-1858 door de Tilburgse architect H. van Tulder. De toren van 1496 kreeg ook een neogotisch jasje.
Drie klokken draagt de toren waarvan de zwaarste nog - volgens het inschrift - uit de maand april 1414 stamt en Maria heet. Deze oude klok is

**Het dichtgroeiende Eindhovens kanaal is een eldorado voor vogels**

gegoten door Jan van Venlo. Als u het dorp verlaat, ga dan naar het gehucht **Het Broek**, een beschermd dorpsgezicht. Daar liggen magnifieke langgevelboerderijen.
U passeert hier ook het **Eindhovens Kanaal**, een slapend verbindingswater tussen Helmond en Eindhoven. Het is anderhalve eeuw geleden in slechts een jaar met de schop gegraven. Nu heeft het mooi begroeide oevers en smalle boogbruggen. Hier ligt een prachtig fietspad.
Als u het dorp verlaat in de richting van Geldrop komt u bij de Britse erebegraafplaats. Een bezoek is indrukwekkend.
Als u het dorp verlaat in de richting van Lierop passeert u het **Mariakapelletje** uit 1951 dat de Mierlose doden herdenkt die gevallen zijn bij de bouw van de Birmaspoorweg en dat een uiting van dankbaarheid is voor de behouden terugkeer van 67 militairen uit voormalig Nederlands-Indië.
Iets verderop op de **Bekelaar** vindt u een mooi driehoekig Brabants plein. De weg naar Lierop voert afwisselend door bos- en weidelandschap.
Het **Klein Goor** kent naaldbos maar er lopen ook oude eikenlanen doorheen. Het Voortje stroomt erdoorheen.
Het grenst aan **Sang en Goorkens**. Dat zijn moerasbossen en graslanden in een beekdal dat lager ligt dan het omringende landbouwgebied. Hier treft u nog op uw (begeleide) wandeling veenputten aan die vroeger gegraven werden om turf te winnen. Er komen veenmos en zeggesoorten voor. Het hele gebied is ideaal voor amfibieën. U ziet er ook de havik en roodborsttapuit.
Vernoemd moet nog worden dat Mierlo een **klompenfabriek** kent die zijn poorten voor groepen op afspraak wil openen.

**De standerdmolen uit 1640 staat sinds 1993 midden in het dorp**

**Badende havik in de Goorkens**

**Een van de nog intact gebleven karakteristieke boerderijen**

'De Mierlose Zwarte' heette de kers die hier vroeger in de omgeving geplukt werd van de hoogstammen. Maar daar is niet veel meer van overgebleven toen weilanden, boomgaarden en boerenbedrijven plaats moesten maken voor uitbreidingsplannen. Wel is er ruimte gelaten aan een **golfbaan** (de Gulbergen). Hier is onlangs een nieuw **'Dierenrijk'** geopend. Dieren uit heel Europa zijn hier te bezoeken.

## De Venus van Mierlo

In 1961 werd tussen Geldrop en Mierlo bij een opgraving door de universiteit van Groningen deze steen gevonden. Later werd er ook de naam 'Danseres van Geldrop' aan gegeven. Het is een plat stuk zandsteen. Mogelijk is het een slijpsteen die een prehistorische mens van 11.000 jaar geleden bij zich droeg. Het bijzondere is de tekening. Een vrouw, naakt op een heupband met voorschot na, heft het linkerbeen en strekt haar rechterarm. Omdat ook de romp licht gedraaid is, lijkt de vrouw te dansen.
Is het gewoon een slijpsteen met een leuke tekening of is het (tevens) een voorwerp met magische kracht?
De steen wordt in Groningen bewaard. (*blz. 182*)

**Klompenfabriek**
Bisschop van Mierlostraat 158.
*0492-661295.* *op afspraak.*
**Dierenrijk Europa**
Heiderschoor 24.
*0900-2355423.* *april-okt 10.00-17.00 uur nov-mrt 10.00-16.00 uur*
*www.dierenrijkeuropa.nl*

**GEMEENTE VELDHOVEN** ❻

**Wegenkaart D4.** *43.000.*
*Meiveld 1 (040-2584411).*

In het Papegaaiencentrum vinden veel exotische vogels onderdak

# Veldhoven

Veldhoven ontstond zoals dat ook bij Eindhoven het geval was door samenvoeging van dorpen. En nu zijn die twee steden weer aan elkaar gegroeid. De rondwegen die om de steden zijn gebouwd, zijn voor een deel gelukkig mooie lanen. De oude straten die de dorpen verbonden zijn er ook nog. Daar en in de centra van de vroegere dorpen staan nog vele fraaie oude panden. In Veldhoven vindt u het **notarishuis** uit de 17de eeuw; in Meerveldhoven molen **De Adriaan** uit 1906 waarin een bar-brasserie is gevestigd. Daar vindt u ook de **bedevaarts-kapel** Onze Lieve Vrouw ter Eik, gebouwd rondom een eik waaraan ex-voto's hangen en het **trapjeshuis** uit 1750. In Zeelst staat de **Zeelster molen** van 1858 en **Huize Selstadium** bij het nog steeds dorpse marktplein. In Oerle staan het raadhuis en het oude raadhuis, het koetshuis en de **molen Sint Jan**. Deze molen is uit delen elders vandaan, geheel nieuw opgebouwd in 1991.

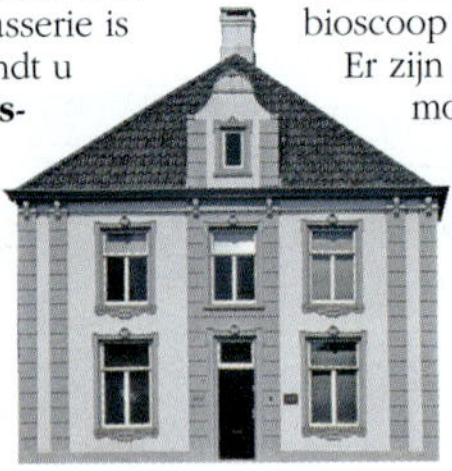
Het notarishuis is gebouwd in de 17de eeuw

De echte hoogtepunten zijn dan nog niet genoemd. Allereerst het geheel **nieuwe centrum**. Ook toeristen gaan hier graag winkelen en 's avonds uit. Het is een moderne city-passage met ruime winkelstraten, een bibliotheek, een groot evenementenplein met een bioscoop en een theater. Er zijn ruime parkeermogelijkheden.

Aan de rand van Zeelst stond vroeger het Adellijk Huis van de Heren van Zeelst. Nu is er in **'t Oude Slot** een cultuurhistorisch museum gevestigd. Het slot uit 1575 is verdwenen. De boerderij waarin het museum is ondergebracht, stamt uit 1800. Aan de toegangsweg ligt een slotboerderij uit 1847. De gracht is pas in 1973 gegraven. In het museum worden de voorwerpen getoond die men ter plekke in put en gracht heeft gevonden. De collectie Maas-Rooyakkers bevat vele in onbruik geraakte voorwerpen, gereedschappen, kleding, beelden en volksprenten. Wisseltentoonstellingen sluiten aan op de actualiteit.

Het fraaiste deel van Veldhoven ligt aan de andere kant van de gemeente, in **Zandoerle**. Een schitterend rechthoekig plein met bomen. Langgevelboerderijen aan de randen. Een lief kapelletje. In 800 stond hier een houten kerk en in de 12de eeuw een stenen Romaanse kerk. Het is bijna niet voor te stellen dat dit gehucht een werkelijk grote rol heeft gespeeld in het bestuur en de rechtspraak van Kempenland.

Wat verder verwijderd van het centrum van Veldhoven ligt het oude **bosgebied Halfmijl en Toterfout**. Voor de geschiedenis van Brabant is dit een heel belangrijke plek. Hier werden vele grafheuvels gevonden. Wegwijzers wijzen u waar u dieper het bos in moet gaan. Ter plekke geven informatiepanelen uitleg.

Ten slotte wijzen wij u op het **Papegaaiencentrum** waar 'overbodige' papegaaien onderdak vinden en u ook kunt genieten van andere kromsnavels, exotische vogels en schildpadden.

Vondsten uit de put van 't Oude Slot kunt u binnen bezichtigen

**Museum 't Oude Slot**
Hemelrijken 6. *040-2533160.*
*wo, za, zo 13.00-17.00 uur.*
*www.dse.nl/oudeslot*

**Papegaaiencentrum**
Wintelresedijk 51. *040-2052772.*
*dag. 10.00-17.00 uur.*
*www.papegaai.org*

**GEMEENTE WAALRE** ⑦

**Wegenkaart E4.** *16.500.*
*Kon. Julianalaan 19 (040-2282500).*

## Waalre

Waalre is een villa- en forensendorp. Er staan mooie huizen in de bossen, met daartussen hier en daar een ven. Ook het **gemeentehuis** van architect Valk ligt er rustiek. Met zijn statige herenhuizen is de **Markt** deftig dorps en sfeervol. Willibrordus heeft hier in de 8ste eeuw een houten kerk gesticht. De huidige **kerk** is deels Romaans, deels gotisch. De **toren** is een voorbeeld van Kempische gotiek. Willibrordus gaf zijn nieuwe bezittingen in Waderloe door aan de abdij van Echternach, welke een voogd aanstelde die zich vestigde in een landgoed dat nu **Het Kasteel** heet en aan de Dommelseweg ligt. Van het kasteel is na de sloop van 1867 niet veel over. De boerderij die er bovenop gebouwd is, ligt nog steeds op een mooi punt aan de Dommel. De rijkdom van Waalre is mede veroorzaakt door de sigaren- en textielindustrie. In een gerestaureerde linnenfabriek uit 1861 is **Het Waalres Museum** gevestigd. Hier valt antiek damast te bewonderen en veel Waalres erfgoed. Waalre heeft sinds 1347 een **watermolen**, waar vroeger aan de ene zijde graan en aan de andere koolzaad werd gemalen. Later werd het een volmolen voor de textielindustrie.

**Het Waalres Museum**
Willibrorduslaan 4. *040-2216985.* *wo-zo 13.30-17.00 uur, di op afspraak.* *ma.*
*www.dse.nl/waalremuseum*

## Loon

Loon is een beschermd dorpsgezicht, een plaatse uit de 13de eeuw. De boerderijen stammen uit de 18de eeuw. Er heerst een heerlijke sfeer. De plek waar fietsers even afstappen op hun route door het **Dommeldal**.

**Verschillende bouwstijlen in de door Willibrordus gestichte kerk**

## Aalst

Midden in het dorp staat de **Aalstermolen**, een ronde stenen beltkorenmolen uit 1904. Het centrum is nu vernieuwd omdat de weg naar Hasselt het winkelgebied in tweeën sneed.
In het buitengebied is het heerlijk fietsen en wandelen. De Loon- en Landschutroute of het fietsennetwerk tussen de knooppunten 44, 45, 46 en 79 voert door prachtige bossen en geeft aansluiting naar de **Groote Heide**. U passeert de **hut van Mie Pils**. Mie Peels leefde van 1856 tot 1928 en had op dit verlaten punt op de weg tussen Eindhoven en Leende een herberg, een hut. Nu is het nog steeds een café midden in de bossen. Haar standbeeld staat in Aalst.

### ANTOON COOLEN (1897-1961)

Bij de kerk van Waalre staat naast zijn graf een mooi beeld. De schrijver Antoon Coolen woonde in Waalre en eerder in Deurne in huize 'De Romein' dat door een andere Brabantse schrijver, H.N. Ouwerling (1861-1932), was gebouwd. Beiden schreven historische streekromans. De romans, vertellingen en toneelstukken van Coolen spelen in de Peel. Maar misschien is 'Dorp aan de Rivier' het bekendst geworden door de verfilming ervan. Het Brabant van Coolen is verdwenen. Die Brabander wordt nog wel verbeeld in talloze bronzen beeldjes waarvan de Contente Mens het beroemdst is.

**GEMEENTE VALKENSWAARD** 8

**Wegenkaart E4.** *31.100.*
*Oranje Nassaustraat 8a (040-2015115).*

Kano-aanlegplaats en terras bij de Venbergse watermolen

# Valkenswaard

De naam luidde eerst Weedert of Weerd (ingedijkt stuk land), daarna Weert op den Driesch. Dat werd Verckensweerd, naar de varkensmarkt. De handel in valken echter bracht veel meer geld en aanzien en zo veranderde de plaatsnaam in Valkenswaard. Een **standbeeld** voor die valkenier staat voor de trouwkapel op de Kleine Markt, het **Weerderhuijs**, een voormalige protestantse kerk.
Veel informatie over de vangst en het africhten van valken, over valkeniers en valkenjacht vindt u in het **Cultuurhistorisch museum**.
Dat museum vertelt u ook over een ander belangrijk beroep in Valkenswaard, dat van sigarenmaker. Hij werkte thuis, in kleine ateliers of in grote fabrieken als De Hofnar en Willem II. In het centrum van Valkenswaard vindt u nog vele voormalige fabrikantenhuizen.
De **Valkenswaardse markt** op donderdag is een druk bezochte markt, ook vanuit België. Veel gezellige cafés en restaurants liggen dan ook aan het marktplein.
Op de Leenderweg vindt u het **Museum van Gerwen-Lemmens**, gebouwd in oud-Vlaamse stijl. Oorspronkelijk begonnen als een privé-verzameling religieuze kunst uit de Zuidelijke Nederlanden heeft het zich ontwikkeld tot een kleine maar artistiek hoogstaande museumcollectie. U ziet er beelden, schepenkisten, kazuifels, zilversmeedkunst, kelken en monstransen.
Op diezelfde Leenderweg kunt u in een ijssalon annex pannenkoekenhuis gratis een andere privé-collectie bekijken: **Ellie's Poppenmuseum**.
Zeer instructief is ook het **Nederlands Steendrukmuseum**. De collectie omvat boekillustraties, cartografie, reclameplaten, speelkaarten, plaatjes voor het poëziealbum, ansichtkaarten, prenten en etiketten. Het toont ook de techniek aan de hand van historische steendrukpersen. U mag zelf een pers bedienen en kleuren mengen.
Het museum is ondergebracht in het gebouw waarin zich ook de VVV en het Cultuur Historisch Museum van Valkenswaard bevinden.
Valkenswaard was de eerste gemeente die met de actie Market Garden op 17 september 1944 bevrijd werd. Het **ereveld** aan de weg naar Hasselt gedenkt de soldaten die hierbij omkwamen.
Over het grondgebied van Valkenswaard stromen de **Tongelreep**, de **Dommel** en de **Keersop**. Er is dus veel natuur. Het mooiste deel is de **Malpie**. Direct daarvoor ligt de **Venbergse watermolen**. Deze molen wordt al in een akte uit 1227 genoemd, maar is misschien nog veel ouder. Het was een dwangmolen van de abdij van Postel. Nu is er een erg gezellig terras aan de Dommel met uitzicht op de

Trouwkapel het Weerderhuijs

## STRIEPERS

Met Carnaval heet Valkenswaard Striepersgat. Dat herinnert aan de tijd toen sigarenmaken nog een door vele inwoners beoefend handwerk was. Hele rijen vrouwen aan tafels stripten het tabaksblad van de hoofdnerf. Van omblad en binnengoed werd een pop gedraaid die op een plank voor 20 poppen werd gelegd. Daar kwam een tweelingplank bovenop. De poppen werden daarin geperst, gedraaid en nog eens geperst. Daarna werden de poppen met de hand voorzien van een dekblad. Sorteerders vulden van cederhout gemaakte sigarenkistjes, waarbij de sigaren van een fraai bandje werden voorzien.
De smaak werd bepaald door de soorten tabak, die werden verwerkt. Ons Nederlands-Indië leverde heerlijke tabak uit Java en Sumatra.
'Toeback suygen' in een pijp, zoals gebruikelijk was in de 16de tot 18de eeuw, werd vanaf 1830 aangevuld met het roken van sigaren. Vanaf toen werd vooral in de Kempen de ene sigarenmakerij na de andere opgericht. Valkenswaard kende er een zestigtal. Door export zijn sommige merken wereldberoemd geworden: Karel I, Agio, Willem II, Wintermans, La Paz, Elisabeth Bas en Hofnar. Die laatste naam komt u in Striepersgat vaak tegen.

aanlegplaats voor kano's.
De Malpie is een natuurgebied met heide, bos, stuifzand en vennen vol broedende vogels. Prachtig wandelen langs de Dommel kunt u ook in het internationaal natuurgebied **Hageven-Plateaux** op de grens van Nederland en België. Daar liggen voor Nederland unieke vloeiweiden.
Natuurlijk kunt u ook vanuit Valkenswaard via het dal van de Tongelreep en het (Leendse) gehucht Bruggerhuizen wandelen en fietsen in het Leenderbos naar de **Achelse Kluis**, dat nu een Trappistenklooster is. Vroeger heette dat het Weerderhuijs. Hier gingen katholieken uit Valkenswaard ter kerke. Toen de protestanten op hun beurt uit de kerk van Valkenswaard werden gezet en aan de Kleine Markt hun eigen kerk bouwden, werd dat hun Weerderhuijs genoemd.

**Museum van Gerwen-Lemmens**
Leenderweg 71. *040-2012162.* *di-zo 13.00-17.00 uur.* *www.brabantmuseumland.nl*

**Cultuur Historisch Museum**
Oranje Nassaustraat 8B. *040-2045111.* *di-zo 13.00-17.00 uur.* *www.valkerijmuseum.nl*

**Nederlands Steendrukmuseum**
Oranje Nassaustraat 8C. *040-2049841.* *di-zo 13.00-17.00 uur.* *www.steendrukmuseum.nl*

**Ellie's Poppenmuseum**
Leenderweg 69. *040-2044447.* *wo-za 15.00-20.00 uur.* *jan.-feb.*

## Dommelen

In dit kerkdorp ligt het Agnetendal. Van het klooster dat hier stond is slechts een restje muur bewaard gebleven. Van 1446 tot 1716 verleenden hier franciscanessen hulp aan armen. Hier gaven ze onderwijs en stimuleerden zij de landbouw. Bekender is Dommelen om zijn drie eeuwen oude **bierbrouwerij**. Ook het oude **brouwershuis** en de **herberg** daarnaast bestaan nog. In de meeste dorpen zijn de bierbrouwerijen verdwenen. Deze is slechts opgegaan

**Dommelse watermolen**

in een fusie. De **Dommelse watermolen**, in 1977 gerestaureerd, is een onderslagmolen en stamt uit de tijd van Karel V.

## Borkel en Schaft

Een tweelingdorp met veel langgevelboerderijen. Gelegen aan de Dommel en grenzend aan de Groote Heide en de uitgestrekte Leenderbossen. Borkel heeft een heerlijk dorpsplein.
Een stenen molen, **bovenkruier**, dateert van 1869.
De kinderkopjesweg met bomenrijen, de afwezigheid van industrieterreinen en uitbreidingsplannen benadrukken het landelijk karakter, hoewel in veel boerderijen geen bedrijven meer gevestigd zijn. Het zijn nu prachtig gerestaureerde woonhuizen.

### Valkeniers

**De huif bedekt de ogen**

Eind 16de eeuw komt het beroep valkenier op in Arendonk, Weer (Valkenswaard), Waalre, Bergeijk, Leende en Leenderstrijp. Het kasteel van de hertogen van Brabant, in Turnhout, was een jachtslot. Rijke heren (en dames) jaagden graag met valken. In genoemde plaatsen was uitgestrekte heide waar men valken op trektocht kon vangen. Op de Groote Heide in Leende krijgt u aanschouwelijke informatie over die valkenvangst.
Valkeniers gingen zelfs naar IJsland en Noorwegen om valken te kopen of te vangen. De dieren moesten langdurig getraind worden. De valken werden daarna geleverd aan vorsten in heel Europa. De contacten van de valkeniers met deze vorsten bereidden de weg voor de teuten die ook uit deze streken kwamen. Valkeniers waren rijke lieden en vervulden vaak bestuursfuncties in deze dorpen. Vanaf de 18de eeuw neemt het aantal valkeniers snel af. Op markten met oude ambachten in de Kempen en de Peel geeft men vaak demonstraties in het trainen van valken.

**Houten lokvalk**

**Reconstructie van de valkenvangplaats op de Groote Heide**

## Gemeente Heeze-Leende 9

**Wegenkaart E4.** *15.500.*
*Jan Deckerstraat 2, Heeze (040-2441581).*

**De kerktoren van Leende met de markante 'Lindse Blaos'**

De **Groote Heide**, landgoed **Valkenhorst**, het **Leenderbos**, in België doorlopend in de Beverbeekse Heide, en de **Strabrechtse Heide**, doorlopend in Lieropse en Somerse Heide; dit enorme natuurgebied maakt van Heeze 'de Parel van Brabant' en van Leende 'de sgonste plats'. In de **Boswachterij** van Leende en het **Beheercentrum** van Heeze kunt u zich volledig laten informeren.

**Boswachterij**
Strijperpad 5, Leende. *040-2062026.*

**Beheercentrum**
De Plaetse 71, Heeze. *040-2262343.*

## Leende

Overal op de heide ziet u in de verte 'de Lindse Blaos': de knop van de **Leendse kerktoren**. De toren is 70 meter hoog en bestaat tot een hoogte van 38 meter uit baksteen en natuursteen. Op die hoogte zijn de muren nog bijna 2 meter dik. De spits is na de brand van 1699 op de grond in elkaar gezet, uiteengenomen en definitief bevestigd voor 515 florijnen. Twee nieuwe klokken werden erin gehangen.
De kerk werd 'afgewerckt' in 1474 en is een voorbeeld van Kempische gotiek. In de kerk vindt u drie van de elf tot nu toe bekende Heiligenbeelden van de **Meester van Leende**, die er rond 1500 gewerkt heeft. Aan de rand van de Leender Heide op de grens met België ligt het Trappistenklooster **De Achelse Kluis**. Na een wandeling kunt u daar met de paters de vespers meezingen en een zelfgebrouwen trappistenbiertje drinken.
Leende heeft op **Boshoven** een plaatse met een mooie hoekgevelboerderij uit de 17de eeuw gecombineerd met een kleine boerenwoning uit de 18de eeuw zoals er maar twee in heel Brabant zijn.
Een mooie plaatse heeft ook **Oosterik** met langgevelboerderijen en een brouwershuis De Zwaan.
Leende nodigt u uit in het kleine **Fietsvaria**.

**Uitgestrekte heidegebieden rond Heeze en Leende**

**Fietsvaria**
Dorpstraat 31. *040-2062442.*
*maart-okt. di en do 14.00-17.00 uur, 1ste en 3de zo 12.00-17.00 uur.*

## Heeze

Van de oude burcht **Eijmerick** bestaat nog een zaalgebouw met kelders. Dat stond er al in de 12de eeuw. Nu gaat het schuil achter een 17de-eeuwse voorbouw van Pieter Post. Hij bouwde het in opdracht van Albert Baron Snoeckaert van Schauburg. Pieter had de oude burcht eigenlijk helemaal willen afbreken. Dat is niet gebeurd. Toch is later, in 1735, door Baron de Holbach het voorplein aan de achterzijde afgesloten zodat het oude zaalgebouw

geïsoleerd kwam te liggen achter het huidige kasteel. Drie eeuwen lang was het bezit van de **Graven van Horne**. U kent beslist de Graaf van Horne die in Brussel onthoofd is bij het begin van de Tachtigjarige Oorlog. Sinds 1760 en tot de dag van vandaag is het kasteel particulier bezit gebleven van de familie Van Tuyll van Serooskerken. Het kasteel is omgeven door de **Herbertusbossen**. Aan de oprijlaan staat een goed bewaarde **duiventoren**.
De kerk van Heeze werd in 1932 gesloopt nadat die bijna een eeuw dienst had gedaan. Daarvoor had men in schuur- en grenskerken de dienst moeten bijwonen. Toen de katholieken hun middeleeuwse kerk terugkregen was die zo bouwvallig dat in 1833 een nieuwe kerk werd gebouwd. In 1933 bouwde architect H.W. Valk uit 's-Hertogenbosch de neogotische vijfbeukige kruiskerk die er nu staat. Het werd een vrij lage ruimte met een breed middenschip. De gebrandschilderde ramen boven het priesterkoor zijn afkomstig uit de oude kerk.
Een daarvan stelt **Nicasius** voor. Hij werd in 1522 geboren in Heeze. Dirk Hezius, secretaris van de Nederlandse paus Adriaan VI was zijn heeroom. Nicasius werd minderbroeder. Hij werd in Gorinchem gevangen genomen en op 9 juli 1572 in Brielle opgehangen door de watergeuzen. In 1675 werd hij zalig en in 1867 heilig verklaard. In de kerk en in een kapel op **Kreijl**, op zijn vermoedelijke geboortegrond, wordt hij vereerd.
In een andere kapel in deze kerk wordt de 'Heilige Man Job' vereerd. **Job** was de patroonheilige tegen pest en huidziekten. Tot 1654 vereerde men hem in de St.-Jobskapel op **de Ven**, dat enkele honderden meters van de oude middeleeuwse kerk verwijderd lag. Halverwege Heeze en Leende vindt u bij een paar oude boerderijen en het **Kerkhof** tussen hoge bomen. De Jobskapel is na 1654 gesloopt. In 1972 werd er tussen de akkers een vier meter hoge klokkenstoel met klok van de firma Eijsbouts uit Asten geplaatst.
Ook Heeze heeft een mooie plaatse op het **Strabrechtse plein** en een ronde stenen bergkorenmolen **St.-Victor** uit 1852 met de hoogste molenberg van heel Nederland, zeker 7 meter hoog.
Zeer bekend is Heeze door de organisatie, sinds 1958, van **De Brabantse Dag**. Een hele reeks activiteiten met als hoogtepunt een optocht met wisselend thema.

**Een van de pittoreske bijgebouwen van Kasteel Heeze**

**Wapen van kasteel Heeze**

**Eijmerick**
*maart-okt. zo 14.00 en 15.00 uur, wo 14.00 uur, juli-aug. ook wo 15.00 uur.*

## Sterksel

Ontginningsdorp waarvan de **os** het symbool is. Die staat op het dorpsplein tegenover **Huize Sterksel**. Wisselende tentoonstellingen van schilderkunst vindt u in het **Peter van den Braken Centrum.**

**Peter van den Braken Centrum**
Turfven 12. *040-2261004.*
*za-zo 14.00-17.00 uur.*

**Huize Sterksel gebouwd in Engelse Countrystijl**

# Onder de loep: Leenderstrijp

**Gildeschild uit 1644**

In Brabant zijn er enkele gehuchten die als openluchtmusea bezocht kunnen worden. Leenderstrijp is er een van. Twee 'plaetsen', een eigen kerk, eeuwenoude linden, een authentieke sfeer ondanks nieuwbouw en soms overdreven restauratie, fruitbomen en heggen, een winkel en een gezellig café. Er wonen afstammelingen van valkeniers en Teuten. Gilden zijn er nog steeds actief en hebben hun tradities en zilveren schilden met zorg bewaard.

**STERATTRACTIES**

- ★ **Sint Janskapel**
- ★ **Langgevelboerderij**
- ★ **Gekandelaberde linde**

**De Sintjanstros** aan de voordeur beschermt tegen onheil en geeft vruchtbaarheid. Hij bevat St.-Janskruid, varen, zegge, koren- en koekoeksbloemen, lies, madelief, notenblad, Spaans gras, viooltjes en rozen.

**★ Sint Janskapel**
*Rond 1400 is waarschijnlijk de eerste kapel gebouwd. Aan de tekening van J. de Beijer uit 1739 is te zien dat de kapel veel groter is geweest.*

**Gemetseld hart**
*In de korte gevel aan de Strijperstraat nr. 59 onderscheidt u een hart zoals ook bij nr. 42 en 44. Is dit een eigendomsteken of een religieus teken?*

**Groen**
*Beukenhagen en leilinden, klinkerwegen en veel bomen, bepalen voor een groot deel de sfeer van Leenderstrijp.*

### ★ Langgevelboerderij

*Zoals bijna iedere boerderij hier is ook deze, uit 1720, ooit café geweest. Nr.42 en 38 hebben beide een mooi bovenlicht in de voordeur.*

**Tips voor de toerist**

VVV Eindhoven, Stationsplein 17. 0900 - 1122363. Stationsplein Eindhoven. www.vvveindhoven.nl

### ★ Gekandelaberde linde

*Deze linde uit de 18de eeuw is in drie etages gesnoeid en is zo een symbool van de Drie-ene God. Van binnen is de linde hol.*

**Symbool**

- - - - Aanbevolen route

### Daken

*Zadeldak met wolfseinden, nr.22, en mansardedak of Franse kap, nr.21. De laatste werd vanaf 1920 toegepast.*

0 meter 200

**Bloemrijke hooilanden in de natte beekdalen rond Someren**

**GEMEENTE SOMEREN ⑩**

**Wegenkaart E4.** *18.500.*
*De Meer 21a (0493-496888).*

# Someren

In 2001 vierde Someren haar 700-jarig bestaan. De Hertog van Brabant gaf Someren zelfbestuur door het laten kiezen van 7 schepenen.
Al eeuwen daarvoor woonden hier mensen. Romeinen en daarvoor Kelten en rondtrekkende prehistorische mensen. Van al die tijden zijn vondsten.
Het dorp vaart wel bij haar zelfbestuur. De boeren krijgen hun eigen grond. Ze ontginnen de heide. Het overschot aan landbouwproducten kan verhandeld worden. Grote **hoeven** en zeker zeven **kastelen** telde het dorp. Nu vindt u enkel nog de namen terug. Vanaf eind 18de eeuw krijgt het dorp door grote ontginningen een nieuwe impuls. **Someren Eind** en **Someren Heide** ontstaan. Grote ontginningsboerderijen vindt u hier. Een voormalig **stoomzuivelfabriek** met directeurswoning in de Kerkstraat herinnert aan de tijd dat hier veel melk en boter werd geproduceerd. Enorme **tuinbouwkassen** aan de rand van het dorp bewijzen dat de boer met zijn tijd meegaat.
Someren heeft twee molens, de standaardkorenmolen **Den Evert** uit 1543, misschien oorspronkelijk nog ouder, en de stenen bergkorenmolen **De Victor** uit 1853.
Bij café **Het Blank Water** hebben ze ook een molen ter versiering gezet. U kunt er geen koren malen maar wel op forellen vissen en schieten op kleiduiven.

**Molen van Someren**

De **Somerse Heide** met het **Keelven** is heringericht. Het strakke vakkenpatroon met slechts een boomsoort en alle bomen in dezelfde leeftijd, is vervangen door gemengd bos. Nieuwe vennen en heideterreinen zijn aangelegd. Hier vindt u wandelroutes en natuurleerpaden.
Ten slotte heeft Someren nog twee bijzondere musea. **De Oude Waag** is een museum met 300 weegwerktuigen en 1000 gewichten. Het **Museum voor vluchtsimulatie** bezit een verzameling historische vluchtnabootsers waarin u ook zelf het vliegtuig bestuurt en de instrumenten afleest, waarbij de vlucht die u maakt wordt ingetekend op een kaart.

**Het Blank Water**
Brugstraat 9, Someren-Eind.
*0493-490442.*

**De Oude Waag**
Kommerstraat 38. *0493-491673.*
*juni-aug. zo 13.00-17.00 uur en op afspraak.*

**Museum voor vluchtsimulatie**
Half Elfje 10. *reserveren 040-2537183 of 0493-493387.*
*zo 10.00-13.00 uur.*
*www.mijnweb.nl/linktrainer*

# Lierop

In tegenstelling tot Someren heeft Lierop minder meegedaan aan de massale ontginningen. Dat betekent dat hier veel natuur behouden is. Dan denken we vooral aan de **Lieropse Heide** die aansluit op de **Strabrechtse Heide**. Het prachtige **Beuven** is een juweel en het grootste ven van Nederland. Ook het bosgebied **Gebergten** en **Herselse Heide** zijn voor een deel ontgonnen en beplant maar kennen ook een stuifzanddeel met vliegdennen en jeneverbesstruiken.
Het dorp zelf en zeker het gehucht **Boomen** kent zoveel fraaie hoeven dat hier een hoevenfietsroute aangegeven wordt. U kunt er ook een huifkarrentocht maken.
In een van de majestueuze bomen van het gehucht Boomen is een Mariabeeldje geplaatst, een prachtige vorm van volksdevotie. Het dorp zal niet rijk geweest zijn maar wel gelovig. De grote **koepelkerk** (1895) van Carl Weber domineert het dorp. Deze kerk staat altijd gastvrij open. Het 'rijke roomse leven' is in deze plattelandskathedraal nog helemaal aanwezig.
De kerk bezit een zogenaamd Hirtum-orgel. Nicolaas van Hirtum was een van de kleinere Brabantse orgelbouwers. Hij is geboren in St.-Oedenrode in 1761. Hij leerde het vak in Keulen en vestigde zich in Hilvarenbeek waar hij in 1810 stierf. Zijn zoon Bernardus Petrus (gestorven in 1875) zette zijn werk voort.
Hele of gedeeltelijke Hirtumorgels staan ook in Diessen, Capelle, Cuijk, Esch, Hilvarenbeek en Vught.
Carl Weber uit Roermond bouwde maar liefst 32 kerken in Brabant waarvan vijf in dezelfde stijl als hier in Lierop. Die van Geldrop lijkt er het meest op. Met de Cuijpersen uit Roermond en Valk uit 's-Hertogenbosch is hij één van de grote neogotische kerkenbouwers en restaurateurs die sinds het einde van de 19de eeuw tot na de Tweede Wereldoorlog actief waren.
Daarna kunt u een pannenkoek gaan eten, balkenbrij of bloedworst met appeltjes. De serveerster gaat meestal gekleed in Brabantse kledij.
Die Brabantse kledij is uit het straatbeeld verdwenen, behalve met Carnaval. Dan zie je de boerenkiel en de rode zakdoek nog wel. De **poffer** is slechts te bewonderen in musea zoals dat van Oirschot of St.-Oedenrode. Een poffer bestond uit een ondermuts waarop de bojem, de bovenmuts, werd gezet met een fraaie rand aan de voorkant en lange brede linten aan de achterkant. Daaroverheen kwam de eigenlijke poffer vol witte, roze, groene kunstbloemen met kralen.

**De hoevenfietsroute voert u langs fraaie hoeven in Boomen**

**Pannenkoeken eten op een terras in Lierop**

**Het schepenhuis van Budel is nu een cultureel centrum**

**GEMEENTE CRANENDONCK** ⓫

**Wegenkaart E5.** *20.300.*
*Capucijnenplein 1, Budel (0495-431222)*

## Budel

Budel ligt op het zuidelijkste punt van Brabant. Hier zwierven al vroeg in de prehistorie mensen rond. Zij kwamen uit de grotten van de Ardennen en jaagden hier op rendieren, elanden, edelherten en oerrunderen. Ze gebruikten daarbij speer en speerwerper. Zij sloegen hun kampementen op in de buurt van de oude vennen en op hoger gelegen gedeelten tussen de moerassen, zoals hier in Budel-Dorplein. Daar zijn ook vondsten gedaan uit de Federmesser-cultuur en uit de iets latere Ahrenburg-cultuur. Niet ver over de grens met Limburg ligt de **Boshoverheide**, het grootste bekende urnenveld van Nederland uit de brons- en ijzertijd. Ook de mensen die hier liggen zullen op het heidegebied van Budel gejaagd hebben. Veel later, in de 16de eeuw, tijdens de oorlog tussen Brabant en Gelre kwamen de Geldersen hier de grens over en plunderden Budel.
Over de grens met de Zuidelijke Spaanse Nederlanden trokken de Budelse katholieken naar de grenskerk om hun geloof te belijden. Omgekeerd trokken protestanten uit Weert via de Geuzendijk naar Budel om daar ter kerke te gaan. Op de **Geuzendijk**, midden op de **Budelse Heide** staat nu nog een gedenkteken.
In 1940 zijn de Duitsers hier binnengetrokken. Ze waren om de Peel-Raamstelling heen getrokken die niet aansloot op de Belgische verdedigingslinies. Op 21 september 1944 trokken de Suffolks over de Geuzendijk om Weert vanuit het bevrijde Budel te gaan veroveren.
Budel is dus een typische grensplaats. Maar het ligt ook als een klein eiland in de taalgrenzen, de isoglossen. Het Buuls is een geheel eigen dialect. Het beeld **Os Moen** dat op de markt staat zou in alle omliggende plaatsen net iets anders genoemd worden.
Midden in Budel staat het **schepenhuis** uit 1559, herbouwd in 1771. Hier worden kleine concerten en lezingen gegeven en tentoonstellingen georganiseerd.
Op de markt drinkt u natuurlijk een Budels bier!
Voor de molenliefhebbers onder u: Budel heeft er drie. De achtkantige bergmolen **Janzona** uit 1937, de **Zeldenrust** uit 1897 en de ronde stenen stellingmolen **Nooit Gedacht** uit 1846.

**Urn uit de bronstijd gevonden op de Boshoverheide**

## Budel-Dorplein

Op de historische plek die we zojuist noemden stichtten Lucien en Emile Dor in 1892 een zinkfabriek. De grond was goedkoop en lag ver genoeg van de bewoonde wereld. En in de nabijheid lagen een spoorlijn en een kanaal. In deze uithoek van Brabant hebben zij ook hun eigen dorp gebouwd, dat naar hen is genoemd.
Als u even afziet van de nieuwbouw uit de laatste jaren, ontdekt u hier een heel eigen, on-Brabantse bouwstijl. Langs de Hoofdstraat staan de **Witte Villa** en de mooie huizen van het hogere personeel. In de straten die hier loodrecht op staan liggen de arbeidershuizen, eengezinswoningen met grote diepe

**Villa van voormalig personeel van 'De Zink' in Budel-Dorplein**

tuinen. Overal ziet u aangeplante bomenrijen.
Er zijn in de streek nog meer van dergelijke fabrieksdorpen, zoals Batadorp in Best en het Witte Dorp van Philips in Eindhoven.

## Maarheeze

In het gehucht Cranendonck, aan de Buulder Aa en midden in een uitgestrekt bosgebied, ligt het kasteel **Cranendonck** dat eertijds een jachtslot was van Karel V. Het heeft toebehoord aan de heren van Loon, de graven van Horne, de hertogen van Brabant en aan de Oranjes. De koningin heet nog steeds Baronesse van Cranendonck. Het is nu gemeentehuis en de kraanvogel kijkt vanaf de witte gevel op u neer. Het ziet er allemaal mooi uit maar het eigenlijke kasteel is al in 1673 door de Fransen verwoest. In 1996 werd de omtrek van het vroegere kasteel nader onderzocht. Veel prachtige vondsten werden gedaan, waaronder een **middeleeuwse kruisboog**. Aan de hand van fragmenten van acht 16de-eeuwse spreeuwenpotten werden 200 nieuwe exemplaren gebakken.

**Kasteel Cranendonck was ooit een jachtslot van Karel V**

Stenen **grenspalen** zijn in 1765 geplaatst op initiatief van de Heer van Heeze-Leende. Ze staan alleen bij de grenzen van diens heerlijkheid. De paal vermeldt dat daar de grens liep tussen de Baronie van Cranendonck en de Baronie van Hees en Leen. Ze worden vaak gefotografeerd.
Op het vijfgemeentenpunt waar Leende, Soerendonk, Budel, Hamont en Achel aan elkaar grenzen en er een knik in de rijksgrens zit, staan twee grenspalen broederlijk bijeen: een baroniepaal van 1765 en een ijzeren rijksgrenspaal nr. 176 uit 1843.
Bij rijksgrenspaal nr. 174 - iets verderop - staat een **douanepaal** uit 1662 die aangeeft waar de Admiraliteit van de Maze belastingen oplegde. Opvallend is dat veel van de grenspalen met België in Noord-Brabant littekens van geweerschoten dragen. Zich vervelende douaniers zouden daar schuldig aan zijn. Natuurlijk staan er ook veel namen van toeristen ingekrast. Een geheel ander soort monument aan de grens is **de grenskapel**. In de tijd dat de katholieke godsdienst verboden was en er nog geen schuurkerken werden toegestaan, moesten katholieken uit Staat-Brabant over de grens met de Zuidelijke Nederlanden gaan om de sacramenten te ontvangen. Aan de grens tussen Maarheeze en Weert, midden in de bossen, werd een eenvoudige kapel gebouwd waar paters franciscanen uit Weert de katholieken van over de grens doopten, vormden, trouwden en de Eucharistie lieten meevieren. Nu heet het de Grashut. Dit monument is een nauwkeurige reconstructie naar aanleiding van de opgravingen van 1953.

Vanuit Maarheeze kunt u prachtige fietstochten maken in het natuurgebied **De Pan** of wandelen over de **Hugterheide**.

**Deze monumentale boerderij met fraaie klokgevel in Maarheeze is gebouwd in 1779**

# KEMPEN

*Wie Kempen zegt, denkt aan zandgrond, smalle kasseienwegen tussen hoge bomen, heide, bossen, pas ontsprongen beken. En daartussen: de Acht Zaligheden. Paalgraven en urnenvelden te over hier. Er woonden al vroeg mensen op deze zandgrond. Willibrordus bekeerde de eerste dorpelingen. Later bouwden zij de Kempische torens die nu overal te bewonderen zijn.*

Bestuurlijk was Kempenland één van de vier kwartieren van de Meierij. Oirschot is er na Oerle de 'hoofdstad' van geweest.
De Kempen lopen - geografisch gezien - verder door dan het hier beschreven gebied. Ook in België ligt een flink stuk Kempen.
De Kampina en De Mortelen vormen nu de noordgrens. Dan volgt naar het zuiden Oirschot en De Beerzen. Daarna een strook bos en heide, van De Utrecht tot de Oirschotse Heide. Dan een brede strook met daarin de Acht Zaligheden. Daaronder weer bos en heide die doorlopen in België. Bergeijk en Luijksgestel sluiten het gebied af.
Reusel, Beerze, Run en Keersop vormen prachtige beekdalen van zuid naar noord.
Maar het belangrijkste van de Kempen is dat de dorpen bijna alle hun waardevolle centrum hebben gekoesterd. Dat geldt voor gehuchten als Straten of Vloeieind, voor dorpen als Casteren en Westerhoven, en ook voor Oirschot.
U voelt er zich meteen thuis.

**Karakteristieke Kempische boerderij met typerende raamverdeling**

**◁ Het Landjuweel is de feestelijke bijeenkomst van Brabantse Gilden**

# Kempen verkennen

De grafheuvel in Hoogeloon, het bakkerijmuseum in een molen van Luijksgestel, de kapel van de H. Eik en de watermolen van Spoordonk, de Grote Kei van Reusel, de twee losse torens van Oostelbeers, het Automuseum van Bergeijk, Oirschot met 300 monumenten en 11 natuurgebieden: er is volop te bekijken in de Kempen.

Lange eikenlanen op landgoed Baest

## GEMEENTEN

Bergeijk 5
Bladel 3
Eersel 4
Oirschot 1
Reusel-De Mierden 2

### *ZIE OOK*

• ***Accommodatie*** blz. 333, 345-346

• ***Restaurants*** blz. 340

De Grote Kei van Reusel

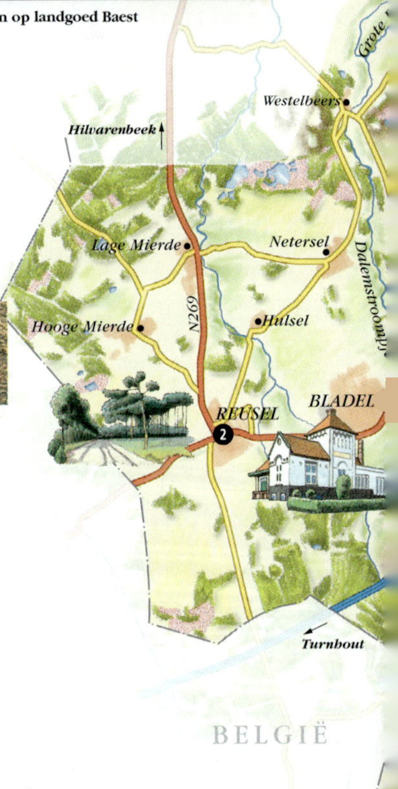


## ACTIVITEITEN

U zont op het E-3-strand van Eersel. U skiet in Westerhoven of Middelbeers. U fietst over het uitgebreide fietsroutenetwerk. U huurt een huifkar. U maakt een ballontocht.
U leert handboog- of kruisboogschieten.
U probeert op forel te vissen in Oirschot. En elk natuurgebied heeft zijn wandelpaden voor u uitgezet.

Engel in Oostelbeers

0 kilometer 4

## SYMBOLEN

- Snelweg
- Provinciale weg
- Secundaire weg
- Kanaal/rivier

De Stoel van Oirschot

Heemtuin De Acht Zaligheden in Eersel

Klok van Gerrit Rietveld in Bergeijk

# De Contente Mens

**De Contente Mens op de markt in Eersel**

Hoe ziet hij eruit? Wie is hij? Heeft hij bestaan? Hebben we hem bedacht? U komt hem in vele gedaanten tegen in Brabantse dorpen. In het brons. Een boer met pet op en klompen aan. Een jasje of kiel losjes om het lijf. Pijp in de mond of tabak in de uitpuilende zak van zijn jasje. Zijn vrouw, Os Moen, snijdt brood of karnt melk. Vaak hebben ze biggetjes om zich heen lopen of kippen. Driek heeft een zeis in zijn hand of een dorsvlegel. Tonia brengt koffie in d'r keteltje naar het land. Soms zitten ze beiden uit te rusten op een melkbus voor hun boerderij. In 's-Hertogenbosch noemen ze hem Knillis of d'n urste boer d'n beste. En zij heet daar Zoete Lieve Gerritje. Voor het Provinciehuis staat een grote zeug met biggetjes.

**Huifkar**
*Het vervoersmiddel van de Contente Mens (van Tinuske Marinuske Marieke me keind) is nu een toeristische attractie.*

**De boerderij**
*Hier leefde en werkte de Contente Mens. In 1800 waren er in Brabant nog maar 6 gemeenten met meer dan 5000 inwoners. In 1900 waren er nog nauwelijks steden en was bijna iedereen boer. Nu is dat 4,7% van de werkgelegenheid in Brabant en 4,4% in heel Nederland. Van alle Nederlandse boeren werkt 16,7% in Brabant, maar niet meer op dit keuterboerderijtje met zijn gemengd bedrijf.*

**Zand, zeep en soda**
*Stond synoniem voor het karige inkomen van de Contente Mens, waar met het hele gezin hard voor gewerkt moest worden. Later in de hemel zou hij beloond worden. De Contente Mens ging trouw naar de pas gebouwde neogotische kerk. Hij spaarde zilverpapier voor de missie. Een zoon werd priester en een dochter non.*

**Museum en heemkamer**
*De sfeer van weleer is terug te vinden in de diverse musea. U bekijkt de bedstee, de goei kammer, den herd.*

◁ **Bloeiend fluitenkruid en scheef gegroeide peppels langs het Wilhelminakanaal bij Oirschot**

**Dorsen**
*Het leven van de Contente Mens wordt aanschouwelijk gemaakt op jaarmarkten, waar de uitoefening van oude ambachten veel aandacht trekt.*

**Op bezoek bij de boer**
*Op een aantal boerderijen kunt u zien hoe bijvoorbeeld kaas en boter worden gemaakt en hoe de moderne boer zijn bedrijf runt. Kinderboerderijen en minicampings bij de boer zijn geliefd.*

**Bestaat hij nog?**
Iedereen snapt en ziet dat de Contente Mens verleden tijd is. Geïdealiseerd ook. Soms een karikatuur. Brabant is niet meer het arme, donkere, roomse, bourgondische, volgzame, onderdrukte, achtergestelde brave Brabant. Het is een modern deel van Nederland, maar het is nog steeds een streek waar inwoner en toerist content hun biertje drinken.

# Onder de loep: Oirschot

Kijk naar de Petruskerk en het Raadhuis en u weet dat Oirschot in de 15de en 16de eeuw een grote bloei heeft gekend. Op uw wandeling komt u prachtige panden tegen: Huize Pauw, een predikantenwoning uit de 17de eeuw, Huize Groenberg, woning van de kwartierschout, pelgrimshuis Beyerd, Huize Diest, de pastorie van Jan Daems en Huize Den Oijevaer. Oirschot heeft een kleine 300 monumenten.

**Gasthuisstraat**
*Diverse oude geveltjes bepalen hier het straatbeeld.*

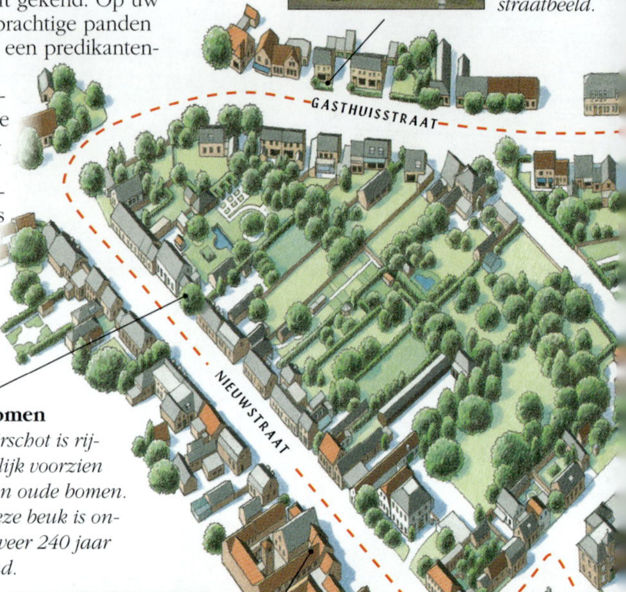

**Bomen**
*Oirschot is rijkelijk voorzien van oude bomen. Deze beuk is ongeveer 240 jaar oud.*

**Klooster**
*Karmel St.-Joseph, gesticht in 1644 en nog steeds door zusters bewoond, biedt de vrome passant een moment van stilte en bezinning.*

**Het kleinste huisje**
*Het is niet bekend of het een bakhuis of touwslagershuisje is geweest.*

**Raadhuis**
*Het Oude Raadhuis uit 1513 werd ook gebruikt als markthal.*

**STERATTRACTIES**

★ Boterkerkje

★ Hof van Solms

★ Latijnse School

0 meter 100

**Symbool**

- - - Aanbevolen route

**St.-Petruskerk**
*De trots van Oirschot is de kerk met zijn imponerende, 60 meter hoge bakstenen toren.*

★ **Latijnse School**
*Met jaarankers uit 1629 en korfbogen boven de ramen.*

Museum 'De Vier Quartieren' *blz. 210.*

★ **Boterkerkje**
*Romaans tufstenen kerkje uit de 11de eeuw. Boterkerkje genoemd omdat het na 1648 als boterwaag werd gebruikt. Binnen een indrukwekkend houten gewelf en een bijzonder orgel. Let op de rechtstekens in de zijgevels aan de buitenkant.*

**Molenstraat**
*Hier vindt u mooie gevels zoals die van het achter de leilindes verscholen Huize Groenberg.*

**De Lakenhal (1650)**
*In het bovenlicht presenteert zich de lakenkoopman.*

★ **Hof van Solms**
*Dit hof werd in 1669 gebouwd voor dokter Feij, die Amalia van Solms, vrouw van Frederik Hendrik, behandelde.*

# St.-Petruskerk, Oirschot

Sint Petrus

Meestal brak men het Romaanse kerkje helemaal of gedeeltelijk af, als men een gotische kerk bouwde. In Oirschot liet men de Mariakerk staan toen men in de tweede helft van de 13de eeuw de kapittelkerk Sint Petrus bouwde. Op het Vrijthof was te weinig plaats.

In 1462 brandde de kerk af. Van het oksaal zijn enkele kolommen bewaard in de kapel van O.L.V. ter Eik in Spoordonk. Voor de bouw van een nog grotere gotische kerk en toren heeft men meer dan 50 jaar nodig gehad. Men gebruikte grote bakstenen en drie soorten natuursteen. De restauratie van 1887 is na de brand van 1944 grotendeels ongedaan gemaakt.

**Het glas-in-lood-raam** *Dit stelt twee taferelen voor uit het leven van de H. Elisabeth, helpster der armen.*

**★ Biechtstoelen**
*Op alle biechtstoelen treft u thema's aan, die te maken hebben met berouw en vergeving. Petrus, David en Maria Magdalena berouwden hun zonden.*

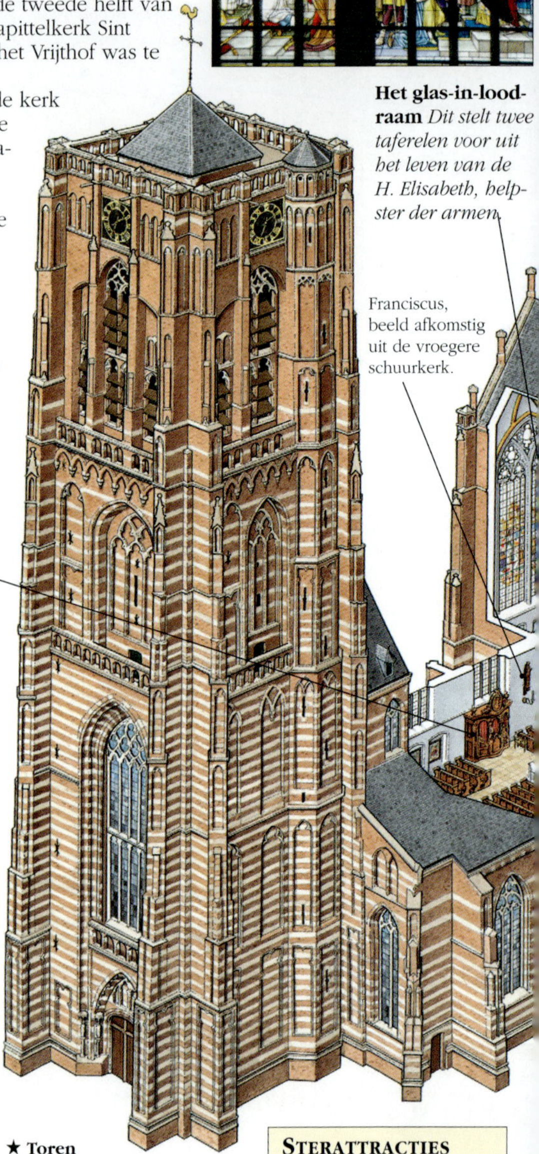

Franciscus, beeld afkomstig uit de vroegere schuurkerk.

**Het orgel**
*Dit zat tot 1972 in de toen afgebroken Sint Pieter van 's-Hertogenbosch. Het is gebouwd in 1843-1847 door orgelbouwer Smits uit Reek. Jan Baptist Verrijt, organist en groot Nederlands componist uit de 17de eeuw, kwam uit Oirschot.*

**★ Toren**
(1510), 60 m hoog. Vroeger stond er een spits op, die vaak door de bliksem werd getroffen. Acht steunberen versterken de hoogte-indruk. De toren is in 1904 aan een kant van boven naar beneden ingestort.

**STERATTRACTIES**

- ★ Biechtstoelen
- ★ Preekstoel
- ★ Toren

**Odulphusaltaar**
*Vier taferelen uit het leven van deze heilige, geboren in Best in 770.*

**TIPS VOOR DE TOERIST**

Marktplein. **Wegenkaart D3.**
*secretariaat 0499-571250 (ma-vr. 9.00-12.00 uur).*
*za 18.00 uur. zo 10.30 uur.*
*juli-aug. 13.30-17.00 uur. mei, juni, sept. za-zo 13.30-17.00 uur.*

**Sacristie**
*Bij de deur naar de sacristie, hangt een schilderij van de boetvaardige Petrus na het kraaien van de haan en een beeld van de H. Elisabeth uit de 18de eeuw.*

**★ Preekstoel**
*Scènes uit het leven van Petrus. Aan de voet is uitgebeeld hoe hij door een engel bevrijd wordt uit de gevangenis.*

**Doopvont**
*De marmeren deksel uit 1834 ligt op de vont die wordt gedragen door vier hardstenen leeuwen, afkomstig van het grafmonument van Ricalt V van Merode.*

**Maria-altaar**
*Het beeldje van O.L.Vrouw ter Eik -in Spoordonk ca.1400 gevonden en in een eik geplaatst- is naar deze kerk overgebracht.*

**GEMEENTE OIRSCHOT** ❶

**Wegenkaart D4.** *17.800.*
*St.-Odulphusstraat 11, Oirschot (0499-550599). Kerkstraat 6, Oostelbeers (013-5141921).*

Voortuin van Museum de Vier Quartieren

# Oirschot

*Onder de loep: blz. 206-207.*
*St.-Petruskerk: blz. 208-209.*

Kanunniken vierden samen de eucharistie, en baden en zongen samen psalmen. Dat deden ze hier in de Petruskerk, die ze zelf hadden laten bouwen. Ze woonden vaak apart. Hier in Oirschot hadden ze een gezamenlijk kapittelhuis, dat stamt uit de 16de eeuw. Hierin is nu een museum gevestigd waar u de volkscultuur kunt leren kennen en ervaren. Ambachten, kleding, religie, het boerenbedrijf en het huishouden zijn een paar thema's. De VVV is ook ondergebracht in dit huis, genoemd naar de vier kwartieren van de Meierij.

Bij Brouwerij Oirschots Bier zou al in 1697 bier gebrouwen zijn. De woning van de brouwer laat in het bovenlicht instrumenten van het brouwen zien. In het proeflokaal is een museum ingericht. Herberg **De Zwaan** op de markt is lang ook een brouwerij geweest. Museum Kruysenhuis laat u kennismaken met het werk van Jan (1874-1938), Anton (1898-1977), Maria (1899-1988) Kruysen en andere Brabantse schilders.

Op de Oirschotse Heide ligt een grote kazerne. Daar kunt u alles te weten komen over de Prinses Irene Brigade, die bij de bevrijding van ons land een militaire rol vervulde.

Voor molenliefhebbers is er de **Korenaar**, een ronde stenen stellingkorenmolen uit 1857.

In Oirschot kunt u ook een afspraak maken voor een **ballonvaart** van één tot anderhalf uur, of leren **skiën.**

**De Vier Quartieren**
St.-Odulphusstraat 11. *0499-550599.* *di-zo 10.00-16.30 uur.* *www.vvvoirschot.nl*

**Brouwerij Oirschots Bier**
Koestraat 20. *0499-572002.* *op afspraak.* *www.bierreis.com/nedbier/nl-oirsc.html*

**Museum Kruysenhuis**
De Moriaan 9a. *0499-570210.* *za-zo 13.00-17.00 uur.* *aug.*

**Museum Brigade en Garde Prinses Irene**
Eindhovensedijk 26. *040-2665665.* *wo 11.00-16.30 uur.* *www.fuseliers.net*

**Brabant Ballon Gezelschap**
*0499-577620.*

**Neuschneepiste De la Colline**.
Konijnenberg 1. *013-5142017.*

Kapel van de Heilige Eik met zuilen uit de kerk van Oirschot

# De Mortelen

Oirschot noemt zich 'gemeente in het groen'. Elf natuurgebieden vormen de omgeving. In de Mortelen, het

De Beerze meandert door het bosrijke landgoed Baest

niet verkavelde landschapspark, ziet u Brabant op zijn mooist. Een zeer afwisselend landschap van droge en vochtige gronden. Prachtige boerderijen en pittoreske gehuchten, zoals **Notel** met zijn plaetse, **Straten** met zijn plaetse en kapel, **Evenheuvel**, **Snepseind**, **Moleneind**, en **Bijsterveld** met zijn klooster-kasteel.

## Spoordonk

Dit iets grotere dorp ligt aan de Beerze. Het heeft een interessante **watermolen** uit 1868, opvolger van een molen uit 1453. In het landgoed **Baest** staat de **kapel** van de H. Eik. In de 15de eeuw werd hier een wonderbeeld gevonden. De huidige kapel heeft in 1907 zuilen uit de St.-Petruskerk gekregen. Iets verderop in dit heerlijke bos staat **Huis te Baest**.

## De Beerzen

Oostelbeers heeft zich na de verwoestingen door Maarten van Rossum, 1542, verplaatst. De **toren** (laat 14de eeuw) bleef midden in

De Mariakapel in Westelbeers

het veld alleen tussen de bomen achter. Maar in het dorp staat nog een losse toren. Toen de bijbehorende kerk moest worden vergroot, werd die, voor het gemak van de pastoor, aan de overkant van de straat naast de pastorie gebouwd. De toren bleef staan. Het **oude kerkje** van Middelbeers is gelukkig niet afgebroken toen er een nieuwe kerk moest komen. Deze gotische kerk wordt als tentoonstellingsruimte gebruikt.
Bij Westelbeers staat een merkwaardige **Mariakapel**, die duidelijk te kennen geeft dat het uit 1637 stamt maar misschien wel ouder is.
Er is natuur alom: de **Baest**, **Kuikeindse Heide**, **Landschotse Heide**, **Oostelbeerse Heide** en **Spreeuwelse Heide**.

De watermolen van Spoordonk is nog steeds in gebruik

**De Postelse Hofstee ligt aan de grens met België**

**GEMEENTE REUSEL-DE MIERDEN ❷**

**Wegenkaart D4.** *12.500.*
*Wilhelminalaan 14, Reusel (0497-643551). Draaiboom 24, Lage Mierde (013-5092159).*

## Reusel

Een van de Acht Zaligheden. De beek die hier ontspringt heet ook de **Reusel**. Pas ten noorden van Lage Mierde wordt het een wat flinkere stroom. De Reusel vloeit naar de Maas. Was de beek iets westelijker ontsprongen dan stroomde ze naar de Schelde. Reusel ligt namelijk op een zandrug die een waterscheiding vormt. Hier zijn 200.000 jaar geleden keien achtergebleven. De beroemde **Grote Kei** kwam oorspronkelijk uit de Ardennen. Die ligt nu op de **Peelse Heide**. Iets verderop vindt u acht keien bijeengezet. Die verbeelden de Acht Zaligheden. Een ambtenaar heeft daar de bossen niet in rechthoeken laten aanleggen maar in een **Grote en kleine Cirkel**. Die hebben de afmetingen van Place de l'Etoile en Place de la Concorde. De ambtenaar was namelijk net op vakantie geweest in Parijs. Men zou het nu een soort land-art kunnen noemen.
Reusel heeft nauwe banden met de **Abdij van Postel**. Vroeger werd de pastoor door Postel benoemd en was men een tiende van de oogst aan Postel verschuldigd. Nu zijn het de toeristen die van Reusel naar Postel gaan. Die drinken een kopje koffie in het nieuwe centrum van Reusel, maken een wandeling over de Peelse Heide of door de **Reuselse Moeren**, het enig overgebleven Kempische hoogveengebied. Ze drinken een pilsje op de grens in de **Postelse Hofstee**, een buitenverblijf, en een trappist bij de abdij.
Op de weg naar Postel vindt u borden die u de weg wijzen naar de deelnemende bedrijven van de **Boerlevaer**. U kunt daar een bezoek brengen aan een meervalkfokkerij en een champignonkwekerij, een groentebedrijf, een zuivel- en een vleesboerderij, een bijenhouderij (voor reserveren 0497-620120).
Bij de grens in de richting van Turnhout staat de **Oude Tramremise**, een houten gebouw voor de tram die hier van 1890 tot 1938 reed.
Als industrieel monument staat in Reusel nog de **Karel I-fabriek**. Spaarders van sigarenbandjes weten er alles van. Op Kruisstraat 13 vindt u het **Radio Amateur Museum**.

**Heideven in het uitgestekte landgoed De Utrecht**

**Radio Amateur Museum**
Kruisstraat 23. *0497-644280.*
*jan.-juni: 1ste za 11.00-16.00 uur, juli: di-zo 13.00-17.00 uur, verder 1ste zo 13.00-17.00 uur.*

## Hulsel

Een van de Acht Zaligheden. Het dorp wordt genoemd in 710 als hier een bos geschonken wordt aan St.-Willibrord.
Toen in de generaliteitsperiode belastingen werden ingevoerd op vee (hoorngeld) en

op bouwland (besaeyt land), naast de aloude belasting op grondbezit (verponding) was het gevolg dat stevige boerenbedrijven gesplitst werden. De belastingen drukten minder hevig op keuterboerderijtjes die nauwelijks één gezin een bestaan gaven. Akkers waar veel belasting voor moest worden betaald, werden verlaten en begroeiden weer met bos, zoals ook hier ten noorden van Hulsel. De boerenzonen ontgonnen een nieuw stuk heide waar geen belasting op drukte. Met het maken van bezems en klompen verdiende men wat bij. Zo ontstonden ook heidegehuchten bij een oud dorp. Hier is dat **de Hoef** zoals dat bijvoorbeeld Walik bij Riethoven was of de Achterste Brug bij Borkel of Dalem bij Bladel of Lindehoeve bij Knegsel.

## Hooge Mierde

De Kempische **toren** uit de 15de eeuw is bewaard gebleven. De bijbehorende gotische kerk is in 1922 vervangen.
U vindt hier een privémuseum **De bewogen jaren 1939-1950**.

**De bewogen jaren 1939-1950**
Myrthaplein 8. *013-5091776.*
*ma 14.00-17.00 uur en op afspraak.*

## Lage Mierde

Hier zijn **kerk en toren** uit de 15de eeuw wel blijven bestaan. De doopvont is nog een eeuw ouder.
**Vloeieind** is weer een prachtig voorbeeld van een oud-Kempisch gehucht. Langgevelboerderijen aan een plaetse. Zo'n plaetse is een driehoekig plein, omgeven door enkele boerderijen. Het moet gemeenschappelijk bezit geweest zijn of als 'gemeijnt' in gemeenschappelijk gebruik gegeven zijn door een Heer. Het moet al in middeleeuwse akten worden aangeduid als plaetse of als biest, dries of heuvel. Het was een ruimte, door heggen omgeven, en

**Langgevelboerderijen aan een driehoekige plaetse in Vloeieind**

er stonden bomen die voor schaduw zorgden. Er lag een kuil met water, een brandkuil die dagelijks werd gebruikt als het vee hier bijeen werd gedreven. Via een van de drie wegen ging het vee overdag naar velden of heide om 's avonds op de plaetse terug te keren waarna het naar de eigen potstallen ging.

De Mierden zijn omgeven door prachtige **natuurgebieden**, het dal van de **Reusel**, de **Neterselse Heide**, de vennen **Het Goor** en **De Flaas**, het landgoed **De Utrecht**, de **Welleneindse Heide** met het **Panneven**, **Wulpenoord** en de **Turnhoutse Heide**, want het natuurgebied zet zich ver over de Belgische grens voort.

### FIETSROUTENETWERK

Bijna in heel het zuiden en midden van Brabant is het fietsroutenetwerk uitgezet over de Baronie, de Kempen en de Peel. Het sluit aan op het Belgische, Limburgse en Duitse netwerk. U fietst bijna altijd op fietspaden en vaak zonder autoverkeer dwars door bossen, heide of langs beken. Veel fietspaden zijn geheel nieuw. De rest wordt goed onderhouden. Op de knooppunten staat een overzichtskaart. Die kunt u per streek ook los kopen. In tegenstelling tot thematische fietsroutes kunt u deze routes in twee richtingen rijden. U bepaalt zelf hoe ver uw tocht gaat want de afstand tussen de knooppunten staat op de kaart aangegeven. U kunt dus uw eigen route samenstellen. Borden geven duidelijk aan hoe u naar het centrum rijdt van dorpen en steden die u onderweg tegenkomt. Geniet ervan.

**Keuzepunt**

**Eindeloos fietsen over een uitgebreid netwerk van paden**

**GEMEENTE BLADEL ❸**

**Wegenkaart D4.** 👥 *19.000.*
ℹ *Markt 21a, Bladel (0497-383300).*
*Markt 32, Hapert (0497-388067).*

## Bladel

Weer een Brabantse plaats met een alleenstaande **toren**. Er stond tot 1926 een gotische kerk uit de 15de eeuw tegenaan. Boven in de toren zitten galmgaten. De verdieping daaronder mocht niet doorbroken worden met vensters. Om geen saaie lompe toren te krijgen, bracht men ter versiering in romp en steunberen spaarvelden aan. Er staat hier ook een mooi gerestaureerd **protestants kerkje** uit 1820. Het is een sieraad in een centrum waar onlangs, op niet onverdienstelijke wijze, veel vernieuwd is. Vanouds is Bladel een streekcentrum. U kunt er fijn winkelen.
Meer dan een kwart van de bevolking werkte vroeger in de sigarenindustrie. Fabrikantenhuizen en huisjes van de 'sigarenfrotters' zijn in het centrum bewaard gebleven. Over de geschiedenis van Bladel en over leven en werk van de gebroeders Snieders, schrijvers die hier geboren zijn, wordt u geïnformeerd in de **Heemkamer Pladella Villa**.

**Het gerestaureerde protestants kerkje van Bladel**

Boeiend is ook een bezoek aan de kaas- en broodboerderij **De Hooiberg**.

**🏛 Heemkamer Pladella Villa**
Bleijenhoek 57. 📞 *0497-388616.*
🕐 *wo 14.00-16.00 uur en 19.00-21.00 uur.*

**De Hooiberg**
Bredasebaan 18. 📞 *0497-386558.*
🕐 *op afspraak.*

## Netersel

Een van de Acht Zaligheden. De fundamenten van een kasteel die men hier heeft gevonden zijn misschien van Pladella Villa.
Op het dorpsplein staat het standbeeld voor de **Buntsteker**. Van buntgras werden bijenkorven en graankorven gevlochten.

**Imker aan het werk bij een bijenkorf gevlochten van buntgras**

## Hapert

Het dorp werd al in 710 als Heopardum genoemd bij de bezittingen van St.-Willibrord. Het ging later over naar de abdij van Tongerlo (België) en daarna naar het bisdom 's-Hertogenbosch. De vrije heerlijkheid Hoogeloon-Hapert-Casteren werd in de generaliteitsperiode overgenomen door de Republiek. Het dorp bezit een stenen **grondzeiler korenmolen** uit 1890.
In heel het gebied van de gemeente Bladel liggen prachtige natuurgebieden, karakteristiek voor de Kempen. Naaldbossen, maar ook heide met vennen. Schapen en runderen grazen hier.
Wandel- en fietsroutes zijn overal uitgezet. Ook te paard of met een huifkar kunt u volop genieten van de natuur.

**Net buiten Bladel ligt kaas- en broodboerderij de Hooiberg**

## Hoogeloon

Ook hier weer een **losse toren** (1400) nadat in 1926 een nieuwe kerk werd gebouwd.
Toen Brabant overschakelde van landbouw naar veeteelt, omdat daarin meer te verdienen was, verschenen er op veel plaatsen **melk- of boterfabriekjes**. Dat gebeurde ook in Hoogeloon. Het is een schitterend gebouw.
Hoogeloon is vooral bekend om de **Zwartberg**, een grote grafheuvel uit de bronstijd. Andere belangrijke prehistorische en Romeinse vondsten

**Fietsen over hobbelige kinderkopjes rond Casteren**

**In Casteren staan nog mooie oude boerderijen zoals deze uit 1868**

hier gedaan zijn te zien in het Brabants Museum in 's-Hertogenbosch en in het Eichamuseum van Bergeijk. In de jaren tachtig werd in Hoogeloon een nederzetting uit de eerste en tweede eeuw na Christus opgegraven. Het bijzondere was dat naast een zestal boerderijen ook een **Romeinse villa** werd ontdekt. Dat is voor Noord-Brabant zeldzaam.
Luchtfoto's wezen op verkleuringen in een omgeploegde akker. Toen men begon te graven vond men een villa zoals die van Voerendaal bij Heerlen. De villa bestond uit een groot woonhuis met een zuilengalerij aan de voorzijde, een grote hal in het midden en kleinere vertrekken er omheen. Er was een badgebouw en één vertrek kende de typisch Romeinse hypocaustum: centrale verwarming. De vloer rust op pijlers van ronde of vierkante tegels. In de lage open ruimte onder de vloer circuleert de hete lucht van een nabijgelegen stookruimte. Na 250 n.C. verdwijnt de bewoning. Rondzwervende Germaanse stammen hebben geweten dat hier wat te halen viel. Ze zijn er echter niet blijven wonen. Hoogeloon kreeg pas in de Middeleeuwen weer een woonkern met kerk.

## Casteren

Een juweeltje in de Kempen. Kleinschalig en veel fraaie boerderijen. U kunt er slechts komen via smalle wegen met kinderkopjes. Bomenrijen sieren het landschap.

**Het melkfabriekje van Hoogeloon staat er nog net als vroeger**

De gemoedelijke sfeer van de Kempen proeven in de Acht Zaligheden

**GEMEENTE EERSEL** ④

**Wegenkaart D4.** *18.400.*
*Markt 30a, Eersel (0497-513163).*
*Jan Smulderstraat 31, Vessem (0497-592049).*

## Eersel

Een van de Acht Zaligheden. Daartoe behoren ook Duizel, Knegsel, Steensel, Wintelre (Wintersel zegt men hier), Hulsel, Netersel en Reusel. Allemaal 'selligheden'. Het heeft natuurlijk te maken met de zaligsprekingen door Jezus tijdens zijn bergrede. Andere dorpen, waaronder Bladel, rekenen zich tot het gebied van de Acht Zaligheden.
Eersel is de absolute zaligheid. Dat slaat op het beschermd dorpsgezicht: het langwerpige **marktplein.** Dat is omzoomd met lindebomen, waaronder een oeroude 'boterlinde'. Boter verkopende vrouwen zochten hier schaduw. Eigenlijk is het een kruising van wegen waar in de Middeleeuwen markt werd gehouden en dus herbergen en Teutenhuizen ontstonden.
Een **kapel** uit 1464 scheidt de markt van 't Hint, de oude plaetse, ook omgeven met Teutenhuizen en boerderijen. De kapel is lange tijd raadhuis geweest, gevangenis en brandweerkazerne. U kunt nog zien waar vroeger ramen hebben gezeten. Aan de sfeer op de markt dragen ook de **dorpspomp** uit 1864, de kiosk en de **Nh-kerk** uit 1812 bij. Heel bekend is het beeld van de **Contente Mens** (*blz. 204-205*): een glimlachende, levenswijze man. Hij geniet van het leven (heeft hij pruimtabak in de zak van zijn jas?) maar hij heeft er hard voor moeten werken (in een sigarenfabriek of op het land?). Hij staat een beetje krom gebogen. Hij gunt u in ieder geval uw consumptie op een van de vele terrassen hier. De katholieke **kerk** heeft een toren uit 1400 en een rijk versierd orgel.
In een gerestaureerde boerderij is in 1980 het **Streekmuseum De Acht Zaligheden** geopend. Het leven van de Contente Mens wordt hier uitgebeeld. Alle benodigdheden voor oude volksspelletjes zijn voorradig. U kunt genieten van de kruidentuin, moestuin en bloemenhof, gaan wandelen in natuurgebied **De Hees-**

Dorpspomp

Veel terrassen langs de langgerekte markt van Eersel

**tert** of van kunst genieten in **Galerie de Hoge Hees**, waar moderne beeldende kunst tentoongesteld wordt en buitenexposities worden georganiseerd.
Een grote attractie vormt het **E-3-strand**, waar u kunt zwemmen, surfen, waterfietsen en zonnen.
Eersel is een toeristische trekpleister en biedt u alle mogelijkheden tot aangenaam verblijf: campings, hotels, kampeerboerderijen en allerlei eetgelegenheden.

**Streekmuseum De Acht Zaligheden**
Kapelweg 2. *0497-515649.* *ma-vr 10.00-17.00 uur, zo 13.00-17.00 uur.* *za en nov.-maart: zo.* *www.achtzaligheden.nl*

## Steensel

Een losse **toren** uit de 14de eeuw is hier het restant van de vroegere St.-Luciakerk. In Eersel en Vessem bouwde men tegen de oude toren een nieuwe kerk. Hier bouwde men die kerk elders en bleef de toren alleen staan. Het dorp is omgeven door bos.

## Duizel

Een oud Teutendorp. De Teuten van Duizel handelden ook in bloedzuigers die hier werden gekweekt. Verder woonden hier boeren en later arbeiders van de Agio-sigarenfabriek.
Van het kasteel is niets bewaard gebleven. Van de 15de-eeuwse kerk is slechts de **toren** nog over. **De Veste** is de oude pastorie van 1754.

De oude kerktoren van Duizel

De pastorie van Knegsel compleet met klok boven in de gevel

## Knegsel

U kunt van Steensel door het bos naar Knegsel rijden. Een aardig Kempisch dorp met een groene plaetse. De **pastorie** uit 1900 maakt indruk, net als de calvarieberg en de boerderijen op de weg naar Zandoerle.
Rondom Knegsel zijn **grafheuvels** en **urnenvelden** aangetroffen en onderzocht.

## Vessem

Ook hier een nieuwe kerk tegen een **toren** van baksteen uit de 15de eeuw. Het dorp bezit misschien wel de grootste korenmolen van Nederland: een beltkorenmolen uit 1893, de **Jacobus**. Een vlucht van 28,2 meter is voor een korenmolen zeer groot. Opvallend zijn ook de vijf ronde boogramen waardoor veel licht naar binnen valt.
Het oude **gemeentehuis** (1913) is kenmerkend: wit en versierd met een beeld van de H. Lambertus.
De schoorsteen die u midden in het dorp ziet staan behoorde tot **Brouwerij de Leeuw**. Al in 1737 werd hier bier gebrouwen. Dat heeft geduurd tot 1951.
Op de **Heemzolder van de Hooge Dorpen** bent u welkom om u te laten informeren over de geschiedenis. U ziet er ook archeologische vondsten.
Tussen Vessem en Wintelre liggen **Het Groot en Klein Meer**, heidevennen met een eigen flora en fauna.
Fraai is ook het dal van de **Kleine Beerze.**

**Heemzolder van de Hooge Dorpen**
Jan Smulderstraat 4. *0497-592059.* *wo 14.00-16.00 uur, do 20.00-22.00 uur.*

H. Lambertus

## Wintelre

Van de boerderijen is **Den Draai** de meest opvallende. Maar ook de **pastorie** (1858) mag er zijn. Het Heilig-Hartbeeld wordt hier geflankeerd door **twee leeuwen**.
In **Ons Museum** vindt u een kleine verzameling oude gebruiksvoorwerpen.

**Ons Museum**
Willibrordusstraat 47. *040-2051464.* *maart-okt.: zo-middag.*

De gebouwen van weverij De Ploeg in Bergeijk zijn van de hand van Gerrit Rietveld

**GEMEENTE BERGEIJK 5**

**Wegenkaart D4.** 18.000. *Nieuwstraat 2d (0497-572944).*

## Westerhoven

Er loopt een vrij drukke, weg met veel bochten van Westerhoven via Bergeijk naar Luijksgestel. De lintbebouwing overheerst hier, maar gelukkig liggen er veel mooie Brabantse boerderijen tussen. De centra van de drie dorpen liggen niet aan de doorgaande weg. In Westerhoven zorgt dat voor een zalige dorpsrust. Op uw gemak kunt u de **pastorie** uit 1861 bekijken, het **Jugendstil-kerkhofhekwerk** en het **herenhuis** uit 1859, op het Mgr. Biemansplein 8.

Tegenover een gezellig café staat een fraai pand waar de kastanjebomen door het dak van de veranda mogen groeien.
Zijn de bewoners thuis in hun mooi opgeknapte boerderijen en dorpshuizen? Of zijn ze 'efkes na Tinuzze' ofwel even een kaarsje opsteken in het **St.-Valentinuskapelletje** aan de Lovense dijk? Het stamt uit de tijd dat Ierse monniken (St.-Willibrord) dit gebied kerstenden. In het putje staat het water hoger dan in de nabijgelegen beek.
Verderop ligt het **Westerhovense bos** met daarin iets dat men in een Brabants dorp niet zou verwachten: het **Montana Snowcenter** bij het bungalowpark 'de Kempervennen', waar u het hele jaar door kunt skiën en snowboarden.

De pastorie van Westerhoven is in 1861 gebouwd

**Montana Snowcenter**
Kempenvennendreef 4. *040-2071888.* W *www.montana-snowcenter.nl*

## Bergeijk

Ook hier ligt het centrum iets verwijderd van de doorgaande weg. Het wordt 't Hof genoemd. Hier worden geen paaltjes als afbakening gebruikt, maar heggen en veel jonge boompjes.
Aan het begin liggen de **protestantse kerk** uit 1812, in de bekende waterstaatstijl, en het fraaie dorpspand **Beukenhof**. Misschien tot uw verwondering komt u op 't Hof werk van **Gerrit Rietveld** tegen. Van zijn hand zijn een abri, een klok, een gevelsteen in het oude notarishuis (Hof 63) en, grootser nog, de gevels van weverij De Ploeg aan de Riethovensedijk 20.
De kenmerken van 'De Stijl' waarvan Rietveld in 1919 lid werd, zijn duidelijk herkenbaar. Primaire kleuren (rood, geel, blauw, wit en zwart) en geometrische vormen (vooral rechthoeken en vierkanten).
In Bergeijk werkte Rietveld vanaf 1955. Hoogtepunt is de fabriek van weverij **De Ploeg**, die geen gebruikelijk fabrieksaanzien van hem mocht krijgen. Daarvoor zorgden een schaaldak met halfcirkelvormige bogen en een glaswand van de dakrand tot de grond. De ideeën van Rietveld pasten goed bij die van De Ploeg. Dat was oorspronkelijk

een coöperatieve landbouwkolonie in Best die in 1921 naar het Bergeijks notarishuis verhuisde en er in 1923 met een weverij begon. De dessins werden door kunstenaars ontworpen. Ploegstoffen werden een gewild artikel, vooral toen de sociale woningbouw op gang kwam. Stoffen voor de gewone man moesten artistiek verantwoord zijn, kwalitatief goed en betaalbaar. Het mocht geen na-aperij zijn van de burgerlijke stand en het moest bijdragen tot een heldere, eenvoudige, efficiënte woninginrichting.
Aan de rand van 't Hof ligt de oude **Hofkerk**, waaraan vooral van 1422 tot 1525 is gewerkt op de plek waar al in de 10de eeuw een houten kerkje moet hebben gestaan. In 1650 stortte de toren in en toen heeft men in 1669 het luihuis gebouwd waar de toen al eeuwenoude klokken werden ingehangen. Dit is het enige overgebleven **luihuis** in Brabant.
De geschiedenis van Bergeijk gaat ver terug. Daarvan getuigen de **grafheuvels** en de vondsten, tentoongesteld in het **Eicha Museum**. Daar bewaart en restaureert men urnen uit de ijzertijd, Romeins glas en middeleeuws aardewerk.
Natuurlijk kijkt u nog even naar de zwerfkei en het beeld van het **Hermenieke** van Bergeijk, van het bekende lied (*blz. 221*).
Even buiten het centrum staat de Bergeijkse **standerdmolen** en op Standerdmolen 3 vindt u **AutomusA** met 300 oldtimers, aangevuld met jukeboxen en kinderwagens.
Op weg naar Luyksgestel komt u door 't Loo en daar is een bezoek aan **Natuurtuin 't Loo** de moeite meer dan waard: een wildeplantentuin, een siertuin, een moes- en fruittuin en een bijenhal.

Het enig overgebleven luihuis van Noord-Brabant staat in Bergeijk

De gevel van het AutomusA waar u ruim 300 oldtimers kunt bekijken

**Eicha Museum**
Eerselsedijk 4. *0497-575986.* *ma-vr 10.00-12.00 uur en 13.30-17.00 uur.* *www.brabantmuseumland.nl*

**AutomusA**
Standaardmolen 3. *0497-571003.* *wo-zo 10.00-17.00 uur.* *www.automusa.nl*

**Natuurtuin 't Loo**
Terlostraat 4. *0497-555360.* *dag.*

## Teuten

Het beeldje van de koperteut in Luyksgestel wekt de indruk alsof Teuten marskramers waren: mannen met een mars, een korf, waarin ze hun vaak thuis gefabriceerde spullen vervoerden om elders te verkopen. Dat deden ze ook, maar vanaf 1600 zijn het meer handelaren die genoeg geld hadden om ergens waren op te kopen, zoals koperen ketels in Duitsland (Aken), en deze elders te gaan verkopen. Ze zijn dus ook meer dan simpele voerlui. Deze handelaren werkten vaak in compagnieverband.
Ze handelden niet enkel in kleine koperen ketels maar ook in grote ketels voor het vee of om bier in te brouwen en brandewijn in te stoken. Vaak handelden ze ook in haar voor pruiken, glas en textiel.
Rood koper en geel koper werd in Duitsland en Denemarken gevonden en verwerkt. De contacten met Duitse vorsten en met Denemarken waren vaak al door valkeniers gelegd.
Luyksgestel verwierf in de 18de eeuw het monopolie voor de koperhandel met Denemarken.

Koperteut

## Riethoven, Walik

De naam is afgeleid van 'Hoeve aan de Rijt', waarbij de Rijt een beekje is dat in de Keersop uitmondt. Riethoven en het gehucht Walik hebben nog steeds een uitgesproken landelijk karakter, hoewel de meeste **langgevelboerderijen** verkocht zijn aan 'stadsen'.
Bisschop **Rythovius** werd hier in 1511 geboren. Hij speelde een voorname rol in de Contrareformatie, de poging van het Concilie van Trente om het katholicisme te verdedigen tegen het oprukkende protestantisme.
In Riethoven zijn grafheuvels gevonden uit de Steen- en Bronstijd. De kerk is gedeeltelijk nog van de 15de eeuw maar veel is er aan verbouwd in 1890-1899.

**Het bijgebouw van 'De Deen' is nu gildenhuis van het Martinusgilde**

**Op bezoek in het Bakkerijmuseum**

## Luyksgestel

Het Teutendorp bij uitstek. Vandaar het beeldje van de **koperteut** (*blz. 219*). Ook de **Teutenhuizen** herinneren ons aan deze ondernemende dorpelingen van weleer en bewijzen tevens dat Teutenhandel winstgevend kon zijn. Luyksgestel is gestel, hooggelegen grond, van Luik. Het was een Luikse enclave in het protestantse Staats-Brabant. Bergeijkenaren gingen hier ter kerke. Van die 15de-eeuwse kerk is enkel nog de **toren** over.
Van 1794 tot 1818 is er om Luyksgestel onderhandeld. Het werd geruild voor het Belgische Lommel. In het dorp staan twee molens. De ene draagt de toepasselijk naam **'De Grenswachter'** en de andere **'De Deen'**. In De Grenswachter is een **bakkerijmuseum** gevestigd. U kunt daar uw eigen brood of koekjes bakken.

**Bakkerijmuseum 'De Grenswachter'**
Kapellerweg 15. 0497-541314.
*in vakanties iedere middag behalve zo., verder op afspraak.*
*www.bakkerij-museum.nl*

## Weebosch, Witrijt

Prachtig is de route van Luyksgestel naar Weebosch. U ziet er schitterende **langgevelboerderijen** in een echt Kempisch landschap met naaldbossen, heide en vennen. In deze bossen ligt het hoogste punt van Noord-Brabant: 43,7 m boven NAP. 's-Hertogenbosch ligt hier ongeveer veertig meter onder. U komt langs de **Kruiskapel** met een kruisweg van Toon Slegers. Mischien wipt u via Witrijt even de grens over naar de abdij van Postel.

**Het sfeervolle plein van Walik met oude linden, beukenhagen en langgevelboerderijen**

# Harmonieën en fanfares

**Groot feest op de markt in Leende bij de ingebruikname van de nieuwe muziekkiosk in 1910**

Elk kerkdorp heeft wel een muziekgezelschap. Dat zijn er in Brabant ongeveer 450. Daar komen nog de drumbands bij en eigenlijk ook de gildes met hun trommelaars. Samen muziek maken in de open lucht is een geliefde bezigheid. Bijna elk dorp heeft zijn kiosk. Muziekconcoursen worden druk bezocht. De harmonie geeft acte de présence bij iedere belangrijke gebeurtenis in het dorp. Veel van deze gezelschappen hebben de eigen geschiedenis in boekvorm vastgelegd. Die geschiedenis begint meestal ergens in de 19de eeuw. Daarvoor kende men wel hier en daar een herensociëteit die in een collegium musicum samen muziek maakte, maar het zijn vooral de militaire kapellen die naar het Franse voorbeeld in de vele Brabantse garnizoensplaatsen muziek maakten. Toen in 1843 deze kapellen werden opgeheven vanwege bezuinigingen zwierven de leden uit en werden vaak oprichters en dirigenten van de eerste fanfares.

**Geen fanfare zonder vaandel**

Aan het eind van de 19de eeuw begon men de sociaal opvoedende waarde in te zien van het samen musiceren. Bedrijven richtten hun eigen harmonieën op om goede sfeer te creëren. Was tot de 19de eeuw het uitbundig muziek maken in de schuurkerken niet mogelijk, nu werden ook mannenkoren opgericht. Muziek maken was niet meer iets dat leidde tot verdoemenis en hel maar een bijdrage tot gemeenschapszin. Pastoors werden geestelijk adviseur van de fanfare.

Geen wonder dat het moeilijk kon worden als er twee fanfares in een dorp werden opgericht.

**Samen met het gilde: vaandels en tromgeroffel**

## 'T HERMENIEKE VAN BERGEIJK

'T Hermenieke van Bergeijk,
da spulde toch zo skon.
Ze hebben saam gedronken,
Ze hebben saam geklonken,
Van 't gerstebier van Kyrië,
Gerstebier van Kyrië,
Gerstebier van Kyrië eleison.

*Het liedje schijnt geschreven te zijn door een groot-seminarist van het Bisschoppelijk Seminarie in Haaren, tussen 1905 en 1910.*
*De coupletten voeren meerdere figuren ten tonele. Telkens loopt dat uit op het refrein. Heel Bergeijk drinkt van de erfenis van de pastoor. De dokter kan niet op tegen het biermedicijn. De bakker verdrinkt zijn verdiensten. De postbode vliegt zo snel rond dat hij zijn dorst moet gaan lessen.*

En in dè skon Bergeijk,
Lag ik in de wieg te prijk.
En 'k was nog genen helle,
of 'k begon al te bestelle:
van 't gerstebier van Kyrië...

**'t Hermenieke van Bergeijk**

# HART VAN BRABANT

*Het Nationaal Park de Loonse en Drunense Duinen, de Kampina, de Oisterwijkse vennen, de Regte en de Rovertse Heide en het landgoed 'de Utrecht': in het Hart van Brabant liggen uitgestrekte en unieke natuurgebieden. Van dit stuk Brabant is Tilburg het kloppend hart, een woon- en werkstad met een zeer aantrekkelijk centrum.*

De grafheuvels van Goirle-Riel bewijzen dat het gebied al in het vroege bronzen tijdperk bewoond werd.
In Esch zijn rijke Romeinse vondsten gedaan. Echte museumstukken. Op de dorpspomp staat een kopie van een kostbaar barnstenen Bacchusbeeldje (*blz. 36-37*).
In de Middeleeuwen ontstonden de dorpen aan de Leij en de Donge. Mensen leefden van hun akkers en van wat de gemeijnt hen bood: heideplaggen, honing, voedsel voor de schapen, turf en in leemkuilen ook bouwmateriaal.
De strijd tegen de natuur moest soms worden opgegeven. Het dorp Venloon werd ondergestoven. Kleine kastelen ontstonden en de kasteelheren namen de ontginning ter hand. Vaarten werden gegraven en slag voor slag werden nieuwe landbouwpercelen gevormd. Het is nog te zien in de omgeving van 's-Gravenmoer.
De bloei kwam in de late Middeleeuwen. Textielnijverheid en leerbewerking waren de motor. Mooie grote kerken en hoge torens werden gebouwd in Dongen, Tilburg en Hilvarenbeek.
Na de godsdienststrijd van de 17de en 18de eeuw werd in Tilburg een fundament voor verzoening gelegd door pastoor Zwijssen, later bisschop van 's-Hertogenbosch en aartsbisschop van Utrecht en kroonprins Willem, later koning Willem II.
Deze laatste kocht in Tilburg en omgeving grond, liet er boerderijen en een paleis bouwen.
In de 19de eeuw verschenen er steeds meer fabriekspijpen maar ook talloze kloosters. Zorg en onderwijs concentreerden zich hier in het Hart van Brabant.
De natuur werd verder ontgonnen maar ook gespaard. Natuurbescherming redde gebieden waar nu heerlijk kan worden gerecreëerd.

**Natuurreservaat De Brand is een oud moerasgebied**

◁ **Dennenbossen aan de rand van de Loonse en Drunense Duinen**

# Hart van Brabant verkennen

Wevershuizen in Goirle, leerlooiersfabrieken in Dongen, het Nederlands Textielmuseum in Tilburg, bierbrouwerijen in Berkel-Enschot en in Hilvarenbeek, boomkwekerijen in Haaren en de langgevelboerderijen met Vlaamse schuur laten zien waarmee de kost werd verdiend. In alle dorpen waren zorginstellingen, vaak verbonden aan een vroeger klooster. Zo klopte en klopt het Hart van Brabant.

**Sprookjespark De Efteling in Kaatsheuvel**

## Gemeenten

Dongen 2
Goirle 6
Haaren 4
Hilvarenbeek 7
Loon op Zand 3
Oisterwijk 5
Tilburg 1

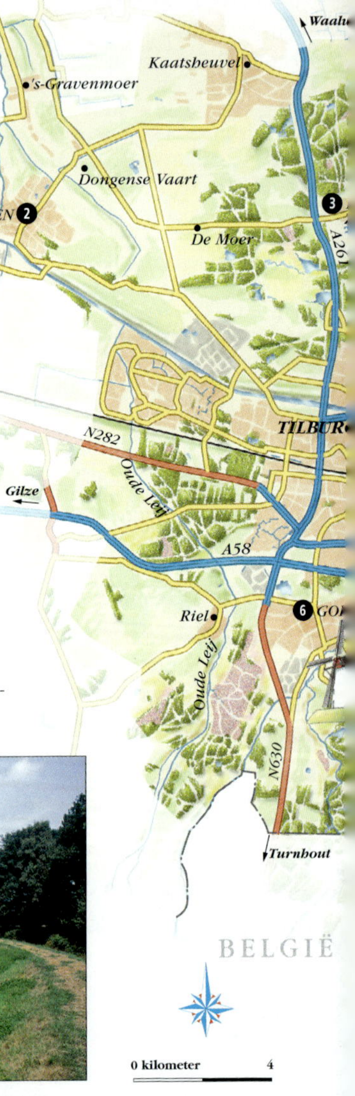

**Prehistorische grafheuvels bij Riel**

## Activiteiten

Duizenden toeristen worden naar het Hart van Brabant getrokken door De Efteling, het Safaripark de Beekse Bergen en het vertier rond de Oisterwijkse vennen. Wat is er heerlijker dan daarna uit te rusten op een terrasje op de Heuvel in Tilburg, op het Vrijthof van Hilvarenbeek, in de Rustende Jager of In de Bockenreijder?

**Rivier de Reusel tussen Moergestel en Oisterwijk**

Uitgestrekte dennenbossen en stuifzanden in het Nationaal Park de Loonse en Drunense Duinen

**SYMBOLEN**

- Snelweg
- Provinciale weg
- Secundaire weg
- Kanaal/rivier

***ZIE OOK***


• ***Accommodatie*** blz. 333-334, 346

• ***Restaurants*** blz. 340

Vrijheidsboom in Oisterwijk

De Pont, museum voor hedendaagse kunst in Tilburg

De grote rechthoekige brink van Hilvarenbeek

**GEMEENTE TILBURG ❶**

**Wegenkaart D3.** *196.000.*
*Spoorlaan 364, Tilburg (0900-2020815). Schoorstraat 30, Udenhout (013-5111421).*

**Het voormalige paleis van Willem II is nu een deel van het stadhuis**

# Tilburg

In 1809, toen Tilburg 9500 inwoners had, werd het een stad. Honderd jaar later waren het er 55.000 en tweehonderd jaar later 196.000. Fabriekspijpen staken overal in de stad hoog in de lucht. Een apart industrieterrein bestond niet. Naast de fabriek stond de fabrikantenwoning. Arbeidershuisjes vulden de straten er omheen. Een neogotische parochiekerk en een klooster maakten een wijk compleet. Dat is typisch Tilburgs. De katholieke patriarchale sfeer van vroeger is nog steeds zichtbaar in stadswijken als **Hasselt**, **'t Goirke**, **de Besterd**, **Loven**, **Korvel**, **St.-Anna.** Daar omheen zijn de wijken moderner en voor ons minder aantrekkelijk. Veel fabrieken zijn weg, kerken zijn gesloten en kloosters afgebroken.

**Watertoren**

Een mooie **schouwburg** van Bijvoet en Holt uit 1961 met een **concertzaal** van Coenen en het nieuwe **stadhuis** uit 1971 liggen aan een moderne ringweg. Een uiterst modern kantoorgebouw, het zwart beklede en met cd's afgezette **Popcentrum 013** en het **station** met zijn eigenaardige dakconstructie omringen het winkelgebied en de duurdere straten met de herenhuizen in allerlei neostijlen.

In de **Oude Warande** met het **Wandelbos** liggen de moderne gebouwen van de **universiteit**. Onderwijs in alle mogelijke vormen en zorginstellingen hebben zich in Tilburg geconcentreerd. Vroeger was dat het werkterrein van de kloosterlingen. Een van die fraters van Tilburg verzamelde pennen, schriften, typemachines. Het is uitgegroeid tot een interessant **Museum Scryption**: de geschiedenis van het schrift en van schrijfmateriaal wordt tentoongesteld. Het schrijf-

**HET CENTRUM VAN TILBURG**

Kazernehof ⑤
Mgr. Zwijssen bij 't Heike ③
Natuurmuseum Brabant ①
en Museum Scryption
Paleis ②
Willem II op de Heuvel ④

0 meter 200

**SYMBOLEN**

Kerk
Politiebureau
Treinstation
Parkeerplaats
Toeristeninformatie
Postkantoor
Voetgangersgebied

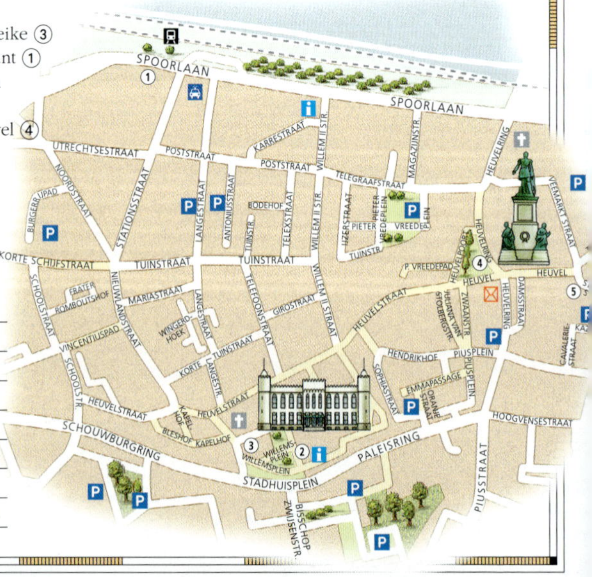


◁ **Vennen en uitgestrekte dennenbossen op de zandgronden in de omgeving van Oisterwijk**

In 013 is de eerste Nederlandse Rockacademie gehuisvest

atelier en het kinderkantoor maken het museum erg kindvriendelijk. In hetzelfde oude pand is ook het **Natuurmuseum Brabant** gevestigd met als doel 'verwondering wekken, amuseren, informeren'. **Willem II** verbleef vanaf de tiendaagse veldtocht tegen de opstandige Belgen in Tilburg. Zijn woonhuis is afgebroken. Daar staat nu een gedenkteken maar zijn **Paleis**, gebouwd tussen 1847 en 1849 in Oxford-stijl, staat er nog steeds als onderdeel van het stadhuis.
Het bronzen **beeld van Mgr. Zwijssen**, pastoor in Tilburg en later eerste bisschop en aartsbisschop staat tegen de zijgevel van de **Heikese Kerk** (1827). Hij was een goede vriend van Willem II.
Het **standbeeld van Willem II** staat op de **Heuvel**, het heerlijke terrassenplein met de zevenhonderd jaar oude **linde** tegenover de **Heuvelse kerk**, een driebeukige neogotische kruisbasiliek.
De **Lancierskazerne** en **Kazernehof**, de oudst bewaarde cavaleriekazerne van Nederland, herinnert ook aan de tijd van Willem II.
Een bezoek aan Tilburg is niet volledig als u niet even bent wezen kijken naar een kopie van het **geboortehuisje van Peerke Donders**, missionaris bij de melaatsen van Suriname. De **Hasseltse kapel** uit de 15de eeuw, gelegen op een stil groen plein, trekt veel bezoekers.
Ten slotte zijn **synagoge** en **moskee** en de **kerkhofbeelden** aan de Bredase weg en de **watertoren** beeldbepalend in de stad.
Een bezoek aan het **Poppen- en Speelgoedmuseum** is de moeite waard.

**Museum Scryption**
Spoorlaan 434a. *013-5800821.*
*di-vr 10.00-17.00 uur, za-zo 13.00-17.00 uur.*
*www.scryption.nl*

**Natuurmuseum Brabant**
Spoorlaan 434. *013-353935.*
*di-vr 10.00-17.00 uur, za-zo 13.00-17.00 uur.*
*www.natuurmuseumbrabant.nl*

**Poppen- en Speelgoedmuseum**
Telefoonstraat 13-15. *013-5436305.* *wo-vr en zo 13.00-16.00 uur.*
*www.poppenmuseum.nl*

## Berkel-Enschot

Een tweelingdorp, vanouds de forensenplaatsen voor rijk en minder rijk.
In Enschot staat een **losse toren** uit de 15de eeuw. Hij is overgebleven na sloop van de kerk in 1839. Een restant van de oude kerk is aan beide zijden van de toren nog te zien. Berkel biedt gastvrijheid aan de zusters trapistinnen, Enschot aan de paters trappisten.
**Koningsoord** en **Koningshoeve** heten de abdijen. Dat komt doordat de grond eigendom was van Koning Willem II, die hier ontginningsboerderijen liet bouwen. De O.L.Vrouw Abdij Koningshoeve werd hier vanaf 1880 gesticht en de paters begonnen bierbrouwerij **De Schaapskooi**. Daar wordt **La Trappe** gebrouwen. De brouwerij geeft rondleidingen van april tot september, op dinsdag tot en met zaterdag om 13.30 en 15.00 uur.

## Udenhout

Een vrij gaaf bewaard dorp op een kruispunt van wegen. Een mooi voorbeeld van een **waterstaatskerk** (1842) siert het dorp. Aan de overkant ligt een al even chic **raadhuis** uit dezelfde tijd.
In het dorp staan veel gerestaureerde **langgevelboerderijen**. Even buiten het dorp ontvouwt zich een zeer afwisselend landschap. Daarin ligt het kasteel de **Strijdhoeve** uit de 18de eeuw maar met een geschiedenis die teruggaat tot de 14de eeuw. In het buitengebied ook natuurgebied **De Leemkuilen**, vogelparadijs **De Brand**, een gebied met veel riet, water en moerasbos en Nationaal Park de **Drunense Duinen.**

Natuurgebied De Leemkuilen bij Udenhout

# Nederlands Textielmuseum

**Sint Severus, patroonheilige van de wevers**

Een museum in bedrijf. Het is gevestigd in een voormalige textielfabriek. Er wordt gesponnen, geweven, gebreid en textiel bedrukt. U wandelt tussen oude en nieuwe machines. U ziet hoe sokken, sjaals, theedoeken en grote lappen stof worden gemaakt, maar ook hoe hedendaags textiel ontworpen door kunstenaars van de machines rolt. De damastweverij en het tuftatelier zijn bijzonder. Er zijn aparte ruimtes voor meerdere tentoonstellingen en u kunt een keuze maken uit verschillende documentaires.

**Wollendekenfabriek**
*Het proces van spinnen, weven en vollen zoals dat van 1900 tot 1940 gebeurde wordt uitgelegd.*

*In de Goirkestraat staan meerdere deftige fabrikantenwoningen. In de straatjes daarachter woonden de wevers.*

**★ Stoommachine**
*Vroeger het kloppend hart van de fabriek en nu in dit museum nog in bedrijf.*

**Museumwinkel**
*In de winkel vindt u exclusieve producten die in het museum zijn gemaakt.*

**STERATTRACTIES**

- **★ Stoommachine**
- **★ Machines in bedrijf**
- **★ Kunst en vormgeving**

**★ Damast**
*Dagelijks wordt hier damast geweven, gewassen en geperst. Het weven gebeurt op 19de-eeuwse getouwen.*

### Tips voor de toerist

**Nederlands Textielmuseum**
Goirkestraat 96. **Wegenkaart D3.**
*013-5494564. di-vr 10.00-17.00 uur, za-zo 12.00-17.00 uur. ma.*
*www.textielmuseum.nl*

**Sociale geschiedenis**
*Op de eerste verdieping wordt het werken in de textielindustrie van 1860 tot nu verteld. Met verrassende beelden, persoonlijke verhalen en een hoorspel.*

**★ Machines in bedrijf**
*U maakt kennis met een rondbrei- en trapfietsmachine, een schrobbelaar, een mengwolf, een computergestuurde weef-, brei en borduurmachine. Er wordt garen geverfd. Voor kinderen zijn er speciale activiteiten.*

**★ Kunst en vormgeving**
*Hier en op de 2de verdieping worden tentoonstellingen rond het thema 'textiel' gepresenteerd.*

**'Kruikenzeikers'** *waren de textielarbeiders die volgens de overlevering elke dag met een kruik urine van het gezin naar de fabriek kwamen. De urine werd gebruikt bij het wassen en verven van de wol.*

Vlak bij het Textielmuseum ligt **De Pont**.
Het is een museum voor hedendaagse kunst. Prachtig ondergebracht in een oude fabriek.

### Tips voor de toerist

**De Pont**
Wilhelminapark 1. **Wegenkaart D3.**
*013-5438300. di-zo 11.00-17.00 uur.*
*www.depont.nl*

**GEMEENTE DONGEN ❷**

**Wegenkaart C3.** *25.200.*
*Hoge Ham 120 (0162-313431).*

Gerestaureerde leerlooierijen in Dongen zijn nu fraaie woonhuizen

## Dongen

Even lijkt het erop dat de uitbreidingsplannen en industrieterreinen van Tilburg en Dongen elkaar raken. Maar vanaf De Wildert is er even een adempauze. Natuurgebied **De Bergen** is niet groot maar wel typisch voor deze streek: eikenbomen en stuifzandheuvels. Ook de **Hoge Kant** telt maar enkele hectaren zandverstuiving en bos. U kunt fijn van Tilburg naar Dongen fietsen langs het **Wilhelminakanaal**. Dit kanaal verbindt de Zuid-Willemsvaart met de Amer. Voor Tilburg, Dongen, Oosterhout en Oirschot is het kanaal, dat tussen 1909 en 1923 werd gegraven, van grote betekenis geweest. Het ligt tussen de zandgronden in het zuiden en de afgegraven veengronden in het noorden.
De **Dongense Heining** en **Het Moerken** zijn twee kleine natuurgebieden aan de westkant van Dongen. Ook hier treffen we stuifzand en eikenbos.
Langs de **Donge** kunt u heerlijk fietsen en wandelen tot het riviertje bij Raamsdonksveer en Geertruidenberg de Amer bereikt.
Weiland dat mogelijk maakt vee te fokken, een snelstromend riviertje om huiden te weken en afvalwater te lozen, eikenbossen waarvan de schors nodig was voor het looiproces. Sprokkelhout om de ovens te stoken. Alle ingrediënten waren hier voorradig om van Dongen een leerlooiersstad te maken. Het **beeldje** van de leerlooier staat in het centrum. In 1882 telde Dongen 112 looierijen en tegen de 200 schoenfabriekjes. U komt er nog enkele op uw wandeling door Dongen tegen.
De **Hoge Ham** is de centrale plek van Dongen. Hier ligt het gemeentehuis en het klooster van de franciscanessen. Vroeger lag hier het kasteel, het Bollekens Slotje. Daar is niet veel meer van over. Dat geldt ook voor het Huis te Dieren. Ook ligt hier de **Laurentiuskerk**. Jos Cuypers ontwierp deze neobyzantijnse koepelkerk.
Op de Hoge Ham woonden de pastoor en de fabrikanten in mooie huizen. Meestal leerfabrikanten maar hier heeft ook de eerste fabriek gestaan die **Coca-Cola** leverde. Die is nu naar het buitengebied verplaatst.
De mooiste straat is echter de **Kerkstraat**. Hier vindt u de **Nh-kerk**, voor 1648 dé katholieke kerk, opvolger van een vroeg-middeleeuwse kapel. Deze laatgotische bakstenen kruiskerk werd gebouwd in 1450 en in de 17de eeuw. Er werd een toren in Kempische gotiek tegenaan gezet. Sinds 1928 is een groot deel van de kerk een ruïne. Loopt u een rondje om de kerk over

Het riviertje de Donge stroomt kronkelend richting Raamsdonksveer

de kasseienweg, dan ervaart u hoe ook een ruïne zijn charme heeft.
Diezelfde Kerkstraat toont u nog veel meer moois op uw wandeling: een huis uit de 17de eeuw (nr. 52), een uit 1890 (nr. 50), villa Mijn Lust uit 1891 met 8 oude dikke platanen (nr. 41), een huis uit 1885 (nr. 39), een boerderij uit 1782 (nr. 34), een Langstraatboerderij (nr. 32), een huis uit 1890 met een dikke lindeboom (nr.19) en een huis uit 1760 met leerfabriek uit 1891 (nr.2-4).
In deze Kerkstraat staat ook het **Dongha Museum**. Het gebouw is een honderd jaar oude gerestaureerde leerlooierij. Het hele proces van leerbewerking kunt u hier volgen. De Heemkundekring presenteert de geschiedenis van Dongen. Hier is ook de collectie van het **Brabants Elektriciteitsmuseum** tentoongesteld. Wat elektriciteit is en hoe het vanaf het begin werd toegepast wordt hier duidelijk gemaakt.
Elektriciteitsvoorziening kwam voor het eerst in Boxtel in 1899 tot stand. Particulier geëxploiteerde lokale elektriciteitsnetten volgden daarna op meerdere plaatsen. In 1914 werd de PNEM opgericht en nam de provincie het heft in handen. Daarvoor bouwde men de eerste **Dongecentrale** bij Geertruidenberg in 1919 en de tweede in 1930. Later volgden de Amercentrales.
Ten slotte wijzen we nog op de ronde stenen stellingkorenmolen **Koningin Wilhelmina** uit 1893.

**Dongha Museum**
Kerkstraat 33. *0162-387194.*
*za, zo, wo 13.00-17.00 uur.*
*www.donghamuseum.nl*

## 's-Gravenmoer

Hier werd turf gestoken. Moer, moeras wijst op veen. Turfvaarten zijn er overgebleven. Smalle lange kavels staan daar haaks op. Als u van De Moer naar 's-Gravenmoer rijdt, krijgt u een indrukwekkend beeld van dit landschap. De Graaf van 's-Gravenmoer is de Graaf van Holland aan wie dit gebied vroeger behoorde. Veel turfstekers kwamen ook uit Holland. De boeren die zich hier vestigden, brachten hun Hollandse bouwstijl mee. Het **'Giethoorn van Brabant'** wordt 's-Gravenmoer ook wel genoemd. Mooie woonhuizen van rond 1800 met leuke bruggen en veel bomen en struiken vormen de dorpsstraten. Het Hollandse karakter wordt nog versterkt door de glastuinbouw en bloemenkwekerijen. De bevolking is Nederlands hervormd en gereformeerd. Ter kerke gaan ze in een **kruiskerk** van de 15de eeuw. De toren is ingebouwd en stamt uit de 14de eeuw. De toren heeft alleen aan de westkant steunberen die de toreningang flankeren. Het kerkje heeft een houten tongewelf en een vrij lage doorgang naar het priesterkoor. De kansel is in 1680 gemaakt. Koperen luchters sieren de ruimte.

**Grote boerderijen en statige herenhuizen in 's-Gravenmoer**

## Dongense Vaart

Ontginningsdorp aan de oude turfvaart naar 's-Gravenmoer. Pas in 1867 kreeg het dorp zijn eigen **kerk** en pastorie, een schenking van een vrome familie. Het hoogaltaar wordt gesierd door beelden van Peeters-Dievoort uit Antwerpen.

**De oude turfvaart in Vaart**

### LEERLOOIERIJEN

**Het Dongha Museum is gevestigd in een voormalige leerlooierij**

U vindt ze hier in Dongen maar ook in Rijen en Waalwijk. Eigenaardige bouwsels. Ze zijn vaak prachtig gerestaureerd tot kantoor of woonhuis.
Meestal zijn het rechthoekige gebouwen. De benedenverdieping is van steen, dit is het 'nathuis'. Hier werden huiden gelooid in kuipen.
De bovenverdieping is van gepotdekselde planken. De planken kunnen worden opengedraaid zodat de wind de huiden kan drogen die op de bovenverdieping zijn opgehangen. Dit bovendeel vormt het karakteristieke element van deze gebouwen. Grotere fabrieken hebben vaak twee tot vier verdiepingen.

# De Loonse en Drunense Duinen

Hagedis

Welkom in het grootste aaneengesloten stuifzandgebied van West-Europa. Heidestruiken en door de wind gekromde dennen, waarvan de wortels bloot liggen, proberen het opwaaiende zand tegen te houden. Duinen van meer dan 20 meter hoog worden beklommen. Kinderen rollebollen naar beneden. Dagrecreanten lunchen in de schaduw van een groepje bomen. Wandelaars stappen vermoeid en verhit door het eindeloze zand. Rondom het gebied zijn ruime fietspaden aangelegd. Wandelroutes, ruiterpaden en tegenwoordig ook een mountainbikeroute van 25 km staan tot uw beschikking.
Gezelligheid, gastvrijheid en een goede keuken vindt u aan de randen van het gebied: de Rustende Jager, Bos en Duin, de Kleine Efteling, de Roestelberg, Duinrand en de Drie Linden.
Kortom een natuurgebied dat enerzijds beschermd wordt en waarvan toch met volle teugen genoten kan worden.

**Haarmos**
*Een van de eerste planten die verschijnen in het droge stuifzand.*

**Drunense Duinen**
*Een geliefd gebied bij recreanten want het is er al gauw lekker warm. Ze vermaken zich totdat de wind opsteekt en tot last wordt of totdat de zon te fel gaat branden op hun huid.*

**Ontstaan**
Dertigduizend jaar geleden is het zand hierheen geblazen. Het raakte begroeid met bossen. Die werden weer door de mens gekapt en afgebrand om grond in cultuur te brengen. Heide ontstond op de gekapte gronden. De heide werd later weer afgestoken voor de potstal en er werd turf gestoken. Zo ontstonden weer gaten in de heide waar de wind vat kreeg op de zandkorrels.

**Graafwespen**
*Overal in dit gebied kunt u ze vinden: de door graafwespen gegraven holletjes met hun typische 'gemetselde' ingang.*

**Fietsen en wandelen**
*In en rond de Drunense Duinen is een uitgebreid routenetwerk uitgezet.*

**Stuifzanden**
Stuifzand kon vroeger gevaarlijk zijn. Het rukte op en bedekte vruchtbare grond. Dorpen moesten de strijd opgeven en zich verplaatsen. Venloon werd door Heer Pauwels van Haestrecht zes boogscheuten verplaatst en heette voortaan Loon op 't Sant. Giersbergen moest zich beschermen met houtwallen, buntgras en pijpestro.

**Dennen**
*Lang geleden onder het stuifzand bedolven nu door de wind weer blootgelegd.*

**Vlinders**
*Aan de randen van het stuifzandgebied, op de bloeiende heide, treft u verschillende vlinders aan zoals hier het Oranje Zandoogje.*

## 19DE EN 20STE EEUW

Eind 19de eeuw slaagde men erin een afdoend middel in te zetten tegen het stuifzand en werden grote delen beplant met grove den.
De Heidemaatschappij en de DUW (Dienst Uitvoering Werken) hebben in de crisistijd heel wat duinen door werklozen laten beplanten.
De Vereniging van Natuurmonumenten wist een deel uit de handen van de planters te houden.
Interessant is dat men nu tochtstrips door de bossen heeft gekapt. De wind houdt zo het duingebied in beweging.

**Paardrijden**
*Dwars door het stuifzand en geen ruiterpad. Zo dragen ruiters bij aan het openhouden van de zandvlaktes.*

Het Witte Kasteel met sierlijk hek en brede oprijlaan

**GEMEENTE LOON OP ZAND ❸**

**Wegenkaart C3.** *23.500.* *Hoge Steenweg 101, Loon op Zand (0416-361946). Nieuwe Markt 1a, Kaatsheuvel (0416-277719).*

## Loon op Zand

De strijd tegen het zand werd **Venloon** te veel. Het dorp werd in 1391 verplaatst en veranderde van naam. Het kwam dichter bij het kasteel uit de 13de eeuw te liggen. Vooral in de 18de eeuw is dat kasteel grondig verbouwd. In de laatste oorlog heeft het flink te lijden gehad, maar is nu weer als **'Het Witte Kasteel'** mooi gerestaureerd. De middeleeuwse donjon is ingepakt in een stevig landhuis met gracht, koetshuis en park.
De **St.-Janskerk** heeft een hoge slanke toren uit 1450. Het traptorentje steekt naast de spits in de lucht. Aan de kerk zelf is in de 19de eeuw veel neogotisch verbouwd. Ook op deze kerk vindt u rechtstekens: tekens in de vorm van een hart of een x. In de kerk staat een preekstoel. De kuip met fraai gesneden bustes rust op een boom waaraan een katrol hangt. Voor waterrecreatie kunt u terecht bij Telewaterskibaan bij het Blauwe Meer.

**Telewaterskibaan bij het Blauwe Meer**
Baan achter de Plakken 1. *0416-3363934.* *april-sept.: ma-vr 12.00-18.00 uur, za-zo 10.00-17.00 uur, juli-aug.: ma-vr 10.00-18.00 uur, za-zo 10.00-17.00 uur.*

## Kaatsheuvel

Aan de rand van de Duinen ligt ook hier een rustig stil natuurgebied, de **IJsbaan**. In de crisisjaren is hier een water gegraven door werklozen. Het was inderdaad bedoeld als zwembad en ijsbaan. Dat is verleden tijd. Het is nu een stuk natuurschoon.
Overigens kunt u uw sportieve kwaliteiten vergroten in het **Boskov Indoor Skicentrum.** Kaatsheuvel heeft twee molens. **De Eendragt** uit 1779 en **De Couwenberg** uit 1849. Beide molens zijn als restaurant in gebruik.
Kaatsheuvel biedt u ook een lekker biertje. **Besselaer** wordt gebrouwen in **De 3 Horne**.
Het bekendst is Kaatsheuvel natuurlijk door de **Efteling.** De naam lijkt uit een sprookje te komen maar het is een toponiem: Efterlinghe. Het is begonnen als een klein sportpark in 1933. Dat groeide uit tot Natuurpark de Efteling: park, theetuin en speeltuin. Het idee om er een sprookjestuin van te maken stamt van Peter Reijnders, zwager van de toenmalige burgemeester Van der Heijden. Reijnders had voor Philips bij het zestigjarig bestaan in Eindhoven al een soort sprookjestuin gerealiseerd.
Reijnders stapte naar Anton Pieck, de tekenaar en ontwer-

Het jachthuis op het landgoed Huis ter Heide

per. Van hem moest het met duurzame materialen gemaakt worden en het moest bewegen en geluid maken. Dat lukte Reijnders met behulp van zijn contacten bij Philips. Het **Sprookjesbos** werd op 31 mei 1952 geopend. Sindsdien is het voortdurend uitgebouwd zodat het Sprookjesbos nog maar een klein onderdeel vormt van de vele attracties in dit grootse recreatiepark. *(blz. 362)*

**Boskov Indoor Skicentrum**
Schotsestraat 4b. *0416-277391.*
*juli-aug.*
**De 3 Horne**
Marktstraat 40. *0416-575666.*
*na afspraak, voor groepen.*

## De Moer

Tussen Loon op Zand en De Moer ligt het **landgoed Huis ter Heide.** Als het druk is in de duinen kunt u rust zoeken in dit gebied. Vroeger lag hier een veengebied, een moer. De turf werd gestoken en via nieuw gegra-

**Schotse hooglanders in De Moer**

ven vaarten afgevoerd. Enorme heidevelden ontstonden waarop grove den is geplant. De rechte dunne stammen werden in de Limburgse mijnen gebruikt maar sinds die gesloten zijn was dit gebied niet meer rendabel te maken en teruggegeven aan de natuur en aan Natuurmonumenten. Natuurmonumenten is bezig met bosverjonging. Er grazen Schotse Hooglanders. De vennen worden hersteld. Dichtgegroeide vennen werden schoongemaakt, uitgediept en soms vergroot. Nu zijn ze er weer: waterlobelia, klokjesgentiaan, boomkikker en zandloopkever.
Het **jachthuis** zelf staat er sinds 1864.

**Snoephuisje in het sprookjesbos van de Efteling**

### Sprookjes

Sprookjes zijn meestal oude verhalen die eeuwenlang mondeling werden overgeleverd. Vaak zijn het verhalen vol onwaarschijnlijkheden en vol vreemde wezens: feeën, elfen, kabouters, reuzen.
Die verhalen werden in het eerste sprookjesboek, **Sprookjes van Moeder de Gans**, door de Franse edelman Perrault in 1692 uitgegeven. De Duitse gebroeders **Jakob en Wilhelm Grimm** gaven hun sprookjesbundel in 1812 uit.
Die sprookjes bezitten een schat aan diep menselijke motieven: dood, liefde, angst, overwinning van het kwaad, uiteindelijk geluk. Sneeuwwitje wordt met de dood bedreigd; Assepoester wordt vernederd; Hans en Grietje en Klein Duimpje worden aan de gevaren van het bos blootgesteld; Doornroosje valt in een toverslaap. Maar eens komen ze thuis; worden ze verlost; worden ze bevrijd van de vernedering en uitverkoren; eens ontwaken ze en dan leven ze nog lang en gelukkig.
Dichterlijke naturen kunnen nieuwe sprookjes verzinnen waarin ze met nieuwe beelden toch dezelfde diepe menselijke motieven weten uit te drukken op voor kinderen aansprekende wijze: **Hans Christiaan Andersen** (1805-1875) kon dat. Eelke de Jong en Hans Sleutelaar gaven in 1972 hun eerste deel uit van hun **Sprookjes van de Lage Landen.**
De tekeningen van **Anton Pieck** en de driedimensionale uitwerking ervan in de Efteling raakten trefzeker de sfeer van die oude sprookjes.

**Altijd belangstelling voor Holle Bolle Gijs**

**GEMEENTE HAAREN** ❹

**Wegenkaart D3.** *14.500.*
*Zie Boxtel (blz. 106).*

# Haaren

De Hertog van Brabant had hier een jachtslot. Daar is het **kasteel Nemerlaer** ontstaan in 1303. In de 15de eeuw en in 1718 en 1880 werd het verbouwd. Vanaf 1895 heeft het zeventig jaar

**De hal van kasteel Nemerlaer**

onbewoond gestaan zoals ook het kasteel van Heeswijk. Zo was het door een testament uit die tijd bepaald, en daar hield men zich aan. Dat droeg bij tot het verval. In 1969 is het afgebrand en daarna gelukkig weer gerestaureerd. In het voor publiek opengestelde deel is een galerie gevestigd. In de eveneens gerestaureerde boerderij van het kasteel is het kantoor van het Noord-Brabants Landschap ondergebracht.
Achter het kasteel ligt het dal van de **Essche Stroom**. De spoorlijn van Tilburg naar Boxtel loopt over het gebied van de baron van Nemerlaer. Hij gaf in 1865 toestemming tot de aanleg op voorwaarde dat de trein zou stoppen als de baron mee wilde.
Daarachter begint het enorme natuurgebied de **Kampina** met de **Huisvennen**, het **Belversven**, het **Winkelsven**. Op de heide vindt u het graf van **Van Tienhoven**, oprichter van de Vereniging tot Behoud van Natuurmonumenten. Door zijn aankopen en zijn beleid is de Kampina behouden gebleven.
In het dorp Haaren staat een **losse toren** met spaarvelden en een bogenfries uit de 15de eeuw. De kerk kwam in protestantse handen maar werd niet gebruikt. In de 18de eeuw stortte de kerk in. De katholieken hebben de neogotische **Lambertuskerk** gebouwd met zijn muur- en plafondschilderingen.
**Huize Gerra** is een zusterklooster. Daar heeft Mgr. Zwijssen nog zijn bisschopshuis gehad toen de Bossche bisschop vanwege de Aprilbeweging (1853) niet in 's-Hertogenbosch mocht resideren. Pas vanaf 1864 woont de bisschop aan de Parade in 's-Hertogenbosch.
Huize Gerra staat aan de oprijlaan van **Huize Haarendael**. Dat is gebouwd als Groot Seminarie van het bisdom sinds 1840. In de Tweede Wereldoorlog zaten hier gijzelaars en alle Neder-

## ENGLAND-SPIEL

De priesterstudenten van het Groot Seminarie Haaren moesten het gebouw ontruimen. De Duitsers richtten het in als gevangenis. De ramen van de kamertjes van de seminaristen werden dichtgemetseld op een luchtgat na. Gijzelaars werden er gevangen gezet evenals verzetsstrijders, die na verhoor veelal werden doorgestuurd naar concentratiekampen.
De bekendste groep die hier terechtkwam bestond uit 57 geheime agenten die door Engeland waren uitgezonden met opdrachten in het bezette Nederland. Contact met Engeland moesten ze onderhouden via zenders die ze meekregen.
Door verraad, uiterst slim optreden van de Duitsers en gemene verhoorpraktijken, maar ook door kapitale blunders van de Engelsen zijn 41 van hen direct na hun dropping in Duitse handen gevallen en kon er anderhalf jaar lang een spel met Engeland worden gespeeld via de in beslag genomen zenders.
Van de 57 agenten zijn er 53 omgebracht. Twee hier in Haaren, de rest in concentratiekampen. Twee agenten wisten Haaren te ontvluchten en Londen te waarschuwen. Ernstige schade werd toegebracht aan het illegale werk in Nederland en Frankrijk. Dat heeft zeker nog 132 doden en ongeveer 200 gevangenen tot gevolg gehad.
De plaats en datum van de komende invasie zijn de Duitsers echter niet te weten gekomen.
Het gedicht op de toegangspoort luidt:

*Pax*
*Een plompe laars*
*heeft u vertreden.*
*Gij hebt gezucht*
*Gij hebt gestreden*
*tot aan de*
*laatste duisternis.*
*Barmhartigheid*
*vernam uw klagen.*
*Zij heeft u in een*
*schoot gedragen*
*waar lijden*
*hoogste luister is.*

*J. Engelman*

**Gedicht**

landers die opgepakt waren in verband met het **England-Spiel**. In het gebouw heeft men één van de cellen intact gelaten. Op de toegangspoort staat een gedicht van Jan Engelman dat aan deze oorlogstijd herinnert.

## Helvoirt

Het Mansus Zwensberch, **kasteel Zwijnsbergen**, is een versterkte hoeve die al in de 13de eeuw genoemd wordt. Veel later heeft het zijn huidige vorm gekregen met trapgevels en een zeskantige toren. Het ligt er mooi in een gebied met hoge bomen, knotwilgen en weilanden. Een dal waar **Zandleij** en **Broekleij** zich een weg banen. Daarachter bos en heide, en stuifzandgebied de **Distelberg** met allerlei recreatiemogelijkheden.
Oud is ook de **Nh-kerk**, een kruiskerk met drie beuken en een houten tongewelf. Hier is de vader van **Vincent van Gogh** van 1871 tot 1875 dominee geweest.
Vriendelijk is het **raadhuis** uit 1792. Het vormt het centrum van dit Brabantse dorp met mooie herenhuizen, langgevelboerderijen en de fabriek waar uw kruiwagen vandaan komt.

Karakteristieke boerderij aan de rand van Esch

## Esch

Klein maar fijn. Een dorpskern dat zijn sfeer zorgvuldig bewaart. Op het dorpsplein staat de **pomp**. 'Soms schenkt men hier, in plaats van water louter bier.' Op de pomp staat een vergrote kopie van het barnstenen beeldje van de god **Bacchus**. Dat beeldje is hier in Esch opgegraven. Bacchus is de god van de wijn, de wijnoogst, dronkenschap en lente. Het beeldje is een van de rijke bijgiften die welgestelde Romeinen hier hun doden meegaven. Heel bijzondere vondsten uit de Romeinse tijd van Esch zijn te bewonderen in het Noord-Brabants Museum in 's-Hertogenbosch De **toren** en het beeld van de H. Anthonius Abt in de kerk zijn uit de 15de eeuw. Het **Oudemannenhuis** en diverse **langgevelboerderijen met Vlaamse schuur** sieren dit lieve Brabantse dorp.

Bacchusbeeldje op de dorpspomp

De Zandlei stroomt van Udenhout door natuurreservaat De Brand richting Helvoirt

# Onder de loep: Oisterwijk

Dorpspomp

Parallel aan de Voorste Stroom loopt de wandelroute die het Kerkeind verbindt met het Lindeind. Een route van de St.-Petruskerk via het oude raadhuis tot de Joanneskerk: een langgerekt centrum vol bezienswaardigheden. Maar er is gelegenheid te over om op een terras even uit te rusten. Oisterwijk kreeg in 1213 stadsrechten. Het was door de wolhandel een bloeiende stad. Het werd hoofdstad van een van de kwartieren van de Meierij met de Lind als schitterend Kempisch plein. In de 19de eeuw bloeide de leer- en schoenenindustrie. In de 20ste eeuw werd het een buitenplaats voor rijke families. Nu is het een druk toeristisch centrum vanwege de bossen, de vennen en het natuurgebied de Kampina.

**Symbool**

- - - Aanbevolen route

0 meter — 100

**Adriaen Poirters**
*1605-1673, een beroemde Oisterwijkse dichter met de bijnaam 'de Brabantse Cats'.*

**Het oudste huis**
*Volgens de muurankers is het in 1633 gebouwd. Het werd de Brouwkuip genoemd. Overigens bestaan er restanten (kelders) van oudere huizen.*

**Kerkplein**
Een plein met een ingetogen sfeer. Mooie panden ook in de zijstraten. Vroeger stond hier ook nog een begijnhof.

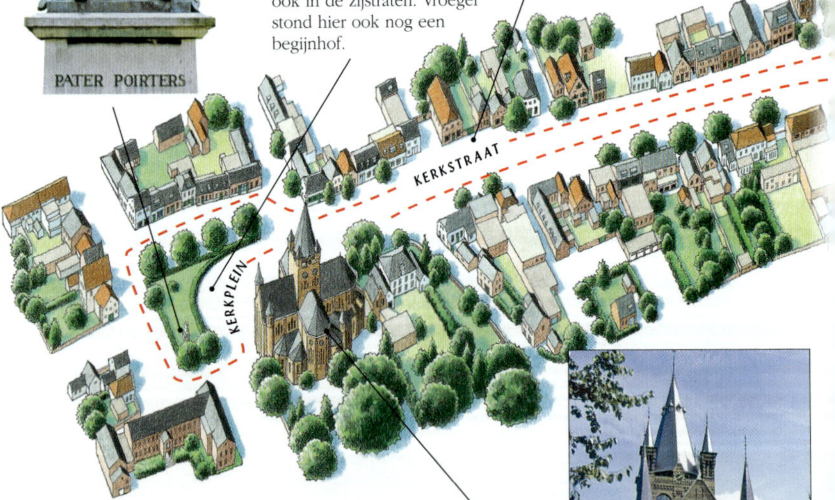


**★ St.-Petruskerk**
*Op de plek waar de middeleeuwse kerk gestaan heeft is in 1895-1897 door P. Cuijpers deze neogotische kerk gebouwd. In de kerk vindt u het Mariabeeld Ter Linde dat vroeger in de kapel vereerd werd waar nu het raadhuis staat.*

**Sterattracties**

- ★ **Raadhuis**
- ★ **De Lind**
- ★ **St.-Petruskerk**

## Tips voor de toerist

St.-Petruskerk. Kerkplein 1. 013-5282160. Bezichtiging mei-sept.: ma-vr 14.00-17.00 uur. do 13.00-17.00 uur. Kioskconcerten: zo; Parelfestival: sept.

**★ De Lind**
*Het lindeblad heeft de vorm van een hartje. Linden symboliseren de liefde. Dit laantje kreeg dan ook de naam 'Trouwlaantje'.*

**Linde**
*Onder de linde was het al in de 14de eeuw goed toeven. Rechters deden hier hun uitspraak en kooplieden verkochten hier waar die in de schaduw koel bleef. Deze etagelindeboom staat er sinds de 17de eeuw.*

**Vrijheidsboom**
Eik die in 1795 geplant werd toen de vrijheid van de Franse Revolutie ook hier doordrong. Nergens in Nederland is nog zo'n vrijheidsboom bewaard gebleven. De eik bij de muziekkiosk is in 1889 geplant. Dat was in tegenstelling tot deze vrijheidsboom een daad van liefde voor het koningshuis: Koning Willem III was toen 40 jaar koning.

**De Swaen**
*Al in de 16de eeuw stond hier een herberg de Swaen. Cas Spijkers heeft de Swaen beroemd gemaakt.*

**★ Raadhuis**
*Hier stond in de Middeleeuwen een kapel die na 1648 als school en na 1728 als raadhuis werd gebruikt. Het Mariabeeld tegen de gevel herinnert aan vroeger. Het mooie raadhuis met carillon dat u nu ziet is in 1899 gebouwd.*

**GEMEENTE OISTERWIJK 5**

**Wegenkaart D3.** *25.500.* *De Lind 57, Oisterwijk (013-5282345). Molenstraat 2a, Moergestel (013-5131613).*

## Oisterwijk

*Onder de loep: blz. 240-241*

Oisterwijk wil u graag goed informeren over de natuur waarvan u hier met volle teugen kunt genieten. Het **Bezoekerscentrum Natuurmonumenten** zorgt hiervoor. Ook voor kinderen is hier veel te leren. Meer weten is meer genieten als u weer buiten komt.
Vlakbij ligt al een mooi stukje natuur: het **Kolkven**. Maar voordat u echt de natuur intrekt, is het best aardig eens

**Bezoekerscentrum Natuurmonumenten**

te gaan verkennen waar al uw medetoeristen zijn ondergebracht. Een rondje Vennenlaan - Scheibaan - Rosep voert u langs hotels, (mini-)campings, restaurants en bungalowparken. Het ene is nog uitnodigender dan het andere. Ze liggen vooral rondom het **Staalbergven** waar ook een **strand- en recreatiebad** is ingericht. Daar tegenover kunt u bij **Piet Plezier** onder meer tandems, tridems, achttrappers, een huifkar en een rijdend café huren.
Maar het fijnste is toch als u wandelt of fietst over de 400 hectare **Oisterwijkse Bossen en vennen en de Kampina**, die 1100 hectare groot is.
Ten slotte wijzen wij u nog op de **Kerkhovense molen de Hoop** uit 1895, op het grootste **openluchttheater** van Nederland waar 's zomers regelmatig een uitvoering gegeven wordt en op het **joodse kerkhof** uit 1740. Oisterwijk was de eerste plaats in Brabant waar joden een synagoge kregen.

### VENNEN

De meeste Kempische vennen zijn zogeheten uitwaaivennen. Zo'n 15 tot 20.000 jaar geleden begon het enorm hard te waaien. Plaatselijk waaide het dekzand weg tot het toenmalige grondwaterpeil. Na de ijstijd steeg het grondwater. De bodem van deze vennen is vaak van leem of oerijzer. Het regen- en kwelwater bleef erin staan. Vennen zijn voedselarm en verlanden dus niet zo snel. In de zomer kunnen ze volledig droog vallen.
De oost-westvorm hebben ze gekregen door de richting van de wind waaraan ze hun ontstaan te danken hebben.

**Ondiepe heidevennen met de typische pollen pijpenstrootjes**

**Wandelen over oude karrensporen in de Kampina**

**Bezoekerscentrum Natuurmonumenten**
Van Tienhovenlaan 5. *013-5219209.* *di-zo 10.00-17.00 uur.* *www.natuurmonumenten.nl*

## Moergestel

Moer wijst op moerassige grond bij de vaak overstromende beek de **Reusel**. Gestel betekent hoger gelegen grond. Op deze plek in het drassige land ontstond in de Middeleeuwen Moergestel, met weilanden bij de beek en akkers op de hogere gronden. Veel heide (**Kerkeindse Heide**) en bos verderop. Op de heide en tussen de bossen: vennen. Het **Galgeven**, het **Rietven**, **Putven**, **Baksven**, **Hildsven**.
Het dorp kreeg zijn eigen **molen,** een prachtige standerd die hier sinds 1852 staat maar die uit de 15de eeuw

dateert en gehaald is uit Biest-Houtakker. Natuurlijk had het dorp in zijn bloeitijd een mooie gotische kerk en **Kempische toren** (1500). De kerk is in 1930 gesloopt en vervangen door een kerk naar ontwerp van Valk. De oude beelden zijn bewaard.
Van **kasteel Nieuwenhof** bestaan enkel nog de grachten en de kelders. Zusters hebben er een klooster van gemaakt. Ook van het andere **kasteel Hoogerhuizen** zijn door verbouwing slechts kleine delen over.

**Langgevelboerderij in Moergestel met oude leilindes**

Kanoën, kleiduiven schieten, laserveldduel en steppen kunt u vanaf **Kanoboerderij De Reusel**.

**Kanoboerderij De Reusel**.
Heizensche dijk 1. *013-5136031*.
*maart-okt.: vanaf 10.00 uur.*
*ma.* *www.dereusel.nl*

**Rivier de Reusel is gedeeltelijk gekanaliseerd**

## Molens in Brabant

Brabant telt 114 windmolens en 10 watermolens. De molen is waarschijnlijk in het Midden-Oosten uitgevonden. Zo oer-Hollands is hij dus niet.
Al in de prehistorie maalde men graan tot meel. Twee platte wrijfstenen werden gebruikt of een platte steen en een rolsteen. Later vond men de handmolen uit. De windmolen is vermoedelijk ergens in de 13de eeuw ontstaan. De watermolen stamt van de Romeinen en is hier al in de 10de eeuw ingevoerd. De twee over elkaar heen wrijvende stenen, liefst van Duitse blauwe steen, hebben waaiervormige kerven die kruiselings over elkaar liggen. Het graan wordt geplet en naar de buitenkant gedreven. De stenen moeten regelmatig gescherpt worden maar gaan wel twintig jaar mee.
Meestal maalde de molen graan. De molen kon echter ook dienen om olie te persen of schors te verpulveren, hout te zagen of werd gebruikt bij het vollen (bekloppen, vervilten) van geweven stof. Een enkele molen in Brabant fungeert als gemaal.

**Het interieur van een molen: zware constructies en tandwielen van hout**

**GEMEENTE GOIRLE** 6

**Wegenkaart D3.** *22.500.*
*Zie Tilburg blz. 228.*

## Goirle, Riel

In 2003 werd het feest gevierd dat Goirle 200 jaar een zelfstandige gemeente was. Voor 1803 heeft het eeuwen deel uitgemaakt van Tilburg. Genoemd wordt Goirle al in de 12de en 13de eeuw. En het was al bewoond in de bronstijd en ten tijde van de Romeinen. **Grafheuvels** en **urnenvelden** zijn ontdekt op de **Regte Heide**.
Een groep van zeven grafheuvels werd hier in 1935 door de beroemde archeoloog Van Giffen opgegraven. Na de oorlog werd in 1949 een grafheuvel wat zuidelijker opgegraven. Deze laatste was omgeven door meervoudig samengestelde paalkransen en bevatte een 'Deverel-urn'. Het zal een latere uitbreiding geweest zijn van de nederzetting op de Regte Heide.
In het zuiden van Nederland werden doden niet meer begraven maar gecremeerd. In een urn of linnen zakje werden de crematieresten begraven, waarschijnlijk aan een weg naar een nederzetting. Paalkransen vormen een cirkel. Een cirkel is een oneindige weg en het gebied

**De molen van Goirle**

dat omcirkeld wordt is heilig gebied. Een paalkrans sluit de boze geesten buiten.
Overigens is niet iedere verhoging die u op de heide ziet een grafheuvel. Stuifzand vormde een grillig geaccidenteerd terrein. Slechts een geoefend oog weet een grafheuvel te onderscheiden. Het opgraven van grafheuvels wordt vaak bemoeilijkt door verstoringen die konijnenholen en boomwortels hebben veroorzaakt.

Goirle is een samenstelling van **Goer** en **Loo**, moeras en bos. Goirlenaren hebben eeuwen lang turf en heideplaggen gestoken, het vee naar de hei gebracht en honing gewonnen. Ze werden wevers. Huisnijverheid ging over in textielindustrie. De gemeijnt werd verkocht en ontgonnen. Het enige bijzondere product dat hier werd gemaakt waren kaatsballen.
Aan Tilburg bleef Goirle vastzitten via de weg Tilburg-Turnhout. Aan die weg staan tot op de dag van vandaag fraaie **villa's**.
De **toren** van de St.-Janskerk is van 1450. De kerk is in 1896 vernieuwd.
In een 18de-eeuws wevershuisje en een langdeelschuur is een museum, **Heemerf de Schutsboom**, ingericht met landbouwgereedschappen. Buiten vindt u een kruidentuin en een bijenstand.
Vlakbij staat molen **De Wilde** uit 1898. Een tweede molen **De Visscher** is niet veel ouder, namelijk uit 1875.
U zult vooral genieten van het **landgoed Gorp** en de **Rovertse Heide**, een uitgestrekt natuurgebied dat aansluit op De Utrecht. Een eigen sfeer hebben ontginningsgehuchten als Gorp en Rovert. U kunt daar de **fusilladeplaats** bezoeken waar de eerste gijzelaars terecht zijn gesteld op 15 augustus 1942.

**Heemerf de Schutsboom**
Nieuwe Rielseweg 41-3. *013-5348972.* *april-okt.: zo 15.00-17.00 uur, nov.-maart: 1ste zo 15.00-17.00 uur.*
*www.heemkundekring-goirle.nl*

**De bekendste grafheuvels liggen op de Regte Heide bij Riel**

Het Pannenhuis in Diessen had vroeger een rieten dak

**GEMEENTE HILVARENBEEK** ❼
Wegenkaart D4. 15.000.
Vrijthof 16 (013-5052458).

## Diessen

Een oud dorp. Hier zouden in 370 Romeinen een veldslag hebben gewonnen van een groep Saksen. Willibrordus heeft het vroegmiddeleeuwse dorp bekeerd. De huidige **Willibrorduskerk** is gebouwd in de 15de eeuw en de hoge **toren** in de 16de.
Het dorp heeft een langgevelboerderij **Het Pannenhuis** uit 1658 en een fraaie pastorie. Een klein bos met visvijver in het zuiden heet **Turkaabos**. Tussen Diessen en Hilvarenbeek ligt **Ananina's Rust** met **Huis Groenendaal**, een omgracht landhuis uit de 19de eeuw.

## Baarschot

Een landelijk dorp in het dal van de Reusel. Het heeft een vroegere monumentale **brouwerij** uit 1777 en veel fraaie boerderijen. Een **Mariagrot** is in 1945 gebouwd als oorlogsmonument. Baarschot wordt genoemd in het testament van St.-Willibrord uit 726: Bobauschot. Het was in de 12de eeuw al een eigen heerlijkheid. Nu is het een van die Brabantse dorpen, die trots zijn op hun hechte gemeenschapszin en levendige (ze gebruiken dan het woord Bourgondische) cultuur.

## Gorp

Een beekdal van de Leij, dennenbos, hei, vennen en een boerderij uit de 17de eeuw: dat is het natuurgebied **Gorp de Leij**. Het is ook een broedplaats voor vogels.

## Esbeek

Een typisch ontginningsdorp. Hier begint het **landgoed De Utrecht** (*blz. 246*) waar u eindeloos kunt wandelen en fietsen tot ver in België. **De Hertgang** met de vennen **De Flaas** en **Het Goor** is een mooi overgebleven oorspronkelijk natuurgebied. In de bossen ligt de bekende plek om even uit te rusten en te genieten: **In de Bockenreijder.**
Bij het **kerkje** van Esbeek uit 1937 staat een bakstenen buitenkapel met openluchtaltaar. Tot voor kort volgde daar een grote stroom pelgrims uit Tilburg en omstreken de mis en kreeg er gewijd water uitgereikt. Het was een in de 19de eeuw van Hooge Mierde 'overgenomen' bedevaart ter ere van de heilige **Knillis**, paus en martelaar Cornelius uit 253.
Dit was vroeger vaak de manier voor een dorp om extra geld te verdienen. Nu wordt het dorp overspoeld door het toerisme van de nabijgelegen attractieparken.

## Biest-Houtakker

Iedere fietser stapt even af bij het **kapelletje** van Westerik, officieel Westerwijk. Het is wel niet meer de oude kapel die herinnert aan de hulp die Hertogin Johanna van Brabant kreeg toen ze in de moerassen terecht was gekomen, maar het ligt er mooi bij.
In dit Brabantse dorp kunt u de sfeer van **Vieille France** proeven in een grote boerenstal die omgebouwd is tot een Frans dorpje. Het is een brocante- en antiekzaak waar u kunt kopen maar ook even genieten.

**Vieille France**
Akkerstraat 1a. *013-5055422.*
*wo-do 10.00-18.00 uur, vr 10.00-21.00 uur, za 10.00-17.00 uur.* *www.vieillefrance.nl*

De kapel van Westerik, pleisterplaats voor fietsers en wandelaars

## Rovert

De **Rovertse Heide** is nog zo'n natuurgebied in deze streek, waar u geniet van de stilte. Er is veel afwisseling in dit 460 hectare grote natuurgebied. Heide, naaldbos, open plekken.

## Haghorst

Aan het **Wilhelminakanaal** en vlak bij **Het Stuk**, een bosgebied ten zuiden van Haghorst.
Vissen in het kanaal en kijken naar de passerende vrachtschepen of recreatiebootjes, wandelen of fietsen op het jaagpad zijn echte vakantiebezigheden. Uw fietstocht voert verderop door het prachtige **landgoed Baest**.
Het kanaal werd gegraven van 1909 tot 1923. Het verbindt de Zuid-Willemsvaart met de Amer. Plaatsen als Oosterhout, Dongen, Tilburg, Oirschot en Best profiteerden ervan.

**Beukenbos en een meanderende Beerze op landgoed Baest**

**De knoptoren van Hilvarenbeek**

## Hilvarenbeek

'Hartveroverende Heerlyckheit' noemt het zich. En inderdaad, Hilvarenbeek palmt je in. Dat komt vooral door het **Vrijthof**.
Afgezien van gehuchten als Loon, Leender-Strijp, Zandoerle, Straten hebben soms ook grotere dorpen zoals Hilvarenbeek een schitterend Frankisch marktveld, brink of plaatse. Die zijn voor het grootste deel niet bestraat en zo hoort het ook want het was het terrein voor het vee. St.-Anthonis en Heeze hebben er ook een. Er zijn ook prachtige bestrate brinken of heuvels. Denk maar aan Oosterhout of Sint-Oedenrode.
Er staan volop bomen aan de rand. Ook dat zorgt voor dat gevoel 'buiten te zijn'.
Opvallend is de eeuwenoude **lindeboom**, een 'geboden linde'. Onder deze linde werd recht gesproken. Die komen we in Brabant vaak tegen ook in Oisterwijk, Sambeek, Nuenen en Tilburg. Zo zijn er ook vrijheidsbomen, geplant toen de Fransen hun revolutie hierheen exporteerden. Levensbomen werden geplant bij geboorte of huwelijk en staan ook vaak in gietijzer afgebeeld in het bovenlicht van voordeuren. Meibomen planten we nog als het hoogste punt bij een bouw is bereikt en er bier geschonken dient te worden. Wonderbomen vindt u overal in Brabant.
Hilvarenbeek heeft ook nog een **Doornboom**. Zo heet ook de **molen** uit 1857. Daar vindt u het **Heemkundig Museum de Doornboom**. Het vertelt u over de geschiedenis van Hilvarenbeek en over de dorpsdokter van vroeger. Het heeft ook een heem- en kruidentuin.
Het Vrijthof heeft ook een **pomp** en een **kiosk** en een standbeeld voor **Anton van**

### De Utrecht

De naam is afkomstig van Levensverzekeringsmaatschappij De Utrecht, tegenwoordig Amev. Die kocht in 1899 grond en heide op om er bomen te planten en te ontginnen. Het gebied veranderde wel maar tegelijkertijd werd ook natuur behouden.
De kleuren van De Utrecht, rood-wit, komt u tegen in de luiken van de ontginningsboerderijen. Men gaf stukken grond uit aan boeren op dezelfde wijze zoals dat in de 16de en 17de eeuw gebeurde door landheren in Noordwest-Brabant. Gevolg was een rationele aanleg langs een recht stuk weg en vrijwel identieke bebouwing. De boerderijen en de huizen van de landarbeiders vormden in De Utrecht kleine buurtschappen.

**Landgoed De Utrecht**

**Duinkerken** (1903-1968). Hij was Brabander in hart en nieren, geboren in Bergen Op Zoom, schrijver en prof. Nederlandse letterkunde in Nijmegen. Hij behoorde tot de initiatiefnemers van de Groot Kempische Cultuurdagen, die hier in Hilvarenbeek werden gehouden (en met veel bier werden afgesloten).
De roem van Hilvarenbeek is de **knoptoren** (1450) waarvan de haan 75 meter boven het Vrijthof staat. De toren is van baksteen en zeer afwisselend naar boven opgebouwd. Bovenin hangt een carillon. U kunt de toren beklimmen op evenementendagen en in juli en augustus op donderdag om 11.00 uur.
De **St.-Petruskerk** is al eeuwenoud. Aan deze kerk is vanaf 1300 gebouwd en in de eerste helft van de 16de eeuw veel verbouwd. Van buiten is de bouwstijl Kempische gotiek, maar van binnen is ze barok. Er zijn prachtige beelden en een bewerkte preekstoel uit 1628.
Op het Vrijthof ligt **Museumbrouwerij de Roos**. U ziet er de ketels, de houten roerkuip en het zinken koelschip en leert dus hoe vroeger ambachtelijk gebrouwen werd. In het proeflokaal drinkt u een bovengistend biertje. Achter de kerk ligt nog een lekker museum met proeflokaal: **Nationaal Likeur- en Frisdrankmuseum Isidorus Jonkers**. U ziet een likeurstokerij en advocaatfabriek anno 1833, flessen, glaasjes, frisdrankapparaten. Aantrekkelijk voor jong en oud.
Het bekendst is Hilvarenbeek misschien door het **Safaripark en Speelland de Beekse Bergen.** Meer dan 1000 dieren uit alle werelddelen leven hier en u rijdt, vaart of wandelt er tussendoor. Een dag is te kort.
(*blz.361*)

## Openluchttheaters

**De meeste openluchttheaters liggen in een bosrijke omgeving**

Op het programma van de Groot Kempische Cultuurdagen in Hilvarenbeek stond steevast een toneelstuk. Nu woonde daar ook Jan Naaijkens die heel wat openluchtspelen en wagenspelen op zijn naam heeft staan.
Het oudste natuurtheater van Nederland (1915) vindt u in Oisterwijk. In Heeswijk, Luijksgestel, Asten, Roosendaal, Someren, Best, Mariahout, Oosterhout, Uden, Berghem, Goirle en Ravenstein worden nog altijd in de zomermaanden stukken opgevoerd in de plaatselijke openluchttheaters.
Behalve Brabants toneel worden toneelstukken opgevoerd van Shakespeare, Brecht, Molière, Dario Fo, Claus, Tsjechow en vele anderen. Nergens is deze vorm van vrijetijdsbesteding zo groot als in Noord-Brabant.
In de grotere steden (Tilburg, 's-Hertogenbosch, Breda, Eindhoven, Oss, Cuijk, Roosendaal, Helmond, Uden) vindt u schouwburgen. Theaterfestivals zoals Boulevard in 's-Hertogenbosch vinden navolging.

**Olifant in Safaripark de Beekse Bergen**

**Heemkundig Museum de Doornboom**
Doelenstraat 53. *013-5054093.* *mei-sept.: di-vr 13.00-17.00 uur, juli-aug.: za-zo 14.00-17.00 uur.* *www.museumdedoornboom.myweb.nl*

**Museumbrouwerij de Roos**
St.-Sebastiaanstraat 4. *013-5055045.* *za-zo 13.00-17.00 uur en op afspraak.* *www.museumbrouwerij.nl*

**Nationaal Likeur- en Frisdrankmuseum Isidorus Jonkers**
Varkensmarkt 22. *013-5053119.* *april-sept.: di-zo 13.00-17.00 uur.* *ma.* *www.likeur-frismuseum.org*

**De eeuwenoude lindeboom op de brink van Hilvarenbeek**

# Baronie

*Het land van de Oranjes. De band van Brabant met het koningshuis is hechter dan veelal wordt aangenomen. Dat begon in 1403 door het huwelijk van Johanna van Polanen, erfdochter van de Baronie, met Engelbert van Nassau. In de Onze-Lieve-Vrouwekerk van Breda liggen diverse voorvaderen van ons Koninklijk Huis begraven.*

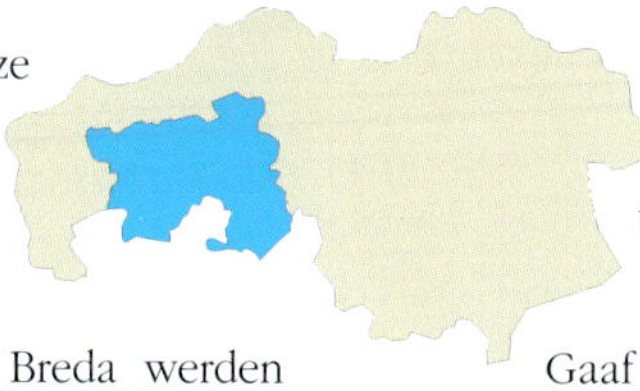

Maurits noemde deze streek zijn 'Brabants Paradijs'. Nu hebben de Oranjes ook hun best gedaan er een paradijs van te maken. Kerk en kasteel van Breda werden door hen verfraaid. Land rondom de stad werd ontgonnen. Prachtige bossen werden aangelegd.
Daar profiteren wij nu nog van. Breda heeft een heerlijke binnenstad met veel monumenten. Standbeelden, praalgraven, gebouwen, huizen en schilderijen herinneren ons aan de tijd dat de familie Nassau-Oranje hier daadwerkelijk regeerde. Elke fietser en wandelaar profiteert van de bossen van Ulvenhout, Chaam en Dorst, en van het Mastbos en het Liesbos.
Hier in de Baronie vindt u een van de mooiste Brabantse steden, Oosterhout. Gaaf bewaard en met zorg en smaak heringericht. Hier vindt u een ruïne, een slot, kloosters, herenhuizen aan de Heuvel, musea en een mooi overdekt winkelcentrum.
De Baronie is ook het land van Vincent van Gogh. De omgeving van Zundert en Etten-Leur hebben hem geïnspireerd. De verbondenheid met zijn broer Theo werd door Ossip Zadkine ontroerend mooi verbeeld in Zundert. Moeder van Gogh kwam uit Breda.

**Lente in het schilderachtige Oosterhout**

◁ **De Grote Kerk of Onze Lieve Vrouwekerk van Breda, omgeven door talrijke terrassen**

# Baronie verkennen

De Acht van Chaam, het bloemencorso van Zundert en de zondagen in Baarle-Nassau zijn slechts enkele voorbeelden van dagen waarop het druk is in de Baronie.
Er zijn veel bijzonderheden in dit gebied, zoals twee vliegvelden, een Zouavenmuseum bij een kopie van de St.-Pieter uit Rome in Oudenbosch, een ruïne in Oosterhout en een sterrenwacht in Hoeven.

Kopie van de St.-Pieter in Oudenbosch

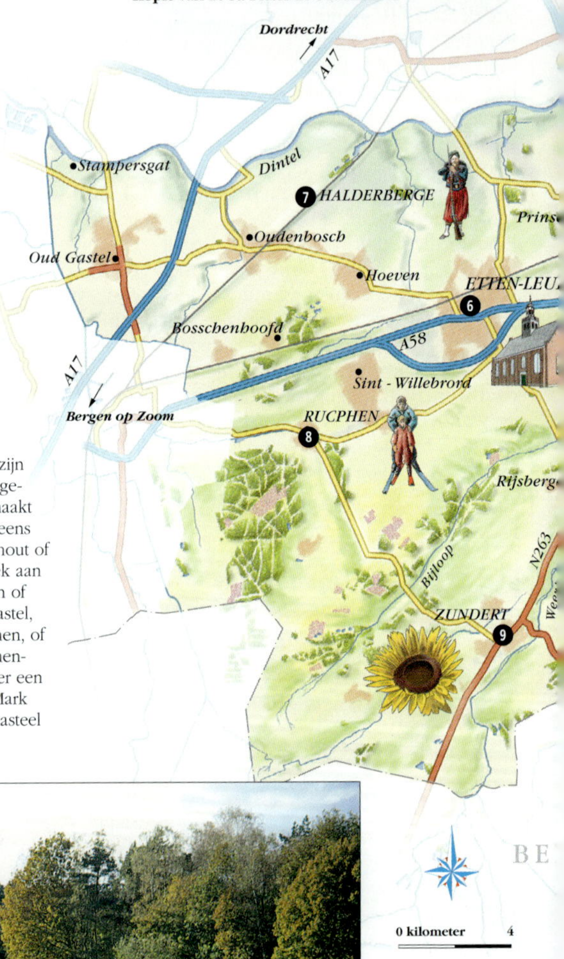



## Gemeenten

- Alphen-Chaam 4
- Baarle-Nassau 5
- Breda 1
- Etten-Leur 6
- Gilze en Rijen 3
- Halderberge 7
- Oosterhout 2
- Rucphen 8
- Zundert 9

## Activiteiten

Alle plaatsen in de Baronie zijn door autosnelwegen overal gemakkelijk bereikbaar. Dat maakt dagtochten mogelijk. Maak eens een wandeling door Oosterhout of Etten-Leur, breng een bezoek aan het streekmuseum in Alphen of het Zijdemuseum in Oud Gastel, ga een dagje skiën in Rucphen, of neem een vliegles in Bosschenhoofd. Waar kunt u heerlijker een dagje fietsen dan langs de Mark van Meer in België tot het kasteel Bouvigne in Breda?

Landgoed De Pannenhoe

Historische panden in Oosterhout

### ZIE OOK

- ***Accommodatie*** blz. 334-335, 347
- ***Restaurants*** blz. 341

Grote Kerk van Breda

Beeld van Vincent en Theo van Gogh in Zundert

Baarle, hier kunt u kiezen: Nederland of België?

### SYMBOLEN

- Snelweg
- Provinciale weg
- Secundaire weg
- Kanaal/rivier

# Onder de loep: Breda

**Begijntjes**

Het is heerlijk wandelen door het historisch centrum van Breda. Muren, poorten en torens uit de Middeleeuwen zijn vrijwel verdwenen en enkel de singels geven nog aan waar de wallen uit de 16de eeuw liepen. Maar daarbinnen staan nog veel schitterende gebouwen en panden in dit 'Haagje van het zuiden'. Binnentuinen en stadspark Valkenberg zorgen voor afwisseling. Op de Grote Markt is het fijn uitrusten na winkelen en wandelen. Daarna bent u welkom in de musea.

**Kasteel** *Hendrik III en Willem III maakten van de oude burcht een renaissance-paleis.*

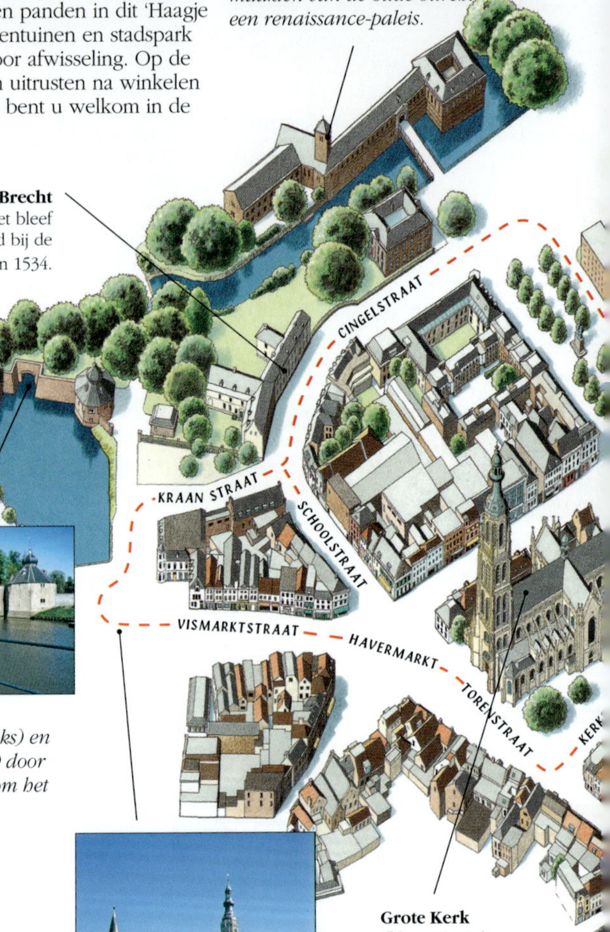


**Huis van Brecht** uit 1490. Het bleef gespaard bij de stadsbrand van 1534.

**★ Spanjaardsgat**
*Met Granaattoren (links) en Duiventoren. Ca.1509 door Hendrik III gebouwd om het kasteel te versterken.*

**Grote Kerk**
*(blz. 254-255)*

0 meter 100

**STERATTRACTIES**

- **★ Spanjaardsgat**
- **★ Het Begijnhof**
- **★ Het stadhuis**

**Grote Kerk**
*Zicht op de kerk en binnenstad vanaf de brug aan het Spanjaardsgat*

**SYMBOOL**

- - - - Aanbevolen route

**★ Het Begijnhof**
*In 1267 gesticht en in 1531 hierheen verplaatst bij de Wendelinuskapel (nu Waalse Kerk). In 1836 kreeg het een eigen Waterstaatskerkje.*

**Willem Merkxtuin**
*Rust en fraaie beelden vindt u in deze tuin. U heeft een mooi zicht op de achterzijde van patriciërshuizen.*

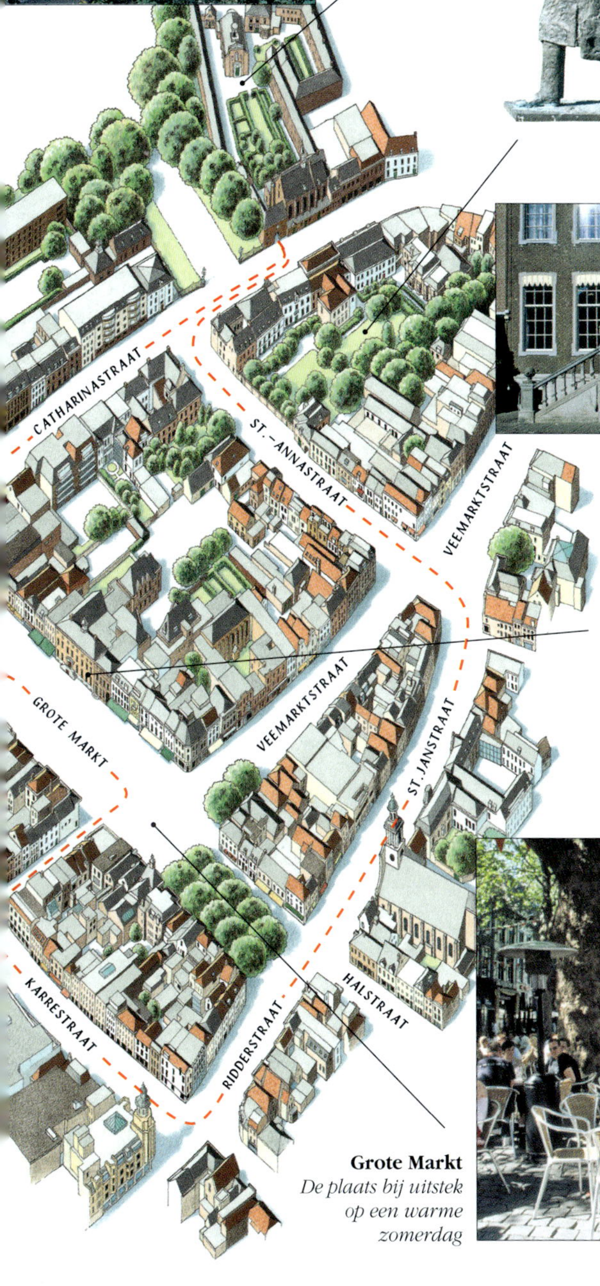

**★ Het stadhuis**
*Vier huizen werden door architect Philips Willem Schonk in 1767 verbouwd tot één. Op het Stadserf staat een beeld van turfschipper Adriaan van Bergen.*

**Grote Markt**
*De plaats bij uitstek op een warme zomerdag*

# Grote Kerk of Onze Lieve Vrouwekerk

Plafonddecoratie

Hoogtepunt van Brabantse gotiek. Waarschijnlijk ontworpen door de familie Keldermans die ook in Antwerpen bouwde. Hier liggen zeven Heren van Breda begraven. Willem van Oranje en opvolgers werden in Delft bijgezet. De kerk is geheel met natuursteen bekleed. De muur- en plafondschilderingen, lichtinval en hoge opgaande lijnen maken van deze ruimte een hemel op aarde, waar doden en levenden in gebed en zang eer aan God brengen.

**De toren**
is 97 meter hoog. Gebouwd tussen 1468 en 1509. De open koepel is in 1702 geplaatst, gemaakt van hout uit de Oranjebossen bij Ulvenhout.

**Ornamenten**
*De kerk is rijkelij voorzien van sie lijke ornamenten die zo kenmerkend zijn voor de gothiek.*

**De Prinsenbank** *Deze dateert uit 1663 en staat tegenover de preekstoel met koperen leuning op mooie blauwe vloertegels.*

**★ Grafmonumenten**
*Dit vroegrenaissance grafmonument werd rond 1538 opgericht voor Frederik van Renesse.*

**★ Het orgel**
dateert uit 1715, maar is gebouwd op resten van een orgel uit 1534. Hierop is de beeltenis te zien van David die danst en het hoofd van Goliath toont.

**STERATTRACTIES**

- ★ **Koorbanken**
- ★ **Grafmonumenten**
- ★ **Het orgel**

**Lijnenspel**
*Bekijkt u eens enkele ramen nauwkeurig. U ziet hoe speels en sierlijk er gebouwd werd.*

**De Annunciatie**
*Maria Boodschap, een muurschildering uit de 15de eeuw.*

**TIPS VOOR DE TOERIST**

Kerkplein 2. **Wegenkaart B3.** *076-5218267. ma-za 10.00-17.00, za-zo 13.00-17.00 uur. Rondleiding voor groepen via VVV of Gilde de Baronie (076-5615158) www.grotekerkbreda.nl*

**Epitaaf**
*Detail van de rijk versierde epitaaf of grafsteen voor van Assendelft.*

**Prinsenkapel**
*Hier liggen diverse voorvaderen van ons Koninklijk Huis begraven. Dit is het graf van Engelbert II van Nassau en zijn vrouw Cimburga van Baden. Zijn vier albasten deugden dragen zijn harnas.*

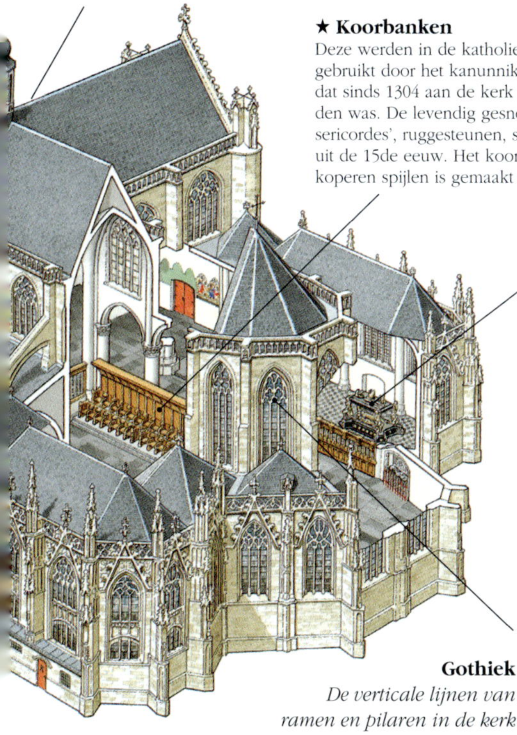

**★ Koorbanken**
Deze werden in de katholieke tijd gebruikt door het kanunnikenkapittel dat sinds 1304 aan de kerk verbonden was. De levendig gesneden 'misericordes', ruggesteunen, stammen uit de 15de eeuw. Het koorhek met koperen spijlen is gemaakt in 1581.

**Gothiek**
*De verticale lijnen van ramen en pilaren in de kerk suggereren een enorme hoogte.*

**GEMEENTE BREDA** ❶

**Wegenkaart B3.** *162.500.*
*Willemstraat 17-19 (0900-5222444).*

# Breda

*Onder de loep: blz. 252-253.*
*Grote Kerk of Onze Lieve Vrouwekerk: blz. 254-255.*

Sinds de 12de eeuw ligt Breda als stad met kasteel op het punt waar **Weerijs** en **Mark** samenkomen. In 1404 huldigde het de eerste Nassauer in. In de 16de eeuw kwam de stad onder Hendrik III tot grote bloei maar brandde in 1534 voor een groot deel af. In 1590 speelt het verhaal van het **turfschip**, de list waardoor Adriaan van Bergen de stad in handen van Maurits speelde. Spinola heroverde de stad in 1624. Een kopie van het schilderij van Velasquez' **'De Overgave van Breda aan Spinola'** hangt in het stadhuis. Frederik Hendrik bracht de stad in 1637 weer in handen van de Republiek en zijn eigen familie. Bij het beleg verbleef hij op **Kasteel Bouvigne**, uit 1615. U kunt daar door de prachtige tuinen wandelen.

**Fraaie oude gevels**

De Vrede van Breda van 1667 bracht de stad internationale bekendheid. In de 19de eeuw werden de wallen gesloopt. Het kasteel werd **KMA**, Koninklijke Militaire Academie. Er vestigden zich vele industrieën, waaronder de bekende **Kwattafabrieken**.
In mei 1940 moest de stad worden geëvacueerd, in 1944 werd de stad door de Polen bevrijd. Een groot monument herinnert ons daaraan.
Het **Breda's Museum** presenteert u geschiedenis en cultuur van Breda met behulp van alle moderne media. Het is aantrekkelijk voor jong en oud. De bevrijding door de Poolse generaal Maczek wordt verteld in het **Generaal Maczek Museum**.
Veel wisselende tentoonstellingen op het gebied van de beeldende kunst, fotografie, architectuur, design en grafische vormgeving worden georganiseerd in **De Beyerd**, een voormalig oudemannenhuis uit 1643.

**Rust en ontspanning in het stadspark van Breda**

**Ingang aan het Merxkshof**

In een ouderwetse kroeg kan men biersoorten proeven en kijken naar alle mogelijke vormen van bierreclame.
Breda is een prachtige stad. Er is natuurlijk veel meer te zien dan tot nu genoemd is. Er zijn oude huizen zoals **Huis van Brecht** in de Cingelstraat uit 1490, in de St.-Janstraat het huis **Ocrum**, dat lang burgerweeshuis was en het huis **Hersbeeck** waar de Engelse gezanten in 1667 logeerden. In de Catharinastraat staan fraaie **herenhuizen**.
Ook moet de **Lutherse kerk** nog genoemd worden, een schuilkerk, maar deze keer voor protestanten die niet calvinistisch waren. Verder zijn er nog de **synagoge**, in 1992 prachtig gerestaureerd, en de **St.-Joostkapel** uit 1490.
Ook moderne gebouwen sieren de stad. Denkt u bijvoorbeeld aan de **koepelgevangenis** en het **Chassétheater** met golvend dak van Herman Hertzberger, de **watertoren**, het gebouw van de **Suikerunie** van Wim Quist en Bier-

Met de Grote Kerk als decor is het in de zomer aangenaam verpozen in Breda

brouwerij **De Drie Hoefijzers**, een gebouw van de Amsterdamse school.
Breda is ook een stad om een tocht langs beelden te maken. Begin uw tocht bij het **Nassaumonument** van P. Cuijpers, geplaatst in 1904 om de inhuldiging van 1404 te gedenken. Daarna komt u bij het ruiterstandbeeld van stadhouder-koning **Willem III** en bij de prachtige beelden in de **Merkxtuin**, het carnavalsbeeld **Sinte Juttemis** en de **Liefdezuster** van Jos van Riemsdijk. De **Vuurtoren** van Aldo Rossi en de **Wegkijker** van Hein Koreman. En nog zo veel andere beelden.

**Kasteel Bouvigne**
Bouvignelaan 5.
*ma-vr 9.00-16.00 uur.*

**Breda's Museum**
Parade 12. *076-5299300.*
*di-zo 10.00-17.00 uur.*
*www.breda-museum.nl*

**Generaal Maczek Museum**
De La Reyweg 95. *076-5274089.*
*3de zo 14.00-17.00 uur.*
*www.maczekmuseum.nl*

**De Beyerd**
Boschstraat 22. *076-5299900.*
*di-vr 10.00-17.00 uur, za-zo 13.00-17.00 uur.*
*www.brabantmuseumland.nl*

**Bierreclamemuseum**
Haagweg 375. *076-5220975.*
*zo 11.00-23.00 uur.*
*www.bierreclamemuseum.nl*

## Bavel

U vindt hier de **Hoop**, een ronde stenen bergkorenmolen uit 1865.

## Teteringen

Prachtig zijn de vele panden uit de 17de, 18de en 19de eeuw aan het **Hoeveneind.** Het zijn boerderijen en Vlaamse schuren. Vlakbij ligt de **Teteringse Heide**.

## Princenhage

De **St.-Martinuskerk** dateert van 1499 met een nog oudere toren. De protestantse kerk is een waterstaatskerk. Het gemeentehuis stamt uit 1792. Vlakbij ligt het **Liesbos.**

Hoeveneind in Teteringen

## Ulvenhout

U geniet van de kruidentuin, de boerderij en de stal van de **Pekhoeve**.

De Pekhoeve in Ulvenhout

De Oranjes hebben hun best gedaan om van het **Prinsenbos** een geordend gebied te maken. Eiken, beuken en naaldbomen wisselen elkaar af. Na de oorlog heeft Wilhelmina een tijdlang gewoond op het buiten **Anneville**.
Een boerderij uit 1903 bevat het **Heemkunde Museum Paulus van Daesdonck** waarin een winkel, een café, een klaslokaaltje en een kapel zijn ingericht.

**Heemkunde Museum Paulus van Daesdonck**
Pennendijk 1. *076-5612742.*
*wo 14.00-16.00 uur, 1ste zo 14.00-17.00 uur.*
*www.paulusvandaesdonck.nl*

**GEMEENTE OOSTERHOUT ❷**

**Wegenkaart C3.** *53.000.*
*Bouwlingplein 1 (0900-2022550).*

# Oosterhout

Oosterhout is een groene, gezellige stad, waar men eerbied heeft voor de geschiedenis, maar waar ook frisse, moderne kanten waar te nemen zijn. **Cultureel Centrum de Bussel** aan het plein en het overdekte winkelcentrum **Arendshof** zijn inderdaad fris en modern. De Dubbele Arend was vroeger de naam van de bierbrouwerij. De markt en de winkelstraten zijn gezellig. Wees niet verbaasd als u door een kerkportaal stapt en een gezellig **binnenhofje** aantreft met winkeltjes, een terras en een kapel. **Stadstuin de Schelp** aan de Vijzel is een heerlijke plek om te luisteren naar beiaardconcerten. Ad van Bekhoven ontwierp de toegangspoort. Hier wordt modern en groen goed gecombineerd.
Groen is het ook rondom de **slotjes** en het stadhuis, en op de **Heuvel** met zijn drie rijen bomen.
De geschiedenis van Oosterhout - voor zover bekend - begint bij het **kasteel van Strijen**. Dat lag precies op de grens van Holland en Brabant. Van het 13de-eeuwse kasteel is niet meer overgebleven dan het zeven meter hoge hoekstuk. Ook ruïnes hebben een zekere schoonheid en prikkelen de fantasie. Van 1325 tot 1353 bewoonde Willem van Duivenvoorde het kasteel. Hij was een bekende 'bankier' in het Holland en Europa van die dagen.

**Ruïne van het 13de-eeuwse kasteel van Strijen**

## HET CENTRUM VAN OOSTERHOUT

Basiliek St.-Jan ⑦
Binnenhofje ③
De Heuvel ⑥
Slotjes ⑤
Speelgoedmuseum Op Stelten ①
Stadstuin de Schelp ④
Winkelcentrum Arendshof ②

0 meter 200

**SYMBOLEN**

- Kerk
- Toeristeninformatie
- Postkantoor
- Parkeerplaats
- Voetgangersgebied

In Oosterhout vestigden zich Tempeliers, Ridders van St.-Jan en adellijke families. Vijf slotjes zijn bewaard gebleven. **Slotje Limburg** is gebouwd op een vroonhof uit de 14de eeuw. Het is lang als gemeentehuis in gebruik geweest. **Slotje Beveren** uit de 15de eeuw was een eeuw lang pastorie. Aan **slotje Braeckestein** is vaak verbouwd. De gracht is gedempt, de woontoren afgebroken. De gesloten vensterluiken kunnen niet open omdat er geen ramen achter zijn. Belasting op ramen werd zo ontdoken.

**Een van de vijf overgebleven slotjes van Oosterhout**

**Winkelen in het Arendshof**

**Slotje Borssele** stamt uit de 14de eeuw.
Het vijfde overgebleven slotje is **De Blauwe Camer**. Dat is nu klooster **St.-Catharinadal**. Sinds 1647 zitten hier de norbertinessen onder bescherming van de protestantse Oranjes, omdat familieleden tot deze zusters hadden behoord. In datzelfde deel van Oosterhout vindt u de **Paulusabdij** van de benedictijnen en de **OLV-abdij** van de benedictinessen.
Er is nog zoveel te zien hier. De prachtige panden van de **Heuvel**: nr. 9, met later toegevoegd Antwerps poortje; nr. 11, Herberg de Drie Halve Manen uit 1623; nr. 13, het Vrijheidshuis waar recht werd gesproken; nr. 19, in Lodewijk XVI-stijl; nr. 16, het kleinste huisje.
De **Basiliek St.-Jan** had rond 1500 maar drie beuken. Cuijpers heeft er twee bijgemaakt. De toren met speklagen is nooit afgebouwd. Hij is toch 40 meter hoog en dat is hoog als u hem beklimt.
Bij slecht weer is er in Oosterhout ook veel te zien.
Het **Speelgoedmuseum Op Stelten** laat u speelgoed van de laatste 200 jaar zien.
In theater **De Schelleboom** genieten u en uw kinderen van toverlantaarnplaatjes en poppenkastspel.
Het **Bakkerijmuseum** toont u een grote verzameling en u kunt er zelf koekjes bakken.
Het **Brabants Museum Oud Oosterhout** geeft een indruk van het leven in Brabant rond 1900. Het toont ook miniaturen en gebouwen.

**Speelgoedmuseum Op Stelten**
St. Vincentiusstraat 86. *0162-452815.* *wo-zo 13.00-17.00 uur.*
*www.speelgoedmuseum.nl*

**Bakkerijmuseum**
Klappeijstraat 47-49. *0162-429700.* *op afspraak voor groepen.*
*www.brabantmuseumland.nl*

**Brabants Museum Oud Oosterhout**
Bredaseweg 129. *0162-426815.* *di-vr 10.00-17.00 uur, za-zo 11.00-17.00 uur.*
*www.brabantmuseumland.nl*

**Genieten van de voorjaarszon op een van de sfeervolle terrassen van Oosterhout**

## Dorst

Voor Oosterhout krijgt u dorst. Dat komt dan doordat u heerlijk gewandeld hebt in het uitgestrekte dennenbosgebied **Boswachterij Dorst**. U zag er heidevelden tussen de bossen liggen en leemputten met hun speciale begroeiing. U had informatie ingewonnen bij het **Beheerscentrum Staatsbos.** Voor honger en dorst is dan een oplossing. In dit druk bezochte gebied vindt u cafés, pannenkoekhuizen en het recreatiepark **Surae** waar u een groot natuurbad in een van de vroegere leemkuilen aantreft. Voor u en de kinderen is er van alles te doen.

**Surae**
Suraeweg 61. *0161-411559.*
*voor openingstijden en activiteitenprogramma zie website.*
*www.surae.nl*

**Met paard en wagen genieten van de landelijke rust**

## Den Hout

Misschien is het een idee om van Dorst naar Den Hout te fietsen, om Oosterhout heen. U trekt dan door de **Oosterheide**, een voormalig heidegebied maar nu met bos, heide en landbouwpercelen. U ziet heuvels, de **Kalbergen**, overblijfselen van drie kogelvangers. Hier oefenden de soldaten. U passeert de **Vrachelse Heide**, waar u een **joodse begraafplaats** aantreft.

Den Hout zelf zal u bevallen. Het heeft een grote boomrijke driehoekige **plaatse** met ganzenpoel. Aan de plaatse stond vroeger een kapel en een gasthuis, gesticht in 1336 door Willem van Duivenvoorde. Nu rest er nog enkel de naam in het gezellige **Herberg 't Klosterke**.

Even verderop ziet u **molen De Hoop** uit 1836.

Nog verder ligt de **Houtse Linie**. Het zijn zigzagsgewijs aangelegde wallen en grachten. De vestingbouwer Menno van Coehoorn legde ze in 1701 aan. Hier werd Holland tussen Breda en Geertruidenberg verdedigd. Nu is het een natuurreservaat.

**De plaatse van Den Hout met in het midden de ganzenpoel**

### Abdijen

Abdijen zijn kloosters waarvan de hoogste bestuurder een abt is. Abt komt van het Aramese woord abba = vader. Vaderlijk moet hij de kloostertucht over de monniken die hem zelf hebben gekozen handhaven. Hij is door de bisschop gewijd en draagt ring, mijter en staf. Abdijen zijn altijd gebouwen waarin oude monastieke ordes leven. Dus niet congregaties die hier of in de missie actief zijn in het dagelijkse kerkelijke en sociale leven. De monniken leven volgens een oude regel, die vooral gericht is op gebed en meditatie. Voor hun onderhoud zorgen ze door een groot boerenbedrijf, een bierbrouwerij of een uitgeverij te runnen.

Omdat ze van geen sociaal nut werden geacht werden ze op het einde van de 19de eeuw verjaagd uit Frankrijk. Via België kwamen ze in Brabant terecht. Benedictijnen, cisterciënzers, trappisten, zowel mannen als vrouwen.

In Oosterhout vestigden zich in 1901 benedictinessen. Vanuit de beroemde abdij van Solesmes kwamen even later monniken die hier de St.-Paulusabdij stichtten. Het werd een huis van gebed, studie, cultuur en spiritualiteit. Katholieke intellectuelen deden hier inspiratie op. Pieter van der Meer de Walcheren trad hier in. Frederik van Eeden werd er gedoopt. Vanuit Oosterhout werd de abdij van Egmond aan Zee gesticht en abdij Slangenburg bij Doesburg.

Rietdekker aan het werk bij het vernieuwen van een rieten dak

**GEMEENTE GILZE EN RIJEN** ❸

**Wegenkaart C3.** *25.000.*
*Den Heuvel 1a, Gilze (0161-455775). Stationsstraat 114, Rijen (0161-220100).*

## Gilze

De gemeente is het bekendst vanwege het **vliegveld** dat precies in het midden ligt. In 1910 is ermee gestart. De Duitsers hebben het stevig uitgebreid. Geen wonder dat de plaatsen hier omheen zwaar geleden hebben van bombardementen en V2's. Tot de dag van vandaag is het vooral een militair vliegveld.
Van de oude **kerk** is weinig over. Slechts een deel van de houten tongewelven is nog 16de-eeuws. De stevige **toren** met vier bollen valt direct op als u Gilze binnenrijdt.
Op het marktplein staat een eikenhouten **waterput** uit 1050, gemaakt van twee holle stammen die toen al 300 jaar oud waren. Hij is een sieraad voor het marktplein en zeker weer eens wat anders dan een kiosk of dorpspomp.
In de Kerkstraat staat een **Vlaamse schuur** uit 1647 met rieten wolfsdak zoals men die meer aantreft in Midden-Brabant. De schuur schijnt een tijd als schuilkerk dienst te hebben gedaan.
In het nieuwe winkelcentrum De Laverije heeft men een gerestaureerde **schoorsteen** van de voormalige leerfabriek Van der Steen laten staan. In het buitengebied vindt u het landgoed **Valkenberg**. Dat bestond al in de 14de eeuw. Wat u nu tussen de oprijlanen ziet is een hoofdgebouw uit de 18de eeuw, een manege op de plaats van een vroegere boerderij, een tuinmanswoning, een schuur en een koetshuis uit de 19de eeuw.
Als u allerlei soorten dahlia's wilt zien moet u naar de **Floraliatuin.**
Door de gemeente loopt een **beeldenroute** en u kunt een bezoek brengen aan **Galerie de Ringeloor**.
Iets bijzonders is ook het museum **Dè Wascht en Strèkt**.
Om een indruk te krijgen van de geschiedenis van gemeente en streek kunt u een bezoek brengen aan **Heemkundig Centrum 't Oude Raadhuis**.

**Floraliatuin**
Hoevenaarsstraat Gilze. *0161-452159.*

**Galerie de Ringeloor**.
Nieuwstraat 27a. *0161-455590.*

**Dè Wascht en Strèkt**
Nieuwstraat 96. *0161-451863.*
*op afspraak.*

**Heemkundig Centrum 't Oude Raadhuis**
Nieuwstraat 22. *0161-226979.*
*1ste zo 14.00-17.00 uur, en op afspraak.*

Nieuwbouw in het oude boerenland bij Gilze

De St.-Annakapel van Molenschot, geliefde plek voor de trouwmis

## Rijen

De neogotische **Maria Magdalenakerk** werd in 1906 gebouwd. Het **gemeentehuis** dat in 1961 door Siebers en Van Dael werd gebouwd heeft een klokkentoren en ziet er aantrekkelijk uit.
Ook dit deel van de gemeente heeft veel van de oorlog geleden. De lange lintbebouwing met **oude panden** wordt geflankeerd door nieuwe uitbreidingsplannen. In de lange hoofdstraat vindt u ook een goed gerestaureerde **leerlooierij** met typische luiken. Naast agrarische bedrijven kende Rijen ook **steenfabrieken**, omdat er een leemstrook door dit gebied loopt. In de bossen rondom vindt u die fraai begroeide leemkuilen nog terug. Die wisselen af met naaldbossen, stuifzandgebieden en loofbos. Vroeger stonden hier veel eikenbomen waarvan de schors gebruikt werd bij het looien.
De gemeente heeft verder nog drie **golfbanen** en een zwemparadijs **Tropical.**

Eerbetoon aan de vele schoenmakers van deze streek

## Molenschot

Hier staat een St.-Annakapel uit de 16de eeuw, een ideale plek voor een trouwmis. De spreuk luidt dan ook: 'Naar St.-Anneke voor een manneke of anneke'.
Het dorp heeft bovendien een prachtige langgevelboerderij uit 1843, een rijksmonument, dat het feest voor u kan organiseren, Café de **Drie Linden**.

## Hulten

Een aangenaam dorp met **De 'P'Opkamer**, waar u antieke poppen en speelgoed op afspraak kunt bekijken.

**De 'P'Opkamer**
Hulteneindsestraat 12. *0161-224294.*

### Brabantse vliegvelden

De belangstelling voor het vliegen bleek voor het eerst in 1909. Op de Klappenbergse Heide bij **Etten-Leur** werd de eerste vlucht vanaf Nederlandse bodem uitgevoerd door Graaf Charles de Lambert met een Wrighttoestel. Er staat nog steeds een gedenkteken. Een jaar later werd de eerste Nederlandse vliegvereniging opgericht die een school op de Molenheide tussen **Gilze** en **Rijen** startte. In 1913 werd de Koninklijke Luchtmacht opgericht. Zowel hier in Gilze als op vliegveld Welschap, dat als werkverschaffingsproject in 1932 werd aangelegd bij **Eindhoven**, was de luchtmacht de belangrijkste initiatiefnemer. De Duitsers bouwden in 1940 vliegbasis **Volkel** dat na de oorlog een steunpunt in **Bakel** kreeg. Na de oorlog werden voor de luchtmacht ook het vliegveld **Budel** en **Woensdrecht** aangelegd. Het laatste is vooral bekend geworden in de jaren tachtig toen daar vaak en heftig gedemonstreerd werd tegen de plaatsing van kruisraketten.
De burgerluchtvaart, het luchtvrachtverkeer en het verkeer met recreatieve, zakelijke en reclamedoelstellingen kregen vooral na 1950 kansen. Philips bouwde **Eindhoven Airport** mee op. Budel werd **Kempen Airport** en heeft net als het vliegveld **Seppe** vooral recreatieve en zakelijke doelstellingen. Hier en daar - bijvoorbeeld in **Nistelrode** - vindt u weiden die beschikbaar zijn voor de zweefvliegerij. Ballontochten kunt u vanuit meerdere plaatsen maken.

Sportvliegtuig bij de ingang van vliegveld Gilze-Rijen

**GEMEENTE ALPHEN-CHAAM ❹**

**Wegenkaart C3-4.** *9.500.*
*Stationsstraat 23, Alphen (013-5081721). Dorpstraat 25, Chaam (0161-491812).*

De grote bonte specht voelt zich thuis in de bossen rond Alphen

## Alphen

Vondsten uit de prehistorie, de Romeinse tijd en de vroege Middeleeuwen bewijzen dat Alphen vanouds een geliefde woonplek is geweest. Vooral de sieraden, wapens, aardewerk en glas uit het **Merovingisch grafveld** (450-750 n.C.) maken diepe indruk. Daarvoor moet u een bezoek brengen aan het aandoenlijke en verfijnde museum, **Oudheidkundig Streekmuseum Alphen**, dat ondergebracht is in de witte voormalige protestantse **kerk** uit 1822. Daar is ook oud gereedschap en een torenuurwerk te zien.
Dat mensen graag in deze streek wilden wonen bewijzen ook de **30 gehuchten** waaruit deze gemeente bestaat. Bijna elk dorp heeft een eigen kapel. Er is een fietstocht langs deze **kapelletjes** verkrijgbaar.
Alphen werd in 712 genoemd toen het gebied geschonken werd aan St.-Willibrord, die het in 726 schonk aan de abdij van Echternach. Later verkreeg de abdij van Tongerlo hier vele bezittingen. Ook de Prins van Oranje verkreeg hier als Heer van Breda vele landerijen en op den duur het gehele bestuur.
De boeren hebben de vroegere heide ontgonnen. Alleen de **Regte Heide** is nog over. Ook zijn veel bossen aangelegd op vroegere heide of zandverstuivingsgebieden.
U kunt door de naaldbossen van de **Alphense bergen** en **'t Zand** fietsen naar de **Boswachterij Chaam** en naar de eiken en beuken bij Ulvenhout tot in Breda.
De vroegere heide was de grote bron van welvaart want schapen leverden wol, vlees, melk en mest. De **Alphense Belhamel** wordt geëerd met een eigen monument tegenover het museum.

Trapgevelhuis in Alphen

De vroegere welvaart is ook af te lezen van de **toren** in Kempische laatgotische stijl (1559) en de huizen daar omheen. De toren heeft in 1944 flink schade opgelopen maar is nu weer mooi gerestaureerd. Bekijkt u de toren eens nauwkeurig. Dit is niet een zware kolos. De ranke steunberen en de vlakverdeling door de nissen die naar boven toe dieper worden, zorgen ervoor dat het geheel een bijna vrolijke, levenslustige indruk maakt. Alle lijnen lopen soepel naar boven, naar de hemel. De toren wijst naar God.
De toren is van verre te zien op de weg van Tilburg naar Turnhout. Het '**Belse lijntje'** dat deze twee steden verbond liep ook door Alphen en is nu onderdeel van het fietsroutenetwerk.

Regte Heide met op de achtergrond het beekdal van de Leij

**Oudheidkundig Streekmuseum Alphen**
Baarleseweg 1. *013-5081821*
*juli-aug. zo 14.00-16.30 uur, sept.-juni 3de zo 11.00-13.00 uur.*
*www.brabantmuseumland.nl*

De indrukwekkende oude pastorie van Chaam

## Chaam

Spreek uit: Kaam. Als u het uitspreekt, voegt u er als vanzelf de **Acht van Chaam** aan toe. Zo bekend is deze wielerronde die gehouden wordt na de Tour de France. Fietsen kunt u ook zelf naar hartelust in deze omgeving, en wel door **Boswachterij Chaam** die de bossen bij Ulvenhout en bij Alphen verbindt. Ook het beekdalenlandschap is schitterend. Chaam zelf is één lange straat met daaraan de mooie **Nh-kerk** uit de 15de eeuw. De toren ervan hebben de Duitsers in de Tweede Wereldoorlog verwoest. Een deel ligt als ruïne naast de kerk.
De kerk heeft een houten tongewelf met rozetten.
Er staat een kansel uit de tweede helft van de 17de eeuw, versierd met engelenkopjes. De koperen doopvont en het orgel zijn van latere datum.
In diezelfde straat staat ook de katholieke kerk. Interessant is om te zien hoe de pastoor van Chaam zijn herenhuis bouwde naast dat Huis des Heren.
Op de Leg, een gehucht onder Chaam, moet een klooster hebben gestaan. Een boerderij met omgeving heet nog steeds **Het Klooster**.
Chaam heeft een **Heemkundig Museum Ledevaert**

**Heemkundig Museum Ledevaert.**
Gilzeweg 12. 0161-492416.
*op afspraak.*

## Chaamdijk

Oud is het **kapelletje** niet (1943) maar het verhaal van het beeldje van **O.L.V. ter Sneeuw** is dat wel. Een Mariabeeldje wordt in de sneeuw gevonden doordat de plek rondom het beeldje op onbegrijpelijke wijze droog blijft. Het beschermt wonderbaarlijk de vinder, een reiziger die door rovers wordt overvallen. Kapelletjes en kruisbeelden staan vaak op kruisingen van

Wielrenner in Chaam

wegen waar reizigers baden om bescherming op hun weg. Van Chaamdijk naar Chaam doorkruist u het mooie **beekdalenlandschap** van de Chaamse Beek en Roode Beek in het stroomgebied

De Chaamse Beek meandert schilderachtig door Boswachterij Chaam

van de Mark. Er wordt hard gewerkt aan ecologische verbetering van dit beschermd gebied.

## Strijbeek

Wandelen door de **Strijbeekse Heide**, kijken bij het **Rondven**, het **Langven** en het **Zwarte Goor**: u geniet van typisch Brabants vennenlandschap. Als u doorwandelt naar de **Goudberg** ziet u een duin die een levend hoogveen omringt. Terug in Strijbeek ligt er aan de grens met België een prachtige kapel. **St.-Hubertus** is er de patroonheilige van. Kapelletjes ontstonden vaak bij gehuchten die vroeger te

St-Hubertuskapel in Strijbeek

ver gaans van de parochiekerk lagen. Een vrome rijke grondbezitter stichtte dan een kapel en schonk een flinke som geld waarmee het kerkje kon worden onderhouden. Hij deed dit op voorwaarde dat voor de schenker missen gelezen zouden worden. Soms waren parochiepastoors uit concurrentie-overwegingen niet zo blij met een te zelfstandige kapel.

## Galder

Vanaf Meerle in België kan men tot in Breda fietsen op een **fietspad langs de Mark**. Het is er druk maar dat is begrijpelijk want het is er ontzettend mooi. Een bezoek aan de **St.-Jacobskapel** uit 1468 mag u niet overslaan.

De gerestaureerde St.-Martinuskapel in de weilanden van Druisdijk

## Heerstaaien

Hier ligt een stuw in de Mark. U ziet hoe diep de Mark hier ligt in het landschap.

## Druisdijk

Al in de 15de eeuw zou er aan de Druisdijk een **St.-Martinuskapel** hebben gestaan. In 1540 werd de kapel herbouwd. **Pastoor W.J.C. Binck** liet de kapel restaureren. Deze pastoor was amateur-archeoloog en heeft in Alphen veel belangrijk veldonderzoek verricht. Hij werd oprichter van Brabants Heem, een stichting van heemkundekringen die een tijdschrift van dezelfde naam bezit. Zijn **standbeeld** staat naast het museum van Alphen.
In 1976 is de kapel opnieuw gerestaureerd.

## Kwaalburg

In dit gehucht werd in 1947 een tweetal **grafheuvels** opgegraven: eenvoudige heuvels zonder paalkrans. Waarschijnlijk zijn deze grafheuvels in een vroeg tijdstip van de bronstijd aangelegd.

## Terover

In dit gehucht bezaten de tempeliers omstreeks 1100 de hofstad **Ter Brake**. De orde van de tempeliers werd in 1312 ontbonden en de hofstad kwam in handen van de Malthezer ridders die er een commanderie inrichtten met een kapel, gewijd aan St.-Jan de Doper. De kapel is rond 1840 afgebroken maar boerderij De Braake, daterend uit de 17de eeuw, een huis met trapgevel en vensterbogen, staat op de historische plek.

Over het fietspad langs de Mark van Nederland naar België

**Gemeente Baarle-Nassau** ❺

**Wegenkaart C4.** *6.500.*
*Nieuwstraat 16 (013-5079921).*

Dit monument uit 1639 was ooit gemeentehuis nu café de Pomp

## Baarle-Nassau

Grenzen zijn scheidingslijnen. Ze zonderen het ene af van het andere. Ze ontstaan vaak omdat het ene zich onderscheid van het andere. Door de grens echter wordt het onderscheid vaak ook geschapen en onderhouden. Over de grens gelden andere wetten, zeden, opvattingen en smaak. Over de grens is het anders. Grenzen lokken het overschrijden ervan uit. Vaak zijn er smokkelroutes over en weer. Nieuwsgierigheid en liefdesavonturen leiden soms tot het overschrijden van grenzen. Soms is het overschrijden van grenzen illegaal, dan vindt u douane en politie op uw pad. En wederzijds gebruikt men driepoten om banden te laten springen. Maar wat te doen als de grens dwars door een dorp, dwars door een straat, een huis of café loopt? Dan zijn de wetten niet te handhaven. Dan ontstaat er een samenleving die van twee walletjes eet en dat zo aantrekkelijk weet te maken dat ze een toeristische trekpleister wordt.

Sinds **1196** stond het in een charter omschreven: de Hertog van Brabant behield het dorp. De Heer van Breda, later een Nassauer, kreeg de onontgonnen bossen, heide en moerassen. Bij de vrede van Munster van 1648, en na de Belgische Opstand bleef het dorp Baarle (van de Hertog) bij het zuiden horen en Baarle (van Nassau) bij de Nederlanden.

Bij het Traktaat van Maastricht van 1843 kon men tussen **grenspaal 214 en 215** onmogelijk een vaste grens trekken. De afzonderlijke nationaliteit van 5732 percelen werd beschreven. Op 26 april 1974 en 31 oktober 1995 werd dat nog eens vastgesteld.

Huisnummerplaatjes

Baarle-Hertog ligt in Nederland, een kilometer of 6 van de grens. Het vormt dus in Nederland een enclave. Maar het leuke is nu dat het niet als een blok in Nederland ligt maar in 22 stukjes, **22 enclaves**. En binnen dat Belgische Baarle-Hertog liggen weer 8 Nederlandse eilandjes, **8 enclaves**. Wandelen door Baarle betekent wandelen tussen huizen met een Belgisch en een Nederlands **huisnummer**. De grens loop soms dwars door een huis, dwars door de slaapkamer.

De grens wordt aangegeven met **aluminiumkleurige punaises** in het wegdek en **speciale stoeptegels** in het trottoir. Bij de St.-Remigiuskerk staat een kopie van **grenspaal 214-215** met de Nederlandse en de Belgische leeuw.

Er zijn **twee gemeentehui-**

De grens wordt met speciale stoeptegels aangegeven

**zen.** Het Nederlandse uit 1953 heeft een carillon met 18 klokken. Aan de zijmuur is een **paneel** bevestigd met een overzicht van de geschiedenis. Op het plein staat een **zwengelpomp** uit 1809. Aan de overzijde staat **café de Pomp** uit 1639 dat vroeger gemeentehuis was. Hotel **Den Engel** was al eeuwen lang halteplaats voor de postkoetsen. Binnen kunt u 22 gebrandschilderde ramen zien van Jan Huet.

Het kleine centrum van Baarle kent veel gezellige cafés en terrassen. **De Pungelaar** (ander woord voor smokkelaar) en het **Brouwershuis**

**Ruime keus uit gezellige terrassen**

zijn slechts twee voorbeelden. In het laatste café kunt u een verzameling smokkelattributen en uniformen zien, zoals **smokkelklompjes**, klompen met de hiel onder de teen en de teen onder de hiel om de douane de verkeerde kant op te sturen.

Het vroegere Belgische gemeentehuis is nu **Heemhuis** geworden. Er zijn regelmatig tentoonstellingen.

Zoals er twee gemeente-

**Biercuriosa, proeflokaal en smokkelattributen: 't Brouwershuis**

huizen zijn, zo zijn er ook twee katholieke kerken. De **Belse kerk**, St.-Remigius, met uientoren is een 16de-eeuwse opvolger van een Romaanse kerk uit 992. In de oorlog is de kerk flink kapot geweest.

Behalve de **Hollandse kerk** is de **St.-Salvatorkapel** van Nijhoven, even buiten het centrum, een bezoek waard. Er is een Lourdesgrot bij de ingang. Een kruisweg, de zeven Smarten en de vijf Geheimen, met liefde gerestaureerd, houden een volksdevotie levend. De kaarsenprocessie in augustus is een van de grote evenementen van Baarle.

Het **kaarsenmuseum** toont u iets unieks, een veertigtal beelden van bijenwas. Religieuze voorstellingen van soms grote afmetingen.

**Grenspaal 214-215**

Grenzen vervagen in Europa. Overal betaal je met euro's. Winkels zijn ook in Nederland vaak op zondag open. Te smokkelen valt er niet veel meer. Bankcontrole, politiesamenwerking en harmonisatie van wetten hebben het ontduiken tot bijna nul gereduceerd. Toch is er in Baarle een gezellige **koopsfeer** blijven hangen. Nog steeds wordt er gesnuffeld naar de leukste koopjes en zitten de terrassen vol.

**Kaarsenmuseum**
Kerkplein 2. *0032-14699662.*
*april-nov. di-do 11.00-17.00 uur, vr-zo 12.00-17.00 uur, dec.-maart za-zo 12.00-17.00 uur.*

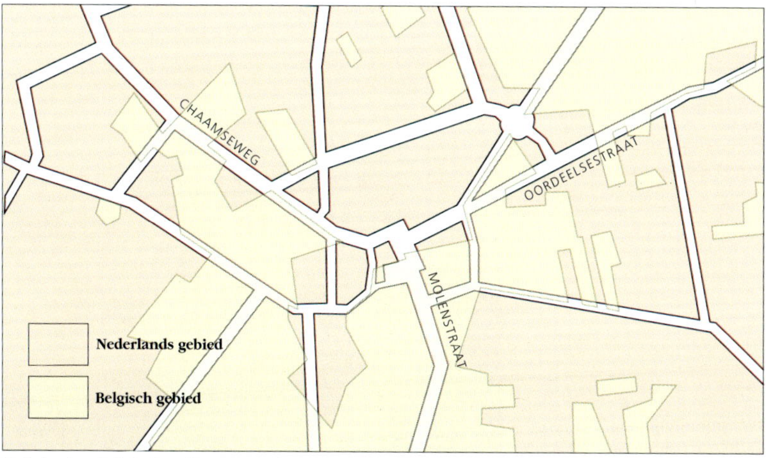


**Nederland en België als stukjes van een legpuzzel**

De vaart, met een van de molens en een strategisch geplaatst kanon

**GEMEENTE ETTEN-LEUR** 6

**Wegenkaart B3.** *38.000.*
*Stationsplein 45 (076-5027500).*

# Etten-Leur

Het wegennet is gereconstrueerd. De binnenstad wordt gemoderniseerd. De herontdekking van het mooie oude centrum door de toeristen kan nu volgen. Want de **markt** met de vier rijen linde- en kastanjebomen en de **'moeierboom'**, een linde uit 1675, is werkelijk indrukwekkend. Aan de markt liggen statige herenhuizen zoals **De Linden** uit de 18de eeuw en **Herberg De Oude Zwaan** uit 1628.
Overigens laat een tekening van Dirck Verrijk uit 1778 zien dat men toen al oog had voor een goede infrastructuur. Het hele marktplein is dan al bestraat, hetgeen in de 18de eeuw voor een dorp nog uitzonderlijk was. Boerderijen zijn in dat centrum van toen niet te zien, maar wel een groots raadhuis dat er in 1778 pas twee jaar stond. Het was ontworpen door architect Philip Schonck in 1776. Die architect was toen net klaar met de herbouw van de **toren** van de kerk, die in 1732 was ingestort. De **kerk** zelf was oorspronkelijk een hallenkerk, maar door de brand van 1584 en het slopen van de zijkoren in 1821 is er van de oorspronkelijke bakstenen kerk maar een deel overgebleven. Ze wordt gebruikt als raadszaal en tentoonstellingsruimte.
Dit is de hervormde kerk waar de vader van **Vincent van Gogh** dominee was, toen Vincent in 1881 enige maanden kwam wonen in het ouderlijk huis. Dat huis is, net als het huis in Zundert, jammer genoeg afgebroken. Vincent heeft het wel getekend. Ook de moeierboom op de markt heeft hij getekend. De preekstoel uit 1580, en het orgel uit 1700, heeft Vincent ook gekend. Het **beeldje** van Van Gogh is gemaakt door Hein Vree in 1990 bij de herdenking van zijn honderdste sterfdag. De **visbank** was tevens overdekte markthal voor andere producten en waag. Die sluit de markt sierlijk af.
Etten-Leur was van 1300 tot 1450 in het bezit van de familie Van Houte of Utenhoute. Van 1450 tot 1795 behoorde het tot de bezittingen van Nassau. Vooral in de 15de en 16de eeuw moet het tweelingdorp door de turfnering tot behoorlijke bloei zijn gekomen. Dat verklaart het rijke marktplein en de fraaie kerken. Ook Justus de Nobelaer was een rijk en vroom man. In 1681 stichtte hij het **Paulushofje**. Het was bedoeld voor 13 arme vrouwen die er gratis mochten wonen. Ze kregen er nog drie karren turf in de winter bij. Het hofje is gerestaureerd en het biedt ook onderdak aan het **Streekmuseum Jan Uten Houte**.
In dat museum vindt u de werkplaats van een smid, een klompenmaker, een zadelma-

Kerk en H. Hartbeeld in Etten

De moeierboom, een linde die geplant is in 1675

ker en een rietdekker. Devotionalia staan uitgestald in de huiskapel. Kortom een grote collectie volkskunde.
In Leur staat het **standbeeld van Adriaan van Bergen**. Hij was de turfschipper die in 1590 stiekem soldaten onder de turf de stad Breda binnenbracht, waarna de stad veroverd kon worden op de Spanjaarden. Een nationale held dus.
De **N.h. kerk** van Leur is van oorsprong een middeleeuws gebouw uit 1284. Het bezit fraaie tekstborden en een orgel uit 1717.
Aan de turfhaven, nu een kleine **jachthaven**, staat ook een van de drie molens, de **Lelie**, een ronde stenen stellingkorenmolen uit 1804. Veel ouder is de **Bisschopsmolen**. Die is door de bisschop van Antwerpen in 1744 gebouwd. De derde is de **Zwartenbergse watermolen** uit 1889 die in het polderlandschap ten noorden van Etten-Leur staat.
Etten-Leur heeft een fraaie boerderij ter beschikking gesteld aan het Grafisch Historisch Centrum. Die heeft hier een **Drukkerijmuseum** ingericht. Omdat in de grafische wereld alles zo snel verandert, heeft men ten doel gesteld het oude beroep van zetter, drukker en binder in al zijn ambachtelijke facetten ten toon te stellen.
Ook veel volkscultuur van West-Brabant is te vinden in het **Land- en tuinbouwmuseum**.
Over een heel ander onderwerp gaat het **Huijsmuseum**, namelijk over psychiatrie vroeger en nu. Het is ondergebracht in het psychisch instituut St.-Anthonius uit 1893.
Ten slotte is er nog een **Vogel- en Natuurmuseum**.

**Statige herenhuizen aan de markt getuigen van vroegere welvaart**

**Adriaan van Bergen**

**Streekmuseum Jan Uten Houte**
Markt 53-61. 076-5034244
*di-do en 1ste zo 13.30-16.30 uur. juli.*
*www.brabantmuseumland.nl*

**Drukkerijmuseum**
Leeuwerik 8. *076-5034826.*
*wo en do en 1ste za-zo 13.00-16.00 uur.*
*www.drukkerijmuseum.nl*

**Land- en tuinbouwmuseum**
Kasteellaan 23. *076-5013950.*

**Huijsmuseum**
Van Bergenplein 39. *076-5026000. 1ste zo en op afspraak.*

**Vogel- en Natuurmuseum**
Lange Brugstraat 61. *076-5012103. op afspraak.*

**De binnenplaats van het Paulushofje dat werd gesticht door Justus de Nobelaer in 1681**

**De kerk van Oud Gastel is uitbundig voorzien van muurschilderingen**

genoemd. Broeder Erik van de Broeders van Saint Louis uit Oudenbosch heeft hem opgericht en hij is uitgegroeid tot een wetenschappelijk instituut waar de belangstellende toerist ook ruimschoots terecht kan.
In Hoeven kunt u verder genieten van **molen De Hoop** (1863), van Recreatiepark **Bosbad Hoeven** en van het natuurpark **Pagnevaart**.

**Quasar Het Heelal Dichtbij**
Bovenstraat 89. *0165-502439.* *sept.-juni: wo en zo 14.00-17.00 uur, do-vr 19.30-22.00 uur, juli-aug.: di en zo 14.00-17.00 uur, do-vr 20.00-23.00 uur.* *ma en za.* *www.quasarheelal.nl*

**GEMEENTE HALDERBERGE 7**
**Wegenkaart B3.** *30.000.* *Pastoor van Breugelstraat 128, Bosschenhoofd (0165-312348). St.-Janstraat 67-69, Hoeven (0165-502891). St.-Annaplein 1, Oudenbosch (0165-390555).*

## Oud Gastel

Ontgonnen door paters cisterciënzers in de 13de eeuw. Nieuw Gastel is in de 16de eeuw ingepolderd maar weer door het water opgeslokt. Trots steekt de **toren** die de paters in de 15de eeuw bouwden boven het dorp uit. De kerk is nieuw. Het dorp biedt u twee musea.
**Dorpsmuseum In de drie Snoeken**. Het is gevestigd in een voormalige herberg uit 1733. De Heemkundekring ontvangt en informeert u hier.
**Zijdemuseum De Schans** toont de geschiedenis van de Chinese zijdeteelt.

**Dorpsmuseum In de drie Snoeken**
Dorpsstraat 50. *di 13.00-15.30 uur, do 19.30-21.00 uur, za 10.00-12.00 uur.*

**Zijdemuseum De Schans**
Peter Ceelen Keetweg 1. *0165-320095.* *mei-okt.: wo, vr-zo 13.00-17.00 uur, in de schoolvakanties: di-zo 13.00-17.00 uur.* *www.zijdemuseum.nl*

## Hoeven

Ook dit dorp is in de 13de eeuw door paters cisterciënzers ontgonnen. Zij stichtten hier een dependance van hun klooster: het **Hof van Bovendonk**. Jarenlang is dit het grootseminarie van het bisdom Breda geweest. Nu is het een conferentieoord. Het ligt mooi tussen de bomen aan de rand van het dorp.
In Hoeven heeft Christiaan Huygens gewoond. Hij was een groot natuur- en sterrenkundige. Toch is de **Volkssterrenwacht** niet naar hem maar naar de natuurkundige **Simon Stevin** (1548-1620)

## Bosschenhoofd

Het dorp is vooral bekend door het **vliegveld Seppe**. Er is een museum aan verbonden: **Vliegend Museum Seppe**

**Vliegend Museum Seppe**
Pastoor van Breugelstraat. 93e. *0165-321335.* *wo 13.00-17.00 uur, za-zo 11.00-17.00 uur.* *dec.-feb.: zo*
**Seppe Air Service Int.**
Pastoor van Breugelstraat 93c. *0165-318167.*

## Stampersgat

Akkerbouw op grote rechthoekige kavels, kleigrond, de een na de ander ingepolderd. Het belangrijkste product is suikerbiet. Hier staat dan ook de grootste **suikerfabriek** van Europa.

**Herdenkingsmonument in het park van het Hof van Bovendonk**

Koepelkerk van het kloostercomplex van het broedercongregatie St.-Louis

## Oudenbosch

De jaren 1860-1870 zijn voor Oudenbosch bepalend geweest. W. Hellemons was er pastoor. Een wilskrachtige man en ultramontaan. Dat laatste wil zeggen dat hij sterk meeleefde met de toenmalige Paus Pius IX. Die had het erg moeilijk. Zijn Kerkelijke Staat stond eenwording van Italië in de weg. Nationalisten vielen zijn landje aan. Uit de katholieke wereld kwamen soldaten, de **Zouaven**, de Kerkelijke Staat verdedigen. Hellemons wist er 3000 naar Rome te sturen. Oudenbosch hield er een **Nederlands Zouavenmuseum** aan over. Het is ondergebracht in het voormalige raadhuis uit 1776.

Brievenbus van het oude postkantoor uit 1898

Pastoor Hellemons stapte naar Cuijpers in Roermond en liet hem een kopie ontwerpen van de **St.-Pieter** uit Rome. Maar wel op schaal. De entree werd door Van Swaay ontworpen en is een kopie van St.-Jan van Latheranen in Rome. Het is een merkwaardig bouwsel. Marmer had men niet en daarom zorgden schilders voor imitatiemarmer. Het geheel maakt echter nog steeds grote indruk. Binnen kunt u de koepel beklimmen. Zo kunt u eens een kerk vanuit de hoogte zien.

De pastoor stichtte ook (al in 1840) een broedercongregatie **St.-Louis** waarvoor een klooster en jongensinternaat gebouwd werden met ook een **koepelkerk**. (1865). De broeders hebben op onderwijsgebied veel werk verzet over heel de wereld. Aan deze broeders danken we de Sterrenwacht, het Zouavenmuseum maar ook het **Natuurhistorisch en Volkenkundig Museum**. Uit de missielanden verzamelde men opgezette vogels, mineralen en archeologische voorwerpen.

Arboretum van Oudenbosch

In Oudenbosch kunt u ook nog genieten van de **Nh-kerk** uit 1819 met het oudste monument van de plaats: de oude **pastorie** uit 1562.

Ingang van het Zouavenmuseum

Midden in Oudenbosch ligt het **Arboretum**. Dat is ook zeker een bezoek waard.

**Nederlands Zouavenmuseum**
Markt 31. 0165-313448.
*mei-sept.: di-do en 1ste en 3de zo 14.00-17.00 uur, okt.-april: di en 1ste zo 14.00-17.00 uur.*
*www.zouavenmuseum.nl*

**Natuurhistorisch en Volkenkundig Museum**
Markt 30a. 0165-317677.
*wo en zo 14.00-17.00 uur.*
*www.nvmoudenbosch.nl*

**GEMEENTE RUCPHEN** 8

**Wegenkaart B3.** *23.000.*
*Julianastraat 1 (0165-342211).*

## Rucphen

Een uitgestrekt heidegebied van 1650 ha met bossen, akkers, houtwallen en duinen loopt van Rucphen tot de Belgische grens. Het heet **Rucphense en Langendijkse Heide en Bossen.**
Vroeger was het een stuifzandgebied. Door de bebossing met den, douglasspar, lariks, beuk en eik zijn er maar enkele stuifduinen overgebleven. De heide is hier en daar vergrast. Brem, buntgras en solitaire dennen zorgen voor een gevarieerd heidelandschap.
Er wordt drinkwater gewonnen en militairen houden er oefeningen. Maar er is ook een langlaufroute.
Aan de rand ligt **Schijf**, een ontginningsdorp. Van Schijf naar Rucphen en Roosendaal loopt een **turfvaart**. Hier vervoerden de boten turf op de heenweg en stadsmest op de retourtocht. Nu is Schijf een klein dorp met veel cafés en een 'Bels' sfeertje. Schijf is één van de vijf bloemen die afgebeeld worden op het raadhuis van Rucphen. Bloemen op één stam met daaronder twee vogels. Het is een **mozaïek** van Kees Mandos.
Rucphen werd 650 jaar geleden als Rukven gesticht door Heiric van Boutershem, Heer van Bergen op Zoom en zijn echtgenote Maria van Merxhem. De stichtingsakte is bewaard gebleven.
Ruk of Roek was een gebied waar turf werd gestoken en een ven ontstond.
De roomskatholieke kerk uit de 15de eeuw werd na 1648 door de protestanten overgenomen. De katholieken waren aangewezen op de grenskerkjes. De grens met de Zuidelijke Nederlanden was hier dichtbij. In 1808 werd een **Martinuskerk** gebouwd, waarin de hardstenen doopvont uit de oude kerk bewaard is.

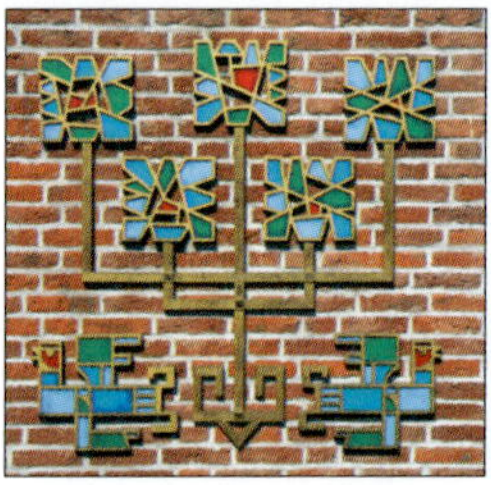

De vijf bloemen van Rucphen

Een andere bloem is **Zegge**. Daar staat een **kapel Maria Boodschap** die van de 15de eeuw zou dateren en sindsdien een bedevaartsoord is geweest. Hier wordt 'Onze-Lieve-Vrouw van de Zeg' vereerd, vooral in de meimaand en op

15de-eeuwse toren van Sprundel

25 maart, de dag van Maria Boodschap. Dat is de dag dat Maria de boodschap van de engel Gabriël ontving dat ze negen maanden later, met Kerstmis dus, Moeder Gods zou worden .
Het polychrome houten beeld van Maria met kind dat op het neogotische altaar staat stamt uit de 17de eeuw. Het beeld zou in 1802 tijdens een brand wonderbaarlijk behouden zijn. Getuige de votiefkasten met de vele ex-voto's zijn gebeden hier vaak verhoord.
Een volgende bloem stelt **Sprundel** voor. De toren van de **Johannes de Doperkerk** is 15de-eeuws. U ziet direct dat de kerk in de 19de eeuw aan de toenmalige behoefte

Veel wandelpaden in het uitgestrekte bosgebied van de Rucphense Heide

De Mariagrot in St-Willebrord is een kopie van de grot in Lourdes

en smaak is aangepast.
De kerk was in de protestantse tijd erg verwaarloosd. E. Soffers behield in 1857 slechts enkele delen van de vroegere eenbeukige kerk. De toren werd in het nieuwe gebouw opgenomen. Het klokkengedeelte is duidelijk onderscheiden van het benedendeel.

Bergkorenmolen De Hoop

De ronde stenen bergkorenmolen **De Hoop** werd in 1840 gebouwd en is dus iets ouder dan **De Heimolen** van Rucphen, die uit 1866 stamt. Twee tuinen in Rucphen kunnen op uw programma worden gezet. De **Heemtuin Rucphen**, een tuin die u duidelijk informeert over de regionale planten, gewassen en kruiden, en **Beeldentuin Panta Rhei.**
Het bekendst in de wijde omgeving is Rucphen vanwege de **Vijfsprong** en het **Ski-dôme.**
In de Vijfsprong kunt u 30 sporten beoefenen.
In het Ski-dôme kunt u het hele jaar op echte sneeuw skiën en snowboarden.

**Heemtuin Rucphen**
Baanvelden 12. *0165-343014.*
*www.heemtuinrucphen.nl*
**Beeldentuin Panta Rhei**
Heimolendreef 9. *0165-344883.*
*www.pantarhei-galerie-beeldentuin.nl*
**Vijfsprong**
Kozijnenhoek 21. *0165-305050.*
**Ski-dôme**
Baanvelden 13. *0165-343134.*
*voor openingstijden en activiteiten zie website.*
*www.skidome.nl*

## St.-Willebrord

De vijfde bloem. Omdat de mensen er wat donkerder uitzagen en zich niet zo aan de wet hielden, dacht men dat het directe afstammelingen waren van de vroegere Spaanse garnizoensoldaten. De plaats had zo'n slechte naam dat er van naam is veranderd. Eerst heette het hier **Het Heike**. Het beeld van **pastoor Bastiaansen** die de mensen heeft heropgevoed staat wit te blinken. Misschien herinnert de witte steen aan de tijd dat men hier zand waste om als fijn wit zand te verkopen. Zaterdags tekende men figuren met dat zand op de tegels van de huiskamer of het café. Wit zand werd ook gebruikt als schuurmiddel.
Uit liefde voor Maria bouwde de pastoor een kopie van de **Lourdeskerk**, compleet met grot.
St. Willebrord is bekend geworden als bakermat van grote **wielercoureurs** zoals Woutje Wagtmans en Wim van Est.

Pastoor Bastiaansen

**GEMEENTE ZUNDERT 9**

**Wegenkaart B4.** *20.500.* *Molenstraat 5 (076-5971999).*

# Zundert

Vanouds werd er fruit, groenten, bomen en planten gekweekt in de omgeving van Rijsbergen en Zundert. Vooral om de aardbeien en frambozen is Zundert bekend. Bij dahlia's gaat de teelt om de knollen. De bloemen kunnen bij duizenden gebruikt worden voor het **bloemencorso.** De eerste zondag van september kunt u de mooiste en fleurigste creaties door Zundert zien trekken. Naast het raadhuis staat een beeld van Henk Groenhuis dat het **bloemen(corso)meisje** voorstelt.

In de **Assortimentstuin** vindt u al wandelend alle planten en bomen die in deze streek gekweekt worden terug.

**Vincent van Gogh** werd in 1853 in Zundert geboren. Het geboortehuis is jammer genoeg afgebroken. De plek is herkenbaar aan een gedenksteen, geplaatst bij zijn honderdste geboortedag. Zijn vader was hier dominee. De kerk van 1805 staat prachtig tussen de bomen aan een plein waarop het beroemde beeld van **Ossip Zadkine** staat. De broers Vincent en Theo, één van hart, met in elkaar gestrengelde handen, een sierlijk en ontroerend beeld.

**Het raadhuis van Zundert in 1830 in neoclassicistische stijl gebouwd**

Voor meer informatie over zijn leven in Zundert kunt u terecht in het **Cultureel Centrum van Gogh.**

De geschiedenis van Zundert begint in Klein-Zundert, dat in een akte van 1157 genoemd wordt. Het gebied was net als in Baarle verdeeld over stukken die bij de Hertog van Brabant hoorden en stukken die bezit waren geworden van Nassau, later Oranje. De verdeling in stukken is hier echter sinds 1795 verdwenen. Wel is de nabijheid van 'den Bels' vaak in Zundert en kerkdorpen te proeven.

**Gedenksteen op het geboortehuis van Vincent van Gogh**

De **kerk** van de H. Trudo bewaart nog drie zwartmarmeren altaren uit 1622, afkomstig uit de Michielsabdij van Antwerpen. Uit de vroegere kerk zijn beelden, biechtstoelen, schilderijen, het orgel en het torenkruis overgeplaatst. Zundert maakt verder nog indruk met zijn gepleisterd neoclassicistisch **raadhuis** uit 1830 en de **Akkermolen** uit 1625.

Buiten het dorp liggen landgoed **De Moeren** met **Abdij Maria Toevlucht**, een cisterciënzerabdij. Niet oud maar wel een plek om even tot rust te komen en met de paters mee te bidden.

U passeert daar **de Turfvaart** die begin 17de eeuw gegraven werd om de hier afgegraven turf naar Breda, Antwerpen, Gent en Brugge te brengen.

De vaart is 28 km lang. Schippers legden even aan bij café **In den Anker**, een herberg uit 1653. Het interieur is nog origineel, zoals de schouw in de gelagkamer, de bedstee en het plafond. Op de schoorsteen staat een windhond als windwijzer.

**Huize De Moeren** ligt iets verder tussen de bomen verscholen.

De Moeren ligt aan beide zijden van de Rucphense weg. Het bos is hier vooral naaldbos met vennen. Weilanden worden omzoomd door hoge oude beplanting en eikenlanen. Op het nabijgelegen natuurgebied **De Tachtig Bunders** lopen Schotse hooglanders.

De Turfvaart loopt ook door landgoed **de Pannenhoef** en moerasgebied **de Lokker**. Het Brabants Landschap is hier

**Brabantse 'knollen' grazen in het natuurgebied rond De Flesch**

bezig de natuurlijke situatie te herstellen. Zo zijn **de Flesch** en **de Bak** uitgegraven waardoor weer de oude vennen met het typische vennenmilieu zijn ontstaan.
Een prachtig wandelgebied is ook de **Oude Buisse Heide**. Het is een karakteristiek heidegebied met vennen. Daar ligt ook de **Angorahoeve**. Dat was de woning en het atelier van **Henriëtte Roland Holst-van der Schalk** (1869-1952). Zij erfde deze heide van haar oma, Henriëtte van der Hoeven. De van der Hoevens bezaten dit gebied al sinds de 16de eeuw en Huize de Moeren wordt nog steeds bewoond door deze familie. De dichteres heeft hier minstens drie werken geschreven. Een laan loopt uit op een **theekoepel** waar een gedicht van Henriëtte hangt uit de bundel De Nieuwe Geboort', 1903.
'Kleine paden slingeren over de heide / en komen aan de hutten der armen / zij zijn de eenigen die zich erbarmen / over 't verlatene van wie hier lijden.'
Henriëtte was een overtuigd socialiste. Haar gedichten waarvoor zij hier inspiratie opdeed, getuigen van dit ideaal. Desondanks werd zij de Grootvorstin van Zundert genoemd. De Buisse Heide vermaakte zij aan de Nederlandse Vereniging tot Behoud van Natuurmonumenten. In deze prachtige omgeving met wandelingen van theekoepel naar theekoepel ligt ook het landhuis **Wallsteijn**.

**De oude Buisse Heide ligt op de hoge zandgronden rond Zundert**

**Assortimentstuin**
Jan Koekenplein, Klein Zundert.
*076-5972977.*
**Cultureel Centrum van Gogh**
Molenstraat 5. *076-5971999.*
*ma-vr 10.00-16.00 uur, mei-sept. ook za-zo 10.00-14.00 uur.*

## Rijsbergen

Hier werden vondsten gedaan uit de 2de eeuw v.C. Maar de spannendste vondst was die van een **Romeins altaar**, toegewijd aan Sandraudiga. Dat bevindt zich nu in Leiden. Sandraudiga lijkt een inheemse godheid geweest te zijn die door de Romeinen was overgenomen. Of hier een Romeinse nederzetting is geweest weet men niet. Het kan ook een onderdeel van een soort veldkapel voor reizigers zijn geweest. Pas uit de 12de eeuw bestaan er schriftelijke bronnen over Rijsbergen. Men leefde van turfwinning, wolververij en leerbewerking en later, tot op de dag van vandaag, van het kweken van bomen en planten. Een hele reeks **kapellen** omgeeft Rijsbergen. Oud zijn ze niet, wel artistiek. De oude kerk is gesloopt. De nieuwe is van verre te zien. Die heeft mooie gebrandschilderde ramen, geschonken door het aartsbisdom Mechelen. Rijsbergen is een aangename pleisterplaats nu het grote verkeer naar België via de A16 loopt. Dat geldt ook voor het kerkdorp **Wernhout**. Rijsbergen heeft een aardig dorpsplein, een dorpspomp, oude herenhuizen, waaronder het woonhuis bij de voormalige **watermolen** uit 1778. Ten oosten van Wernhout liggen de natuurreservaten **de Krochten** en **Lange Goren** met rietpercelen, broekbossen, dennen, dichtgegroeide veenputten en beken. Een moerassig en dus gevaarlijk gebied. **De Vloeiweide** ten noorden van Rijsbergen wordt doorsneden door de Turfvaart en de Bijloop. Hier stond vroeger een ijzermolen. U ziet hier ook een verzetsmonument. Interessant wandelgebied is ook het landgoed **de Krabbebossen**.

**Een wandeling langs de Turfvaart voert u door oud veengebied**

# Hollands Brabant

*Ongeveer het hele kleigebied ten noorden van het Brabantse zandplateau behoorde tot 1815 tot Holland. Hier geen bossen, heide en vennen. Wel polders, vaarten, wielen, dijken en terpen. Ter verdediging van Holland werden er vestingsteden, forten en linies gebouwd. Hollands Brabant bestaat uit het gebied aan Hollands Diep en Biesbosch, het Land van Heusden en Altena, en de Langstraat.*

De Biesbosch is ontstaan door de St.-Elisabethsvloed van 1421. De vloed slokte tientallen dorpen op en scheidde deze streek zo grondig van het noorden af dat ze na de Franse tijd dan ook maar bij Brabant werd ingedeeld. Het Hollands Diep werd de grens.

Het Land van Heusden en Altena is getekend door de eeuwenlange strijd tegen overstromingen van de Maas. Door het graven van de Bergse Maas werd dit probleem wel opgelost maar werd het Land van Altena tot een soort eiland gemaakt.

De Langstraat ontstond door inpoldering slag voor slag. Het slagenlandschap ontstond. Aan de dijk werden boerderijen gebouwd met hun kop schuin op de weg en vaak met een bruggetje ervoor. Hooi en leer werden belangrijke producten. Twee rampen hebben een stempel op dit gebied gezet. Eerst waren er de verwoestingen door de strijd in de Tweede Wereldoorlog, toen veel dorpskernen en kerktorens zijn vernield. Later was er de overstromingsramp van 1953.

In Hollands Brabant wonen veel meer protestanten dan in de andere delen van Brabant. Ook dat vormt mede het karakter van dit gebied. Soms is de protestantse kerk hier het grootst, en dat vindt u in Brabant verder niet.

De Moerdijkbrug van 1936 verbond dit land weer direct met Holland. De A27 en A29 volgden na de oorlog. 'Boven en onder de Moerdijk' wordt steeds meer een historisch begrip.

**Molens op de vestingwallen van het schilderachtige plaatsje Heusden**

◁ ***St.-Elisabethsvloed*** **(1421), geschilderd door de Meester van Rhenen**

# Hollands Brabant verkennen

Vooral in Drimmelen en Werkendam vindt u informatie over de Biesbosch. Ook veel andere plaatsen bieden mogelijkheden tot rondvaarten en bootverhuur. Geniet van het water als u fietst van Woudrichem naar Aalburg.
Dit is het gebied met de vestingsteden: Willemstad, Heusden, Woudrichem, Geertruidenberg en Klundert. Wandel over de wallen, de bastions en ravelijnen. Maak foto's van boerderijen in Babyloniënbroek en Waspik. Of van de wipwatermolens in het Land van Altena.

Nationaal Park de Biesbosch

### *Zie ook*

- ***Accommodatie*** blz. 335, 347
- ***Restaurants*** blz. 341

Hollands Diep bij Willemstad

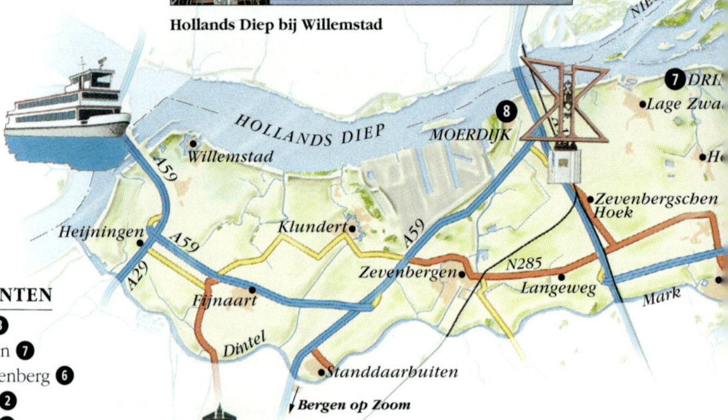


### Gemeenten

Aalburg 3
Drimmelen 7
Geertruidenberg 6
Heusden 2
Moerdijk 8
Waalwijk 1
Werkendam 5
Woudrichem 4

Raadhuis van Klundert

### Activiteiten

Een prachtig kasteel vindt u in Dussen. In Meeuwen, Rijswijk, Sprang-Capelle en Nieuwkuijk zijn kleinere kastelen bewaard gebleven.
Bijzondere kerken vindt u in Eethen, Aalburg en Zevenbergen. Ook in andere plaatsen, zoals Waspik en Waalwijk, staan er die grote indruk maken.
Schoenen in Waalwijk, moderne schilderkunst in Fijnaart, auto's in Raamsdonksveer, visserij in Woudrichem, de Biesbosch in Werkendam, plaatselijke geschiedenis in Heusden, Geertruidenberg en Willemstad: dat zijn de onderwerpen van de musea hier.

Gevelsteen in Woudrichem

De gezellige markt van Heusden

Themapark Het Land van Ooit

**SYMBOLEN**

- Snelweg
- Provinciale weg
- Secundaire weg
- Kanaal/rivier

0 kilometer 4

Kerk van Geertruidenberg

**GEMEENTE WAALWIJK**
❶

**Wegenkaart C3.** 45.500.
*Vredesplein 14 (0416-332228).*

Koperen koepels van de in neobyzantijnse stijl gebouwde St.-Janskerk

## Waalwijk

'Hoofdstad' van de **Langstraat.** Tegen de hogere zandrug loopt deze lange weg van Raamsdonksveer tot Vlijmen. Ze vormt de hoofdstraat van de aanliggende dorpen. In Waalwijk heet ze de Grote Straat. Vanuit deze straat werd het veen slag voor slag afgegraven en in cultuur gebracht. De slagen zijn smal en diep. Tussen de slagen lopen slootjes. Het resultaat hiervan noemen we het **slagenlandschap.** De huizen staan met hun kop aan de weg, niet in een rechte lijn. De gevels verspringen. Samen met de bruggetjes geeft dat de lange lintbebouwing zijn typische Langstraatse beeld. In 2003 bestond Waalwijk 700 jaar als stad. Muren heeft het nooit van de Hertog van Brabant gekregen. De nabijgelegen dorpen Besoijen en Baardwijk bleven bij Holland horen. In Besoijen zou een middeleeuws kasteel gestaan hebben, maar dat was al vroeg in de 17de eeuw verwoest.

Symbool voor veeteelt en leerindustrie

Toen Besoijen, Baardwijk en Waalwijk in 1922 fuseerden kreeg A.J. Kropholler de opdracht een nieuw **raadhuis** te bouwen. Hij legde meteen een heel plein erbij aan. Het heeft toch nog van 1932 tot 1941 geduurd voordat **'t Slot** klaar was. Intussen lagen **os en koe**, symbolen voor veeteelt en leerindustrie, toen al rustig naast het overdekte bordes onder de loggia met carillon. Architect H. Valk bouwde in 1925-1926 in neobyzantijnse stijl de **St.-Janskerk** met 19 koperen koepels en een ranke toren van 67 meter hoog.

### HET CENTRUM VAN WAALWIJK

Hervormde kerk van Besoijen ④
't Brouwhuijs ⑥
Leerlooiershuisjes ⑤
Oude Nh-kerk ③
Raadhuis ①
Schippershuis ⑦
St.-Janskerk ②

### SYMBOLEN

Kerk
Toeristeninformatie
Postkantoor
Parkeerplaats
Voetgangersgebied

◁ **Stille kreek in Nationaal Park de Biesbosch**

De kerk bezit een kruisweg van Charles Eijck.
Tot die tijd was de **watertoren** uit 1901 met zijn 34 meter het hoogste gebouw. Van de 200 overgebleven watertorens in Nederland is dit vooral vanwege de versieringen aan de kop een fraai exemplaar.
Een **toren** met een lange geschiedenis is die van Baardwijk. Het onderste deel werd gebouwd rond 1300. Het deel daarboven met de galmgaten is van de 15de eeuw. De toren heeft de St.-Elisabethsvloed van 1421 doorstaan hoewel het water tot de galmgaten stond. De winterdijk van 1465 is met een slinger om de toren aangelegd. Aan de toren zat een kerk vast die na jarenlange verwaarlozing in 1912 gesloopt is. Het **uurwerk** staat in het raadhuis.
De **bestraffingsvoetbalk** uit de gevangenisafdeling van de toren vindt u nu in het politiebureau.
De middeleeuwse kerk van Waalwijk overleefde de St.-Elisabethsvloed niet. Tussen 1470 en 1480 werd een nieuwe kerk gebouwd die in 1580 werd verwoest. Toen men in 1617 de kruiskerk herstelde werd de toren niet herbouwd.

**De os en de koe naast het bordes van het raadhuis**

**In de muur aangebracht hexagram**

In de keibestrating staat zijn omtrek aangegeven, en ook de grens tussen Holland en Brabant kunt u herkennen in de witte stenen. De kerk is nu een **Nh-kerk.** In de muur van de absis ziet u een **hexagram**. Hier werd vroeger recht gesproken.
De **Hervormde kerk van Besoijen**, een zaalkerk uit 1610 is een van de eerste direct voor protestanten gebouwde kerken in Brabant.
De mooiste **woonhuizen** van Waalwijk vindt u aan de Grotestraat. Fabrikantenhuizen (nr. 168, nr. 150, nr.148, nr. 146), een 17de-eeuwse pastorie (nr. 156), leerlooiershuisjes (aan de Hooisteeg), de kloosterboerderij uit 1450 **'t Brouwhuijs** (aan de Kloosterwerf).
Op de Winterdijk achter het raadhuis staan een dubbellaags **pakhuis** en een **Schippershuis** waar Hugo de Groot overnacht zou hebben na zijn vlucht uit Loevestein.
In een leerlooierij uit 1870 vindt u het **Nederlands Leder- en Schoenenmuseum.** U ziet het looiproces. U voelt de olifantshuid. U vergaapt u aan de schoentjes van Marie Antoinette, de reuzenschoen of Chinese minischoentjes. U vindt er allerlei zaken die van leer werden gemaakt.
Tenslotte vermelden we de **moskee** die aan de ingang van het centrum zo'n markant teken is.
Ten zuiden van Waalwijk liggen de natuurgebieden **Hoefsven** en **Plantloon.** Hier vindt u een combinatie van bossen, lanen, gras- en bouwland en oude boerderijen. Daarna beginnen de **Loonse** en **Drunense Duinen.**

**Leerlooiershuisjes aan de Hooisteeg**

**Nederlands Leder- en Schoenenmuseum**
Elzenweg 25. *0416-332738.*
*di-vr 10.00-17.00 uur, za-zo 12.00-16.00 uur.* *ma.*
*www.schoenenmuseum.nl*

## Sprang-Capelle

**Het slagenlandschap is typerend voor deze streek**

Het wordt wel eens het langste dorp van Nederland genoemd. Of dat zo is, kunt u op de fiets ontdekken. Het **Halvezolenpad** loopt door de hele gemeente Waalwijk. Voor een deel loopt het pad over het tracé van de vroegere spoorlijn Lage Zwaluwe-'s-Hertogenbosch. Die werd aangelegd in 1886-1890 en tussen 1950 en 1972 weer opgedoekt. Aan de voormalige spoorbrug bij de Baardwijkse Overlaat van 1885 ziet u nog dat de spoorweg dubbelsporig was bedoeld.
De fietsroute leidt u door het **slagenlandschap.** U ziet dat men hard bezig is in het **Labbegat, De Dullaert** en **Den Dulver** de natuur een handje te helpen zich te herstellen. Er is een **Laarzenpad** uitgezet om dit proces van dichtbij te bekijken.
Het mooiste gebouw is **kasteel Zuidewijn** uit de 16de eeuw. De rechtervleugel is in de 17de eeuw toegevoegd. De laatgotische **kruiskerk** van Sprang, uit eind 15de eeuw, heeft een forse brede toren met speklagen. Binnen is bij de restauratie een muurschildering van Christus op de koude steen gevonden.
De **Hervormde kerk** van Capelle werd in 1747 gebouwd en in 1811 enkele kilometers op boomstammen verplaatst. Sprang-Capelle heeft een klein haventje.

## Waspik

Op de katholieke Waterstaatskerk staat geschreven: dìt is het Huis des Heren. Was dat bedoeld om het verschil aan te geven met de kerk ertegenover, een protestantse? De **Bartholomeuskerk** (1841) is ook binnen in uitbundige barok uitgevoerd.

**Leerlooierij**

De kerk domineert het dorp. De **Hervormde kerk** is zoals gebruikelijk bescheidener. Die werd in de 15de eeuw gebouwd als een laatgotische kruiskerk. De mooiste en oudste (1609) **boerderij** ligt aan de Vrouwkesvaartsestraat nr. 20. Let op de korfbogen boven deur en raam. 'Niet sonder Godt anno 1609' meldt de gevelsteen met leeuwenkop en geel varken. Hetzelfde type boerderij vindt u op nr. 14, nr. 22 en nr. 25. Aan het Vaartje vindt u boerderijen maar ook een **hooiperserij**, weegbrug en meethuis.
**Zuidewijn** ofwel Zidewinde ontleent zijn naam aan een dijk, een zijdewinde die de wateroverlast uit het oosten moest keren. Dat speelde bij de ontginningen van de 13de eeuw. Bij de St.-Elisabethsvloed ging het huis Zuidewijn verloren en stichtte de familie Merwede een nieuw Zuidewijn aan de Hoge Vaart in Vrijhoeve-Capelle onder Sprang Capelle in het huis dat tot dan 'de Stenen Camer' heette. Verschillende geslachten hebben de heerlijkheid Zuidewijn-Capelle in hun bezit gehad. Thans is het nog in bezit van de familie De Roy van Zuidewijn. De ontvangstruimte wordt ook wel gebruikt voor huwelijkssluitingen. Het huis bezit een huiskapel.

**Kasteel Zuidewijn met trouwzaal en kapel**

**GEMEENTE HEUSDEN ❷**

**Wegenkaart D2-3.** *43.000.*
*Pelsestraat 17, Heusden (0416-662100).*
*Julianastraat 28, Vlijmen (073-5131789).*

## Drunen

Dit Langstraatdorp is bekend om het uitzonderlijk mooie natuurgebied: **de Loonse en Drunense Duinen** (blz.**234-235**).
Hier ligt ook het themapark **Het Land van Ooit** (blz. **362**). Het roze kasteel is voor een groot deel gebouwd in de 19de eeuw maar voor een deel is het oude **kasteel Steenbergen** behouden gebleven. Dat stond er al in de Middeleeuwen.
De ronde stenen bergkorenmolen uit 1842 heet de **Hertogin van Brabant**.

## Nieuwkuijk

Hier heet de molen **Emma** (1886). Die ligt aan de Heidijk waar veel fietsers voorbijkomen. U kunt de molen bezoeken en er een kop koffie drinken. Aan de Heidijk staat een oude **grenspaal** die de grens tussen Brabant en Holland markeerde. Neem eens een kijkje bij het **Nieuwkuijkse Wiel**. Het gat van 15 meter diep met een oppervlakte van 4 hectare werd geslagen door de overstromingsramp van 30 december 1880.
**Abdij Mariënkroon** bevat nog de oude donjon van het **kasteel Onsenoort** dat het enige overgebleven deel is van het bouwwerk uit de 13de eeuw.

Kasteel Onsenoort

## Vlijmen

De Nh-kerk werd in de 13de eeuw gebouwd, oorspronkelijk als kruiskerk. Er is later veel aan verbouwd.

## Heesbeen

Vondsten uit de Romeinse tijd doen vermoeden dat het een Romeins fort is geweest. De **toren** van de Nh-kerk is in de 14de eeuw gebouwd.

## Heusden

*Onder de loep: blz. 286-287.*

Prachtig gerestaureerde vesting- en garnizoensstad. Hollands bezit sinds 1357, maar sinds 1813 Brabants bezit. Het schitterende **raadhuis** is door de Duitsers opgeblazen. Hierbij kwamen 134 mensen om. Het mooiste gebouw van Heusden ging verloren. In een pand uit 1592, het **Gouverneurshuis** is een museum ingericht dat de geschiedenis van Heusden illustreert.

**Gouverneurshuis**
Putterstraat 14. *0416-661895.*
*april-sept.: di-zo 14.00-17.00 uur.*

De prachtig gerestaureerde stad Heusden, hier verscholen achter de groene vestingwallen

# Onder de loep: Heusden

**Heusden is rijk aan gevelstenen**

Heusden is het meest en mooist gerestaureerde stadje van Brabant. Het heeft eigenlijk alles: indrukwekkende bolwerken, keistraten met oude gevels, gevelstenen en bovenlichten, standerdmolens hoog op de wallen, een ophaalbrug, een schitterende kerk, een museum, poortgebouwen, een kasteelruïne, winkels en gezellig vertier bij de visbank en in de haven. Hollandser en tevens Brabantser kan het niet.

**Wijkse Poort**
*Deze poort heeft men gerestaureerd naar een tekening uit de 18de eeuw.*

**★ Vestingwerken**
*Muren en torens waren niet opgewassen tegen de kogelregen. Men bouwde voortaan grote wallen van zand, bastions, contrescarpen en ravelijnen met brede grachten.*

**Kasteel**
*In de toren lag kruit opgeslagen, toen in 1680 de bliksem insloeg. Nu is het een gerestaureerde ruïne.*

0 meter 100

**Stadsgezicht**
*Als u van de parkeerplaats de stad binnenwandelt, heeft u –hoog op de wallen– al een prachtig uitzicht op deze oude vestingstad.*

**★ Visbank en haven**
*De Visbank is gebouwd in 1796. Hier vindt u het meest gefotografeerde doorkijkje (naar haven, ophaalbrug en twee molens). Naast de visbank staat het mooie Commiezenhuis.*

**Tips voor de toerist**

Nh-kerk. Bezichtiging via de VVV. do 13.00-17.00 uur.

**Veerpoort**
*De poort ligt op een klein bastion. Hier kon men met een veer de rivier oversteken naar Zaltbommel.*

**Stadspomp**
*Ook in Heusden staan nog verschillende oude waterpompen.*

**Raadhuis**
Dit oude gotische monument is in 1944 opgeblazen waarbij 134 burgers in de kelder omkwamen.

**Symbool**

- - - - Aanbevolen route

**Nh kerk**
In 1210, 1328, 1555 en 1952 is aan deze gotische kerk gebouwd. De toren is in 1944 opgeblazen en nooit meer hersteld.

**★ Gouverneurshuis**
*In het Gouverneurshuis met prachtige binnentuin, is een museum ingericht. Het garnizoen in een vestingstad stond onder leiding van een militaire gouverneur. Dat was een man van stand.*

**Sterattracties**

- ★ Vestingwerken
- ★ Gouverneurshuis
- ★ Visbank en haven

**GEMEENTE AALBURG ❸**

**Wegenkaart D2.** *12.000.* *Informatiecentrum De Kromme Nol, De Kromme Nol 5 (0416-691539).*

De Afgedamde Maas tussen Wijk en Aalburg en Veen

## Wijk en Aalburg

Deze gemeente behoorde vroeger tot het Land van Heusden en niet tot het Land van Altena. Dat kunt u zien aan de **grenspalen** die tussen Veen en Andel aan de Maasdijk staan.

De Maas zorgde voor veel overlast. In 1883 kwam de wet tot verlegging van de Maasmond tot stand. Maas en Waal werden voortaan gescheiden naar het westen gevoerd. Daarvoor moest de **Bergsche Maas** gegraven worden van Heusden tot Drimmelen. Op 18 augustus 1904 werd bij de Wilhelminasluisbrug bij Andel **een steen** opgericht om dit te gedenken. In Heusden staat ook een dergelijke steen.

Eigenlijk werd de middeleeuwse rivierloop via het Oude Maasje hersteld. Een conflict in 1273 met Holland werd beslecht door voortaan de Maas via de Waal naar het westen te leiden. In 1904 werd deze loop van de Maas bij Heusden afgedamd. Het **Heusdens Kanaal** bleef een verbinding met de Waal vormen voor de scheepvaart. Ir. C.W. Lely heeft het plan getekend. Het betekende wel dat het Land van Heusden in tweeën gedeeld werd.

Oude grenspaal van het Land van Altena

De **dijk** langs het Heusdens Kanaal, de Hooge Maasdijk en de Afgedamde Maas tot Veen is schilderachtig. U ziet er bescheiden en monumentale dijkhuizen, kerken en molens. Er is een prachtig uitzicht over de uiterwaarden en wielen. Op de Afgedamde Maas is veel **waterrecreatie**. Er zijn kleine **jachthavens** aangelegd.

Het loont ook de moeite even de dijk te verlaten en het dorp beneden te bekijken.

Het **kerkje van Aalburg** ligt lieflijk in een bocht van de dijk. De toren is 14de-eeuws. Het gotische kerkje is in 1630 herbouwd. Het heeft binnen een houten tongewelf, kroonluchters en grafzerken uit de 16de en 17de eeuw.

In de volgende bocht van de dijk staat de ronde stenen stellingkorenmolen **De Twee Gebroeders** uit 1872.

Voor de **kerk van Wijk** moet u even de dijk verlaten. Er staat een ranke Kempische toren die iets overhelt, zonder steunberen, maar met een traptoren. Boogfriezen en spaarvelden maken de toren zeer sierlijk. De 15de-eeuwse kerk is in de 18de eeuw herbouwd. Het tufstenen koor is het oudst.In de **jachthaven** kan men boten huren.

Kerkje van Aalburg

Schilderachtige huisjes aan de Hooge Maasdijk

## Veen

Bij de restauratie ontdekte men dat de **kerk** uit de 12de eeuw stamt en dus in oorsprong Romaans was. Sindsdien is er veel verbouwd en toegevoegd. De stoere toren uit de 13de eeuw zonder versieringen en steunberen is in 1648 wat verhoogd.

Het dorp heeft nog een molen, de **Hoop**, uit 1838 maar

een kasteel dat hier mogelijk heeft gestaan, is verdwenen.

## Drongelen

In de archieven komt het dorp voor het eerst voor in 1270. Het lag aan het Oude Maasje en profiteerde van druk waterverkeer. Nu ligt het aan de Bergsche Maas en heeft het een verbinding met de haven van Waalwijk en via het **Afwateringskanaal** met 's-Hertogenbosch. Dit kanaal heet in de volksmond Drongels Kanaal en is gegraven tussen 1907 en 1910. Haar vroegere functie, water afvoeren als de Dieze het niet meer aankon, is gereduceerd. Het dient nu vooral nog voor irrigatie en het is onderdeel geworden van het natuurgebied waar het doorheen slingert. Daar waar het Drongels Kanaal uitmondt in de Bergsche Maas zijn delen van **kasteel Gansoyen** teruggevonden. Dat werd gebouwd in 1334 en was centrum van een vrije heerlijkheid met eigen munt. Het was een gebouw met zware ronde en vierkante torens waarvan in 1829 nog één toren restte en nu totaal niets meer.

De Witte Molen in Meeuwen

## Meeuwen

Jan van Drongelen bouwde hier rond 1350 een **kasteel** waarvan slechts een deel van de voorburcht over is. Maar dat staat er dan ook mooi aan de rand van de polder. Dat geldt ook voor de prachtig gerestaureerde **Witte Molen** uit 1740.

Het statige voorhuis van een in 1809 gebouwde boerderij in Genderen

## Genderen

Slechts de benedenruimte met koepelgewelf van de middeleeuwse **kerktoren** is bewaard gebleven in de na 1945 gerestaureerde toren. Genderen is bekend geworden door de **Afscheiding** van 1834. 'Strijdende' of 'bevindelijke' christenen voelden zich niet thuis in het door koning Willem I opgebouwde bolwerk van de Nederlands hervormde kerk.
Invloed van de staat en van machtige (te liberale) heren werd door orthodoxe gelovigen als H. Scholte, dominee in Genderen en de Groningse dominee De Cock afgewezen. Het kwam zelfs tot ernstige conflicten en militaire inkwartiering.
Tot teleurstelling van de mannenbroeders kreeg men later onderling strijd. Velen weken uit naar Amerika.

## Babyloniënbroek

In de polder aan een lange dijk rijen zich schitterende **boerderijen** aaneen. Vooral doordat de dorpen in de omgeving zoveel hebben geleden van de laatste oorlog valt dit bijna ongeschonden dorp erg op. Een klein 15de-eeuws **slot** verbergt zich tussen de bomen achter de 14de-eeuwse **zaalkerk**. Een prachtig dorp.

## Eethen

Het dorp is zwaar getroffen door de oorlog. Maar rond de **kerk** is de oude sfeer hersteld. De Romaanse kerk uit de 12de eeuw is een juweeltje. Het heeft binnen een tongewelf, resten van muurschilderingen en een merkwaardig klaverbladvormig venster.

Het kasteel van Meeuwen in 1530 door Jan van Drongelen gebouwd

**GEMEENTE WOUDRICHEM** ❹

**Wegenkaart C2.** *14.500.*
*Kerkstraat 37 (0183-301202).*

**Gevelstenen die naam, jaartal of een spreuk vermelden**

## Woudrichem

'Woerkum' zou al in de tijd van Willibrordus door Suitbertus gekerstend zijn. Een oud stadje dat in het Land van Altena de belangrijkste plaats werd. In 1332 werden land en stad bezit van de Graaf van Holland. In 1356 kreeg Woudrichem stadsrechten. Gravin Jacoba van Beieren resideerde in het **Jacoba van Beierenhuis** aan de Molenstraat. Later zou 'Gorkum' Woerkum overvleugelen.

Het is heerlijk wandelen door de **Hoogstraat**. Prachtige bakstenen huizen met Dordtse trapgevels en gepolychromeerde gevelstenen die naam en jaartal vermelden. Of er staat een spreuk die waarschuwt dat het leven kort is en dat je maar beter geen zonden kunt begaan.

De straten lopen telkens op een mooi monument uit. Het **raadhuis** uit 1592 met **De Witt's poortje** uit 1611, de **Water- of Gevangenpoort** die deel uitmaakte van de omwalling (aangelegd tussen 1583 en 1587) of de monumentale stompe **toren**. Deze zit vol medaillons, ruitvormig en rond, met in zandsteen gebeitelde koppen. Speklagen verfraaien de steunberen. De toren is een prachtige combinatie van laatgotiek en renaissance. De ingang van deze toren in drie etages is gotisch. De versieringen met kopjes van krijgers, meisjes en dieren waarvan we de betekenis niet meer weten is renaissancistisch.

**Jacoba van Beieren**

De laatgotische **kruiskerk** bezit een orgelkast uit 1680, geschonken door stadhouder Willem III.

Omdat Woudrichem vroeger leefde van de visserij, vooral op zalm in de rivieren, is het gepast dat hier een **Visserij- en Cultuurhistorisch Museum** gevestigd is. Het is ondergebracht in het 19de-eeuwse **arsenaal**.

Hoewel **Slot Loevestein** in Gelderland ligt noemen we het hier toch even. Via een voetveer en een wandeling is het vanuit Woudrichem te bereiken.

Dit beroemde slot uit onze vaderlandse geschiedenis moet u bezocht hebben. Het slot lag strategisch en de plek was bovendien ideaal om tol te heffen. Jacoba van Beieren gebruikte het al als gevangenis. Zoals u weet zat hier **Hugo de Groot** gevangen. In een dekenkist wist hij naar Waalwijk te ontsnappen. Het bezoek aan wallen, grachten, kruittoren, arsenaal, taveerne, soldatenhuisjes en de vesting zelf is onvergetelijk.

**Visserij- en Cultuurhistorisch Museum in Woudrichem**

**Visserij- en Cultuurhistorisch Museum**
Kerkstraat 41. *0183-303336.*
*mei-sept.: di-vr 10.30-12.00 uur, 13.30-16.30 uur, za-zo 13.30-16.30 uur.*
*www.brabantmuseumland.nl*

**Slot Loevestein**
Loevestein 1, Poederoijen.
*0183-447171.* *mei-sept.: di-vr 10.00-17.00 uur, za-ma 13.00-17.00 uur, okt.-april: za-zo en wo 13.00-17.00 uur.*
*www.slotloevestein.nl*

Het oude Raadhuis in het centrum van Woudrichem

## Almkerk

Ook dit is een oud dorp. Opgravingen werden hier gedaan uit de Romeinse en Karolingische tijd.
U zult vooral genieten van de drie watermolens: de **Zandwijkse molen**, een wipwatermolen uit 1699, de **Uitwijkse molen**, een wipwatermolen uit 1700 en de **Oude Doornse molen**, een achtkantige grondzeilerwatermolen uit 1718.

## Rijswijk

Aan de rand van het dorp, in het groen, ligt een kasteel, **Het Slot**, dat oorspronkelijk uit de 13de eeuw stamt. Of dit het kasteel was waar de Heren van Altena vertoefden is niet zeker.

## Andel

Hier staat de enige **toren** van Brabant die een bakstenen spits heeft. Hij heeft geen steunberen en is in de 14de eeuw gebouwd. De kerk is een **ruïne** maar dat heeft ook zijn charme.
Het **Pompveld** met eendenkooien, grienden en populierbos is een bijzondere polder van ongeveer 200 hectare.
De **dijkweg** naar Giessen, Rijswijk en Woudrichem zit vol verrassende momenten. Prachtige vergezichten, aandoenlijke boerderijen. Ook dit is een schitterend stuk Brabant. Bij **Giessen** ligt een oud **fort** (1878-1881).

## Uitwijk

De kerk werd in 1970 gerestaureerd. Een bekend restauratieprobleem deed zich daarbij voor. Moest de bouwvallige kerk in de toestand van de 19de eeuw worden hersteld of werden de vormen van de middeleeuwse kerk aangehouden? Als men voor het laatste had gekozen had men de gehele bepleistering aan de buitenkant moeten vervangen en 'middeleeuwse' muren moeten optrekken. Men liet het schip uit de 14de eeuw en het wat latere koor de bepleistering met namaaknatuursteen -mooi opgeknapt- houden. De **toren** uit omstreeks 300 is breed en heeft geen traptoren of steunberen. De **poort** daarin is ook in de 19de eeuw ontworpen.
Het houten tongewelf, de houten herenbanken en de kansel verlenen het interieur warmte. De **doopvont** en het **orgel** zijn blikvangers dankzij hun eenvoudige schoonheid.

Het Slot ligt aan de rand van het dorp Rijswijk verscholen achter eiken

# Onder de loep: de Biesbosch

Aalscholvers

Nationaal Park de Biesbosch is ontstaan doordat in 1421 de St.-Elisabethsvloed zich stortte op de Groote of Zuidhollandse Waard, die daardoor in een binnenzee veranderde. Dijken waren verwaarloosd en dorpen verdwenen in de golven. Maar de grote rivieren brachten slib. Op de eilandjes groeiden biezen, riet en wilgen, die door griendwerkers werden gesneden. Tussen 1850-1880 werden de Nieuwe Merwede en de Amer gegraven. Dat bracht al weer veel verandering. De Haringvlietdam van 1970 verlaagde de zoetwatergetijden van 2 meter naar 20 centimeter, hetgeen grote gevolgen had voor flora en fauna. De wilgen schoten door. De reuzebalsemien verscheen. Grote karekiet, kwartelkoning, visdief, kluut en patrijs maakten plaats voor blauwborst, bonte specht, uilen, steltlopers, aalscholvers, eenden en ganzen. Maar de waterdoolhof bleef behouden tot vreugde van de toerist.

**Biesboschcentrum Dordrecht**
*Van hieruit kan men het Hollandse deel van de Biesbosch bezoeken.*

**Bloeiende kattestaart**
*Op veel plaatsen in de Biesbosch groeit deze opvallend gekleurde plant.*

**★ Bevers**
*Sinds 1988 is hun aantal gestegen tot ongeveer 80. Bevers bouwen burchten van 4 meter lang en 1,5 meter hoog. De oude burcht wordt geërfd door het jong. Bevers knagen een wilg door om bij de lekkere takken te komen. De stronk groeit weer uit.*

0 meter 2000

| STERATTRACTIES |
|---|
| ★ Bevers |
| ★ Rondvaart |

**Per kano**
*Op de meeste plaatsen in de Biesbosch kunt u met een kano komen en in alle stilte genieten van flora en fauna.*

**Biesbosch-museum Werkendam**
*De geschiedenis van de mens in de Biesbosch wordt hier getoond.*

**TIPS VOOR DE TOERIST**

**Biesbosch Bezoekerscentrum Drimmelen,** *Biesboschweg 4.* *0162-682233.* *di-zo 10.00-17.00 uur.*

**Biesboschmuseum Werkendam,** *Hilweg 2.* *0183-504009.* *di-za 11.00-12.30 en 14.00-15.30 uur; van april-okt. ook zo 14.00-15.30 uur.*

**Spaarbekkens**, gemaakt van voormalige polders. Ze zijn 18 meter diep. De ringdijken zijn 8 m hoog. Ze bevatten wel 80 miljard liter water, waar vooral Rotterdam gebruik van maakt.

**Brugje van St.-Jan**
*Op de route van de fluisterboot uit Hank ligt het brugje dat in de oorlog bezet en bevrijd gebied verbond. De Biesbosch was een ideaal gebied om onder te duiken.*

**★ Rondvaart**
*Bij Biesbosch Bezoekers-centrum Drimmelen krijgt u veel informatie over flora en fauna. Vanaf hier kunt u op de rondvaartboot stappen en de getekende route varen, een keuze maken uit 6 wandelpaden of genieten op het terras.*

Het Biesboschmuseum Werkendam: ook leuk voor kinderen

**Gemeente Werkendam** ❺

**Wegenkaart C2.** *26.500.*
*Lijnbaan 5, Werkendam (0183-502301).*
*Kerkstraat 1, Hank (0162-402949).*

## Werkendam

De **Merwede** splitst zich hier. De **Biesbosch** begint er. Die ligging bepaalt de geschiedenis en het karakter van het dorp.
De St.-Elisabethsvloed heeft het kasteel van de burggraaf doen verdwijnen, maar het dorp herleefde. Een prachtig **Kerkewiel** bleef als een park in het centrum over.
De watersnoodramp van 1953 richtte grote schade aan.
In dit gebied zijn watermolens onontbeerlijk. De **Vervoornemolen** is een achtkantige grondzeiler uit 1720 en staat iets ten zuidoosten van het dorp.
Vanouds is het een plaats die leefde van visserij en scheepvaart, en waar ondernemers vandaan kwamen die over de hele wereld lieten zien hoe waterwerken moeten worden gebouwd en uitgevoerd.
Tevens is het een plaats van mensen die in de Biesbosch hun kost verdienen. Geen wonder dat Werkendam aan de toerist die van natuur houdt heel wat te bieden heeft.
Allereerst is er een **jachthaven**. U kunt er ook alle mogelijke boten huren.
Dan is er het **Biesboschmuseum Werkendam.** Dat vertelt over het ontstaan, de flora en fauna van de Biesbosch. Diorama's laten zien hoe mensen riet en wilgenhout wonnen. Het werk van mandenmakers, kuipers, hoepelmakers en korvenvlechters wordt getoond. Visserij en stroperij krijgen er aandacht maar ook de rol die de Biesbosch in de Tweede Wereldoorlog heeft gespeeld. In het 'buitenmuseum', een omvangrijk griendencomplex met de naam de **Pannekoek** is een wandeling van een uur uitgezet. Via **fort Steurgat** kunt u door de Biesbosch polders rijden. U ziet er eenzame **hoeven** liggen, vaak met namen van het koningshuis.
Prachtig om te rijden is de **dijk** die van Werkendam over Almkerk naar Dussen voert. In 1640 werd de **nieuwe dijk** aangelegd van Werkendam via Nieuwendijk en Hank naar Dussen. Beide dijken moesten het Land van Altena beschermen aan de westkant. Lintbebouwing aan de dijk wisselt af met open stukken die een magnifiek uitzicht geven over de polders met in de verte telkens een molen.

**Botenverhuur A. van Oversteeg**
Spieringsluis 5. *0183- 501633.*

**Botenverhuur B. Saarloos**
Deeneplaatweg 6. *0183-501231.*

**Biesboschmuseum Werkendam**
Hilweg 2. *0183-504009.*
*di-za 10.00-17.00 uur, zo 12.00-17.00 uur.* *nov.-feb.: ma-di gesloten.*
*www.biesboschmuseum.nl*

Een van de vele wipmolens staat in Hank

**Tijdens een tocht met de fluisterboot leert u de Biesbosch kennen**

## Sleeuwijk

De voormalige **Nh-kerk** met een toren uit 1775 wordt nu gebruikt als aula op de begraafplaats. Een stap over de Brabantse grens naar de mooie binnenstad van Gorinchem is aan te raden.

## Hank

Wereldoorlog en watersnood hebben veel verwoest. Gelukkig staat er nog de **Zuid-Hollandse molen**, een achtkantige grondzeilerwatermolen uit 1791.
Hank heeft een groot recreatiepark **de Kurenpolder** en een jachthaven **Vissershang**. Daar kan men boten huren en rondvaarten maken. Beroemd is de **fluisterboot** van VOF Fam. Peeters. De fluisterboot is een authentieke rietaak met een door zonne-energie aangedreven motor. In juli en augustus vaart de boot om 11.00, 13.00 en 15.00 uur uit voor een tocht van anderhalf uur. Voor de rest van het jaar bestaat er een programma van korte en langere tochten.

**Fluisterboot van VOF Fam. Peeters**
Visserskade 26. *0162-403666.*

## Dussen

De trots van het dorp is het **kasteel-raadhuis.** Het stond er al als donjon voor het in 1387 door Arent van Dussen tot een 'huis van oorlog' werd gemaakt. Sindsdien ziet het eruit als een burcht. Stevig, omgracht, met brug en torens. Van het oorspronkelijke kasteel zijn enkel de kelders overgebleven. Na de St.-Elisabethsvloed is het hersteld en in 1609 is het door Walraven van Gent verbouwd. Hij bouwde op de binnenplaats een **galerij** in Toscaanse stijl; deze is uniek voor Nederland. Van 1901 tot 1920 is het een klooster geweest en werd het gebouw uitgebreid met een kapel. In de oorlog is het verwoest. Nu is het raadhuis en een plek voor tentoonstellingen en feestelijke gelegenheden. Dit markante gebouw met zijn trapgevels, twee verschillende torens, ooievaarsnest en park is één van de parels van Brabant.

**Klompenmuseum Den Dekker**

**De Kornsche Boezem** is een klein natuurgebied. Riet, grasland, grienden, wilgen, watergangen met een bijzondere flora en fauna. Aan dit natuurgebied ligt de **Noordeveldse molen**, een wipwatermolen uit 1795.
In Korn 28 heeft van Gennip een ambachtelijke **klompenmakerij** Den Dekker annex **klompenmuseum**. Kinderen mogen er hun eigen klompen beschilderen. U kunt trouwens vanuit het toeristentreintje, **Hank-O-motief**, veel van deze omgeving bekijken. Het start bij de VVV van Hank.

**Klompenmuseum Den Dekker**
Korn 28. *0416-690080.* *ma-vr 09.00-18.00 uur, za 9.00-17.00 uur, zo op afspraak* *www.klompenmakerijdendekker.nl*

**Kasteel Dussen met een galerij in Toscaanse stijl op de binnenplaats**

**GEMEENTE GEERTRUIDENBERG** ❻

**Wegenkaart C3.** *21.000.* *Markt 46, (0162-517689).*

# Geertruidenberg

De Heilige Gertrudis, dochter van Pippijn van Landen, abdis van Nijvel zou in 645 hier een kerk gesticht hebben. Bij restauraties van de **Geertruidskerk** vond men wel resten van een tufstenen kerk uit 1100. De toren staat er vanaf de eerste helft van de 14de eeuw. De kerk was sinds die 14de eeuw een kapittelkerk. Elf kanunniken woonden er omheen. Vandaar de naam Elfhuizen. Aan de driebeukige hallenkerk is in de loop der eeuwen veel verbouwd. De kerk heeft een onvoltooide **crypte.** De toren van de Geertruidskerk kan beklommen worden. Als u de kans krijgt is het de moeite waard om de kerk van binnen te bekijken. De houten gewelven geven een aangename warme indruk. Door de zerken in de kerk en de **epitaaf** voor Stephanus Coopius (1640) en voor Dominicus Cassipinus (1651) voelt u zich verbonden met de vrome generaties uit het verleden. De koperen **doopvont** uit 1741 en de tekstborden uit de 17de en 18de eeuw geven met de preekstoel en de avondmaalstafel dat typisch protestantse aan deze kerk. Het **visserijbord** dat in 1616 door Isaac Boucquet werd gemaakt heeft in het onderste deel een mooi gezicht op de stad Geertruidenberg. Het orgel met Davidsbeeld is een Vollebregt-

**De stompe toren van de Geertruidskerk kan beklommen worden**

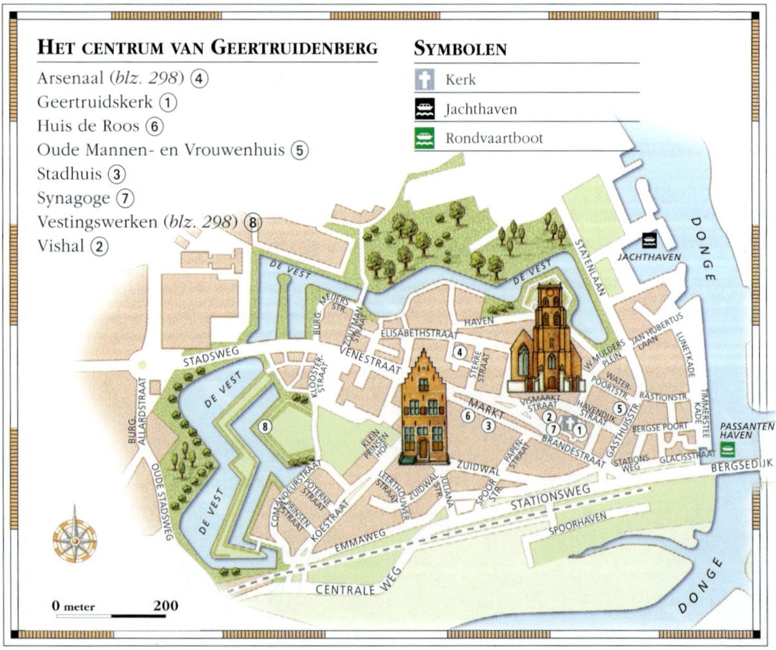

orgel en stamt uit de Waalse kerk van Heusden.
De St.-Elisabethsvloed van 1421 scheidde Geertruidenberg van Dordrecht en de rest van Holland. Het bleef een Hollandse stad totdat het in 1813 definitief bij Brabant werd ingedeeld. De **oudste stad van Holland** ligt sindsdien in Brabant. Graaf Willem I van Holland gaf in 1213 stadsrechten en recht op een jaarmarkt. Alle andere Hollandse steden kregen die rechten later.
Geertruidenberg was een handelsstad op de (vaar)weg naar Holland. Na de vloed werd de visserij op zalm en steur een belangrijke bron van inkomsten. De **vishal** die u nu bij de kerk ziet staan is van latere datum, namelijk 1772. Toen bouwden en versierden Filips Willem Schonck, architect van stadhouder Willem V, en Guilliam Carrier, beeldhouwer, deze vishal. Zij hebben in Lodewijk XV-stijl veel gebouwen en huizen in het centrum ge- en verbouwd. Geertruidenberg heeft daardoor een interessant samenhangend gezicht gekregen. Zij bouwden ook aan het **stadhuis.** In de 14de eeuw stond dat er al. In 1520 werd het vernieuwd. In de 16de eeuw werden kelders ingericht als gevangenis. In 1768-1769 hebben beide bouwheren de gevel vernieuwd in Lodewijk XV-stijl. De vijf hardstenen **pompen** zijn door beide bouwheren geplaatst en aan het **Oude Mannen- en Vrouwenhuis** in de Gasthuisstraat hebben beide kunstenaars in 1778 ook gewerkt.
In de Venestraat en aan de markt met zijn dubbele rijen **lindebomen** liggen veel panden waaraan hun bijdrage te zien is. Ook oudere panden sieren dit prachtige centrum. **In de vrachtwage** is een pand uit 1646 met een prachtige trapgevel met fraaie luiken.
Het is bijna niet meer voor te stellen, maar voor dit huis stond tussen 1862 en 1964 midden op de straat een neogotische kerk van Ch. Weber zoals u er meerdere in Brabant vindt. Die kerk is afgebroken en daarmee verloor de markt haar afsluiting. De markt loopt voor het oog nu over naar de Venestraat en vandaaruit niet meer naar een kerktoren maar naar de Amercentrale. Waterpomp **het Zwaantje** heeft niet voldoende volume om het goed te maken.
**Huis de Roos** heeft ook een 17de-eeuwse trapgevel. Het herbergt Oudheidkamer de Roos. Even verder ligt de voormalige kapel van het middeleeuwse **gasthuis**. Al vanaf 1436 kwamen hier bedevaartgangers op weg naar Santiago de Compostella. Vanaf 1681 werd het een weeshuis. De voorgevel is ook hier in 1771-1773 naar ontwerp van Schonck vernieuwd.
Cultureel Centrum **De Schattelijn** is een hoog gebouw in Lodewijk XV-stijl met trappenbordes.
De naam Schattelijn stamt van Thomas Schattelijn die hier in de 18de eeuw de twee brouwerijen De Bel en De Posthoorn liet samenvoegen. Onder het gebouw liggen enorme kelders waarvan in de Tweede Wereldoorlog dankbaar gebruik werd gemaakt.
De **synagoge** dateert uit 1874, hoewel de joden al in de 17de eeuw toestemming hadden om hun godsdienst uit te oefenen.
De Biesbosch is dichtbij. Geertruidenberg biedt u **jachthavens** en **passantenhaven** en een mogelijkheid tot rondvaarten met de 'Stad Geertruidenberg'.

Het Zwaantje

### Oudheidkamer de Roos

Markt 46. *0162-517689.*
*okt.-apr.: do-za 11.00-15.00 uur, zo 13.00-17.00 uur; mei-sept.: ma-za 10.30-16.30 uur, zo 11.30-16.30 uur.*
*www.brabantmuseumland.nl*

### Rondvaarten met de 'Stad Geertruidenberg'

0162-515184. *juni-sept.: zo-ma, wo, vr 14.00 uur.*

In de vrachtwage werd gebouwd in 1646

# Vestingsteden

Een vesting bestond uit hoge muren, poorten, torens en een gracht. Dat kon zijn rondom een stad of een kasteel. De uitvinding van het kanon in de eerste helft van de 14de eeuw en de verbetering ervan in de 15de eeuw leidde in de 16de eeuw tot het bouwen van rondelen of bastions in muren die voor en achter met zand werden opgevuld. Kanonskogels konden beter worden opgevangen. Kanonnen schoten vanaf de bastions. In de Tachtigjarige Oorlog bouwde men in de gracht ravelijnen: vijfhoekige eilandjes met borstwering en geschut. Een tweede aarden wal, de contrescarp met een buitengracht en forten vingen de eerste klappen op. In de 17de eeuw vervolmaakte vestingbouwer Menno, baron van Coehoorn dit systeem. Om een heel gebied als de Republiek te verdedigen werden reeksen vestingen, forten, schansen, linies aangelegd met mogelijkheden tot inundatie. Geen wonder dat u hier in Hollands Brabant veel vestingsteden aantreft. Door de vestingwet van 1874 werd het steden mogelijk gemaakt hun wallen, poorten, grachten af te danken en het schootsveld te bebouwen.

**Kanon uit de 17de eeuw**

Op de tweede zondag van de maand zijn er van mei tot september om half drie exercities door de Bergsche Batterij waarbij kanonnen worden afgevuurd en een beeld van de gevechten van vroeger wordt gegeven.

**Garnizoensstad Geertuidenberg**
*De stad heeft een arsenaal. In 1778 is dat door Schonck en Carrier versierd met een timpaan vol krijgstrofeeën en wapens. De kazerne is van 1826 en het poortgebouw, de Hoofdwacht, is van begin 19de eeuw. Samen beslaan ze een flink deel van de binnenstad.*

## Vestingen in Brabant

Gave vestingsteden in Brabant zijn Willemstad, Heusden, Woudrichem, Grave, Ravenstein en 's-Hertogenbosch. Restanten van vestingwerken en forten vindt u in en rond Bergen op Zoom, Zevenbergen, Steenbergen, Klundert, Breda, Megen en 's-Hertogenbosch. Vestingsteden zoals Oss, Eindhoven en Helmond zijn niet meer als zodanig te herkennen. Kastelen zijn er in Brabant niet zoveel overgebleven en bovendien zijn het vaak meer paleizen dan weerbare burchten.

**De vestingswallen van Heusden**

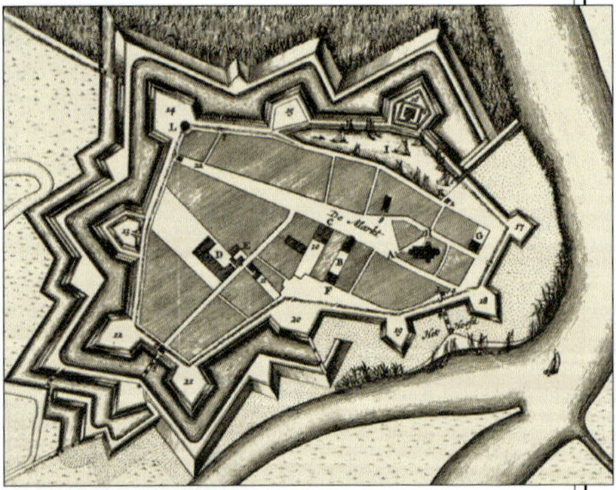

*De vesting Geertruidenberg ten tijde van Isaak Tirion, boekverkooper op den Nieuwendijk bij de Dam, 1747.*

**De vesting Geertruidenberg**
*Geertruidenberg werd een vesting op de grens van Holland en Brabant. Het kreeg in de 14de eeuw al vestingwerken van Willem van Duivenvoorde. Toen Maurits in 1593 de stad veroverde op de Spanjaarden heeft hij nieuwe vestingwerken laten aanleggen. Die zijn in 1820 gesloopt maar tien jaar later kwam de opstand in Brussel. Geertruidenberg kreeg nieuwe fortificaties. Deze zijn in 1911 ontmanteld. Gelukkig zijn er op twee plaatsen bastions en grachten overgebleven, die nu de basis voor een prachtig stadspark vormen.*

De oude kerk ligt een stuk buiten het centrum van Raamsdonk

## Raamsdonk

Een dorp aan de Langstraat. Veel 18de- en 19de-eeuwse **boerderijen** liggen op die typische Langstraatmanier aan de weg. In de polders rondom het dorp werd veel hooi geproduceerd en verhandeld. Het kruispunt van A59 en A27 heeft de toepasselijke naam: **Hooipolder**.
De A59 heeft de oude kerk afgesneden van het dorp. Deze **Lambertuskerk** heeft een toren die dateert uit ongeveer 1300 en een driebeukig schip met dwarspand uit ongeveer 1500. Stormen en blikseminslagen maakten telkens weer een restauratie noodzakelijk. Het is nu een hervormde kerk. De katholieken bezitten in het centrum een **koepelkerk** zoals Ch. Weber die ook bouwde in Geldrop, Lierop en Uden. J. Cuijpers heeft de kerk nog vergroot. In 1944 is de kerk ernstig beschadigd.
Het vriendelijke Raamsdonk heeft nog een oud **raadhuis** uit 1760 en een **Rijtuigmuseum De Koetserij**.
Het is de moeite waard om het **fietsveer** over het Oude Maasje te nemen. **Keizersveer** herinnert aan het veer en de weg die keizer Napoleon hier aanlegde.

### Rijtuigmuseum De Koetserij

Lange Broekstraat 1. *0162-519701.*

De boerderijen aan de Langstraat staan met de kop op de weg

## Raamsdonksveer

Er liggen interessante objecten aan de randen van deze plaats. Het **Nationaal Automobielmuseum** noemen we eerst. De oudste auto's (vanaf 1894) ter wereld staan uitgestald in vitrines. Race- en sportwagens en merken als Rolls Royce, Duesenberg, Cord en Spijker treft u er aan.
**Fort Lunette** uit 1833-1837 behoorde tot de fortificatie van Geertruidenberg. Het heeft een kanonkelder en kruitmagazijn.
De robuuste **watertoren** is in 1925 gebouwd en in 1969 gerestaureerd. De toren is bijna 44 meter hoog en kon 300 kubieke meter water bevatten.
Ten slotte heeft Raamsdonksveer u nog twee **jachthavens** te bieden.
In het centrum vindt u molen **De Onvermoeide** uit 1890. Rondom de haven en het Heereplein staan oude panden.

Nationaal Automobielmuseum

### Louwman Collection - Nationaal Automobielmuseum

Steurweg 8. *0162-585400.*
*Pasen-okt.: di-za 10.00-17.00 uur, zo 11.00-17.00 uur.*
*www.louwmancollection.nl*

De nieuwe jachthaven van Drimmelen met op de achtergrond de Amercentrale

**GEMEENTE DRIMMELEN** ❼

**Wegenkaart C3.** *27.000.* *Biesboschweg 4, Drimmelen (0162-682233). Marktstraat 8a, Made (0162-687337).*

## Drimmelen

Na een brand in 1732 werd een nieuw Drimmelen gebouwd. Het aardige dijkdorp is nu met zijn oude en nieuwe **jachthaven** hét watersportcentrum van de Biesbosch.
Hier vindt u het **Biesbosch Bezoekerscentrum.** Het centrum informeert u over alles wat u in de Biesbosch kunt doen: rondvaarten, bootverhuur, zeilcursussen, fiets- en wandeltochten. Het biedt u gidsen voor kennismakingstochten maar ook voor ruige wandelingen en bevertochten.
De Zilvermeeuw, Princess-services, de Branding, de Eendenkooi, Zijlmans Watersport, A. v.d. Diepstraten, Watersportcentrum Drima, Café Watersport, W. Vos en Zeilschool de Biesbos bieden u mogelijkheden tot **rondvaarten en bootverhuur**.

**Biesbosch Bezoekerscentrum**
Biesboschweg 4. *0162-682233.* *di-zo 10.00-17.00 uur, juli-aug. ook op ma.* *www.biesbosch.org*

Het voormalige schoolgebouwtje van Drimmelen uit 1846

## Terheijden

Hier werd **Christiaan Huygens**, de vader van Constantijn, geboren.
De 15de-eeuwse **toren** staat ingebouwd in een oorspronkelijk 16de-eeuwse kerk. De kerk bezit enkele mooie oude heiligenbeelden en een gave kroonluchter.
Kerken zoals de **Nh-kerk** (1809) hier zien er altijd pittoresk uit.
Terheijden ligt aan de **Mark** die als kanaal naar Oosterhout zwenkt en in het westen van naam verandert: de Dintel. Uit de tijd van de turfstekers stammen de **vaarten** en sluizen. De vroegere turfhaven is nu een **jachthaven.**
De ronde stenen stellingkorenmolen uit 1742 heet **De Arend** en ligt imposant bij de verdedigingslinie **De Kleine Schans**. De Spanjaarden wilden daarmee in 1590 Breda verdedigen.
In de Binnenpolder ligt het **Kooibosje** waar u een excursie kunt maken naar de **Eendenkooi.** Vrij wandelen kunt u over de oude **vestingwerken** die in de 18de eeuw deel uitmaakten van de waterlinie. In 1830 zijn ze beplant met eiken.
Ook het **Haagse Beemdenbos** met zijn dijken, wielen,

slagenlandschap en loofbos is een mooi natuurgebied.

## Made

Made hoorde als 'meede', 'gemeijnt', tot het gemeenschappelijk bezit van Geertruidenberg. De grond werd sinds de 14de eeuw verpacht. De pachters vormden een eigen dorp.
Van de huidige **Nh-kerk** stamt het koor uit de 15de eeuw. In 1778 is de kerk flink verbouwd. Het orgel van la Haye dateert uit die tijd.
Een ronde stenen bergkorenmolen **Hoop doet Leven** uit 1867 siert het dorp.

Het oude raadhuis van Made

## Hooge Zwaluwe

Vanaf 1376 behoorde het aan het huis van Nassau. De koningin draagt nog steeds de naam 'Vrouwe van Hooge en Lage Zwaluwe'.
Watersnood, een windhoos en oorlogsgeweld hebben de beide Zwaluwen ernstig getroffen. In 1953 stond 98 procent van het gebied onder water.
Hooge Zwaluwe heeft een **Nh-kerk**, met steun van Frederik Hendrik gebouwd in 1641 in de vorm van een Grieks kruis. De kruisarmen zijn ondiep en hebben een steil hellend dak tegen een hoger middenstuk met open koepel. De steunberen hebben een sierlijke lijn. Het geheel heeft daardoor een heel aparte vorm.
**De Zeldenrust** is een ronde stenen stellingkorenmolen uit 1866.
In het oude gemeentehuis heeft heemkundekring Willem Snickerieme een museum ingericht met de naam **Zwaluws Erfgoed.** Het beheert het oude interieur van het gemeentehuis en geeft een beeld van de dorpsgeschiedenis.

Te huur

Het **Lorregat**, het haventje dat hier in de 16de eeuw werd aangelegd, heeft nog altijd een verbinding met de Amer waar de **uitwateringssluis** aan de dijk tussen Lage Zwaluwe en Drimmelen ligt. Het **Gat van Ham** is een oude kreek. **Zonzeel** aan de westzijde herinnert aan een dorp dat bij de St.-Elisabethsvloed verloren ging.

**Zwaluws Erfgoed**
Raadhuisstraat 5. 0168-483850.

## Lage Zwaluwe

Een dorp aan de dijk. Dus langgerekte bebouwing met nog statige huizen en fraaie dijkhuisjes.
De **haven** biedt een mooi uitzicht op de Amer en de Biesbosch.
Rederij Biesboschtours verzorgt er rondvaarten o.a. met de fluisterboot Whisper.
Aan de Kwistgeldweg vindt u twee **jachthavens**.

**Rederij Biesboschtours**
Biesboschweg 7. *0168-482250.*
**Biesboschbotenverhuur**
Amerweg 1. *0168-484234.*

Zomerse drukte van watersporters en beroepsvaart op de Amer bij Lage Zwaluwe

**GEMEENTE MOERDIJK** 8

**Wegenkaart A3.** *36.500.*
*Hofstraat 1, Willemstad (0168-476055).*

## Zevenbergschen Hoek

Dit is een landaanwinningsdorp. Vroeger lag het aan het Hollands Diep, daarom ligt er een **veerhuis** uit 1612 midden in het land. Het dorp heeft ook zwaar geleden door de watersnoodramp van 1953.
Ook de Tweede Wereldoorlog was voor het dorp een ramp, de Duitsers bliezen de oude **Bartholomeuskerk** op. In 1949 werd de nieuwe kerk gebouwd.

**De oudste delen van de kerk van Zevenbergen stammen uit 1400**

## Zevenbergen

Zevenbergen heeft veel leed moeten doorstaan. Voor de watersnoodramp van 1953 waren er de verwoestingen in 1944 en 1940, een eeuw eerder in 1845 een windhoos, oorlogsgeweld door de Fransen in de 18de en de 17de eeuw, de pest die drie keer uitbrak, gevechten in de Tachtigjarige Oorlog, de verovering door Philips van Bourgondië in 1427 die stadsmuren en poorten liet slopen en in 1421 de St.-Elisabethsvloed. Het kasteel dat er al sinds de 13de eeuw stond is in 1728 gesloopt.
Toch heeft het oude stadje sfeer behouden. De **Markt, Molenstraat** en **Lange Noordstraat** (de gracht is gedempt) vormen een gezellig en aantrekkelijk centrum met verschillende oude panden.
Het **stationsgebouw** is gaaf classicistisch van stijl en de Stationsstraat telt enkele deftige Jugendstil-herenhuizen.
Aan de Markt ligt Zevenbergs trots: **de Nh-kerk**. De 14de-eeuwse toren ging in de oorlog verloren en is modern herbouwd met een kopie van de kroon die Schonck in 1766 erop had gezet. Delen van de kerk, waaronder de pilaren, stammen nog uit 1400; de rest is in de 15de en 16de eeuw gebouwd.
Het is de moeite waard om deze kerk van binnen te bekijken. De sfeer van vroomheid die de bouwstijl oproept is het belangrijkst. De fraaie preekstoel, het orgel en het doophek dragen bij aan die devote sfeer.
In de kerk vindt u het gerestaureerde zwartmarmeren monument voor **Jean de Ligne**, Heer van Zevenbergen, gestorven in 1568 in de strijd tegen Nassau. In 1649 werd Zevenbergen alsnog bezit van de Oranjes.
Het monument laat zien dat Zevenbergen ook een welvarende tijd heeft gekend.
Er werd zout gewonnen en meekrap en later suiker gefabriceerd. Zevenbergen had de eerste suikerfabriek van Nederland. De massieve **silo** van de vroegere suikerfabriek is behouden. Die staat bij de haven aan de Blokweg. Eind jaren tachtig is de fabriek gesloten. Het machinegebouw met de tweelingschoorstenen is behouden.
In de rijke tijd van Zevenbergen werd voor de vrouw van Cornelis van Glymes het **Hof van Zevenbergen** in 's-Hertogenbosch gebouwd.
Behalve met het koningshuis heeft Zevenbergen ook

**Aan de rand van Zevenbergschenhoek staat een veerhuis uit 1612**

Strak gelijnde aardappelakkers in de polders rond Standdaarbuiten

een band met een andere beroemde (Brabantse) Nederlander, **Vincent van Gogh.** In 1864 ging hij hier naar een kostschool. Over die tijd is weinig bekend.
Zevenbergen heeft een **Oudheidkundig Museum Willem van Strijen**. Het laat een dorpswinkeltje zien, een goede kamer met bedstee, een keuken, oude ambachten en archeologische vondsten. Rondom Zevenbergen rijdt u door polders. Hier zijn sinds de 16de eeuw vruchtbare kleigronden gewonnen. Boerderijen staan er vaak op terpen.

**Oudheidkundig Museum Willem van Strijen**
Zuidhaven 17. *0168-323156.*
*ma 10.00-12.00 uur, za 14.00-17.00 uur.*

## Fijnaart

Na de St.-Elisabethsvloed is het dorp opnieuw ingedijkt hoewel het dorp daar toch een eeuw op heeft moeten wachten. In 1548 was het zover. Stuk voor stuk werd er ingepolderd: de Oude Fijnaart, Vrouwe Jacobs Polder, Nieuwe Fijnaart, de Oude Appelaar.
Aan het einde van de eeuw raakte het dorp verstrikt in de godsdienstoorlog. De Fijnaartse pastoor Cornelius Luykx werd in Den Briel door de watergeuzen van Lumeij opgehangen. De katholieke **Jacobuskerk** werd in 1846 gebouwd. Toen kon men de schuilkerk verlaten. De **Nh-kerk** ligt zoals gebruikelijk bij inpolderingsdorpen in de Kerkring waar de Voorstraat loodrecht op staat.
U vindt er behalve drie **tuinen** een museum-galerie **Van Lien**. Het is gevestigd in het voormalige gemeentehuis. Het biedt u een verzameling eigentijdse schilderkunst.

Museum Van Lien

**Museum Van Lien**
Kadedijk 2. *0168-464888.*
*vr-zo 13.00-18.00 uur.*
*jan. en juni.*
*www.museumvanlien.nl*

## Standdaarbuiten

Het dorp heette eigenlijk 'Het Sand daar Buyten'. Dorpen in de omgeving hebben ook van die bijzondere namen: Kreek, Barlaque, Kade, Oude Stoof, Kuivezand. Toponiemen stellen ons vaak voor raadsels.
In de 16de eeuw is het ontstaan door inpoldering. Na de Tweede Wereldoorlog, waarin het dorp veel schade opliep, heeft men de markt zo aangepast dat de breed uitstaande **St.-Jan** van 1924 beter tot zijn recht komt.
Het **zaalkerkje** van de hervormden is in 1810 gebouwd. Van de **molen** is slechts een deel uit 1786 over.
Het dorp leefde vroeger vooral van de verbouw van vlas en vlasnijverheid in kleine gezinsbedrijven. Men is nu overgeschakeld op champignoncultuur.

Schilderachtige poldersloten in de omgeving van Fijnaart

**Het Hollands Diep met op de achtergrond de Moerdijkbrug**

## Langeweg

Dwars door het dorp liep de grens tussen Brabant en Holland. Een **grenspaal** herinnert ons eraan. Het dorp heeft een **klooster** uit 1874 vanwaaruit de Emmaüsstichting nu goed werk doet.

## Moerdijk

Dit dorp ontstond aan het uiteinde van de dijk door het moer (veen), bij het veer over het Hollands Diep. Dat veer verbond het Strijense Sas, ook wel Nassauwenoord genoemd, in het noorden met Moerdijk waar een veerhuis en posthuis ontstonden in 1656. Het werd dus een typisch **verkeersdorp**. Geen boeren, wel vissers, maar voornamelijk handelaren die de vis (men viste op spiering en paling) exporteerden tot in Londen en Parijs. Winkels en herbergen verdienden aan de passanten.

Een sprong vooruit maakte het dorp in 1845 toen het eindpunt werd van de 'Grand Belge', een spoorlijn die de Belgen aanlegden van Antwerpen naar het Hollands Diep. Een stoomboot bracht voortaan de reizigers naar de overkant.

In 1872 werd de **spoorbrug** gebouwd en in 1936 de **autobrug**. De bruggen van 1 km lengte maakten Nederland in heel de wereld beroemd als natie van dijken- en bruggenbouwers.

Hoe cruciaal de Moerdijkbrug was, bleek tijdens en direct na de Tweede Wereldoorlog. De Duitsters bestormden de vesting Holland door parachutisten bij de brug neer te laten en met ijlmarsen dwars door Brabant naar Moerdijk te trekken.

De verbinding met Noord-Nederland liep in 1945 via Nijmegen/Arnhem of via de schipbrug die hier over het Hollands Diep werd gelegd.

De gerepareerde brug leed in 1953 grote schade. Het verkeer werd tevens intensiever en daarom werd een nieuwe brug met grotere capaciteit gelegd in 1978.

Nu is men bezig een brug te bouwen voor de Hogesnelheidslijn.

**Monument met delen van de oude brug**

Een **monument** met delen van de oude brug werd opgericht. Dat ging in 1936 anders. Toen kwam 'boven de Moerdijk' ineens heel dichtbij. 'Beneden de Moerdijk' wilde zich duidelijk manifesteren en bouwde een grenskapel **O.L.Vrouw op Schildwacht**. 'Sta reiziger, wees wellekom. Hier treedt ge Brabant binnen. Doch weet, dit trotsche Hertogdom heeft háár als Hertoginne.'

Door alle snelle verbindingen is het dorp zijn passanten en dus zijn inkomsten kwijtgeraakt. De moderne ranke **klokkentoren** en het vriendelijke **Nh-kerkje** kijken neer op een slapend dorp.

Maar daarbuiten is sinds 1970 een gigantisch **industrieterrein** aangelegd met de indrukwekkende pijpen en tanks van olieconcerns en andere bedrijven. Insteekhavens en brede wegen verzorgen de verbindingen. Toch is het best interessant om daar met uw auto of fiets rond te rijden. Bedenk dan ook even dat hier van 18 mei 1943 tot 23 februari 1944 een **buitencommando** van het concentratiekamp Vught lag. Duizenden joden en verzetsmensen hebben hier onder erbarmelijke omstandigheden gewerkt aan militaire versterkingen.

In plaats van door het industrieterrein te rijden kunt u ook naar het oosten gaan, onder de bruggen door. Daar heeft u een prachtig uitzicht over het Hollands Diep, de bruggen en het monument. Daarna rijdt u heerlijk langs **papavervelden** naar Lage Zwaluwe.

## Klundert

Als een gors voldoende was aangeslibd, werd er door aanleg van een dijk ingepolderd. Loodrecht op de dijk kwam de Voorstraat die vaak eindigde in een kerkring. In Klundert was er ook nog een raadhuisring. Dan volgden de parallelstraten. De plaats heette voor de St.-Elisabethsvloed Niervaart. Sinds 1357 heeft het stadsrechten en sinds 1403 was het bezit van het Oranjehuis.

**Stadhuis van Klundert**

Maurits heeft van Klundert een vestingstad gemaakt. Over de gerestaureerde **wallen** is het fijn wandelen. U heeft er een prachtig uitzicht op het polderland met in de verte het Hollands Diep. U passeert er de **Verlaatsheul**, een mooi gewelfde sluis uit 1769 en **sluisje de Wachter**. Een fraai deel van de vesting heet de **Suikerbergh** met de **stenen poppen**. Dat zijn torens die op een van boven scherp uitlopende stenen waterkering staan. Die kering moest ervoor zorgen dat de vestinggracht niet leeg liep. De poppen maakten passeren over de kering onmogelijk. De trots van Klundert is het prachtige **stadhuis**, dat Maurits de stad schonk in 1621. Het is gebouwd in renaissancestijl met natuursteen, rode en gele baksteen, luiken in Nassaukleuren, een sierlijk bordes, een cartouche met het wapen van Maurits en een beeld van Vrouwe Justitia. Het staat vrij op het plein met pomp en zonnewijzer.

Iets verderop bouwde Maurits de **Prinsenhof** als woning voor zichzelf en zijn rentmeester.

Wandelend door Klundert moet u bedenken dat de Tweede Wereldoorlog kerktorens en vele huizen vernielde en dat in 1953 90 procent van de stad onder water stond.

**Herdenkingsmonument watersnoodramp 1953**

Het **Nationaal Vlasserij-suikermuseum** geeft u een uitstekend inzicht in teelt en verwerking van de twee producten die in deze hoek van Brabant zo'n grote rol speelden.

Het is zeker de moeite waard om door de **Groote Polder** naar Noordschans en via de **Buitendijk** en **Oostdijk** naar Willemstad te gaan. Men krijgt dan een goed zicht op de **Buitengorzen**, buitendijkse graslanden en voormalig griend langs het Hollands Diep.

**Nationaal Vlasserij-suikermuseum**
Stoofdijk 1a. *0168-401539.*
*wo, vr, za 13.30-17.00 uur.*

## Heijningen

Hier staat een indrukwekkend **herdenkingsmonument** van de watersnoodramp van 1953.

Bij Heijningen ligt **fort Oranje.** Bij Helwijk vindt u **fort de Hel** en **fort Sabine.**

Dit laatste fort is in 1811 aangelegd en in 1870 verbouwd. Samen vormden ze een sterke verdediging van de zuidelijke waterlinie. Omgekeerd gebruikten de Fransen na inname fort de Hel bij hun belegering van Willemstad. In 1928 verloren de forten hun militaire betekenis. Nu overwinteren er vleermuizen.

Het fort Sabine ligt in het natuurgebied **Anthoniegorzen**. Op de drassige graslanden broeden veel weidevogels. Ganzen en andere trekvogels vinden hier rust en voedsel. Ook natuurgebied **Ruigenhil** is voor vogels een pardijs. Voor toeristen is het niet toegankelijk.

## Willemstad

*Onder de loep: blz. 306-307.*

**Ruigenhil** heette de stad van Willem van Oranje toen er in 1561 ingepolderd werd. Willem maakte er in 1583, een jaar voor zijn dood, een vesting van. Dat bleef zo tot 1926. Nu is het een beschermd stadsgezicht.

De **bastions** kregen de namen van de zeven Verenigde Nederlanden.

Voor Willemstad liggen de indrukwekkende **Volkeraksluizen**.

Bij de toegang tot de stad vindt u een **monument** voor de 159 Belgische militaire krijgsgevangenen die op 30 mei 1940 hier omkwamen.

**De indrukwekkende Volkeraksluizen bij Willemstad**

# Onder de loep: Willemstad

Toen Willem van Oranje van Ruigenhil een vesting maakte, werd de stad in een zevenpuntige stervorm met wallen, grachten en bastions geboren. Alleen de twee poorten zijn verdwenen. Het leven in een vestingstadje was voor de burger vaak geen pretje. Het trok belegering aan met alle ellende van dien. Soldaten (vreemd volk en gespuis) moesten worden ingekwartierd tot er kazernes werden gebouwd. Van de heel eigen sfeer van een vesting geniet nu de toerist.

**★ Mauritshuis**
*Ook wel Princehof genoemd, werd gebouwd in 1623 in renaissancestijl met trapgevels en kruisvensters met luiken.*

0 meter 100

**SYMBOOL**

- - - - Aanbevolen route

**Kruithuis** *op Bastion Utrecht*

**★ Nh-kerk**
*Als protestantse kerk al in 1597-1607 gebouwd en daarmee model geworden voor veel andere kerkjes. Kerk, koepel en torentje hebben 8 kanten. Midden in de kerk staat de preekstoel*

**STERATTRACTIES**

- **★ Mauritshuis**
- **★ Nh-kerk**
- **★ Stadhuis**

**Arsenaal** *in 1793 ontworpen door Philips Willem Schonck*

**Tips voor de toerist**

Nh-kerk. Kerksingel. Bezichtiging za 14.00-17.00 uur. Heemkundemuseum. Mauritshuis, Hofstraat 1. 0168-476055. ma 12.30-16.00 uur. Vestingfair: sept.

**Wachthuis**, *waarop data van hoge waterstanden staan aangegeven.*

**★ Stadhuis**

*Het gebouw uit 1587 heeft een unieke toren met 'roepstoel' om besluiten af te kondigen*

**d'Orangemolen**

*De hoge, statige molen werd gebouwd in1734*

**Vestingwal**

*Brede wallen omgeven het stadje. Het is daar heerlijk wandelen.*

**Haven**

*Het haventje binnen de vesting is te klein geworden voor de toenemende pleziervaart. Buiten de wallen is een nieuwe jachthaven aangelegd.*

# Markiezaat en Prinsenland

*De naam voor dit deel van West-Brabant bestaat uit twee delen. Het gebied van de Markies van Bergen op Zoom en het land dat de Prinsen van Oranje-Nassau hier lieten inpolderen. Het betreft de Brabantse wal met bossen, heide en duinen in het zuidelijke deel en polders met namen van het Koningshuis in het noordelijke deel.*

Het hele gebied is getekend door verwoestingen in de laatste oorlog en de watersnood van 1953. Maar veel is er gerestaureerd.
De afsluiting naar de zee, naar het zoute water en getijdenbeweging veranderde het karakter van het Markiezaatsmeer en het Volkerak. Maar men begeleidt de nieuwe natuur die hier ontstaat.
Nieuwe autowegen hebben de verbinding naar Zeeland, Holland en Antwerpen korter en gemakkelijker gemaakt, en ook dit gebied is nu beter en sneller bereikbaar voor de talrijke bezoekers.
Er is een aantrekkelijk stuk West-Brabant met interessante verschillen. Hier kunt u eindeloos dwalen door polders of genieten van prachtige vergezichten naar en van de Brabantse wal. Hier kunt u fietsen door bos en heide.
Wat een belevenis is het als u van de Dintelse gorzen via de oude militaire linie van Steenbergen naar Bergen op Zoom gaat en dan door de Wouwse Plantage en de bossen rond Huijbergen naar de grensplaats Putte.

**Volg een excursie naar het Kasteel Ravenhof in het Moretusbos**

**◁ De middeleeuwse stadspoort aan de Gevangenpoortstraat in Bergen op Zoom**

# Markiezaat en Prinsenland verkennen

In Roosendaal of Putte kunt u winkelen. In Bergen op Zoom wandelt u langs de 17de- en 18de-eeuwse gevels. Uitrusten kunt u op de mooie Markt van Halsteren of Wouw. En er zijn allerlei dorpjes waar u een fort, een sluis, een museum of een molen kunt bezoeken.

## Gemeenten

Bergen op Zoom 1
Roosendaal 3
Steenbergen 2
Woensdrecht 4

**Het Markiezaatsmeer is een geliefde pleisterplaats voor talrijke watervogels**

## Activiteiten

Er worden voor u excursies georganiseerd naar het Kasteel Ravenhof in het Moretusbos, het landgoed Mattemburgh en Plantage-Centrum. Zelf kunt u kleinere musea met welluidende namen bekijken: het Tongerlohuijs, Den Aanwas, In den Groenen Zonck, de Holle Roffel.
Bergen op Zoom met zijn heerlijk centrum en prachtig Markiezenhof spant echter de kroon.

**Terug in de tijd in het Markiezenhof in Bergen op Zoom**

Terras voor het stadhuis in Roosendaal

**SYMBOLEN**

- Snelweg
- Provinciale weg
- Secundaire weg
- Kanaal/rivier

0 kilometer 4

***ZIE OOK***


- ***Accommodatie*** blz. 335, 347
- ***Restaurants*** blz. 341

Eigenzinnige bouwstijl in de Wouwse Plantage

Het gerestaureerde Kasteel Ravenhof bij Putte

**GEMEENTE BERGEN OP ZOOM ❶**

**Wegenkaart A4.** *66.000.*
*Grote Markt 1 (0164-277482).*

## Bergen op Zoom

*Onder de loep: blz. 314-315. Het Markiezenhof: blz. 316-317.*

De haven met aan weerszijden statige panden

In de 13de eeuw vormde zich rondom de Grote Markt een stadje dat in 1287 een eigen heerlijkheid werd. In 1330 kwam er een cirkelvormige ommuring. In de 15de eeuw werd ook het Havenkwartier ommuurd. In 1533 verhief Karel V het tot Markiezaat. Het werd belegerd door Parma en Spinola maar 'hield zich vroom'. Nieuwe wallen en een verdedigingslinie tot Steenbergen konden de Fransen in 1747 niet weerhouden. Bergen op Zoom bleef een garnizoenstad. Eind 19de eeuw begon de ontmanteling. Van de middeleeuwse muur rest enkel de **Lievevrouwepoort** (**Gevangenpoort**). Eén ravelijn is bewaard gebleven: **Op den Zoom**. Van de militaire gebouwen is de **Wilhelminakazerne** (1899), nu Centrum voor de Kunsten, over. In de **Blokstallen** nr. 2 en 3 waar ijzeren ringen herinneren aan de tijd dat hier paarden werden vastgebonden, zit nu het archief en een jongerencentrum. Het **Groot en Klein Arsenaal** uit de 18de eeuw, met versierde poort en opschrift in het Duits, staan nog steeds indrukwekkend bij het Hamplein en de helaas deels gedempte haven.

Aan beide zijden van de haven liggen schitterende panden: De Bruijne Hondt, de Zoutkeet, Valckenburg, Croonenburgh, Acoleije, Ter Gouwe, Rupelmonde, Grote Smakke, Lillo, de Schipperskapel, de Drie Coningen en Arcke Noë. De meeste panden zijn in de 17de eeuw gebouwd. Aan de kop van de haven staat het

In 1611 werden vier panden samengevoegd tot een nieuw stadhuis

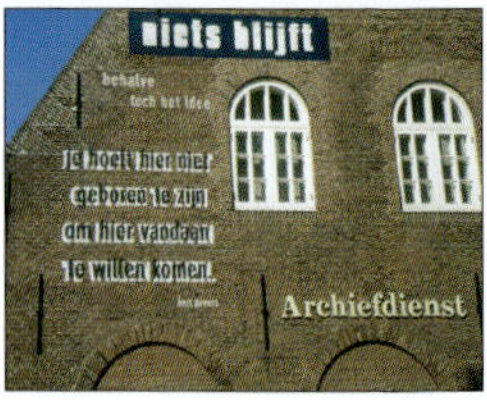


Wijze spreuken op de gevels van de Blokstallen

**Spuihuis**, waaraan sinds de 15de eeuw wordt gebouwd. Binnen de vroegere muren van de stad is het middeleeuwse **stratenpatroon** bewaard gebleven. Aan de **Lievevrouwenstraat** en **Rijkebuurstraat** staan panden uit de 17de en 18de eeuw. De **Hoogstraat** is na de ramp van 1747 met fraaie huizen herbouwd. In de witte **Stationsstraat** heeft men zich in de 19de eeuw uitgeleefd in allerlei neostijlen. Bergen op Zoom ligt aan het **Markiezaatsmeer**. Sinds de afsluiting van de Oosterschelde door de Markiezaatskade ontstond hier een natuurontwikkelingsgebied. Het sluit aan bij het landgoed **Mattemburgh**. U kunt zich laten informeren in het bezoekerscentrum **De Kraaijenberg**.

**Eiken- en beukenlanen op het landgoed Mattenburg**

Genoemd moeten nog worden molen **De Twee Vrienden** (1890) en de sierlijke **watertoren** (1899).
In Bergen op Zoom werd de componist **Jacob Obrecht** (1452) geboren, de historicus **Marcus Boxhorn** (1612) en de schrijver **Anton van Duinkerken** (W. Asselbergs, 1903).

**De Kraaijenberg**
Fianestraat 17. *0164-235210.*
*wo en zo 12.00-16.00 uur.*

## Halsteren

De welvaart in Halsteren begon met de turfhandel vanuit de moeren in de omgeving. Die moerassen in het **Halsters Laag** konden worden geïnundeerd. Zo werd Halsteren een onderdeel van de verdedigingslinie van Bergen op Zoom naar Steenbergen. Over wallen en schansen is een wandeling uitgezet van **fort Moermont** via **fort Prinsen** naar **fort de Roovere**. De forten kwamen in 1628 tot stand. De linie werd in 1747 aangelegd en aangevallen door de Fransen en in 1785 aangepast.
Nu ligt er landgoed **Buitenlust**, het Instituut **Vrederust** en het natuurgebied **De Melanen**. Veel bossen zijn aangelegd om het stuifzand tegen te gaan.
Halsteren heeft een aardig centrum. Een mooi **raadhuis** (1633) met trapgevel, bordes en toren staat tegen de **Nh-Martinuskerk** uit 1457 met een toren die nog iets ouder is. De **doopvont** uit 1549 die hierin heeft gestaan en verloren was, is in 1920 opgegraven en in de katholieke **Quirinuskerk** (J. Cuijpers 1912) geplaatst.
De ronde stenen bergkorenmolen heet **St.-Anthonius** en werd in 1817 geplaatst.
Op de **Blauwehandshoeve** uit 1893 vindt u een wijnmakerij: rode wijn van zwarte bessen en witte wijn van druiven.

**Blauwehandshoeve**
Zuiderkreekweg 2. *0164-682337.* *mei-aug.: vr-za vanaf 13.30 uur.*

## Lepelstraat

Het vroegere **kasteel** van Halsteren stond hier. Het werd waarschijnlijk in de 13de eeuw gebouwd, daarna door Parma veroverd en in 1588 verwoest. Op dit kasteel schreef de 25-jarige **Erasmus** in 1494 het boek Antibarbari. Kasteelhoeve **Het Slot** is er nog van over.
Vanuit de Celsche Hoeven in Lepelstraat hebben minderbroeders vanaf 1647 het katholieke geloof in deze streek in stand gehouden. In 1670 werd er door de broeders een schuurkerk gebouwd.

**In 1633 werd het raadhuis van Halsteren gebouwd**

# Onder de loep: Bergen op Zoom

**Gevelsteen 'Inde Arcke Noë'**

'Wanneer mijn werk gedaan zal zijn, mijn adem stil, mijn ogen dicht, geneest mij van de laatste pijn, dit nooit verloren vergezicht.' Dit vers van de beroemdste Bergenaar Anton van Duinkerken is één van de vele gedichten, 'stenen strofen', die op karakteristieke plaatsen in de stad zijn aangebracht. Zij veraangenamen uw wandeling zoals ook beelden, gevels en gevelstenen dat doen. Daarna is het heerlijk uitrusten op de Grote Markt van deze mooie binnenstad.

Het beeldenpark is vrij te bezichtigen.

**Het Spuihuis**
*Huis aan de sluis die hier vroeger in het beekje de Grebbe lag. U overziet hier de vroeger drukke haven, nu voor het grootste gedeelte gedempt. Op de achtergrond de schoorsteen van de jeneverfabrieken waar uit suikerbiet alcohol wordt gemaakt.*

**★ Markiezenhof**
*Op een gezellig terras aan het Beursplein kijkt u uit op de magnifieke gevel van het Markiezenhof (blz. 316-317).*

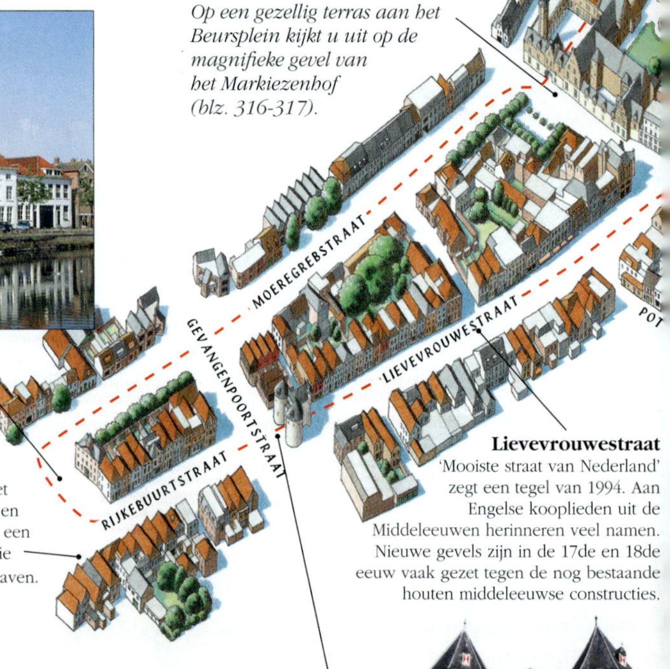


**Lievevrouwestraat**
'Mooiste straat van Nederland' zegt een tegel van 1994. Aan Engelse kooplieden uit de Middeleeuwen herinneren veel namen. Nieuwe gevels zijn in de 17de en 18de eeuw vaak gezet tegen de nog bestaande houten middeleeuwse constructies.

**Arcke Noë**
pand uit 1640 met veel natuursteen en beeldhouwwerk, een van de vele mooie panden aan de haven.

**★ Lievevrouwepoort**
*Toen de haven ommuurd werd verloor het middeleeuwse gebouw zijn eigenlijke functie en werd het gevangenis tot 1932. Vandaar dat het ook de naam van Gevangenpoort draagt.*

**STERATTRACTIES**

**★ Lievevrouwepoort**

**★ Markiezenhof**

**★ Stadhuis**

**St.-Gertrudiskerk**
*De toren uit de 14de eeuw wordt de Peperbus genoemd vanwege de bekroning die het na de ramp van 1747 kreeg. De kerk is in 1972 afgebrand en weer gerestaureerd.*

> **TIPS VOOR DE TOERIST**
>
> *St. Gertrudiskerk. Grote Markt. via VVV. Gedempte Haven. do 9.00-15.30 uur; Keramiekmarkt begin mei. Maria-ommegang: laatste zo van juni; Jazzweekend: weekend na Pinksteren.*

**SYMBOOL**

- - - - Aanbevolen route

**Synagoge** uit 1832.

**★ Stadhuis**
*De gevel van 1611 maakte één geheel van de veel oudere winkel 'De Oliphant', het 'scepenhuys', 'Leeuwenborch' en de 'Heerenkamer'. 'Duizend gevaren kom ik te boven' staat erop geschreven.*

**De Maagd**
*Deze kerk, toegewijd aan de Maagd Maria, in neoclassicistische stijl gebouwd in 1825 is verbouwd tot stadsschouwburg van Bergen op Zoom.*

0 meter 100

# Het Markiezenhof

**Medaillon**

Een wandeling over de binnenplaatsen, onder de galerijen en door de poortgebouwen van het Markiezenhof zal u bijzonder aangenaam verrassen. In de rode baksteen afgewisseld met horizontale speklagen (Gobertangesteen), de sierlijke dakkapellen en traptoren en de witte gevel met tralievensters herkent u de sporen van de Mechelse architect Keldermans. Het museum verschaft u toegang tot het interieur waarbij de Hofzaal met Christoffelschouw en glas-in-lood ramen het hoogtepunt vormt.

**De tuin**
*Deze werd in 1709 in Franse stijl vernieuwd.*

**Processiekamer**
hier werd een kostbare verzameling processievaandels tentoongesteld. Nu is de processiekamer in gebruik als kantoorruimte.

**Kapel**
vroeger was dit de archiefruimte van het Markiezenhof.

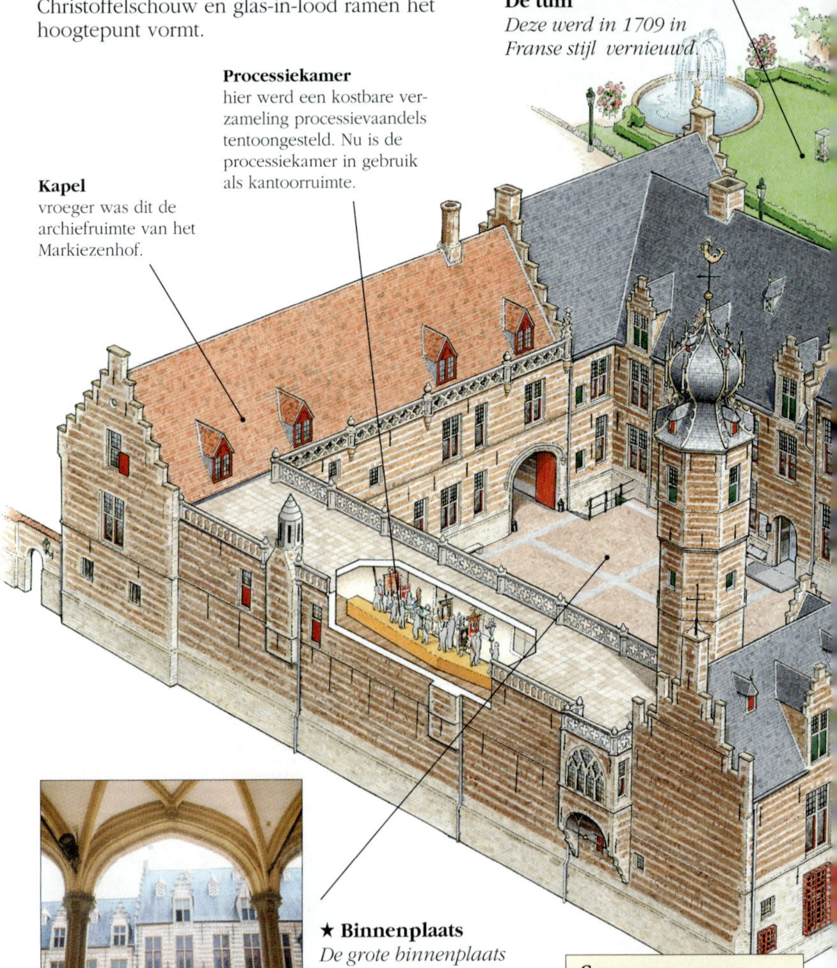

**★ Binnenplaats**
*De grote binnenplaats heeft onder andere een fraai bewerkt baldakijn boven de toegang tot de Hofzaal en aan de andere zijde een overdekte galerij met een gotisch spitsbogen gewelf.*

| STERATTRACTIES |
| --- |
| ★ Binnenplaats |
| ★ Franse stijl |
| ★ Kermisattracties |

**TIPS VOOR DE TOERIST**

Steenbergsestraat 8, **Wegenkaart A4**. 0164-277077. *di–zo 11.00–17.00 uur.* *ma, 1 jan., carnaval, 1ste paasdag, 25 dec.* *www.markiezenhof.nl*

**★ Franse stijl**
*Rond 1710 zijn in het Markiezenhof een aantal zalen en kamers geheel in Franse stijl opnieuw ingericht.*

**Harnassen**
staan opgesteld in een omgang met houten spitsbooggewelf.

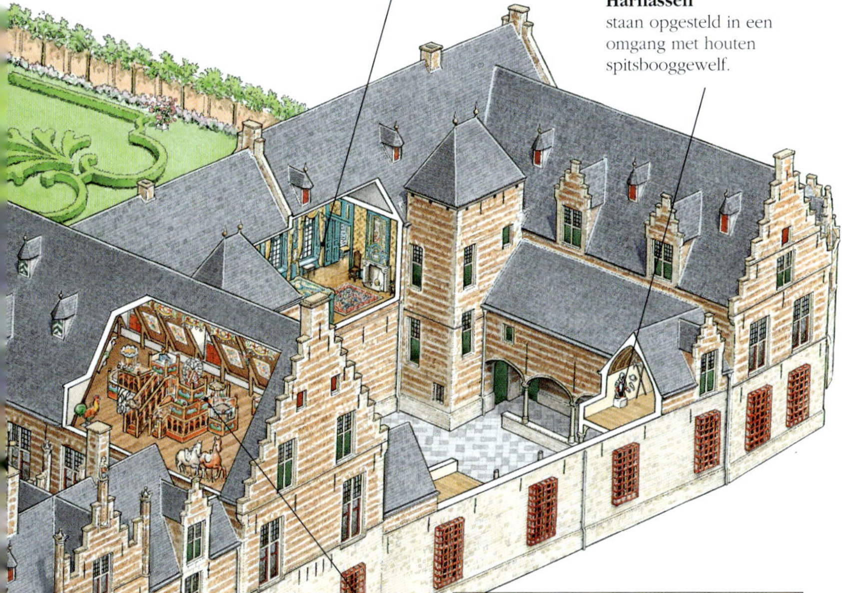

**Beeldhouwwerken**
*Beeldhouwwerken vindt u overal in het Markiezenhof. Op de toegangspoort is een bijzonder, uit hout gesneden beeld aangebracht.*

**★ Kermisattracties**
*Een grote collectie miniaturen en originele onderdelen zijn ondergebracht in het Markiezenhof.*

Haven van Steenbergen met de 80 meter hoge toren van de St-Gummaruskerk

**GEMEENTE STEENBERGEN ❷**

**Wegenkaart A3.** *23.500.* *Kaaistraat 47 (0167-543434).*

## Steenbergen

Het jaar 1272 wordt algemeen beschouwd als het jaar waarin Steenbergen zich begon te ontwikkelen tot stad met eigen rechtbank en bestuur. Turf, zout, later meekrap en suikerbiet waren de producten waarin gehandeld werd. Het had vroeger een haven aan de intussen verdwenen Striene, daarna aan de **Steenbergse Vliet**. Scheepvaart op Engeland en Denemarken bracht dit intussen ommuurde stadje welvaart.

In de Tachtigjarige Oorlog werd een **linie** van Steenbergen via Halsteren naar Bergen op Zoom aangelegd. Het natuurgebied **Oudland** en het landgoed **Dassenberg** lagen in deze linie die geïnundeerd kon worden. Het zijn veenontginningsgebieden. Nu vindt u er loofbos, houtwallen rondom weilanden en dus veel vogelsoorten.

Nadat in 1827 de vesting opgeheven werd, verdwenen de fortificaties en grachten op enkele restanten aan de **Zuidwal** na.

Wandelend door de stad komt u verschillende interessante gebouwen tegen. In het oog springt direct de **Nh-kerk**, een waterstaatskerk met een helderwitte gevel in neoclassicistische stijl. De klokkentoren met daarboven nog een koepel en een obelisk steekt harmonieus boven de gevel uit. Een deftig hek geeft u ook toegang tot het kerkhof met zerken sinds 1600.

Waterstaatskerk van Steenbergen

De katholieken wilden niet onderdoen. Naar het ontwerp van P. Cuijpers bouwden Jos Cuijpers en Jan Sluijt in 1902 de neo-Romaanse **St.-Gummarus**. De toren werd op de kruising geplaatst en is bijna 80 meter hoog. Vierkante hoektorens maken het imposante gebouw speelser.

In de **Kaaistraat** en aan de **Markt** staan veel 19de-eeuw-

De Steenbergse Vliet was voor de handel een belangrijke route

se huizen. Het **Gemeentehuis** werd in 1939 gebouwd. Joep Nicolas maakte de gebrandschilderde ramen. Een oude **waterput** staat ertegenover.

**Nh-kerk**
*Open huis juni-aug.: wo en vr 13.30-16.00 uur.*

## Nieuw-Vossemeer

Van Steenbergen rijdt u langs oude turfvaarten naar het **Schelde-Rijnkanaal**, dat Antwerpen met Rotterdam verbindt. Het kanaal volgt hier de loop van de vroegere Eendracht. Via natuurgebied **De Stelle** nadert u dan Vossemeer. Door het kanaal loopt de grens met Zeeland.
Dit inpolderingsgebied was in de Middeleeuwen al een twistappel tussen Zeeuwen en Brabanders. In 1567 werd een nieuw Vossemeer gesticht, dat in 1583 in de strijd tegen de Spanjaarden weer onder water werd gezet. In 1609 werd het hersticht. Het overleefde met moeite de watersnoodrampen van 1682 en 1953.
Het is een **voorstraatdorp**: de hoofdstraat wordt haaks op de dijk aangelegd en eindigt in een kerkring. Bij uitbreiding bouwt men later een achterstraat.
Mooi in haar eenvoud is de **Nh-zaalkerk** uit 1649 met horloge en kleine knoptoren.

Nh-zaalkerk uit 1649

De oude polders worden doorsneden door kronkelende dijkjes

De **St.-Jan de Doper** is in 1873 gebouwd.
In het dorp staat het beeld van **Merijntje Gijzen**. Het ventje was een creatie van de socialistische schrijver A.M. de Jong. Diens geboortehuis is in 1953 verzwolgen. Hijzelf is in 1943 bij een Silbertanne-actie van de SS in zijn huis vermoord. **Het A.M. de Jonghuis** vertelt u over deze schrijver en zijn werk.

Merijntje Gijzen

De **Assumburg** is een stellingmolen uit 1780, toen nog een oliemolen bij Zaandam, sinds 1897 een korenmolen hier. Het is uitgegroeid tot **Molenmuseum Nederland** waar molenmodellen u inzicht geven in de ingewikkelde werking van molens. Ook de historie komt aan bod.

**Het A.M. de Jonghuis**
Voorstraat 29.
*0167-502302.*
*mei-aug.: za-zo 14.00-17.00 uur.*
**Molenmuseum Nederland**
Veerweg 1. *0167-543434.*
*mei-aug.: za-zo 14.00-17.00 uur.*

## Kruisland

Het dorp bestond al toen in 1487 de Kruispolder door Engelbrecht van Nassau werd ingedijkt. De inpoldering maakte een eind aan de vaak voorkomende wateroverlast. Vooral de dijkdoorbraak van 1288 was rampzalig.
Het dorp werd na de inpoldering Engelsdorp of Engelsberg genoemd naar Graaf Engelbrecht.
In het jaar van de inpoldering werd ook de kerk gesticht.

Oude-ambachten- en gereedschapsmuseum

Een eeuw later werd die kerk aan de katholieken ontnomen. In 1830 werd de kerk door een kleinere vervangen. In deze hervormde kerk vindt u nu **De Holle Roffel**, een oude-ambachten- en gereedschapsmuseum.
De katholieken hadden in 1795 een nieuwe kerk gebouwd en die een eeuw later weer door een nieuwe vervangen. De **toren** daarvan werd door de Duitsers in 1944 opgeblazen en is in 1958 herbouwd.

**De Holle Roffel**
Markt 20. *0167-532771.*
*april-sept.: do en 1ste zo 14.00-17.00 uur.*
*www.deholleroffel.myweb.nl*

Het haventje van De Heen is een geliefde pleisterplaats

## Dinteloord

De **Dintelse Gorzen** liggen aan het **Volkerak**. In 1986 en1987 sloten de Oesterdam en de Philipsdam het zoute zeewater en de getijdenbeweging af. Er ontstond een meer. De natuur paste zich aan. U kunt hier op uw wandeling genieten van wilgen, berken, drassige kale delen en ruigten. Shetlanders, koeien en veel vogelsoorten scharrelen er rond.

In Dintel-Sas, de **sluis** in de Dinter, ligt de **jachthaven**. Dinteloord werd gesticht door Prins Philips Willem, oudste zoon van Willem van Oranje. Hij liet hier in 1604-1605 de **Oude Prinslandse Polder** indijken. Vanaf toen is de ene prinsenpolder na de andere ontstaan tot in de 19de eeuw. Tot 1795 werd het gebied bestuurd door de schout van de Prins van Oranje. Koning-Stadhouder Willem III schonk Dinteloord zijn **Hervormde kerk**, gebouwd door J. van Swieten. De cartouche vermeldt het devies van de (Engelse) Orde van de Kouseband: Honi soit qui mal y pense (schande over hem die er kwaad van denkt).
Bij de kerk ligt **Jan van Haaften** begraven. Hij was sasmeester: sluismeester en sluizenbouwer. In 1809 liet hij de sluizen openen waardoor de polders onderliepen maar de Engelsen konden worden tegengehouden. Dinteloord werd op 4 november 1944 zwaar beschadigd. De kerken en de binnenstad werden vernield.
Op de vruchtbare kleigronden in de polders werden suikerbieten verbouwd. Dinteloord kreeg de grootste suikerfabriek van Europa.

Vruchtbare klei in de oude Prinsenpolders bij Dinteloord

Scholekster in de vogelrijke gebieden boven Dinteloord

## De Heen

Dit kerkdorp ontstond na de inpoldering. Ten westen hiervan staat in het gehucht Heense Molen de **Vos**, een grondzeiler uit 1714. Aan de oostzijde ligt het voormalige **fort Hendrik** dat in 1628 behoorde tot de linie van Steenbergen. De contouren zijn nog te zien. Ten noorden ligt het natuurgebied de **Slikken van Heen Oost** dat alleen onder begeleiding toegankelijk is (voor informatie: 035-6559911). Vanaf de dijk met informatiepaneel hebt u er wel een mooi zicht op. U bent dan bij de **sluis van Beneden Sas** in de Steenbergse Vliet. **Outdoor Centre Akkermans** biedt u allerlei sportmogelijkheden.

**Outdoor Centre Akkermans**
Heense Molenweg 23. ☎ *0167-502621.*

**Het oude raadhuisje en de St.-Lambertuskerk aan het marktplein in Wouw**

**Gemeente Roosendaal ❸**

Wegenkaart B3. 78.000.
*Markt 71 (0165-554400).*

## Nispen

Dit is het oudste deel van de gemeente. Al in de 12de eeuw was dit een welvarende heerlijkheid waaruit Roosendaal een eeuw later zou ontstaan (1268). Tegen de middeleeuwse **toren** staat een nieuwe kerk van Jos Cuijpers, uit 1930.
In de Dorpsstraat staat een ronde stenen **bergkorenmolen** uit 1850.

## Wouw

Het **kasteel** van de Heren van Bergen op Zoom dat eind 13de eeuw misschien door Gerard van Wesemale gebouwd is, was een waterburcht met een ronde toren, hoektorens en poortgebouwen. Het is sinds de verovering door Maurits in 1606 vervallen en uiteindelijk gesloopt. Heggen geven nu de contouren aan. Op het mooie marktplein staan twee **pompen** uit 1768, **herenhuizen**, het **raadhuis** van 1923 en de **St.-Lambertuskerk**. Vooral het beeldsnijwerk in de **koorbanken** was beroemd. Toen de Duitsers de toren in 1944 opbliezen, is ook de kerk met de prachtige inventaris grotendeels verwoest. Na de oorlog heeft men met zorg wat er over was gerestaureerd.
De **Oude Pastorie** is gebouwd in 1660.
Wouw heeft een bergkorenmolen uit 1811, de **Arend**.
**In den Groenen Zonck** heet het grafisch museum dat de geschiedenis van de boekdrukkunst laat zien.
U kunt ook een bezoek brengen aan **Kruidentuin 't Klokkebaaike**.

**Dorpspomp van Wouw**

**In den Groenen Zonck**
Roosendaalsestraat 43. *0165-302290.* *zo 13.00-17.00 uur.* *tijdens schoolvakanties.*
*www.welcome/to.museum-indengroenezonck*

**Kruidentuin 't Klokkebaaike**
Bergsestraat 72-74. *0165-301222.* *op afspraak.*

## Heerle

De oude kerk is al in 1861 afgebroken.
U kunt er twee tuinen bezoeken.

**Tuin 't Ven**
Wilgenstraat 25.
*0165-302396.*
*mei-juli: laatste zo 12.00-17.00 uur.*

**Atelier en beeldentuin Jes.**
Torenlaan 58. *0165-302886.*

**Fietsen door licht glooiend landschap in de omgeving van Nispen**

**De gebouwen in de Wouwse Plantage met hun merkwaardige bouwstijl**

## Wouwse Plantage

Aan de rand van het enorme 1425 hectare tellende landgoed ligt het dorp met dezelfde naam. Hier ontdekt u de **Zoom**, waaraan ook de naam Bergen op Zoom herinnert. Het is een lange rechte oude turfvaart die nu, bij voldoende water, mooi door het landgoed stroomt. In het landgoed zelf is rond 1600 door paters wilhelmieten uit Huijbergen een begin gemaakt met de ontginningen. Bos en akkers kwamen in de plaats van woeste grond. Rond 1640 nam de Markies van Bergen op Zoom de ontginning ferm ter hand. Eiken, beuken en zwarte els werden aangeplant. In de 18de eeuw werden de lange lanen aangelegd met beuken en grove dennen. Van de zandverstuiving en de vennen bleef niet veel over. De Belg P.J. de Caters verwierf in 1839 het landgoed. Hij liet een villa bouwen, welke later nog eens tot **'kasteel'** werd uitgebouwd door de volgende eigenaar. De villa, de smidse, de bakkerij, de wasserij, de zaagmolen en de boerderijen werden gebouwd met zelf gebakken stenen en met veel hout uit de eigen bossen. Zo ontstond het Plantage-Centrum. Opvallend zijn de rododendrons die aan de rand van de lange lanen zijn geplaatst en in mei-juni prachtig bloeien. Het **Plantage-Centrum** kan alleen via de VVV (voor informatie: 0165-554400) met een gids bezocht worden. De gids neemt u dan ook mee naar het Brandweermuseum dat op dit privé-domein is ondergebracht. Aan de Plantagebaan vindt u overdekte **informatiepanelen** over de Wouwse Plantage. Daar kunt u ook heerlijk lunchen.

**De houthakker van de Wouwse Plantage**

## Roosendaal

Roosendaal kreeg in 1809 stadsrechten van Lodewijk Napoleon. In 1815 werden de stadsrechten afgeschaft maar Roosendaal groeide wel uit tot een echte stad, vooral door de aanleg van het spoor, het alom bekende **station** en de douanepost in 1854. Roosendaal werd dé doorgang naar België en Frankrijk. De aanleg van de **Oude Turfvaart** in 1449 had in de 15de en 16de eeuw welvaart gebracht. De turfhandel bloeide. Zoals stadsbranden in 1572 en 1687 en de pest begin 17de eeuw de stad een grote terugslag bezorgden, deden dat ook de bombardementen van 1940 en 1944. Maar Roosendaal hervond telkens de kracht om weer overeind te komen. Het oude **raadhuis** uit 1534 werd na de brand in 1616 hersteld. Het bepleisterde gebouw met zijn voorname gevel beheerst de Markt. Ook de **St.-Janskerk** werd in 1611 hersteld. De toren is aan het eind van de Middeleeuwen gebouwd en later verhoogd. De kerk werd in 1839 neoclassicistisch verbouwd en voor de toren kwam een ingang zoals u die

**Gevelde beuken in de Wouwse Plantage**

kent van kerken in Rome en Parijs.
Aan de Bloemenmarkt ligt de **Hervormde kerk**, ook een neoclassicistische kerk zoals die begin 19de eeuw gebouwd werden. Aan de Markt, Bloemenmarkt en Molenstraat staan veel **herenhuizen** uit de 17de, 18de en 19de eeuw. Het mooiste is de oude pastorie uit 1762, het **Tongerlohuijs**. Dit is gebouwd door de abdij Tongerloo die hier de pastoor mocht aanstellen. Hierin is **Museum De Ghulden Roos** ondergebracht. Servies, tin, glaswerk, klederdrachten, speelgoed en voorwerpen uit de tabaks- en zoetwarenindustrie zijn er te

Station Roosendaal: de doorgang naar België en Frankrijk

Watertoren van Roosendaal

bewonderen. Tot de bijzondere gebouwen mag zeker ook het **woonhofje Mariagaard** gerekend worden. Het is tussen 1935 en 1938 gebouwd door architect Van Hees. Het omvat een kapel en zes woningen.
Het **Vrouwenhof** ligt in een uitgestrekt park met speeltuin en openluchttheater. **Villa Mariahove**, een fabrikantenvilla met een Engelse landschapstuin uit 1900 en een tuin in Franse stijl maken dit park compleet. De Roosendaalse **watertoren** is in 1916 gebouwd en functioneert alleen nog om tegendruk in de leidingen te geven als reserve. Tot de bijzondere gebouwen rekenen we ook de twee molens die Roosendaal rijk is. Molen **De Hoop** is in 1684 gebouwd. Molen **De twee Gebroeders** stamt uit 1872.
Op 30 oktober 1944 werd Roosendaal bevrijd door twee regimenten van de **Polar Bear Division**. Een ijsbeer op een wereldbol, die weer op een hoge pilaar staat, herinnert ons hieraan.
Roosendaal nodigt u uit een bezoek te brengen aan zijn parken, de Heemtuin, de vele galeries en sportaccommodaties, waaronder een klimcentrum.

**Museum De Ghulden Roos**

Molenstraat 2. *0165-536916.*
*di-zo 14.00-17.00 uur.*

## Het centrum van Roosendaal

Hofje van Mariagaard (1)
Het oude raadhuis (2)
St.-Janskerk (3)
Tongerlohuijs (4)
Vrouwenhof (5)

0 meter 200

**Symbolen**

Kerk
Toeristeninformatie
Politiebureau
Postkantoor
Parkeerplaats
Voetgangersgebied

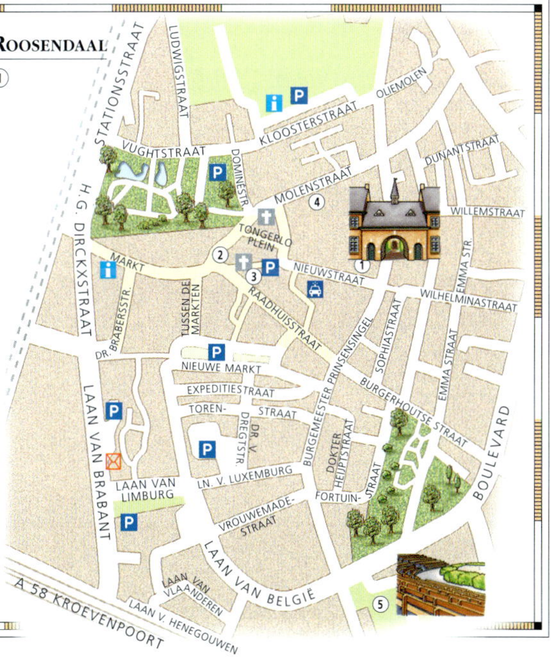

19de-eeuws landhuis en Engelse tuin op het landgoed Mattemburgh

**Gemeente Woensdrecht** ❹

**Wegenkaart A4.** *21.500.*
*Raadhuisstraat 63, Hoogerheide (0164-267278).*

## Woensdrecht

Het Brabants zandplateau werd door de zee aangevallen. Waar de zee won werd klei afgezet. Ging die aanval bij de streek van Oudenbosch nog geleidelijk, hier steekt de **Brabantse wal** meters boven de kleipolders uit. Dat tekent heel deze gemeente. Kleipolders in het westen, met daarop bossen, landgoederen, stuifduinen, en verderop heide met vennen.
Vanaf de wal heeft u op vele plekken in de gemeente een prachtig uitzicht op het laagland en omgekeerd is het evenzeer majestueus.
Om de hoogte in bezit te nemen is in 1944 flink gevochten. **Shermantank** en **bevrijdingsmonument** herinneren ons daaraan.
Misschien kent u de naam Woensdrecht nog van de felle demonstraties tegen de stationering van kruisraketten op het **vliegveld**. Ze zijn er nooit gekomen.
Wat weerhoudt u ervan om even over de grens met Zeeland te stappen en een kijkje te gaan nemen bij de **Kreekraksluizen**?

## Hoogerheide

Tweelingdorp van Woensdrecht.
De landgoederen **Lindonk, Kortenhoeff** en **Mattemburgh** zijn zeer afwisselend: schorren, natte en droge heide, vennen, productie- en natuurbos en een landhuis uit de 19de eeuw met een fraaie Engelse tuin met oranjerie, koetshuis en theehuisje.

**Tuin Mattemburgh**
Antwerpsestraatweg 183. *0411-622775.* *mei-okt.: wo 12.00-17.00 uur.*

## Huijbergen

Huijbergen ligt prachtig, op de Brabantse wal, in de bossen, vlak bij de **Kalmthoutse Heide** en de **Staartse Heide en Duinen** met het **Grote** en **Kleine Meer.**
Het gebied is ontgonnen sinds de komst van de **Wilhelmieten** in 1277. Ze bleven er 569 jaar. Daarna begonnen de Broeders van Huijbergen er de kostschool **St. Marie**, die bleef bestaan tot 1980. In het poortgebouw huist het **Wilhelmietenmuseum.** U krijgt een beeld van wat de paters hier hebben verricht. Tevens bevat het een verzameling iconen.
Molen **Johanna** is een stenen bergkorenmolen uit 1862.
Weersonafhankelijk worden golfonderricht en professionele oefenmogelijkheden geboden in **Intogolf**.

**Wilhelmietenmuseum**
Staartsestraat 2. *0164-642568.* *april-sept.: 2de en 4de za-zo 14.00-17.00 uur.*

**Intogolf**
Groene Papegaai 19. *0164-612310.*

Het Wilhelmietenmuseum in Huijbergen

## Ossendrecht

Sinds de 12de eeuw werd hier ingepolderd. De watersnood van 1953 zette ook hier polders onder water. Tot 1944 heeft Ossendrecht het zwaar te verduren gehad in de strijd tegen het water en de legers die hier sinds de Tachtigjarige Oorlog binnentrokken.
Het erg aardige **Streekheemmuseum Den Aanwas** geeft in een pand van 1743 een beeld van deze plaatselijke geschiedenis. Er is een dorpspleintje in gebouwd met gevels

**Het heemkundig streekmuseum**

waarachter ambachten worden uitgebeeld. Relieken van het kleinste mensje 'Prinses' Paulientje en van de heiligverklaarde zuster Maria Adolphine worden getoond.
De **NH-kerk** is in 1798 gebouwd.
De **Volksabdij** Onze-Lieve-Vrouw ter Duinen, geleid door Broeders van Huijbergen, biedt u mogelijkheden tot bezinning, vergadering, feest, teambuilding en ontspanning.

**Ingang van het joodse kerkhof**

Bij G. en P. Gerdes kunt u op de Binnenweg 14 (0164-674308) een gevarieerde **tuin** bezoeken. **De Noordpolder** is een oud poldergebied waar het ontginningspatroon van 1600 nog duidelijk herkenbaar is.

**Streekheemmuseum Den Aanwas**
*Aanwas 29. 0164-672110. april-okt.: 2de en 4de zo 13.30-16.30 uur.*

## Putte

Er bestaat een Belgisch en een Nederlands Putte. De grens loopt dwars door het dorp. **Grenspaal 257** geeft dat aan. Elke zondag zijn hier de winkels open.

**Borstbeeld van Jacob Jordaens**

Toen in Antwerpen katholieken de baas bleven lieten belangrijke mannen als **Jacob Jordaens** zich hier in de protestantse kerk begraven. Die kerk verdween in 1794. Het graf kwam als monument tegenover de kerk terecht. Toen in de Oostenrijkse Nederlanden bepaald werd dat graven geruimd konden en moesten worden, weken joodse Antwerpenaren voor hun begrafenis uit naar Putte. Joodse graven mogen nooit geruimd worden volgens hun opvatting. Er liggen sindsdien enkele grote **joodse kerkhoven** aan de rand van Putte. Een prachtig staaltje van samenwerking over de grens heen is de restauratie van **Kasteel Ravenhof** en het kasteelpark **Moretusbos**. Het kasteel Steenland uit de 14de eeuw, verbouwd in 1552, kwam in 1679 in bezit van de beroemde drukkersfamilie Plantin-Moretus uit Antwerpen. Die hebben het Moretushof in de 18de eeuw uitgebouwd en een park aangelegd. In 1768 werd het in rococostijl gebouwde prieel **Gloriëtte** gebouwd. In de 19de eeuw werd het Moretushof tot Ravenhof omgebouwd, het lijkt wel een klein Versailles.

**Rododendrons groeien en bloeien massaal in de bossen bij Putte**

# Genieten van het verval

Duiventoren van kasteel Heeze

Conserveren, restaureren, kopiëren, afbreken, ruïne laten zijn. Dat zijn de keuzemogelijkheden. De moeilijke keuze begint met de vraag: wat is de moeite waard om te conserveren? Ouderdom speelt dan een voorname rol. Maar is er genoeg eerbied voor oude werken? En wat hebben we ervoor over? Hoe vaak verliezen natuur en cultuur het van de economie?

Toerisme is dan een belangrijke factor. De toerist houdt van de natuur en van dingen van vroeger. Toerisme brengt bovendien geld in het laatje.

Kasteelruïne in Asten-Heusden

## Echte ruïnes

Veel ruïnes heeft Brabant niet. Vooral in de 19de en 20ste eeuw heeft onze 'opgeruimd staat netjes'-opvatting ze doen verdwijnen. De hoektoren van Huijs ten Strijen staat er al vier eeuwen en prikkelt de fantasie. Men wil ernaartoe en laat zich amper afschrikken door een hek met de waarschuwing 'Vallend puin'. De oude kerk van Dongen is gedeeltelijk in gebruik maar de rest is sinds 1928 een ruine. De ruïnes van slotje Seldensathe in Middelrode, van het kerkje in Andel en van het kasteel van Asten zijn prachtig overwoekerd en het is te hopen dat ze nooit gerestaureerd zullen worden. Dat geldt ook voor meerdere forten en kazematten in Brabant.

Ruïne van Strijen

De ruïne van het 'kasteel' van Asten wordt stukje bij beetje ingepakt door klimop

## Kerkhoven en grafstenen

Over verval gesproken! De tijd van uniforme kruizen is weer voorbij en de waardering voor de oude grafzerken is terug. Het gevaar dat men overdreven gaat restaureren is groot. Ook het scheefgezakte kruis, een gapende zerk en de dwars door het graf groeiende boom moeten kunnen blijven.

Detail op een oude grafsteen

**Het ruïneproces stoppen**

*Dat gebeurde met het Groot Kasteel in Deurne. Het afbraakproces werd gestopt door de restanten zoveel mogelijk te restaureren om ze zo voor verder verval te behouden.*

Invliegopening voor uilen

## Vogels

*Voor sommige vogelsoorten zijn ruïnes en vervallen gebouwen een ideaal onderkomen. Openingen in muren zijn er met name voor de zeldzaam wordende kerkuil. De kleinere steenuil zoekt graag beschutting in oude schuren. Scheuren en spleten geven vleermuizen de gelegenheid naar binnen te komen.*

Steenuil met prooi

## Planten

*Oude muren zijn een prima voedingsbodem voor muurplanten en korstmossen. De planten zetten hun wortels vast in de verweerde voegen en kunnen zich zo over de muren uitbreiden. Muurleeuwebek is zo'n plantje dat grote bloeiende plakkaten kan vormen. Korstmossen groeien in kleurige, grillig gevormde patronen op de muren. Dergelijke begroeiingen verhogen de aantrekkelijkheid van ruïnes en oude muren.*

***Muurleeuwebek***

**Oude muur bij het kasteel van Gemert**

**Wortels van de klimop zetten zich vast en worden elk jaar dikker**

**Het zeldzame *Klein Glaskruid* groeit op oude, vochtige muren**

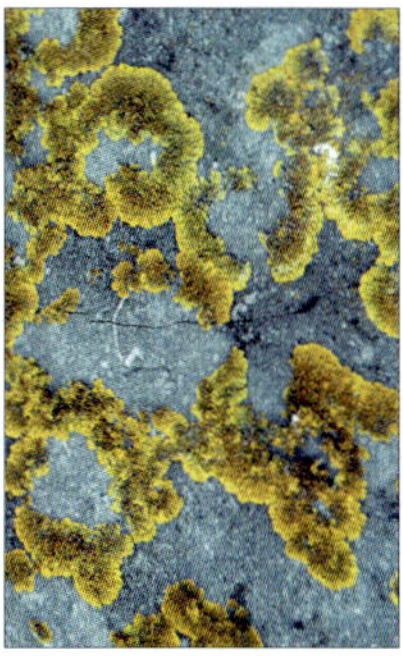

**Korstmossen vormen kleurige patronen**

# TIPS VOOR DE REIZIGER

# Accommodatie

Inwoners van Noord-Brabant staan bekend als levensgenieters. En daar laten ze bezoekers 'van buiten' graag in delen. Gastvrijheid staat er van oudsher hoog in het vaandel. Zelfs de oudste herberg van heel Nederland zou op Brabantse bodem staan. Wilt u overnachten in een eigentijdse bungalow, oude pastorie, voormalig postkantoor of weverij? Geen enkel punt. Het aanbod in de steden is groot. Maar ook daarbuiten kunt u verblijven onder diverse daken. Naast hotels komt u er de nodige pensions en bed & breakfast-accommodaties tegen. De VVV kan u helpen in uw zoektocht naar een verblijf dat aan al uw wensen voldoet. U kunt er terecht voor brochures over de meest uiteenlopende vormen van vakantieaccommodatie. Op *blz. 332-335* vindt u de mooiste en gezelligste hotels in de provincie.

**Logo Toerisme Brabant**

## Soorten hotels

In de grotere steden als Breda, 's-Hertogenbosch en Bergen op Zoom kunt u comfortabel overnachten aan een bruisend stadsplein. Aparte winkels, musea, bijzondere steegjes en theaters liggen om de hoek. Of u neemt uw intrek in een rustig gelegen hotel aan de rand van de stad. Maar u hoeft zich niet te beperken tot stedelijke gebieden. Plaatsen als Oisterwijk, Oeffelt, Kaatsheuvel en Oudenbosch bieden verrassend onderdak. U bent er welkom in buitenverblijf, klooster, hotelboerderij en veerhuis. Verspreid over de hele provincie Noord-Brabant is het accommodatieaanbod goed. Alle prijsklassen zijn vertegenwoordigd. Van zeer luxueus viersterrenverblijf tot knus familiehotel. Monumentale panden zijn omgetoverd in sfeervolle onderkomens. Veel hotels beschikken over een eigen restaurant. De keuken is er vaak Frans georiënteerd, maar u bent er ook aan het juiste adres voor heerlijke Brabantse streekgerechten. Een aantal bekende hotelketens, waaronder NH, Golden Tulip en Best Western, heeft meerdere hotels in de provincie. Informatie is voorhanden bij de VVV. U kunt bij uw plaatselijke VVV een hotel boeken. Grote bungalowparken vindt u in Hapert, Oosterhout en Westerhoven. In Bergen op Zoom, Chaam en Valkenswaard staan Stayokay-jeugdherbergen die alle drie beschikken over speciale familiekamers.

## Categorieën

Er zijn twee belangrijke systemen om hotels in categorieën in te delen. Alle hotels in de Benelux zijn gerangschikt volgens het Benelux Classificatiesysteem. Elk hotel krijgt één tot vijf sterren toebedeeld. Voor elke ster is een minimum aantal faciliteiten vereist. U kunt eraan zien wat u van het hotel van uw keuze mag verwachten. En een ster in Friesland is gelijk aan een ster in Noord-Brabant. Daarnaast zijn er de door de ANWB

**Hostellerie Brasserie Den Engel in Baarle Nassau *(blz. 334)***

erkende hotels. Alle ANWB erkende hotels worden een keer per twee jaar geïnspecteerd. Er wordt met name gelet op gastheerschap, hygiëne en veiligheid.
Beide classificaties zeggen niets over zaken als bijzondere ligging of karakter en uitstraling van het gebouw.

### Prijzen en belasting

De prijs van uw kamer is meestal inclusief ontbijt en exclusief toeristenbelasting. Er zijn laagseizoen- en hoogseizoentarieven. In het weekend zijn de prijzen vaak aanzienlijk lager dan doordeweeks. In veel gevallen kan men – mede afhankelijk van de bezettingsgraad – door overleg de prijs verlagen. Met een arrangement bent u in de regel ook goedkoper uit.

### Reserveren

Vooral in het hoogseizoen en rond de feestdagen in de winter is het verstandig ruim van tevoren te reserveren. Dat kan op verschillende manieren. Via uw plaatselijke VVV, rechtstreeks bij het betreffende hotel en via het Nederlands Reserveringcentrum. Ook kunt u terecht bij de meeste reisbureaus. Een aantal handige internetsites vindt u in het kader hieronder. Het is verstandig bij uw reservering meteen uw voorkeuren kenbaar te maken. Wilt u een rustige kamer aan de achterzijde of heeft u specifieke maaltijdwensen? Overleg hier tijdig over.

**Efteling Hotel in Kaatsheuvel**

**Interieur van Hotel/Restaurant De Swaen (*blz. 340*)**

### Arrangementen

Arrangementen zijn speciale – vaak meerdaagse – aanbiedingen voor overnachtingen. Meestal hebben ze een culinaire, culturele of sportieve insteek. Er staat een fiets voor u klaar, een bezoek aan het casino is inbegrepen of u kunt aanschuiven voor een Brabants viergangenmenu. De samenstelling van arrangementen wisselt regelmatig. U kunt ze vinden op de internetsites van de hotels.

## Adressen

### Bungalowparken

**Landal Het Vennenbos**
Schouwberg 7
5527 JH Hapert
☎ *0497-389393*
W *www.vennenbos.nl*

**Beekse Bergen**
Beekse Bergen 1
5081 NJ Hilvarenbeek
☎ *013-5491100*
W *www.beekse bergen.nl*

**Familyland**
Groene papegaai 19
4631 RX Hoogerheide
☎ *0164-613155*
W *www.familyland.nl*

**'t Wolfsven**
Patrijslaan 4
5731 XN Mierlo
☎ *0492-661661*
W *www.euroase.nl/nl/wolfsven/bung.htm*

**De Katjeskelder**
Katjeskelder 1
4904 SG Oosterhout
☎ *0162-453539*
W *www.katjeskelder.nl*

**Center Parcs De Kempervennen**
Kempervennendreef 8
5563 VB Westerhoven
☎ *040-2083333*

### Jeugdherbergen

**Stayokay Bergen op Zoom**
Boslustweg 1
4624 RB Bergen op Zoom
☎ *0164-233261*
W *www.stayokay.com*

**Stayokay Chaam**
Putvenweg 1
4861 RB Chaam
W *www.stayokay.com*

**Stayokay Valkenswaard**
Heerkensdreef 20
5552 BG Valkenswaard
☎ *040-2015334*
W *www.stayokay.com*

### Hotelketens

**Best Western**
*0800-0221455*
W *www.best western.nl*

**Golden Tulip**
☎ *033-2544800*
W *www.golden tulip.nl*

**NH Hotels**
☎ *(+34) 91-3984400*
W *www.nh-hotels.com*

### Reserveren

**Nederlands Reserveringscentrum (NRC)**
**www.hotelres.nl**

**Voor de verschillende Noord-Brabantse VVV's: www.toerisme brabant.nl/vvv.htm**

**www.anwb.nl/hotels/index.jsp**

**www.hotels-holland.com**

# Een hotel kiezen

Onderstaand overzicht helpt u bij uw zoektocht naar een Noord-Brabants hotel dat net even meer te bieden heeft. De geselecteerde hotels vallen op door hun luxe, unieke ligging, gastvrije ontvangst, of bijzondere historie van het pand. Aan de hand van de symbolen achter de korte beschrijvingen kunt u zien welke faciliteiten voorhanden zijn.

| | Creditcards | Aantal kamers | Restaurant | Onder de 12 jaar gratis | Zwembad |
|---|---|---|---|---|---|
| **MEIERIJ** | | | | | |
| **HEESWIJK DINTHER (GEM. BERNHEZE):** *De Leygraaf* €€€<br>Meerstraat 45a. **Wegenkaart** E3. *0413-293016* *www.leygraaf.nl*<br>Rustiek gelegen hotel in een Brabantse langgevelboerderij uit 1911. Uitstekend restaurant en informele bistro. | AE MC V | 9 | ● | | |
| **'S-HERTOGENBOSCH:** *Golden Tulip Hotel Central* €€€€<br>Burg. Loeffplein 98. **Kaart** 2 D3. *073-6926926* *www.hotel-central.nl*<br>Goed geoutilleerde kamers in het hart van 's-Hertogenbosch. Ontbijten onder gotische gewelven en dineren in een eersteklas restaurant met overdekt terras aan de markt. | AE DC MC V | 124 | ● | ■ | |
| **'S-HERTOGENBOSCH:** *Best Western Eurohotel* €€€<br>Hinthamerstraat 63. **Kaart** 2 F3, 3 B3. *073-6137777* *www.eurohotel-denbosch.nl*<br>In dit familiehotel vlak bij de St.-Jan wacht u een gastvrij onthaal. Centrale ligging, nabij vele winkels en uitgaansgelegenheden. | AE DC MC V | 37 | | ■ | |
| **VUGHT:** *Hotel Vught* €€€<br>Bosscheweg 2. **Wegenkaart** D3. *073-6587777* FAX *073-6587700* *hotelvught@worldmail.nl*<br>Hotel Vught heeft voor elk wat wils. Er zijn comfortabele kamers en weelderige suites. Verschillende zalen, restaurants, tennisbanen en een fitnesscentrum completeren het geheel. | AE DC MC V | 125 | ● | | ● |
| **MAASKANT** | | | | | |
| **BOXMEER:** *Hotel-Café 't Vertrek* €€€<br>Stationsweg 12. **Wegenkaart** F3. *0485-577017* *www.tvertrek.nl*<br>Knusse 'herberg' met royale, lichte kamers. In de romantische eetzaal van het restaurant wacht u een goed diner. | AE DC MC V | 10 | ● | ■ | |
| **OSS:** *De Weverij* €€€€<br>Oostwal 175. **Wegenkaart** E2. *0412-694646* *www.deweverij.nl*<br>Schitterend vormgegeven themahotel in voormalige weverij. Uw royale hotelkamer is met oog voor detail ingericht. Luxe sanitair. Bijbehorend restaurant Cordial met Michelinster. | AE DC MC V | 48 | ● | ■ | |
| **PEELLAND** | | | | | |
| **HANDEL (GEM. GEMERT-BAKEL):** *Hotel Handelia* €€€<br>Pastoor Castelijnsstraat 1-3. **Wegenkaart** E3. *0492-321290* *www.handelia.nl*<br>Alle kamers in dit sfeervolle driesterrenhotel beschikken over douche, toilet, KTV en telefoon. Drie kamers grenzen aan de fraaie tuin met terras en zwembad. | MC V | 12 | ● | | ● |
| **HELMOND:** *Hotel West Ende* €€€<br>Steenweg 1. **Wegenkaart** E4. *0492-524151* *www.westende.nl*<br>Het bruisende centrum van Helmond ligt vlakbij. Toch is uw nachtrust gegarandeerd dankzij de dubbele geluidswerende ramen van uw comfortabele hotelkamer. Goed restaurant met gevarieerde menu's. | AE MC V | 29 | ● | | |
| **TUSSEN KEMPEN EN PEEL** | | | | | |
| **EINDHOVEN:** *Dorint Cocagne Eindhoven* €€€€<br>Vestdijk 47. **Wegenkaart** E4. *040-2326111* *www.dorint.nl*<br>Luxueus hotel met elegante uitstraling. Ruime, lichte kamers. U kunt actief ontspannen in de Active Club met solarium en beautysalon. | AE | 260 | ● | ■ | ● |

**Prijsklassen** voor een standaard tweepersoonskamer inclusief ontbijt

€ onder de € 45
€€ € 45-€ 70
€€€ € 70- € 115
€€€€ € 115- € 180
€€€€€ meer dan € 180

**CREDITCARDS**
Geaccepteerde creditcards: *AE* American Express, *DC* Diners Club, *MC* MasterCard en *V* Visa
**RESTAURANT**
Hotel met restaurant waar u kunt lunchen of dineren. Soms alleen voor hotelgasten.
**ONDER DE 12 JAAR GRATIS**
Kinderen onder de 12 jaar overnachten gratis op de kamer van de ouders.
**ZWEMBAD**
Hotel met eigen binnen-of buitenbad.

| | Creditcards | Aantal kamers | Restaurant | Onder de 12 jaar gratis | Zwembad |
|---|---|---|---|---|---|
| **EINDHOVEN:** *Parkhotel* €€€<br>A. Thijmlaan 18. **Wegenkaart** E4. *040-2114100* *parkzicht@cs.com*<br>Hotel Parkzicht ligt in een rustige buitenwijk van Eindhoven en is gebouwd in de stijl van de Amsterdamse School. Comfortabele, eigentijdse hotelkamers. De Stadsschouwburg is vlakbij. | AE MC V | 44 | ● | | |
| **GELDROP (GEM. GELDROP-MIERLO):** *NH Geldrop* €€€€<br>Bogardeind 219. **Wegenkaart** E4. *040-2867510* *www.nh-hotels.com*<br>U wacht zowel zakelijk als privé een uitstekend verblijf in dit viersterrenhotel. Fraai gelegen in de Brabantse bossen. | AE DC MC V | 131 | ● | | ● |
| **GELDROP (GEM. GELDROP-MIERLO):** *Hotel De Gouden Leeuw* €€€<br>Korte Kerkstraat 46. **Wegenkaart** E4. *040-2862393* *www.degoudenleeuwgeldrop.nl*<br>Uitstekend bereikbaar en centraal gelegen hotel met zakelijke insteek. Heerlijk tafelen kan in de gezellige brasserie. Er is een sfeervolle zaal voor besloten bijeenkomsten. | AE MC V | 16 | ● | | |
| **MIERLO (GEM. GELDROP-MIERLO):** *Carlton De Brug Hotel & Resort Brabant* €€€<br>Arkweg 3-17. **Wegenkaart** E4. *0492-678911* *www.carlton.nl/debrug*<br>Modern, luxueus hotel met een breed scala aan faciliteiten. Een uitgebreid indoor-sportcentrum, een zwembad en een sauna in Romeinse stijl. Laat u eens verwennen in de beautysalon. | AE DC MC V | 149 | ● | | ● |
| **NUENEN (GEM. NUENEN, GERWEN EN NEDERWETTEN):** *Hotel Specialiteitenrestaurant De Collse Hoeve* €€€<br>Collse Hoefdijk 24. **Wegenkaart** E4. *040-2838111* *www.collsehoeve.nl*<br>Logeren in een eeuwenoude hoeve met eigentijds comfort. Voor Bourgondisch tafelen is het bijbehorend restaurant de aangewezen plek. | AE DC MC V | 42 | ● | | |
| **SON (GEM. SON EN BREUGEL):** *La Sonnerie* €€€<br>Nieuwstraat 45. **Wegenkaart** E3. *0499-460222* *www.sonnerie.nl*<br>In dit voormalige klooster verkeert u in Franse sferen. Royale hotelkamers en heerlijke gerechten in het vermaarde restaurant. | AE DC MC V | 30 | ● | | |
| **KEMPEN** | | | | | |
| **OIRSCHOT:** *Hotel de Moriaan* €€€<br>Moriaan 41A. **Wegenkaart** D3. *0499-578180* *www.hoteldemoriaan.nl*<br>In rustige straat gelegen hotel met luxe uitstraling. Alle suites beschikken over kingsize-bedden, minibar, sanitair en airco. | AE DC MC V | 10 | | | |
| **HART VAN BRABANT** | | | | | |
| **HILVARENBEEK:** *Herberg Sint Petrus* €€<br>Gelderstraat 1. **Wegenkaart** D4. *013-5052166* *www.petrus-paulus.nl*<br>Deze gastvrije herberg ligt aan het Vrijthof. U komt er voor een verblijf met een kerkelijk tintje in een decor van heiligenbeelden en glas-in-loodramen. | AE DC MC V | 6 | ● | | |
| **KAATSHEUVEL (GEM. LOON OP ZAND):** *Efteling Hotel* €€€<br>Horst 31. **Wegenkaart** C3. *0416-287111* *www.efteling.nl*<br>Na een dagje Efteling duurt het sprookje voort in dit hotel. Comfortabele standaardkamers en kleurrijke themakamers. | AE DC MC | 120 | ● | | |
| **KAATSHEUVEL (GEM. LOON OP ZAND):** *De Joremeinshoeve* €€€<br>Lage Zandschel 1. **Wegenkaart** C3. *0416-274527* *www.joremeinshoeve.nl*<br>Even weg van alle drukte, dat kan in deze 18de-eeuwse hotelboerderij, die dicht bij de Loonse en Drunense duinen ligt. Goede uitvalsbasis voor een bezoek aan de Efteling. | MC V | 10 | ● | | |

Zie de achterflap voor een verklaring van de symbolen

**Prijsklassen** voor een standaard tweepersoonskamer inclusief ontbijt

€ onder de € 45
€€ € 45-€ 70
€€€ € 70- € 115
€€€€ € 115- € 180
€€€€€ meer dan € 180

**CREDITCARDS**
Geaccepteerde creditcards: *AE* American Express, *DC* Diners Club, *MC* MasterCard en *V* Visa

**RESTAURANT**
Hotel met restaurant waar u kunt lunchen of dineren. Soms alleen voor hotelgasten.

**ONDER DE 12 JAAR GRATIS**
Kinderen onder de 12 jaar overnachten gratis op de kamer van de ouders.

**ZWEMBAD**
Hotel met eigen binnen-of buitenbad.

**OISTERWIJK:** *Mansion Hotel Bos & Ven* €€€€
Klompven 26. **Wegenkaart** D3. *013-5288856* *www.bos-ven.nl*
Een verblijf met allure. Een overnachting in een van de luxueuze kamers volgt op een heerlijk diner in restaurant Bos & Ven. Fraai aangelegde tuin.

| Creditcards | Aantal kamers | Restaurant | Onder de 12 jaar gratis | Zwembad |
|---|---|---|---|---|
| AE DC MC V | 31 | ● | ■ | ● |

**TILBURG:** *Hotel Restaurant Auberge du Bonheur* €€€€
Bredaseweg 441. **Wegenkaart** D3. *013-4686942* *www.bonheurhorecagroep.nl*
Buiten uw zeer comfortabele kamer begint het prachtige bos de Warande. Goed en sfeervol restaurant met Frans georiënteerde keuken. Uitstekende prijs-kwaliteitverhouding.

| Creditcards | Aantal kamers | Restaurant | Onder de 12 jaar gratis | Zwembad |
|---|---|---|---|---|
| AE DC MC V | 26 | ● | | |

**TILBURG:** *Mercure Hotel Tilburg* €€€€
Heuvelpoort 300. **Wegenkaart** D3. *013-5354675* *www.mercure-tilburg.nl*
Alle kamers van dit moderne hotel zijn voorzien van minibar en badkamer met bad en douche. U kunt in- en ontspannen in de fitnessruimte, de sauna en het Turkse stoombad. Voor culinaire geneugten zijn er de bar/brasserie en bistro.

| Creditcards | Aantal kamers | Restaurant | Onder de 12 jaar gratis | Zwembad |
|---|---|---|---|---|
| AE DC MC V | 63 | ● | ■ | ● |

## BARONIE

**BAARLE-NASSAU:** *Hostellerie Brasserie Den Engel* €€€
Singel 3. **Wegenkaart** C4. *013-5079330* *www.engel-schaluinen.nl*
Ruime gastenkamers met mooi sanitair op de grens van Nederland en België. Voor uw diner heeft u keus uit de knusse brasserie en het chiquere restaurant.

| Creditcards | Aantal kamers | Restaurant | Onder de 12 jaar gratis | Zwembad |
|---|---|---|---|---|
| AE DC MC V | 5 | ● | | |

**BOSSCHENHOOFD (GEM. HALDERBERGE):** *Golden Tulip De Reiskoffer* €€€€
Pastoor v.Breugelstraat 45. **Wegenkaart** B3. *0165-316310*
*www.goldentulipdereiskoffer.nl*
In dit voormalige klooster heeft u keus uit comfortabele standaard en deluxe kamers. Er zijn een bar en brasserie. Heerlijk ontspannen kan in de sauna en het Turkse stoombad.

| Creditcards | Aantal kamers | Restaurant | Onder de 12 jaar gratis | Zwembad |
|---|---|---|---|---|
| AE DC MC V | 56 | ● | ■ | ● |

**BREDA:** *Mercure Hotel Breda Centre* €€€€
Stationsplein 14. **Wegenkaart** B3. *076-5220200* *www.mercure.nl*
Achter de gevel van het voormalige postkantoor gaan comfortabele hotelkamers schuil. In het bijbehorend restaurant l'Image verschijnen heerlijke gerechten en goede wijnen op tafel. Het NS-station is naast de deur.

| Creditcards | Aantal kamers | Restaurant | Onder de 12 jaar gratis | Zwembad |
|---|---|---|---|---|
| AE DC MC V | 40 | ● | ■ | |

**BREDA:** *Stadshotel De Klok* €€€
Grote Markt 26-28. **Wegenkaart** B3. *076-5214082* *www.hotel-de-klok.nl*
Hotel De Klok is een centraal gelegen familiehotel met goed verzorgde kamers. In restaurant Paviljoen de Colonie dineert u in een fraai decor van glas-in-lood en oude schilderijen. High Tea op zondag.

| Creditcards | Aantal kamers | Restaurant | Onder de 12 jaar gratis | Zwembad |
|---|---|---|---|---|
| DC MC V | 21 | ● | | |

**BREDA:** *Golden Tulip Mastbosch Hotel* €€€
Burg. Kerstenslaan 20. **Wegenkaart** B3. *076-5650050* *www.mastbosch.nl*
Dit prachtig aan de zoom van het Mastbosch gelegen hotel heeft allure. De hotelkamers zijn voorzien van modern comfort. Gezellig grand café.

| Creditcards | Aantal kamers | Restaurant | Onder de 12 jaar gratis | Zwembad |
|---|---|---|---|---|
| AE DC MC V | 43 | ● | | |

**ETTEN-LEUR:** *Huis ten Bosch* €€€
Oude Bredaseweg 2. **Wegenkaart** B3. *076-5012340* *www.huis-ten-bosch.nl*
Aan de rand van de markt bevindt zich dit gastvrije hotel. Alle kamers beschikken over toilet, douche en bad. Knusse bar/brasserie in huis en restaurant naast de deur.

| Creditcards | Aantal kamers | Restaurant | Onder de 12 jaar gratis | Zwembad |
|---|---|---|---|---|
| AE DC MC V | 25 | ● | | |

**ETTEN-LEUR:** *Het Witte Paard* €€€
Oude Bredaseweg 15. **Wegenkaart** B3. *076-5038041* *www.hotelhetwittepaard.nl*
In het karakteristieke, witte pand van hotel het Witte Paard kunt u overnachten in een van de rustig gelegen kamers. Er is een goed restaurant, een gemoedelijk café en zeer royaal terras.

| Creditcards | Aantal kamers | Restaurant | Onder de 12 jaar gratis | Zwembad |
|---|---|---|---|---|
| AE DC MC V | 27 | ● | | |

| Hotel | Prijs | Creditcards | Kamers | | | |
|---|---|---|---|---|---|---|
| **GILZE (GEM. GILZE EN RIJEN):** *Hotel Gilze-Rijen*<br>Klein Zwitserland 8. **Wegenkaart** C3. *0161-454951* *www.hotelgilzerijen.nl*<br>Sfeervol hotel met ruime kamers. U kunt er heerlijk ontspannen in de health club met ondermeer dompelbaden, sauna en massageruimte. | €€€ | AE DC MC V | 135 | ● | | ● |
| **OOSTERHOUT:** *Golden Tulip Oosterhout*<br>Waterlooplein 50. **Wegenkaart** C3. *0162-452003* *www.goldentulipoosterhout.nl*<br>Viersterrenhotel met modern geoutilleerde kamers. Sommige kamers hebben een balkon en er is een aantal suites met whirlpool. Restaurant Du Theatre staat bekend om zijn visgerechten. | €€€ | AE MC V | 53 | ● | | ● |
| **OUDENBOSCH (GEM. HALDERBERGE):** *Hotel Restaurant Congrescentrum Tivoli*<br>Markt 68. **Wegenkaart** B3. *0165-312412* *www.hotel-tivoli.nl*<br>Alle kamers in dit in een Brabants klooster gehuisveste hotel ademen de sfeer van een 19de-eeuws landhuis. Sommige beschikken over een eigen terras. Prima restaurant met per seizoen wisselende menukaart. | €€€ | AE DC MC V | 43 | ● | | |
| **HOLLANDS BRABANT** | | | | | | |
| **DRUNEN (GEM. HEUSDEN):** *Hotel Royal / Restaurant Bojangles*<br>Raadhuisplein 13. **Wegenkaart** D3. *0416-372381* FAX *0416-378863*<br>Knus hotel in de buurt van het natuurgebied de Drunense Duinen. In het restaurant Bojangles kunt u genieten van mediterrane en Franse creaties. | €€€ | AE MC V | 16 | ● | | |
| **MADE (GEM. DRIMMELEN):** *Best Western Hotel De Korenbeurs*<br>Kerkstraat 13. **Wegenkaart** C3. *0162-682150* *www.korenbeurs.nl*<br>Modern hotel en zakencentrum de Korenbeurs kan al ruim een eeuw bogen op een goede reputatie. U heeft keus tussen comfortabele kamers en suites. Vrij toegang tot Holland Casino Breda is inbegrepen. | €€€ | AE DC MC V | 72 | ● | | |
| **SPRANG-CAPELLE (GEM. WAALWIJK):** *Queen Waalwijk*<br>Bevrijdingsweg 1. **Wegenkaart** C3. *0416-674684* *www.queenwaalwijk.nl*<br>Luxueus hotel met een elegante uitstraling. U vindt er een mooi panoramarestaurant met verfijnde keuken, een bar en een brasserie. | €€€ | AE DC MC V | 120 | ● | | |
| **MARKIEZAAT EN PRINSENLAND** | | | | | | |
| **BERGEN OP ZOOM:** *Hotel Mercure De Draak*<br>Grote Markt 30, 36-38. **Wegenkaart** A4. *0164-252050* *www.hoteldedraak.com*<br>Dit centraal gelegen hotel beslaat drie, in laat-middeleeuwse stijl gerestaureerde panden. Uitstekend restaurant met Frans-Italiaanse keuken. | €€€€ | AE DC MC | 69 | ● | ■ | |
| **HALSTEREN (GEM. BERGEN OP ZOOM):** *Landgoed De Hertgang*<br>Klaverblokken 18. **Wegenkaart** A3. *0164-683801* *www.hertgang.info*<br>Logeren temidden van een 4 ha grote, prachtige landschapstuin. U heeft keus uit de rode, gele en blauwe kamer. Bij mooi weer ontbijt u onder de kastanjeboom. | €€€ | | 5 | | | |
| **ROOSENDAAL:** *Best Western Cityhotel The Goderie*<br>Stationsplein 5. **Wegenkaart** B3. *0165-555400* *www.goderie.com*<br>Tegenover het NS-station gelegen comfortabel hotel met eigen restaurant. De kamers zijn van alle gemakken voorzien. Er zijn speciale kamers voor niet-rokers. | €€€ | AE DC MC V | 49 | ● | ■ | |
| **ROOSENDAAL:** *Hotel Central*<br>Stationsplein 9. **Wegenkaart** B3. *0165-535657* *www.hotelcentral.nl*<br>Centraal gelegen, zeer comfortabel hotel met gerenommerd restaurant en gezellige brasserie. | €€€ | AE DC MC V | 21 | ● | ■ | |
| **ROOSENDAAL:** *Hotel Tongerlo*<br>Bloemenmarkt 2. **Wegenkaart** B3. *0165-584888* *www.hotel-tongerlo.nl*<br>Sfeervol familiehotel in hartje Roosendaal. De kamers beschikken alle over privé-sanitair en hebben een klassieke, warme uitstraling. | €€€ | AE MC V | 20 | | | |

Zie de achterflap voor een verklaring van de symbolen

# RESTAURANTS EN CAFÉS

Lekker eten en drinken is een begrip in Noord-Brabant. De Bourgondische mentaliteit staat aan de wieg van honderden gezellige cafés, brasseries en restaurants. Alleen de stad Breda telt al rond de 500 cafés! Laat u eens verleiden tot een Brabantse koffietafel, die traditiegetrouw begint met een brandenwijntje met suiker. De tafel is overvloedig gedekt met Brabants roggebrood, krentenmik, worst en balkenbrij. Een menu van asperges, ansjovis en aardbeien is een geliefde culinaire combinatie in Bergen op Zoom. De provincie heeft voor elk wat wils: van een kopje koffie - al dan niet aangekleed met een heerlijke Bossche bol - , en een ambachtelijk gebrouwen trappistenbiertje tot exquise haute cuisine. De restaurants in het overzicht op *blz. 338-341* zijn de beste en stijlvolste. U vindt er meer dan alleen een plek om te eten. Aankleding, bediening en culinaire kwaliteiten zijn er van hoog niveau.

**Gebrouwen in de abdij van Berkel-Enschot**

## SOORTEN KEUKENS

De toekenning van Michelinsterren is in Noord-Brabant niet onopgemerkt voorbijgegaan. Meerdere Brabantse restaurants zijn in het trotste bezit van zo'n felbegeerde ster. De keukens van de meeste gerenommeerde restaurants hebben een Franse signatuur. Vaak vertonen de gerechten regionale trekjes en worden verse ingrediënten uit eigen streek gebruikt. De seizoenen zijn veelal leidraad voor de menukaart. Net als in Limburg wordt elk jaar reikhalzend naar de nieuwe asperge-oogst uitgekeken. Schuif in het voorjaar eens aan voor dit kostelijke witte goud. Natuurlijk vindt u naast Frans georiënteerde keukens ook goede eetgelegenheden waar wordt gekookt op mediterrane en oosterse basis.

## WAAR KUNT U ETEN

In de steden treft u een breed scala aan cafés, eethuizen, spijs- en dranklokalen, brasseries en restaurants. In 's-Hertogenbosch kunt u culinair wandelen. Een wandelroute door het historische hart van de stad wordt bij tijd en wijle onderbroken voor een volgende gang van uw diner. De VVV-gids 'Happen en Stappen' voert u langs drie typisch Bossche eetgelegenheden. Ook in Tilburg gaat wandelen en culinair genieten samen. Tijdens het Wisseldiner van de VVV flaneert u door de stad. U bent welkom in diverse restaurants voor een heerlijk visgerecht, vegetarische specialiteit of verrukkelijke tapas-varianten. En dat is slechts een greep uit de delicatessen van het Wisseldiner.
Wel heel bijzonder is een bezoek aan een van de themarestaurants. Wat dacht u van een heksenavond in het Bourgondisch themarestaurant De Heksenketel in Udenhout? En ook een ontvangst door Koning Lot en zijn vrouw Gudrun in themarestaurant Het Lelijke Hof in Tilburg is een belevenis.
De langste caféstraat van Nederland heet Stratumseind en ligt in Eindhoven. Na een dag winkelen wacht hier een koel biertje op een van de knusse terrassen. Bij VVV's kunt u aankloppen voor gidsen met een overzicht van restaurants. Sommige steden hebben zelfs een aparte culinaire brochure, zoals Breda de restaurantgids Bon Appétit. U kunt deze gratis afhalen bij de VVV.
Heerlijk uit eten gaan is niet alleen een stads genoegen. De geografische kaart van heel Noord-Brabant is culinair gedekt. In plaatsen als Oss, Overloon, Heeze en Etten-Leur staan uitstekende restaurants.
Uit eten gaan is mogelijk voor elke beurs. Veel eersteklas restaurants voeren een brasseriekaart in een apart eetgedeelte. Daar kunt u in informeler sfeer genieten van een goed diner waarbij u niet zo diep in de buidel hoeft te tasten. Ook eetcafés zijn prima gelegenheden voor een ongedwongen etentje of hapje tussendoor van de kleine kaart. Voor kinderen is een bezoek aan een van de vele pannenkoekenhuizen een groot feest.

## BIER

Het café is de uitgelezen plek om kennis te maken met een bijzonder Brabants biertje. Noord-Brabant heeft

**'t Veerhuis in Oeffelt ligt aan de Maas**

**In den Verdwaalde Kogel in Heusden**

een lange traditie van bier brouwen. In de 18de en 19de eeuw werd in vrijwel iedere stad of dorp wel gebrouwen. In Berkel-Enschot staat de laatste originele trappistenbrouwerij. Alleen een bier dat in een klooster wordt gebrouwen mag de naam 'trappistenbier' dragen. En dat gebeurt hier nog; monniken bereiden het bier volgens receptuur uit de 19de eeuw. Ook in Budel staat een speciale brouwerij, die is opgericht in 1870. De vierde familiegeneratie staat er garant voor maar liefst 11 soorten schuimend nat.

## Openingstijden

Veel restaurants zijn dagelijks geopend, maar een aantal is een of meerdere dagen per week gesloten. In het overzicht op *blz. 338-341* wordt vermeld wanneer een restaurant dicht is. Restaurants waar u kunt lunchen, serveren deze maaltijd meestal tussen 12.00 en 14.30 uur. 's Avonds is de keuken in de regel geopend tot 21.00 of 22.00 uur. Openingstijden wisselen regelmatig. Daarnaast zijn sommige eetgelegenheden gesloten gedurende een periode waarin men vakantie heeft. Dit kan zijn tijdens carnaval of bijvoorbeeld aan het begin van het nieuwe jaar. Een reden om even van tevoren te telefoneren.

## Reserveren

Bij een gerenommeerd restaurant is het zaak tijdig te reserveren. In eetcafés en minder formele restaurants doet u er goed aan te reserveren als u met een grotere groep wilt komen tafelen.

## Prijzen

Er zijn restaurants in alle prijsklassen. Een maaltijd in een eetcafé heeft u soms al voor 10 euro. In toprestaurants is het niet vreemd als u voor een driegangenmenu 70 euro moet neertellen. Bij het overzicht in deze gids staan prijsklassen vermeld. Er wordt uitgegaan van een 'vanaf'-prijs voor een meergangenmenu zonder drank. Dit is veelal een driegangenmenu. Het kan dus zijn dat u duurder uit bent voor andere menu's en à-la-carte dineren in hetzelfde restaurant.

## Vegetariërs

Steeds meer restaurants besteden aandacht aan vegetarische gerechten. Vrijwel elke menukaart bevat wel een aantal vegetarische specialiteiten. Vaak kunnen op verzoek ingrediënten worden vervangen. In 's-Hertogenbosch heeft een vegetarisch toprestaurant de deuren geopend: Samtosa (*blz. 338*). Laat u verrassen met heerlijke gerechten zonder vlees of vis. U mist het niet. Geen seconde.

## Gehandicapten

Gehandicaptenvriendelijk wil zeggen dat rolstoelgebruikers het pand gemakkelijk kunnen binnengaan én dat zij zich goed kunnen bewegen in de restaurantruimte. Ook de toiletten dienen te zijn aangepast. Het is altijd verstandig vooraf te informeren bij het restaurant van uw keuze.

**Restaurant Bos & Ven, Oisterwijk**

# Een restaurant kiezen

Een culinaire avond is meer dan eten alleen. Onderstaande lijst biedt een selectie van restaurants waar u naast een keuken van goede kwaliteit ook een attente bediening en een sfeervolle ambiance kunt verwachten. De korte beschrijvingen geven samen met de symbolen een goed beeld van de voorzieningen die u in het betreffende restaurant zult aantreffen.

## Meierij

| Restaurant | Creditcards | Kinderen welkom | Tafels buiten | Vegetarische specialiteiten | Lunch |
|---|---|---|---|---|---|
| **Boxtel:** *De Ceulse Kaar* € <br> Eindhovenseweg 41. **Wegenkaart** D3. *0411-676282.* FAX *0411-685212.* <br> Het restaurant in deze 18de-eeuwse Brabantse boerderij voert een verrassende keuken op Frans fundament. De menukaart bevat ook uitstekende streekgebonden gerechten. Overdekt buitenterras. ● *ma, di.* P | AE DC MC V | ● | ■ | | ■ |
| **Cromvoirt (Gem. Vught):** *Busio* €€ <br> St. Lambertusstraat 59. **Wegenkaart** D3. *0411-643888.* W *www.restaurant-busio.nl* <br> Zuidelijke sferen in een 19de-eeuwse boerderij. Frans-Nederlandse keuken, waarin seizoensgebonden ingrediënten een hoofdrol spelen. Uitgebreide en werelddekkende wijnkaart. ● *ma, di.* P | AE DC MC V | ● | ■ | ● | |
| **'s-Hertogenbosch:** *Auberge de Koets* € <br> Korte Putstraat 23. **Kaart** 3 A4. *073-6132779.* W *www.aubergedekoets.nl* <br> Genieten van een verrassende dis van hoge klasse. Dat kan in dit sfeervolle restaurant in hartje 's-Hertogenbosch. Bij mooi weer kunt u op het dakterras of in de tuin dineren. ● *zo.* | AE DC MC V | | ■ | | ■ |
| **'s-Hertogenbosch:** *Chalet Royal* €€ <br> Wilhelminaplein 1. **Kaart** 1 B5. *073-6135771.* W *www.alliance.nl* <br> Restaurant in een riante villa met prachtig zomerterras. De creatieve Frans-mediterrane gerechten bezorgen Chalet Royal een uitstekende reputatie. ● *zo, ma.* P | AE DC MC V | ● | ■ | | ■ |
| **'s-Hertogenbosch:** *Indonesia* € <br> Kruisstraat 35. **Kaart** 1 C3. *073-6147772.* W *www.restaurant-indonesia.nl* <br> Indonesisch specialiteitenrestaurant vol intieme hoekjes. Hartelijke en kleurrijke bediening. Er is een aparte zaal voor besloten gezelschappen. | AE DC MC V | ● | | ● | |
| **'s-Hertogenbosch:** *Vegetarische Restaurant Samtosa* € <br> Vughterstraat 161. **Kaart** 1 B5 - C4. *073-6125122.* @ *samtosa1@home.nl* <br> Dit vegetarische restaurant heeft voor de meest doorgewinterde fijnproever nog verrassingen in petto! Inrichting in warme tinten met leuke details. | MC V | ● | | ● | |
| **Sint-Oedenrode:** *De Rooise Boerderij* €€ <br> Schijndelseweg 2. **Wegenkaart** E3. *0413-474901.* W *www.derooiseboerderij.nl* <br> Een vakkundig gerestaureerde boerenhoeve biedt onderdak aan dit restaurant. Gevarieerde keuken en een sympathiek geprijsde wijnkaart. ● *ma.* P | AE DC MC V | ● | ■ | | |
| **Sint-Oedenrode:** *Wollerich* €€€ <br> Heuvel 23. **Wegenkaart** E3. *0413-473333.* W *www.alliance.nl* <br> De kookkunst van dit in een statige notarisvilla gehuisveste restaurant is veelgeprezen. Uitgebreide en gevarieerde wijnkaart. ● *ma.* P | AE DC MC V | ● | ■ | ● | |
| **Vught:** *Kasteel Maurick* €€ <br> Dijk van Maurick 3. **Wegenkaart** D3. *073-6579108.* W *www.maurick.nl* <br> Smaakvol dineren in vorstelijke sferen. De wijnkaart is uitgebreid en voorzien van voldoende 'halfjes'. 's Zomers wacht een fraaie tuin met perken vol Engelse rozen. ● *zo.* P | AE DC MC V | ● | ■ | ● | ■ |
| **Vught:** *Ons Kabinet* €€ <br> Kampdijklaan 80. **Wegenkaart** D3. *073-6571710.* W *www.onskabinet.nl* <br> Dit restaurant met eigentijdse inrichting is een uitgelezen plek voor een heerlijke lunch en diner op mediterraan fundament. Fraai terras. ● *zo.* P | AE DC MC V | ● | ■ | ● | ■ |

## Maaskant

| Restaurant | Creditcards | Kinderen welkom | Tafels buiten | Vegetarische specialiteiten | Lunch |
|---|---|---|---|---|---|
| **Oeffelt (Gem. Boxmeer):** *Hotel Restaurant 't Veerhuis* € <br> Veerweg 2. **Wegenkaart** F3. *0485-361313.* W *www.veerhuisoeffelt.nl* <br> Prachtig aan de Maas gelegen restaurant in voormalig veerhuis. Prima keuken en betaalbare wijnen. ● *ma, di. (in winter)* P | | ● | ■ | ● | ■ |

**Prijsklassen** per persoon voor drie gangen met een halve fles huiswijn, inclusief couvertkosten, BTW en bediening:

€ onder de € 30
€€ € 30 - € 45
€€€ € 45 - € 60 euro
€€€€ meer dan € 60

**CREDITCARDS**
Geaccepteerde creditcards: *AE* American Express, *DC* Diners Club, *MC* MasterCard en *V* Visa.
**KINDEREN WELKOM**
Voor kinderen is er een kindermenu.
**TAFELS BUITEN**
U kunt buiten eten op het terras of in de tuin.
**VEGETARISCHE SPECIALITEIT**
Men serveert diverse vegetarische specialiteiten.
**LUNCH**
Het restaurant serveert ook lunchgerechten.

**OSS:** *Cordial* €€€
Oostwal 175. **Wegenkaart** E2. *0412-694646.* *www.deweverij.nl*
Haute cuisine in een voormalige weverij. De spijs-wijncombinaties zijn vermaard in dit eersteklas restaurant. Overnachten is mogelijk in bijbehorend hotel.

| Creditcards | Kinderen welkom | Tafels buiten | Vegetarische specialiteiten | Lunch |
|---|---|---|---|---|
| AE DC MC V | | Ja | Ja | Ja |

**OVERLOON (GEM. BOXMEER):** *De Heeren van Overloon* €
Irenestraat 1. **Wegenkaart** F3. *0478-642227.* *www.heerenoverloon.nl*
Op gezellig punt gelegen restaurant met fraai terras. De kaart is op Franse leest geschoeid, met mediterrane en oosterse invloeden. *ma.*

| Creditcards | Kinderen welkom | Tafels buiten | Vegetarische specialiteiten | Lunch |
|---|---|---|---|---|
| MC V | Ja | Ja | Ja | Ja |

## PEELLAND

**GEMERT (GEM. GEMERT-BAKEL):** *Restaurant Kastanjehof & Kookgalerie* €€
Heuvel 4. **Wegenkaart** E3. *0492-361912.* *www.kastanjehof.com*
Brabantse gastvrijheid en hoogstaande Frans-Italiaanse kookkunst vormen het geheim achter het succes van dit stijlvolle restaurant. *di, wo.*

| Creditcards | Kinderen welkom | Tafels buiten | Vegetarische specialiteiten | Lunch |
|---|---|---|---|---|
| AE DC MC V | Ja | Ja | Ja | Ja |

## TUSSEN KEMPEN EN PEEL

**EINDHOVEN:** *Restaurant Avant-Garde Van Groeninge* €€
Frederiklaan 10-d. **Wegenkaart** E4. *040-2505640.* *www.avant-garde.nl*
U bent te gast in het voetbalstadion van PSV. Het interieur is eigentijds en een aantal tafels biedt zicht op het voetbalveld. Creatieve, Frans georiënteerde keuken. *zo, ma.*

| Creditcards | Kinderen welkom | Tafels buiten | Vegetarische specialiteiten | Lunch |
|---|---|---|---|---|
| AE DC MC V | Ja | Ja | Ja | |

**EINDHOVEN:** *De Karpendonkse Hoeve* €€€
Sumatralaan 3. **Wegenkaart** E4. *040-2813663.* *www.karpendonksehoeve.nl*
Gerenommeerd restaurant in een fraai gerestaureerde gevelboerderij. Zowel terras als serre bieden zicht op de Karpendonkse plas. *zo.*

| Creditcards | Kinderen welkom | Tafels buiten | Vegetarische specialiteiten | Lunch |
|---|---|---|---|---|
| AE DC MC V | Ja | Ja | Ja | Ja |

**EINDHOVEN:** *Mandarin Restaurants* €
Geldropseweg 17. **Wegenkaart** E4. *040-2121225.*
*www.mandarin-restaurants.nl*
Drie hoogstaande varianten van de oriëntaalse keuken onder één dak. Overnachten is mogelijk in bijbehorend viersterrenhotel.

| Creditcards | Kinderen welkom | Tafels buiten | Vegetarische specialiteiten | Lunch |
|---|---|---|---|---|
| AE DC MC V | Ja | | Ja | Ja |

**EINDHOVEN:** *Oriëntal Greenhouse* €
Aalsterweg 281. **Wegenkaart** E4. *040-2930520.* *www.orientalgreenhouse.nl*
In een pand met Griekse pilaren huizen meerdere oosters georiënteerde restaurants. Mooie wijnen voor elke beurs.

| Creditcards | Kinderen welkom | Tafels buiten | Vegetarische specialiteiten | Lunch |
|---|---|---|---|---|
| AE DC MC V | Ja | Ja | Ja | Ja |

**HEEZE (GEM. HEEZE-LEENDE):** *Hostellerie Van Gaalen* €€
Kapelstraat 48. **Wegenkaart** E4. *040-2263515.* *www.hostellerie.nl*
Warme zuidelijke sferen en Italiaans georiënteerde specialiteiten in een uitstekend restaurant aan de rand van de Strabrechtse Heide. Overnachten kan als u hier dineert. *zo.*

| Creditcards | Kinderen welkom | Tafels buiten | Vegetarische specialiteiten | Lunch |
|---|---|---|---|---|
| AE DC MC V | | Ja | | Ja |

**LEENDE (GEM. HEEZE-LEENDE):** *Restaurant in den Muzerick* €€
Dorpstraat 42. **Wegenkaart** E4. *040-2061731.* *www.muzerick.nl*
In deze oude burgemeesterswoning worden eersteklas gerechten bereid met biologische seizoensproducten. Ook vegetariërs komen niets tekort.
*di,wo.*

| Creditcards | Kinderen welkom | Tafels buiten | Vegetarische specialiteiten | Lunch |
|---|---|---|---|---|
| AE MC V | Ja | Ja | Ja | |

**LEENDE (GEM. HEEZE-LEENDE):** *De Scheuter* €
Dorpstraat 52-54. **Wegenkaart** E4. *040-2061686.* *www.scheuter.com*
Kom voor seizoensgebonden specialiteiten uit de verfijnde keuken naar deze restaurant-herberg. Warm, sfeervol interieur. Dineren in de torenkamer is het summum.

| Creditcards | Kinderen welkom | Tafels buiten | Vegetarische specialiteiten | Lunch |
|---|---|---|---|---|
| AE DC MC V | Ja | Ja | Ja | Ja |

Zie de achterflap voor een verklaring van de symbolen

**Prijsklassen** per persoon voor drie gangen met een halve fles huiswijn, inclusief couvertkosten, BTW en bediening:

€ onder de € 30
€€ € 30 - € 45
€€€ € 45 - € 60 euro
€€€€ meer dan € 60

**Creditcards**
Geaccepteerde creditcards: *AE* American Express, *DC* Diners Club, *MC* MasterCard en *V* Visa.
**Kinderen welkom**
Voor kinderen is er een kindermenu.
**Tafels buiten**
U kunt buiten eten op het terras of in de tuin.
**Vegetarische Specialiteit**
Men serveert diverse vegetarische specialiteiten.
**Lunch**
Het restaurant serveert ook lunchgerechten.

| Restaurant | Prijs | Creditcards | Kinderen welkom | Tafels buiten | Vegetarische specialiteiten | Lunch |
|---|---|---|---|---|---|---|
| **Valkenswaard:** *Normandië*<br>Leendertweg 4. **Wegenkaart** E4. *040-2018880.* *www.normandie.nl*<br>Met de traditionele Franse keuken als uitgangspunt, verschijnen hier vernieuwende gerechten op tafel. Licht interieur met gerieflijke Lloyd-Loom-stoelen. | €€ | *AE DC MC V* | ● | ■ | ● | ■ |
| **Veldhoven:** *The Fisherman*<br>Kruisstraat 23. **Wegenkaart** D4. *040-2545838.* *www.wijnplein.nl*<br>In dit restaurant, dat is gehuisvest in een voorname, rietgedekte villa, komt u voor de verfijnde visspecialiteiten. | €€ | *AE DC MC V* | ● | ■ | | ■ |
| **Waalre:** *Restaurant De Treeswijkhoeve*<br>Valkenswaardseweg 14. **Wegenkaart** E4. *040-2215593.* *www.treeswijkhoeve.nl*<br>Elegant restaurant in een boerenhoeve, waar de voortreffelijke gerechten altijd worden bereid met dagverse ingrediënten. Dineren in de landschapstuin is puur genieten. *ma.* | €€ | *AE DC MC V* | | ■ | ● | ■ |
| **Kempen** | | | | | | |
| **Bladel:** *Restaurant De Hofstee*<br>Sniederslaan 121. **Wegenkaart** D4. *0497-381500.* FAX *0497-388093.*<br>In boerderij gelegen knus restaurant, waar men hoge ogen gooit met verfijnde Franse gerechten. Kaasliefhebbers mogen het nagerecht 'het hakblok' niet missen. *wo.* | €€ | *MC V* | ● | ■ | ● | ■ |
| **Oirschot:** *La Fleurie*<br>Rijkeluisstraat 4. **Wegenkaart** D3. *0499-574136.* *www.lafleurie.nl*<br>Intiem restaurant in een historisch pand aan het marktplein. Moderne keuken op Frans fundament. *ma.* | € | *AE DC MC V* | ● | ■ | ● | ■ |
| **Hart van Brabant** | | | | | | |
| **Goirle:** *De Hovel*<br>Tilburgseweg 37. **Wegenkaart** C3. *013-5345474.* *www.hovel.nl*<br>Designinrichting in een historisch patriciërshuis. Een vriendelijke ontvangst, eersteklas Frans georiënteerde gerechten en een stijlvolle ambiance maken uw diner memorabel. *ma.* | €€ | *MC V* | ● | ■ | ● | ■ |
| **Oisterwijk:** *Bos & Ven*<br>Klompven 26. **Wegenkaart** D3. *013-5288856.* *www.bos-ven.nl*<br>Voormalig buitenverblijf van koningin Emma zet de deuren open voor culinaire levensgenieters. De menukaart bevat Franse, maar ook Italiaans en oosters georiënteerde gerechten. | €€ | *AE DC MC V* | ● | ■ | ● | ■ |
| **Oisterwijk:** *Hotel/Restaurant De Swaen*<br>De Lind 47. **Wegenkaart** D3. *013-5233233.* *www.hoteldeswaen.nl*<br>Interieur met veel antiek in dit uitstekende restaurant. Franse dynamische kookkunst met oosterse en mediterrane invloeden. Amuserij De Jonge Swaen voor informeel tafelen. *zo, ma.* | €€€ | *AE DC MC V* | ● | ■ | | ■ |
| **Tilburg:** *Meesters*<br>Monumentstraat 6. **Wegenkaart** D3. *013-5362987.* *meesters@planet.nl*<br>In dit stijlvolle restaurant viert de Franse keuken hoogtij. Daarnaast is er een brasserie voor informeler tafelen. *zo.* | € | *AE DC MC V* | ● | ■ | | ■ |
| **Tilburg:** *l'Orangerie sur la Butte*<br>Heuvel 39. **Wegenkaart** D3. *013-5431132.* *www.lorangerietilburg.nl*<br>In intieme restaurantzaal met mooie verlichting en houten vloer komt u voor een feestelijke dis. Uitnodigend terras aan de voorkant. *wo.* | € | *AE MC V* | ● | ■ | ● | ■ |

## BARONIE

**BREDA:** *Restaurant Brasserie MiraBelle* €€ AE DC MC V
Dr. Batenburglaan 76. **Wegenkaart** B3. *076-5656650.* *info@restaurantmirabelle.nl*
U bent hier welkom met het hele gezin. In dit uitstekende restaurant hebben kinderen alle ruimte. Frans georiënteerde keuken. *zo.* P

**BREDA:** *De Stadstuin* €€€ AE DC MC V
Ginnekenweg 138. **Wegenkaart** B3. *076-5309636.* *www.dinnersite.nl/breda/stadstuin*
Het intieme terras speelt een centrale rol in dit stijlvolle restaurant. 's Zomers is elk diner daar een unieke ervaring. Aan de basis van de Frans-Italiaanse gerechten staan regionale producten. *wo.*

**BREDA:** *Wolfslaar* €€ AE DC MC V
Wolfslaardreef 100. **Wegenkaart** B3. *076-5608080.* *www.wolfslaar.com*
Elegante, strak ingerichte eetruimte in het voormalig koetshuis van Landgoed Wolfslaar. Culinaire hoogstandjes met een Franse invalshoek. Fraai en rustiek terras pal op het zuiden. *zo, ma.* P

**ETTEN-LEUR:** *De Hooghe Neer* €€ AE DC MC V
Hoge Neerstraat 1. **Wegenkaart** B3. *076-5031064.* *www.dehoogheneer.nl*
Dit restaurant ligt in een 19de-eeuwse boerderij. Moderne interpretaties van de klassieke Franse keuken verrassen er de fijnproever. *di.* P

**ETTEN-LEUR:** *De Zwaan* €€ AE DC MC V
Markt 7. **Wegenkaart** B3. *076-5012696.* *www.restaurant-dezwaan.nl*
Een restaurant van grote klasse, gehuisvest in een 17e-eeuws trapgevelpand. Impressionistische schilderijen sieren de wanden. De fameuze wijncollectie bevindt zich in de kelder. *ma.*

## HOLLANDS BRABANT

**GEERTRUIDENBERG:** *'t Weeshuys* €€ AE MC V
Markt 52. **Wegenkaart** C3. *0162-513698.* *www.weeshuys.nl*
Aangenaam restaurant in de kapelzaal van een voormalig weeshuis. Dineer er bij kaarslicht in een interieur dat de grandeur van het monumentale pand nog steeds uitstraalt. P

**HEUSDEN:** *Hotel-Restaurant In Den Verdwaalde Koogel* €€ MC V
Vismarkt 1. **Wegenkaart** D2. *0416-661933.* *www.indenverdwaaldekoogel.nl*
Stijlvol restaurant ontleent zijn naam aan een kogel die ooit in de trapgevel is beland. Chique uitstraling met balken plafond en mooie schouw. *zo.*

**WAALWIJK:** *Het Heerenhuys* €€ AE DC MC V
Grotestraat 283. **Wegenkaart** C3. *0416-650315.* *www.hetheerenhuys.nl*
In dit 19de-eeuwse herenhuis geniet u van een eigentijdse dis met Frans-Nederlandse inslag. De eetzaal-met-serre kijkt uit op de intieme tuin.

## MARKIEZAAT EN PRINSENLAND

**BERGEN OP ZOOM:** *Restaurant Moerstede* €€ AE DC MC V
Vogelenzang 5. **Wegenkaart** A4. *0164-258800.* *www.moerstede.nl*
Geniet van exquise gerechten op Franse basis in een rustieke omgeving. Alles is huisgemaakt. Ook een prima adres voor brunches, buffetten en wijnproeverijen. *ma.* P

**ROOSENDAAL:** *De Postkoets* € AE DC MC V
Markt 31. **Wegenkaart** B3. *0165-551055.* *www.fer.nl*
De naam van dit restaurant roept geen directe associaties op met het eersteklas Chinese restaurant dat erachter schuil gaat. U heeft keus uit veel seizoensgebonden specialiteiten.

**ROOSENDAAL:** *Restaurant Sistermans* €€ AE DC MC V
Stationsplein 9. **Wegenkaart** B3. *0165-535657.* *www.hotelcentral.nl*
Uitstekend en sfeervol restaurant waar verfijnde gerechten de menukaart sieren. Mooie wijnen zetten uw dis luister bij. Voor een informeler lunch of diner kunt u in de brasserie terecht.

**ROOSENDAAL:** *Le Train Bleu* €€ AE DC MC V
Stationsplein 5. **Wegenkaart** B3. *0165-555400.* *www.goderie.com*
In stijl dineren in restaurant Le Train Bleu of gemoedelijk tafelen in brasserie Du Midi. Het kan hier beide. Bijbehorend hotel Goderië heeft comfortabele kamers.

Zie de achterflap voor een verklaring van de symbolen

# Sportieve vakanties en kamperen

Op menige Noord-Brabantse bosweg staan paaltjes met gekleurde koppen. En langs tientallen fiets- en ruiterpaden treft u wegwijzers en borden aan. Fietsknooppuntsystemen, ruiterroutenetwerken en speciale ATB (All Terrain Bike)-trajecten brengen de mooiste natuurgebieden in kaart. U kunt alle kanten op en bepaalt zelf de lengte van de tocht. Bij de VVV zijn kaarten en uitgestippelde routes voorhanden. Ook Staatsbosbeheer en Vereniging Natuurmonumenten brengen u graag naar de fraaiste plekjes. U kunt een avondwandeling in de Loonse en Drunense duinen maken met de boswachter. En er op uit trekken met een natuurgids om de bijzondere flora en fauna van de Biesbosch te ontdekken. Actuele overzichten van excursies staan op de internetsites www.staatsbosbeheer.nl en www.natuurmonumenten.nl. Sportief overnachten kan op veel manieren. Kampeert u graag 'bij de boer'? Of heeft u liever het comfort van een trekkershut? Voor waterliefhebbers is aanmeren op een van de ligplaatsen in een jachthaven een leuke optie.

**Regiokaart fietsroutenetwerk**

## Wandelen, fietsen en varen

Wie er in de provincie op uit trekt, komt veel verschillende landschappen tegen. Naast eerder genoemde Biesbosch en Loonse en Drunense duinen zijn ondermeer de Strabrechtse Heide en de bossen ten zuiden van Breda geliefde stukken natuur. Er zijn talloze handige wandelkaarten met routeboekjes en fietsroutegidsen voorhanden. Erg mooi is de Pannenhoefroute (Noord-Brabant wandeling nr. 2 uit 'De mooiste wandelingen in Nederland', uitgegeven door Capitool in samenwerking met SNP). Dit is een 16,5 kilometer lange, afwisselende wandelroute in de Baronie. U komt door bossen, langs vennen en beken en kunt een trappistenklooster bezoeken. Er is een praktische wandelkaart voor op pad. De wandel-vaartocht in de moerassige Bossche Broek voert u over de rivier de Dommel langs zeldzame planten en vogels als de rietzanger (informatie bij de boswachter van Staatsbosbeheer, 073-5513036). Het fietsroutenetwerk in de Kempen is iets voor de echte doe-het-zelver. Uw flexibiliteit en vrijheid staan voorop. In het oosten kunt u grensoverschrijdend fietsen en Uden is het startpunt voor mooie ligfietstoertochten (informatie: www.mastworp.nl). Een leuk, jaarlijks terugkerend evenement is de Drunense Fietsvierdaagse, met elk jaar weer andere routes van 35, 55 en 75 kilometer.

**Natuurkampeerterrein Morgenrood bij Oisterwijk**

## Zwemmen en surfen

Hoge golven trotseren op wildwaterrivieren en van duizelingwekkende glijbanen naar beneden roetsjen, dat kan in vier verschillende subtropische zwemparadijzen. Sportiom in 's-Hertogenbosch, Tongelreep in Eindhoven, Prinsenmeer in Asten-Ommel en Golfbad Oss zijn ware subtropische zwemspektakels. Bovendien heeft Noord-Brabant veel waterplassen die geschikt zijn om in te zwemmen en op te surfen. Deze plassen worden regelmatig geïnspecteerd. Veiligheid, hygiene en waterkwaliteit worden goed in de gaten gehouden. In de zwemwaterfolder en op de site www.brabant.nl vindt u een overzicht van alle plassen en hun voorzieningen. De zwemwatertelefoon Noord-Brabant helpt u aan de meest recente informatie (073-6812821).

## In- en outdoor adventure

Grenzen verleggen en uitdagingen aangaan. Als u op zoek bent naar avontuur, dan kunt u in de provincie uw hart ophalen. Er is keus uit sportklimmen, survivaltochten, boogschieten, 'abseilen', kratbouwen en tal van andere spannende activiteiten. Steile wanden beklimmen is ondermeer mogelijk bij Klimcentrum Neoliet te Eindhoven. Outdoor Centre Akkermans in De Heen is een van de organisaties waar u onder deskundige leiding kunt kennismaken met tal van spectaculaire sporten (www.akkermansoutdoor.nl).

### Skaten

Noord-Brabant springt eruit als het gaat om het steeds populairdere inline skaten. In de Kempen, de Peel, West-Brabant en rondom

Skaten langs de Vincentroute

's-Hertogenbosch zijn schitterende routes uitgezet. Bij de VVV liggen ze voor u klaar. Naast een kaartje en achtergrondinformatie bevatten ze een routebeschrijving. Alle routes hebben een thema. De Vincentroute komt bijvoorbeeld door het gebied waar Van Gogh ooit woonde en werkte. Medio juni wordt ieder jaar de Brabantse Skate Meerdaagse georganiseerd.

### Kamperen

Wat maakt kamperen zo aantrekkelijk? De buitenlucht, de gezelligheid, het avontuurlijke? Iedereen heeft

Waterpret voor de hele familie in het Sportiom

zo zijn eigen redenen. Het Brabantse aanbod is groot: van luxe vijfsterrencamping tot rustiek natuurkampeerterrein. Daarnaast biedt een aantal boeren de mogelijkheid uw tent op te zetten op het boerenerf. U kunt een huur- of eigen tent meenemen of een trekkershut op de camping reserveren. In de VVV-gids van Noord-Brabant staan alle opties en adressen op een rij.

Wandelen op het landgoed rond Kasteel Heeswijk

### Ridder Robert Route

Kasteel Heeswijk (*blz. 96-97*) is het kloppend hart van de Ridder Robert Route. Deze wandeling van 3,5 kilometer doorkruist het prachtige natuurgebied rond het imposante kasteel. Er is van alles te zien voor jong en oud. Wilde eenden op het eiland in de slotgracht en een eik met heuse 'spechtenflat' passeren de revue. U loopt over eeuwenoude rijsporen van koetsen en passeert de moestuin van weleer. Een beschrijving van alle mooie zaken onderweg is verkrijgbaar bij diverse VVV's, in Bernheze en bij de receptie van het kasteel (0413-292024).

# Een camping kiezen

De campings in het onderstaande overzicht variëren wat betreft categorie (boerderij-, gezinscamping, etc.), prijsklasse en voorzieningenniveau. Ze zijn geselecteerd om hun kwaliteit binnen de categorie, sfeer en ligging. Rekening is gehouden met de geografische spreiding over de provincie. De kleurtabel laat onder andere zien tot welke categorie de camping behoort.

| Camping | Categorie | Comfort | Winkel | Zwembad | Restaurant |
|---|---|---|---|---|---|
| **MEIERIJ** | | | | | |
| **BERLICUM (GEM. SINT-MICHIELSGESTEL):** *De Hooghe Heide* €€€<br>Werstkant 17. **Wegenkaart** D3. *073-5031522* FAX *073-5037351*<br>@ *info@hoogheheide.nl*<br>Rustig en comfortabel natuurterrein met ruime kampeerplaatsen, gericht op wat oudere kampeerders en gezinnen met jonge kinderen. Vanaf het terrein kunt u paardentramritten maken.<br>*1 april-1 okt.* | GC | 4 | ● | | ● |
| **LIEMPDE (GEM. BOXTEL):** *De Mus'donck* €€<br>Gemondesestraat 8. **Wegenkaart** D3. *0411-631245* FAX *0411-631245*<br>@ *camping.demusdonck@planet.nl* W *www.demusdonck.nl*<br>Kleinschalig, sfeervol terrein met afgescheiden plaatsen vlak bij de rivier de Dommel. In de gezellige recreatieruimte wordt onder meer een lekker ontbijt geserveerd. *1 april-1 nov.* | GC | | | | ● |
| **SINT-OEDENRODE:** *De Kienehoef* €€€€<br>Zwembadweg 35-37. **Wegenkaart** E3. *0413-472877* FAX *0413-477033*<br>@ *info@kienehoef.nl* W *www.kienehoef.nl*<br>Comfortabele, rustige, parkachtige camping, midden in de natuur. Vooral gericht op gezinnen met jonge kinderen en oudere kampeerders.<br>*Hele jaar* | GC | 5 | ● | OL | ● |
| **MAASKANT** | | | | | |
| **BEERS (GEM. CUIJK):** *Boerderij-camping De Tienmorgen* €€<br>Broekkant 11. **Wegenkaart** F2. *0485-312997* @ *info@detienmorgen.nl*<br>W *www.detienmorgen.nl*<br>Gezellige kleine camping bij een nog in bedrijf zijnde monumentale boerderij midden in een prachtig natuurgebied bij het Oost-Brabantse Beers.<br>*1 april-1 nov.* | BC | | | | |
| **HERPEN (GEM. RAVENSTEIN):** *Herperduin* €€<br>Schaijkseweg 12. **Wegenkaart** E2. *0486-411383* FAX *0486-416171*<br>@ *info@herperduin.nl* W *www.herperduin.nl*<br>Niet ver van het vestingstadje Megen in een natuurgebied gelegen autovrij terrein, dat deel uitmaakt van een groter vakantiepark.<br>*1 april-1 nov.* | GC | 3 | ● | OL | ● |
| **LITH:** *Maaspark De Lithse Ham* €€<br>De Lithse Ham 3. **Wegenkaart** E2. *0412-481405* FAX *0412-482538*<br>@ *maaspark@hetnet.nl* W *www.continental-parken.nl*<br>Fraai 'rivierpark' met veel faciliteiten, aan het water bij een jachthaven. In de directe omgeving kunt u duiken, vissen, para-sailen en paardrijden.<br>*1 maart-15 okt.* | GC | 3 | ● | OL | ● |
| **PEELLAND** | | | | | |
| **HANDEL (GEM. GEMERT-BAKEL):** *Kampeererf 't Veldje* €€<br>Heereveldseweg 66. **Wegenkaart** E3. *0492-326284*<br>Sfeervol in de bossen gelegen camping met ruime plaatsen in de beschutting van fruitbomen, struiken en hagen. Prettig terrein voor echte kampeerders en gezinnen met kinderen. *12 april-15 sept.* | NKT | | | | |
| **SCHAIJK (GEM. LANDERD):** *De Holenberg* €€<br>Udensedreef 14. **Wegenkaart** E2. *0900-4004004* FAX *0577-411767*<br>@ *info@paasheuvelgroep.nl* W *www.paasheuvelgroep.nl*<br>Aan de rand van natuurgebied De Maashorst gelegen camping met ruime plaatsen op fraaie kampeerweiden en riante voorzieningen, waaronder ontbijtservice. *1 april-1 nov.* | GC | 3 | ● | | ● |

**Prijsklassen (indicatief):** per nacht voor een gezin van drie personen met tent en auto in het laagseizoen.

€ tot €10
€€ €10-€15
€€€ €15-€20
€€€€ meer dan €20

**Categorie**
Aard van de camping: LC Landgoedcamping; BC Boerderijcamping; SC Stadscamping; NKT Natuurkampeerterrein; GC Gezinscamping
**Zwembad**
OL Openluchtzwembad; OV Overdekt zwembad
**Kantine**
Staat voor bar, cafetaria, eetcafé, etc.

**Sint-Anthonis:** *De Ullingse Bergen* €€€
Bosweg 36. **Wegenkaart** F3. *0485-388566* FAX *0485-388569*
@ *info@ullingsebergen.nl* W *www.ullingsebergen.nl*
Aan de rand van het Sint-Anthonisbos gelegen sfeervolle, rustige camping, vooral gericht op gezinnen met jonge kinderen, ouderen, en kampeerders die rust en natuur zoeken.
*1 april-1 nov.*

| Categorie | Comfort | Winkel | Zwembad | Restaurant |
|---|---|---|---|---|
| GC | 4 | ● | OL | ● |

**Wanroij (Gem. Sint-Anthonis):** *De Bergen* €€€
Campinglaan 1. **Wegenkaart** F3. *0485-335450* FAX *0485-478392*
@ *info@debergen.nl* W *www.debergen.nl*
Landelijk aan de rand van natuurgebied De Peel en vlak bij boswachterij Sint-Anthonis gelegen grote camping met attractiespeeltuin en recreatieplas met zandstrand en roeibootverhuur.
*1 april t/m herfstvakantie*

| Categorie | Comfort | Winkel | Zwembad | Restaurant |
|---|---|---|---|---|
| GC | 4 | ● | | ● |

**Wilbertoord (Gem. Mill en Sint-Hubert):** *Boszicht* €€
Tipweg 10. **Wegenkaart** F3. *0485-451565* FAX *0485-471522*
@ *j.grinsven@planet.nl*
Aan de rand van een bos bij een gemengd bedrijf gelegen rustige camping, met o.a een dierenweide voor de kinderen. Volop natuurgebieden in de directe omgeving. *15 maart-15 okt.*

| Categorie | Comfort | Winkel | Zwembad | Restaurant |
|---|---|---|---|---|
| BC | | | | |

## Tussen Kempen en Peel

**Leende (Gem. Heeze-Leende):** *De Fuut/Cheiron* €€€
Kapelstraat 20. **Wegenkaart** E4. *040-2061082*
@ *de-fuut@outdoor-camping.nl* W *www.tentkamperen.nl*
De Fuut-Outdoor is uitsluitend voor trekkerstenten en piramidetenten, niet voor bungalowtenten; op een aangrenzend gedeelte biedt Cheiron-Adventure paardenvakanties in voor- en najaar. *1 april-1 nov.*

**Lierop (Gem. Someren):** *De Lier* €€
Moorselseweg. **Wegenkaart** E4. *0493-479274* FAX *0493-479051*
@ *aht.smulders@hccnet.nl* W *www.natuurkampeersite.nl*
Intiem en rustig, mooi maar sober geoutilleerd terrein aan de rand van een bos bij de Lieropse en Strabrechtse Heide in een uitgestrekt en afwisselend bos- en heidegebied met vennen. *1 april-1 okt.*

| Categorie | Comfort | Winkel | Zwembad | Restaurant |
|---|---|---|---|---|
| NKT | 1 | | | |

**Mierlo (Gem. Geldrop-Mierlo):** *Bospark 't Wolfsven* €€€
Patrijslaan 4. **Wegenkaart** E4. *0492-661661* FAX *0492-663895*
@ *info.wolfsven@euroase.nl* W *www.euroase.nl*
Mooie, rustige camping in de bossen aan de rand van de Strabrechtse Heide. Vele extra voorzieningen, waaronder een visvijver, een natuurbad met strand en glijbaan en een midgetgolfbaan.
*1 april-1 nov.*

| Categorie | Comfort | Winkel | Zwembad | Restaurant |
|---|---|---|---|---|
| GC | 3 | ● | OV | ● |

**Valkenswaard:** *De Punder* €€
Opperheide 5. **Wegenkaart** E4. *040-2013375*
Rustige camping met ruime plaatsen in een landelijke omgeving, midden tussen de natuurgebieden de Malpie en het Leenderbos.
*15 maart-1 nov.*

## Kempen

**Bergeijk:** *De Paal* €€€€
De Paaldreef 14. **Wegenkaart** D4. *0497-571977* FAX *0497-577164*
@ *info@depaal.nl* W *www.depaal.nl*
Prachtige camping met veel voorzieningen, vooral voor gezinnen met jonge kinderen. Er zijn onder meer een grote centrale speeltuin en een overdekte waterspeeltuin.
*1 april-1 nov.*

| Categorie | Comfort | Winkel | Zwembad | Restaurant |
|---|---|---|---|---|
| GC | 5 | ● | OL OV | ● |

Zie de achterflap voor een verklaring van de symbolen

**Prijsklassen (indicatief):** per nacht voor een gezin van drie personen met tent en auto in het laagseizoen.

€ tot €10
€€ €10-€15
€€€ €15-€20
€€€€ meer dan €20

**Categorie**
Aard van de camping: LC Landgoedcamping; BC Boerderijcamping; SC Stadscamping; NKT Natuurkampeerterrein; GC Gezinscamping
**Zwembad**
OL Openluchtzwembad; OV Overdekt zwembad
**Kantine**
Staat voor bar, cafetaria, eetcafé, etc.

| Camping | Categorie | Comfort | Winkel | Zwembad | Restaurant |
|---|---|---|---|---|---|
| **Lage Mierde (Gem. Reusel-De Mierden):** *De Hertenwei* €€€€<br>Wellenseind 7-9. **Wegenkaart** D4. *013-5091295* FAX *013-5093263*<br>*mjmaille@bigfoot.nl* *www.Hertenwei.nl*<br>Comfortabele camping in bosrijke omgeving. Veel faciliteiten, waaronder all-weather tennisbanen, biljarts, sauna, whirlpool en disco in het hoogseizoen.<br>*Hele jaar* | GC | 5 | ● | OL OV | ● |
| **Luyksgestel (Gem. Bergeijk):** *D'n Buytelaer* €€<br>Neerrijt 57. **Wegenkaart** D5. *0497-541527* *buytels33@hetnet.nl*<br>Minicamping met ruime standplaatsen bij een veeteeltbedrijf. Vlakbij liggen diverse recreatieplassen. Gratis wandel- en fietsroutes beschikbaar.<br>*15 maart-1 nov.* | BC | | | | |
| **Oirschot:** *Kampeer- en chaletpark Latour* €€€€<br>Bloemendaal 7. **Wegenkaart** D3. *0499-575625* FAX *0499-573742*<br>*info@campinglatour.nl* *www.campinglatour.nl*<br>Rustige camping in het bosrijke recreatiegebied De Kemmer. Men biedt professioneel recreatiewerk en naast het terrein ligt een verwarmd openluchtzwembad. *1 april-1 okt.* | GC | 4 | ● | OL | ● |
| **HART VAN BRABANT** | | | | | |
| **Esbeek (Gem. Hilvarenbeek):** *De Spaendershorst* €€€<br>Spaaneindsestraat 12. **Wegenkaart** D4. *013-5169361*<br>Fraai gelegen in een bos bij landgoed De Utrecht met het authentiek Brabants café de Bockenreyder. De camping heeft een recreatieruimte, een kantine en een sportveld. *Hele jaar* | GC | 3 | | OL | |
| **Helvoirt (Gem. Haaren):** *Weideblik* €€<br>Oude Bossche Baan 35. **Wegenkaart** D3. *0411-641880*<br>*weideblik@hotmail.com* *www.weideblik.nl*<br>Rustige, gemoedelijke minicamping in een omgeving met veel en afwisselende natuur. Vooral aantrekkelijk voor gezinnen met jonge kinderen en voor senioren.<br>*1 maart-1 nov.* | BC | | | | |
| **Hilvarenbeek:** *Beekse Bergen* €€€€<br>Beekse Bergen 1. **Wegenkaart** D4. *013-5491100* FAX *013-5366716*<br>*beeksebergen@libema.nl* *www.beeksebergen.com*<br>In een bosrijke omgeving gelegen themacamping (safari). Op het terrein is een heuvel vanwaar u naar de wilde dieren kunt kijken.<br>*1 april-1 nov.* | GC | 4 | ● | OV | ● |
| **Moergestel (Gem. Oisterwijk):** *Ireneboeve* €€<br>Zandstraat 18. **Wegenkaart** D3. *013-5133504*<br>Aan de rand van de Oisterwijkse bossen gelegen kleine, rustige camping voor natuurliefhebbers. In natuurbad Staalbergven is het lekker zwemmen.<br>*1 mei-1 nov.* | | | | | |
| **Oisterwijk:** *Morgenrood* €€<br>Scheibaan 15. **Wegenkaart** D3. *013-5215935*<br>*morgenrood@nivon.nl* *www.morgenrood.info*<br>Royaal natuurkampeerterrein, gelegen tussen natuurreservaat Kampina en de Oisterwijkse bossen en vennen met veel fietsroutes en meer dan 60 km wandelroutes. *Hele jaar* | NKT | | | | |
| **Udenhout (Gem. Tilburg):** *Duinhoeve* €€€<br>Oude Bosschebaan 4. **Wegenkaart** D3. *013-5111363* FAX *013-5111749*<br>*info@duinhoeve.nl* *www.duinhoeve.nl*<br>Fraai gelegen, rustige maar zeer kindvriendelijke camping grenzend aan Nationaal Park de Loonse en Drunense Duinen.<br>*1 april-1 nov.* | GC | 3 | ● | OL | ● |

## Baronie

**Bosschenhoofd (Gem. Halderberghe):** *Landgoed De Wildert* €€ — LC | 2 | ●

Pagnevaartdreef 3. **Wegenkaart** B3. *0165-312582* FAX *0165-310941*

Terrein voor liefhebbers van pure natuur. Rustig gelegen met ruime plaatsen op een eeuwenoud landgoed met naald- en loofbos, statige lanen en een vijver. *29 maart-29 sept.*

**Den Hout (Gem. Oosterhout):** *De Bergvlietse Bossen* €€ — NKT | 1

Ter Aalst 11. **Wegenkaart** C3. *076-5612047* FAX *076-5651656*

@ *info@bergvlietse-bossen.nl* W *www.bergvlietse-bossen.nl*

Kamperen in de natuur, maar met het nodige comfort. Het terrein is ingericht met ruime plaatsen en is verdeeld in een natuurkampeerterrein en een naturistisch terrein. *1 april-30 okt.*

**Gilze (Gem. Gilze-Rijen):** *Schouteveld* €€€ — NKT

Schouteveld 1. **Wegenkaart** C3. *0161-432076*

Fraai gelegen in het Ulvenhoutse bos. *Hele jaar.*

**Hoeven (Gem. Halderberghe):** *Recreatiepark Bosbad Hoeven* €€€ — GC | 4 | ● | OL, OV | ●

Oude Antwerpsepostbaan 81b. **Wegenkaart** B3. *0165-502570* FAX *0165-504254*

@ *info@bosbadhoeven.nl* W *www.bosbadhoeven.nl*

Grote camping met veel voorzieningen zoals een waterspeelpark, een grote indoor-speeltuin en een roei/visvijver waar roeiboten en waterfietsen worden verhuurd. *1 april-31 okt.*

**Oud Gastel (Gem. Halderberghe):** *De Nieuwe Riet* €€ — BC

Noordhoeksestraat 3a. **Wegenkaart** B3. *0165-313077*

Landelijke, rustige camping met 15 ruime plaatsen op het erf van een langgevelboerderij, waar men nog vee houdt als hobby. *15 maart-1 nov.*

## Hollands Brabant

**Andel (Gem. Woudrichem):** *De Hoge Waard* €€€ — GC | 3

Hoge Maasdijk 57. **Wegenkaart** D2. *0416-693776* FAX *0416-696059*

@ *camping@dehogewaard.nl* W *www.dehogewaard.nl*

Tussen de karakteristieke vestingstadjes Woudrichem en Heusden aan het water gelegen gezellige familie- en watersportcamping *1 april-1 okt.*

**Drimmelen:** *De Beverburcht* €€€ — 2 | OL

Biesboschweg 8. **Wegenkaart** C2. *0162-685795* FAX *0162-684083* @ *info@beverburcht.nl*

Sfeervol, kleinschalig kampeerterrein met moderne voorzieningen, en o.a. plaatsen direct aan het water; ideaal voor kanoërs. *Hele jaar*

**Moerdijk:** *Jolly* €€€ — GC | 3 | OL | ●

Zwaluwsedijk 11. **Wegenkaart** B3. *0168-412456* FAX *0168-412219*

@ *come2jolly@planet.nl*

Rustig aan het Hollands Diep gelegen terrein, ideaal voor watersportliefhebbers in het algemeen en voor hengelaars in het bijzonder. *1 april-1 okt.*

## Markiezaat en Prinsenland

**Bergen op Zoom:** *De Heide* €€€€ — GC | 3 | ● | OL

Bemmelenberg 12. **Wegenkaart** A4. *0164-235659* FAX *0164-254377*

@ *info@campingdeheide.nl* W *www.campingdeheide.nl*

Comfortabele camping met ruim opgezette plaatsen, midden in het ruim 80 ha grote recreatiegebied De Heide. *1 april-15 sept.*

**De Heen (Gem. Steenbergen):** *De Heense Akker* €€€ — NKT

Heense Molenweg 23. **Wegenkaart** A3. *0167-502621* FAX *0167-503128*

@ *info@akkermansoutdoor.nl* W *www.akkermansoutdoor.nl*

Onder landschapsarchitectuur aangelegd ecologisch beheerd terrein, onderdeel van een buitensportbedrijf. 's Zomers aanbod van creatieve/kunstzinnige cursussen. *15 maart-1 nov.*

**Nieuw-Vossemeer (Gem. Steenbergen):** *De Kreek* €€ — NKT

Moorseweg 1b. **Wegenkaart** A3. *0167-503480* @ *de.kreek@worldmail.nl*

Rustig, open natuurkampeerterrein. Op het terrein liggen een oude boomgaard en een kikkerput; eromheen een boswal, een dijk en een kreek. *1 april-1 okt.*

Zie de achterflap voor een verklaring van de symbolen

# Winkelen

Een heerlijke Bossche bol

Noord-Brabant is een paradijs voor winkelliefhebbers. In de steden 's-Hertogenbosch, Eindhoven, Tilburg en Breda zullen kooplustigen zich geen minuut vervelen. En ook buiten deze vier grote steden vindt u in veel plaatsen de nodige gezellige winkelstraten en overdekte winkelcentra. Kleine steegjes achteraf herbergen vaak een bonte verzameling bijzondere zaken. Deze staan garant voor uren winkelplezier. Bent u op zoek naar die ene antieke kast of naar een exclusieve wijn? Of houdt u van genoeglijk grasduinen zonder een speciaal doel voor ogen? In beide gevallen zit u goed in Noord-Brabant. De internetsite www.winkeleninbrabant.nl is een leuk uitgangspunt ter oriëntatie. Van een aantal van de hieronder vermelde zaken vindt u het adres op *blz. 350* en *351.*

Bijzondere gevels in de binnenstad van 's-Hertogenbosch

## Stadse winkelgenoegens

In 's-Hertogenbosch gaan winkelen en het opsnuiven van een eeuwenoude sfeer hand in hand. Speciale winkeltjes en exclusieve galeries liggen verspreid in een centrum vol monumentale gebouwen en smalle straatjes. Bij de VVV is een 'Horeca- en Winkelbrochure' verkrijgbaar. En in de folder ''s-Hertogenbosch: kunst- en antiekstad' staan de meest aparte antiquairs en galeries op één rij. Rondom de Markt zorgt een voetgangerszone ervoor dat u veilig en ongestoord kunt rondlopen.

De 'Winkeltjes- en Antiekroute' van Breda – eveneens verkrijgbaar bij de VVV – bestaat uit twee wandelroutes, waarvan er een in het centrum en een in de gezellige wijk Ginneken loopt. Zo ontsnapt geen van de trendy boetieks en speciaalzaken aan uw aandacht. Sommige van de winkels geven kortingen of cadeautjes op vertoon van het routeboekje.

Tilburg heeft een uitgebreid winkelaanbod voor elke portemonnee. Of u nu op zoek bent naar topzaken op het gebied van mode en interieur of naar exotische winkels met Surinaamse, Marokkaanse en Chinese levensmiddelen, Tilburg heeft het. De VVV-gids 'Lekker uit in Tilburg' geeft een goed overzicht van verschillende winkelgebieden en hun koopavonden en koopzondagen.

In de binnenstad van Eindhoven liggen alle belangrijke winkelstraten op korte loopafstand van elkaar. Zeer exclusieve modeboetieks, grote warenhuizen en speciaalzaken liggen allemaal binnen handbereik. Bekijk ook eens de artistieke wijk 'De Bergen', waar het wemelt van de galeries, woon- en antiekwinkels. Het overdekte winkelcomplex Heuvel Galerie herbergt maar liefst 100 winkels onder één dak. Bezoek voor het complete winkelaanbod de internetsite www.heuvel-galerie.nl. Als leidraad voor uw winkelplezier dienen de 'Shopping Guide' en een centrumplattegrond, beide af te halen bij de VVV.

Snoeperij Tum Tum in 's-Hertogenbosch

**Bloemen- en plantenmarkt in Oirschot**

## Markten

In de meeste plaatsen wordt wekelijks een algemene warenmarkt gehouden. In de regionale toeristische informatiegidsen van de VVV's staat aangegeven waar en wanneer deze plaatsvinden. Bovendien zijn er de nodige gespecialiseerde markten, waaronder de snuffelmarkt in Roosendaal (za en zo, behalve in juni, juli en aug.), de curiosamarkt in Eindhoven (za) en de biologische boerenmarkt in Breda (di). Ook deze bijzondere markten staan vermeld in bovengenoemde gidsen.

## Bedrijven te bezoeken

De meest uiteenlopende bedrijven gunnen de bezoeker een blik achter de schermen. Wat is het geheim achter de heerlijke streekproducten en hoe worden de mooiste kunstwerken van glas vervaardigd? In verschillende ateliers ziet u kunstsmeden en beeldhouwers aan het werk. Kunstsmid Juul Baltussen uit Westerbeek demonstreert hoe een modern kunstwerk uit ijzer ontstaat (0485-383341). En in atelier Estrella in Vierlingsbeek bent u getuige van de ambachtelijke en machinale productie van glaskunstwerken (0478-631920).
Bierbrouwerijen in ondermeer Breda, Valkenswaard, Berkel-Enschot en Kaatsheuvel nodigen u uit voor een rondleiding en proeverij. En wie geen angst heeft voor bijen kan op vele plaatsen een imker aan het werk zien.
Bij Rens Joost Suikerwerken in Oosterhout worden nog altijd de authentieke kaneelstokken die u op kermissen tegenkomt, gemaakt. In de wintermaanden is het mogelijk de fabriek te bezoeken (0162-453361). En het bedrijf Veens Blauwe Bosbessen in Helenaveen heet u in de maanden juli en augustus welkom om te komen helpen bij de bessenpluk. Uiteraard kunt u de bessen aanschaffen om er thuis de heerlijkste geleien en jams van te maken (0493-539286).

**Uithangbord van Brouwerij De Kroon**

## Interieurzaken

Als het gaat om een stijlvolle inrichting van uw huis, dan is men in Noord-Brabant van alle markten thuis. Zo vindt u bij Vossenhof Interieurs te 's-Hertogenbosch een fraaie collectie moderne Italiaanse meubelen. Voor meubels en accessoires met een chique, landelijke uitstraling bezoekt u Flamant Home Interior te Breda. 59 Design in 's-Hertogenbosch is expert op het gebied van gebruikte designmeubelen. Bij De Oude Plank in Best kunt u een authentieke vloer van oud grenen-, eiken- of vurenhout uitzoeken. Exclusieve badkamers vindt u bijvoorbeeld bij Bad & Design te Bergen op Zoom.

## Kunst en Antiek

De provincie herbergt tal van bijzondere kunst- en antiekzaken. Liefhebbers van antieke uurwerken, barometers en kleinmeubelen doen er goed aan de winkel van Cor van der Heijden in 's-Hertogenbosch te bezoeken. In dezelfde stad vindt u de mooiste handgemaakte sieraden, waar u niet al te diep voor in de buidel hoeft te tasten, bij Leon Burcu Juweliers. Bij Tilt in Eindhoven komt u voor een uitgelezen collectie 'antiques of the 20th century' terwijl de zaak J.G.Kuyper & Zoon te Breda verder teruggaat in de tijd, met 18de en 19de-eeuwse Hollandse meubelen en 18de-eeuws Chinees porselein. Het overzicht op de volgende pagina's biedt slechts een bescheiden deel van het omvangrijke aanbod.

**Affaire d'Antique et Cadeaux in Eindhoven**

## Adressen

### Antiek, antiquariaat en kunst

**Isphording Antiek**
Bosseweg 33
5682 BA Best
☎ *0499-372197*
W *www.isphording.nl*

**Bussers Quality & Style (servies, bestek, glas)**
Steenstraat 43-48
5831 JB Boxmeer
☎ *0485-571473*

**Kunsthandel & Lijstenmakerij M. Jas**
St. Annastraat 13
4811 XK Breda
☎ *076-5213018*
W *www.xs4all.nl/~jaskunst*

**J.G. Kuyper & Zn. (meubels en porselein)**
Haagdijk 64-66
4811 TV Breda
☎ *076-5217281*

**Lelie Juweliers**
Houtmarktpassage 22
4811 JW Breda
☎ *076-5229883*
W *www.lelie.nl*

**Antiekhandel Pine House**
Willemstraat 16
4811 AL Breda
☎ *076-5210400*

**Antiquariaat En passant**
Badelochstraat 81
5625 BB Eindhoven
☎ *040-2415007*
W *www.antiqbook.nl/enpassant*

**Glas Galerie Heskens**
Tongelredestraat 2d
5611 VK Eindhoven
☎ *06-51215033*
W *www.glas-galerie-heskens.nl*

**Antiquariaat Molendijk**
Gestelsestraat 70
5615 LH Eindhoven
☎ *040-2462355*
W *www.iae.nl/users/molendyk*

**Smetsers Serviezen**
Piazza 15-17
5611 AE Eindhoven
☎ *040-2442621*

**Tilt (antiek)**
Christinastraat 173
5615 RK Eindhoven
☎ *040-2510161*
W *www.tiltantiek.nl*

**Andropov Antieke Landkaarten & Gravures**
Haansberg 19
4874 NJ Etten-Leur
☎ *076-5032797*
W *www.andropov.com*

**Edelsmid Ton van den Hout**
Veestraat 24
5701 RD Helmond
☎ *0492-524742*
W *www.tonvandenhout.nl*

**A Votre Servies**
Vughterstraat 231
5211 GD 's-Hertogenbosch
☎ *073-6135989*

**La Folie Antiek**
Uilenburg 1
5211 EV 's-Hertogenbosch
☎ *073-6131400*

**Heijden Antieke Uurwerken**
Verwersstraat 106
5211 HZ 's-Hertogenbosch
☎ *073-5030177*
W *www.clocksantique.nl*

**Jan de Raad Antiquiteiten**
Postelstraat 28-30
5211 EA 's-Hertogenbosch
☎ *073-6144979*
W *www.janderaad.com*

**Leon Burcu Juweliers**
Arena 7
5211 XT 's-Hertogenbosch
☎ *073-6149116*
W *www.lb-trouwringen.nl*

**Juwelier Jack de Rooy**
Postelstraat 73
5211 DX 's-Hertogenbosch
☎ *073-6122175*

**Galerie Sous-terre en Beeldenpark**
Batterijstraat 23a
5396 NT Lithoijen
(Gem. Lith)
☎ *0412-482159*
W *www.galerie-sous-terre.nl*

**Fuego (kunst)**
St. Josephstraat 78-84
5017 GK Tilburg
☎ *013-5363185*

**Vermetten Bijou**
Emmapassage 21a
5038 XA Tilburg
☎ *013-5427934*
W *www.vermettenbijou.nl*

**Antiekcentrum Zevenbergen**
Schansdijk 26
4761 RH Zevenbergen
(Gem. Moerdijk)
☎ *0168-329705*
W *www.acz.nl*

### Interieur

**Van de Voort Badcultuur**
Industrielaan 13
5721 BC Asten
☎ *0493-694485*
W *vdvoort.saniweb.nl*

**Bad & Design**
Schaepmanlaan 3
4623 XV Bergen op Zoom
☎ *0164-210426*
W *www.badendesign.nl*

**De Oude Plank**
De Maas 23
5684 PL Best
☎ *0499-393172*
W *www.oudeplank.nl*

**Flamant Nederland**
Catharinastraat 10
4811 XH Breda
☎ *076-5144640*
W *www.flamant.com*

**L.A. Lichtarchitektuur**
Veemarktstraat 43-45
4811 ZD Breda
☎ *076-5146710*

**Steel Stuff**
Willem II straat 56
5038 BH Breda
☎ *013-5443616*
W *www.steelstuff.nl*

**Ton Cornelissen Meubelen**
Konijnenberg 6
4815 EH Breda
☎ *076-5877755*
W *www.toncornelissen.nl*

**Vormvast**
Liesboslaan 291
4838 EV Breda
☎ *076-5201620*
W *www.vormvast.nl*

**Lebesque**
Hoogstraat 301
5654 NB Eindhoven
☎ *040-2661166*
W *www.lebesque.com*

**Belgo Quartz Vloeren**
Vollerstraat 12
5051 JV Goirle
☎ *013-5345040*
W *www.belogquartz.nl*

**59 Design**
Kruisstraat 21a
5211 DT 's-Hertogenbosch
☎ *0411-683989*
W *www.59design.nl*

**Leo Koek Verlichting**
Orthenstraat 10-12
5211 SX 's-Hertogenbosch
☎ *073-6132626*

**Cadeau Boutique Peu de Tout**
Nieuwstraat 10a
5211 NL 's-Hertogenbosch
☎ *073-6910691*
W *www.peudetout.nl*

**Vossenhof Interieurs**
Vughterstraat 136-140
4261 TB 's-Hertogenbosch
☎ *073-6121137*
W *www.vossenhof.nl*

**Wubbels Bedden & Linnen**
Vughterstraat 92
5211 GL 's-Hertogenbosch
☎ *073-6134530*
W *www.wubbels.com*

**Van den Heuvel Interieurs**
Kofferen 21
5492 BL Sint-Oedenrode
T 0413-476378
W www.vdheuvelinterieurs.nl

**Pure Wood Interieur**
Wethouder van Ierlandstraat 21
5021 AT Tilburg
T 013-5369661
W pure-wood@planet.nl

**Williams-living**
Veldhovenring 98
5041 BE Tilburg
T 013-5430386
W www.williams-living.nl

**'t Achterhuis Historische Bouwmaterialen**
Kreitenmolenstraat 92
5071 B Udenhout
(Gem. Tilburg)
T 013-5111649
W www.achterhuis.nl

**Vos Keukens**
Kortestraat 18a
4261 AA Wijk en Aalburg
(Gem. Aalburg)
T 0416-692382
W www.vos-keukens.nl

## Luxe levensmiddelen

**Vieille France (Franse producten)**
Akkerstraat 1a
5084 HL Biest-Houtakker
(Gem. Hilvarenbeek)
T 013-5055422
W www.vieillefrance.nl

**Het Pijpenhuis (koffie, thee, tabak)**
Torenstraat 15
4811 XV Breda
T 076-5212244
W www.hetpijpenhuis.nl

**Wijnkoperij Ludo Mertens**
Hoenderberglaan 10
5628 EC Eindhoven
T 040-4926273
W www.ludomertens.nl

**La Seduzione**
Ridderstraat 6
5211 KA 's-Hertogenbosch
T 073-6140825
W www.laseduzione.nl

**Snoeperij Tum Tum**
Ridderstraat 11
5211 JZ 's-Hertogenbosch
T 073-6138554

**Quatta bonbons**
Fatimastraat 93
5021 AM Tilburg
T 013-5436716
W www.quatta.com

## Mode

**Modehuis Verdonschot (dames- en herenmode)**
Emmastraat 4
5721 HB Asten
T 0493-691354
W www.modehuis-verdonschot.nl

**Emmen schoenen en mode**
Winkelcentrum Woensel 12
5625 AA Eindhoven
T 040-2415463
W www.emmenmode.com

**Wildenberg Mannenmode**
Markt 32
5611 EC Eindhoven
T 040-2431979
W www.wildenbergmode.nl

**Ynformal (herenmode)**
Markt 34
5611 EC Eindhoven
T 040-2432006
W www.ynformal.nl

**Addy van den Krommenacker (damesmode)**
Verwersstraat 79
5211 HV 's-Hertogenbosch
T 073-6901815
W www.addyvandenkrommenacker.nl

**Cobra**
Achter het verguld harnas 15-17
5211 HL 's-Hertogenbosch
T 073-6142636
W www.cobramode.nl

**Les Cravates**
Vughterstraat 103
5211 GA 's-Hertogenbosch
T 073-6121109

**Frans van Vliet**
Burg. Loeffplein 63
5211 RX 's-Hertogenbosch
T 073-6143621
W www.happytown.nl

**Max Mannenmode**
Verwersstraat 1
5211 HS 's-Hertogenbosch
T 073-6120428

**Ramixa (damesmode)**
Snellestraat 36
5211 EN 's-Hertogenbosch
T 073-6141085
W www.ramixa.nl

**Modehuis Welten**
Kerkstraat 9
4901 JE Oosterhout
T 0162-455198

**Latenzo Dress & Casual (damesmode)**
Kreitenmolenstraat 80
5071 BH Udenhout
(Gem. Tilburg)
T 013-5116096
W www.latenzo.nl

## Speciaalzaken

**Boulanger Chocolaterie**
Zuivelstraat 8
4611 BH Bergen op Zoom
T 0164-240234
W www.boulanger.nl

**Whisky Slijterij De Koning**
Hinthamereinde 41
5211 PM 's-Hertogenbosch
T 073-6143547
W www.whiskykoning.nl

**Juwelier De Paarlerij**
Lombardpassage 13
5211 JM 's-Hertogenbosch
T 073-6890333

**Golf-Land**
Plukmadestraat 9
4921 AJ Made
(Gem. Drimmelen)
T 0162-685516
W www.golf-land.nl

**Poppenhuizen-atelier 'it Lytshuus'**
Kerkplein 4
5061 EB Oisterwijk
T 013-5283923
W home.planet.nl./~lytshuus/

**Frits van Arendonk (serviezen, kristal, bestek)**
Nieuwe Markt 26-28
4701 AG Roosendaal
T 0165-535131
W www.fritsvanarendonk.nl

**Wijn Verlinden**
Hintham 152
5246 AK Rosmalen (Gem. 's-Hertogenbosch)
T 073-6488011
W www.wijnverlinden.nl

## Tuincentra

**De Bronzen Beelden Boerderij**
Bavelstraat 12
4849 PS Dorst
(Gem. Deurne)
T 0161-412050
W www.bbbgalerie.nl

**Barker Christine Traditionals**
Kerkstraat 107-113
5161 EC Sprang-Capelle
(Gem. Waalwijk)
T 0416-278094
W www.christinebarker.nl

## Warenhuizen en winkelcentra

**De Barones**
(centrum) Breda
W www.barones.nl

**Heuvel Galerie**
(centrum) Eindhoven
W www.heuvel-galerie.nl

**Winkelcentrum Arendshof**
(centrum) Oosterhout
W www.arendshof.nl

**Winkelcentrum Heuvelpoort**
(centrum) Tilburg

# Amusement

Zoveel hoofden, zoveel zinnen, Noord-Brabant biedt amusement voor iedereen. Van zomerkermis tot kerkorgelconcert, van nostalgische zestiger-jarendisco tot torenbeklimming en paardentramtocht. Voor een perfecte avond uit zetten vele concertzalen en theaters de deuren uitnodigend open. En ook overdag valt er veel te genieten. Op de komende pagina's worden wat tips aan de hand gedaan. Het is een schets en pretendeert geen volledig overzicht te geven. Daarvoor is het aanbod te groot. Als u uitgebreide informatie wilt, is het bezoeken van een lokale VVV een eerste logische stap. Daar vindt u amusement dat naadloos aansluit op uw wensen. Een adressenlijst van VVV-vestigingen staat op *blz. 359*.

www.toerismebrabant.nl

## Casino en kuuroord

Beproef uw geluk eens aan een van de speeltafels van een Brabants casino. In de Holland Casino's van Breda en Eindhoven kan een dagje uit een ongekende wending nemen. Ook beginnelingen zijn van harte welkom. In Breda geven ervaren croupiers tekst en uitleg in de Let's Play-ruimte. Eindhoven kent speciale avonden voor onervaren spelers. Iedere vrijdag en zaterdag wagen debutanten een gokje onder deskundige leiding met een inzet van 1 euro. Heel speciaal is het drijvende casino op de boot Jeronimus Bosch. Aan de Smalle Haven in 's-Hertogenbosch gaan gasten scheep voor een avondtocht met spannend casinospel. Voor dit arrangement is een minimum van 25 personen een vereiste. Reserveren bij Rederij Wolthuis, 073-6312048.
Bijkomen van alle spanning doet u in een van de luxueuze kuuroorden die Noord- Brabant rijk is. Health City in Tilburg heeft een uitgebreid verwenpakket, evenals Thermen Lucaya te Oss, Keizersthermen te Veghel en Thermen te Goirle en Son. Zie voor de adressen *blz. 354*. Als herboren keert u huiswaarts.

## Festivals en evenementen

Rock en rollen tussen ronkende motoren en hun berijders. Dat kan in Breda. De Grote Markt ziet er eens per jaar zwart van de Harley-Davidsons en in leer gehulde motorfans. Voor virtuoze gipsyconcerten van topmuzikanten uit de hele wereld moet u op het internationale gipsyfestival in Tilburg zijn. Droomt u liever weg op de klanken van een kasteeltuinconcert? Liefhebbers doen dat elke zomer in de middeleeuwse kasteeltuin te Helmond. En tijdens het Skateboarding Event te Eindhoven wordt alles uit de doeken gedaan over de skatecultuur in al haar vormen.

**Ruime keuze uit beauty- en saunacentra**

Het hele jaar door – met name in het zomerseizoen - staat Noord-Brabant bol van de feestelijke festivals en kleurige jaarmarkten. Dit beperkt zich niet tot de grote steden. Landelijke sterrenkijkdagen in Asten, de Esbeekse Sensatiemarkt en het Country-Festival te Empel, overal vinden wel evenementen plaats.
Ter oriëntatie vindt u een jaarlijkse-evenementenlijst in de VVV-gids Noord-Brabant. Chronologisch worden de naam van het evenement en de locatie waar het plaatsvindt vermeld. Bij het verstrekken van uitgebreidere informatie helpen lokale VVV-medewerkers graag. U kunt ook de websites bezoeken. Op de site www.tilburgtrakteert.nl presenteert de stad Tilburg zijn activiteiten. Veel van de Bossche evenementen worden beschre-

**Fiesta del Sol is hét salsafestival van Eindhoven**

**Het Brabants Orkest, 'hoofdbewoner' van Muziekcentrum Frits Philips**

ven op de site van de gemeente www.s-hertogenbosch.nl. De VVV van Breda geeft een speciale jaarevenementenlijst uit. Ook de Eindhovense evenementenkalender is gratis af te halen bij de VVV. De eerder vermelde krant 'Op stap in Brabant' wijst de weg in Brabants evenementenland tijdens de zomermaanden.

## Klassieke concerten

In veel theaters en concertzalen wordt een gevarieerd programma gehanteerd. Naast acteurs, jazz- en popmuzikanten en cabaretiers treden er ook kopstukken uit de klassieke muziekwereld voor het voetlicht. U vindt altijd wel iets van uw gading, of u nu houdt van oude muziek, pianoconcerten, opera of blazersensembles. Een tweetal relevante sites zijn www.philipshall.nl en www.theaterstilburg.nl.
Het Brabant Koor is een begrip in de provincie en daarbuiten. Dit gerenommeerde koor brengt zowel klassieke als hedendaagse muziek ten gehore. Het Brabants Orkest is de vaste muzikale begeleider. Ze geven concerten in grote Nederlandse zalen, maar er wordt ook buiten de landsgrenzen opgetreden.
Heel bijzonder zijn de door Stichting Havenconcert en muziekpodium 'De Azijnfabriek' georganiseerde concerten op de Binnendieze. In deze stadsrivier worden 's zomers romantische concerten gegeven op een podium op het water. Een vaartocht langs de historische binnenstad van 's-Hertogenbosch brengt u bij de Groote Hekel, waar de concerten worden gegeven. Na afloop van het concert wordt teruggevaren naar het opstappunt. (Stichting Havenconcert, 073-6128691, www.muziekopdebinnen dieze.nl).

## Popmuziek

Noord–Brabant heeft een vaste plek op de nationale kaart van de popmuziek veroverd. In de jaren zestig en zeventig zingt de Eindhovense Peter Koelewijn de rock-'n-rollkraker 'Kom van dat dak af' naar de hoogste regionen van de hitparades. En het is in een Brabantse boerenschuur dat de muziekgroep The Shuffles repeteert. Hun nummer 'Cha la la I need you' wordt een grote hit.
Sindsdien is er veel veranderd. Muziekstromingen als dance, wereldmuziek en gitaarrock zijn populair. Het aanbod is veelzijdig. Concertzalen en kleinere podia bieden voor elk wat wils. Artiesten uit alle windstreken treden op. Maar muziek uit de eigen provincie blijft een speciale rol spelen. De Nuenense Gerard van Maasakkers trekt met zijn Brabantse folk bijvoorbeeld volle zalen. Programma's zijn te vinden in verschillende dag- en weekbladen, op teletekst en websites. Vaak geven cultuurpodia een maandelijkse agenda uit, die bij de VVV te krijgen is.
De organisatie Brabant Pop promoot aanstormend talent van eigen bodem. Elk jaar krijgen acht Brabantse bands de kans op de verzamel-cd 'Bijna Boven' te laten horen wat ze in huis hebben. Bekende namen als Krezip en Green Lizard kwamen, mede dankzij deze cd, in de schijnwerpers te staan. Brabant Pop timmert aan de weg. Het provinciale popconcours 'de Wraak van Brabant' beleefde in 2003 alweer zijn 10-jarig jubileum. U vindt meer informatie over de organisatie op www.brabantpop.nl.
Een leuk en illustratief boek is 'Wereldberoemd in Den Bosch. De geschiedenis van de Bossche popmuziek'. Het is geschreven en samengesteld door Kees Buenen, Hans Vrielink en Henk Wittenberg. Uitgegeven bij GBP Popmuziek in, hoe kan het ook anders, 's-Hertogenbosch.

**De bekende band Krezip, pop van Brabantse bodem**

**Plaza Futura in Eindhoven: filmhuis, café en restaurant**

## Theater en film

Jaarlijks passeert een keur van voorstellingen de revue. Grote en kleine zalen vormen het decor voor ontroerend toneel, moderne dans, klassiek ballet, muziektheater en prikkelend cabaret. Via de website www.b9.nl/theater/noordbrabant.htm vindt u links naar een groot deel van alle schouwburgen en theaters. Chassé te Breda, De Kring te Roosendaal, Groene Engel te Oss en de Schouwburg te Tilburg vormen slechts een greep uit alle theaters, culturele centra en schouwburgen die zich hier digitaal presenteren. U kunt de programmaoverzichten bekijken, over alle voordelen van speciale kortingspassen lezen en leuke ideeën opdoen over bijzondere activiteiten. Heeft u bijvoorbeeld wel eens gehoord van de cabaretzesdaagse in Eindhoven?
Voor een uitgebreid overzicht van toekomstige programma's, is een bezoek aan www.uitinbrabant.nl een goed begin. Via deze site zijn alle seizoensbrochures van maar liefst 18 verschillende theaters en concertzalen te bestellen.
Het reserveren en kopen van kaarten is mogelijk bij de bespreekbureaus en ter plaatse aan de kassa. Maar als de wachttijden lang zijn of u wilt absoluut zeker zijn van een mooie plaats, maak dan eens gebruik van de online-kaartverkoop die al bij veel theaters mogelijk is.
Voor het reguliere filmaanbod zijn er de 'traditionele' bioscopen. In grotere Brabantse steden zijn meerdere bioscopen in deze categorie te vinden. Wilt u heerlijk onderuit zakken in uw bioscoopstoel bij die nieuwste thriller of romantische comedy, dan bent u daar aan het juiste adres. Voor wie meer van animatiefilms of klassieke rolprenten houdt, zijn er voldoende filmhuizen die een niet alledaags genre vertonen. Dit vaak zonder storende pauzes en reclame.
Veel bioscopen en filmhuizen geven maandelijks een folder uit met een agenda en filmbeschrijvingen. Ook dag- en weekbladen geven filmoverzichten.
In het zomerseizoen en begin van het najaar ligt de krant 'Op stap in Brabant' klaar bij alle VVV's. Dit is ondermeer een prima informatiebron voor bijzondere voorstellingen, openluchttheaters en muziekconcerten. Grotere steden geven vaak een eigen culturele folder uit. Zo heeft 's-Hertogenbosch de wekelijks verschijnende 'Uitloper' met het complete aanbod aan films, theatervoorstellingen, concerten en exposities.

**Cabaretier Theo Maassen**

## Adressen

### Casino's

**Holland Casino Breda**
Bijster 30,
Breda.
076-5251100
www.hollandcasino.nl

**Holland Casino Eindhoven**
Heuvel Galerie 134,
Eindhoven.
040-2357357
www.hollandcasino.nl

### Kuuroorden

**Thermen Fonte Vitale**
Sportlaan 22,
Baarle-Nassau.
013-5075333
www.fontevitale.nl

**Thermen Goirle**
Schietberg 1,
Goirle.
013-5341949
www.thermen goirle.com

**Thermen Lucaya**
Spoorlaan 66a,
Oss.
0412-654900
www.lucaya.nl

**Health City**
Heuvelpoort 380,
Tilburg.
013-5325100
www.healthcity.nl

**Thermen Uden**
Maasstraat 16,
Uden.
0313-266677

**Keizersthermen**
Pr. W. Alexander Sportpark 1,
Veghel.
0413-355485

### (Muziek)theaters/concertzalen

**Stadsschouwburg De Maagd**
Grote Markt 32,
Bergen op Zoom.
0164-280555
www.demaagd.nl

**Theater Den Herd**
Emmaplein 4,
Bladel

☎ 0497-381231
W www.denherd.nl

**De Boulevard**
Sint Janstraat 38a,
Breda.
☎ 076-5146399

**Chassé Theater**
Claudius Prinsenlaan 8,
Breda.
☎ 076-5303132
W www.chasse.nl

**Nieuwe Veste**
Molenstraat 68,
Breda.
☎ 076-5299600
W www.nieuweveste.nl

**Poppodium Mezz**
Keizerstraat 101,
Breda.
☎ 076-5156677
W www.mezz.nl

**Schouwburg Cuijk**
Grotestraat 62-66,
Cuijk.
☎ 0485-315107
W www.schouwburgcuijk.nl

**De Effenaar**
Dommelstraat 2,
Eindhoven.
☎ 040-2448861
W www.effenaar.nl

**Muziekcentrum Frits Philips**
Heuvel Galerie 140,
Eindhoven.
☎ 040-2442020
W www.muziekcentrum.nl

**Plaza Futura**
Leenderweg 65,
Eindhoven.
☎ 040-2946848
W www.plazafutura.nl

**Stadsschouwburg**
Elzentlaan 50,
Eindhoven.
☎ 040-2111122
W www.schouwburgeindhoven.nl

**Theater Het Klein**
Paradijslaan 4a,
Eindhoven.
☎ 040-2446569
W www.hetklein.org

**Theater Congrescentrum De Nobelaer**
Anna v. Berchemlaan 2,
Etten-Leur.
☎ 076-5034350
W www.denobelaer.nl

**'t Speelhuis**
Speelhuisplein 2,
Helmond.
☎ 0492-587000
W www.theaterspeelhuis.nl

**Azijnfabriek**
Bethaniusstraat 4,
's-Hertogenbosch.
☎ 073-6142161
W www.azijnfabriek.nl

**Koningstheater**
Vlijmenseweg 2,
's-Hertogenbosch.
☎ 073-6249929
W www.koningstheater.nl

**Marionettentheater De Bokkesprong**
Graaf Engelbertstraat 8,
's-Hertogenbosch.
☎ 073-6311548

**Het Muziekcentrum**
Prins Bernardstraat 4-6,
's-Hertogenbosch.
☎ 073-6122123
W www.hetmuziekcentrum.net

**Poppentheater Poppenhulst**
Bethaniusstraat 33-35,
's-Hertogenbosch.
☎ 073-6122236
W www.poppenhulst.speelt.nl

**Theater Artemis**
Predikheerenpoort 50,
's-Hertogenbosch.
☎ 073-6123223
W www.artemis.nl

**Theater Bis**
Triniteitstraat 19,
's-Hertogenbosch.
☎ 073-6132242
W www.theaterbis.nl

**Theater aan de Parade**
Parade 23,
's-Hertogenbosch.
☎ 0900-33727233
W www.theateraandeparade.nl

**Openluchttheater De Hunnebergen**
Boscheind/Piet Hendrikxpad,
Luyksgestel.
☎ 0497-542254

**Poppentheater De Witte Lelie**
Gemullenhoekenweg 147,
Oisterwijk.
☎ 013-5285934

**Poppentheater 't Groene Land**
Kerkhovensestraat 89,
Oisterwijk.
☎ 013-5219209/5284008

**De Schelleboom**
Leeuwenstraat 14,
Oosterhout.
☎ 0162-437165
W www.vestzaktheater.nl

**Theater De Bussel**
Torenplein 12,
Oosterhout.
☎ 0162-428600
W www.theaterdebussel.nl

**De Groene Engel**
Kruisstraat 15,
Oss.
☎ 0412-405504
W www.groene-engel.nl

**Theater De Lievekamp**
Raadhuislaan 14,
Oss.
☎ 0412-648922
W www.lievekamp.nl

**Openluchttheater Vrouwenhof**
Scholtensboslaan 1,
Roosendaal.
☎ 0165-555555

**Schouwburg De Kring**
Kerkstraat 1,
Roosendaal.
☎ 0165-555555
W www.schouwburgdekring.nl

**013 Popcentrum**
Veemarktstraat 44,
Tilburg.
☎ 013-4609500
W www.013web.nl

**RAZ**
Ringbaan Zuid 251a,
Tilburg.
☎ 013-5835929
W www.razz.nl

**Paradox**
Telegraafstraat 62,
Tilburg.
☎ 013-5432266
W www.paradoxtilburg.nl

**Schouwburg- en Concertzaal**
Louis Bouwmeesterplein 1,
Tilburg.
☎ 013-5432220
W www.schouwburgtilburg.nl

**Theater Zaal 16**
Carré,
Tilburg.
☎ 013-5368381
W www.theater-zaal16.nl

**De Vorst**
WIllem II straat 49,
Tilburg.
☎ 013-5323110
W www.vorst.nl

**Theater Markant**
Markt 32,
Uden.
☎ 0413-256110
W www.theatermarkant.nl

**Theater De Blauwe Kei**
Stadhuisplein 7,
Veghel.
☎ 0413-342555
W www.blauwekei.nl

**Theater De Speeldoos**
Vliertstraat 6,
Vught.
☎ 073-6565588
W www.speeldoos.nl

**Theater 't Hazzo**
Trolliuslaan 7,
Waalre.
☎ 040-2220497

**Concertzaal In den Woudfluit**
Omgang 10,
Wouw.
☎ 0165-301839

**Theater De Schuur**
Kerkstraat 23,
Zevenbergen.
☎ 0168-328775

# Wegwijs in Noord-Brabant

# PRAKTISCHE INFORMATIE

Aspergeboerderij

Noord-Brabant is een geliefde toeristische bestemming. Elk jaar komen de vakantiegangers en dagjesmensen in groten getale. Zowel stadse genoegens als avontuurlijk plezier zijn trekpleisters van de eerste orde. Maar ook de uitgestrekte natuurgebieden worden veel bezocht. Noord-Brabant is gemakkelijk bereikbaar. Vanuit alle windstreken lopen wel spoorbanen en wegen richting de provincie. De VVV-gids Noord-Brabant kunt u bij elke VVV in Nederland kopen. Voor gedetailleerde informatie bent u aan het juiste adres bij de VVV-kantoren en agentschappen in de provincie zelf. Deze zijn in Noord-Brabant zeer goed vertegenwoordigd. Ook in kleinere plaatsen treft u meestal wel een agentschap of folderservicepunt. En waar uw interesse ook naar uitgaat, naar een muziekfestival, mooie wandelroute, specifiek museum of misschien wel een bezoek aan een aspergeboerderij: u bent er welkom met al uw vragen.

## TOERISTENINFORMATIE

Op de internetsite van de provincie www.brabant.nl vindt u allerhande informatie over onder andere verkeer en vervoer, de kwaliteit van het zwemwater en de Nationale Parken. Bij de internetsite van het Brabants Bureau voor Toerisme www.toerismebrabant.nl wordt een uitgebreid overzicht gegeven van fiets-, ruiter-, wandel-, en skateroutes. U leest er alles over uitgaan en kunt zich oriënteren op accommodatiegebied en zelfs online reserveren. Een lijst met actuele last minute-aanbiedingen zorgt ervoor dat u ook ad hoc een aantal dagen kunt vakantie vieren.
De VVV's in de grotere steden verschaffen informatie over de stad zelf, maar hebben ook een regionale functie. U komt er alles aan de weet over bezienswaardigheden, arrangementen, accommodaties en fiets- en wandeltrajecten. In kleinere kantoren stuit u op specifieke zaken uit de meer directe omgeving.
Naast toeristische gidsen over de grote steden zijn er ook handzame en informatieve brochures per streek te verkrijgen, waaronder de speciale gidsen over bijvoorbeeld De Kempen en Noordoost-Brabant.
Bovendien kunt u bij veel ANWB-kantoren in Nederland terecht voor auto-, fiets- en wandelkaarten en -gidsen van Noord-Brabant.

Uitgebreid aanbod van wandel- en fietsroute kaarten

## INFORMATIE OVER AMUSEMENT

Het Brabants Bureau voor Toerisme heeft een speciale internetsite in het leven geroepen met een overzicht van alle culturele evenementen, www.uitinbrabant.nl. Er wordt uitgebreid aandacht besteed aan ondermeer film, theater, dans, muziek en beeldende kunst. U vindt er ook informatie van uitpunt Waalwijk en uitpunt Helmond.
In het hoogseizoen is er een uitkrant 'Op stap in Brabant' met een van-dag-tot-dag

De Rustende Jager, pleisterplaats voor fietser en wandelaar

de kwestie: Pinkpop heeft zijn beste tijd gehad

BRABANTS DAGBLAD

Willy en René: Twee halen twee betalen — Sport

Van vlechtwerk tot prikkelend design — Wonen

Voor prof. Sijben ligt de collegestof op straat — Geld & Werk

Ruzie over losgeld

Parkeerautomaten praten met stem van cabaretier

Regionaal nieuws in het Brabants Dagblad

agenda verkrijgbaar. Deze krant ligt voor u klaar bij de grotere VVV-kantoren en bij een omvangrijk deel van de accommodatiegelegenheden in de provincie.
Grote jaarlijkse evenementen staan vermeld in de VVV-gids Noord-Brabant. Hier vindt u alles van 'Paaspop' in Schijndel tot de 'Nacht van het Witte Doek' in Deurne.

## Noord-Brabantse media

Voor uitgebreid lokaal en regionaal nieuws luisteren en kijken veel Brabanders naar de regionale omroepen en lezen ze de regionale dagbladen.

Omroep Brabant radio en TV brengt afwisselende programma's en het laatste nieuws. Daarnaast zijn er nog tientallen lokale Brabantse radiozenders in de lucht. Nieuws, een agenda en gevarieerde programma's over en uit de provincie gaan zo de ether in. In ruim 60% van de Brabantse huishoudens valt elke dag een dagblad in de bus. Een aanzienlijk deel daarvan heeft een regionaal karakter. Grootste oplage heeft het Brabants Dagblad, op de voet gevolgd door BN/De Stem en het Eindhovens Dagblad.

Logo Omroep Brabant

## Gehandicapten

De meeste openbare gebouwen als musea, bioscopen, hotels en theaters zijn toegankelijk voor rolstoelgebruikers. Toch is het altijd aan te raden van te voren te informeren. Met name oudere panden kunnen problemen opleveren. In de VVV-gids Noord-Brabant staat bij accommodaties aangegeven of deze het ITS (Internationaal Toegankelijkheids Symbool) heeft of dat er bijzondere voorzieningen voor gehandicapten zijn. Ook hier geldt dat van te voren informeren om welke specifieke voorzieningen het gaat, handig is.
In de NS-folder Gehandicapten leest u op welke stations liften aanwezig zijn en waar speciale hulp voorhanden is om u te assisteren. Het Nederlands Bureau Assistentieverlening Gehandicapten is op 102 NS-stations 7 dagen per week van 7.00 uur tot 23.00 uur bereikbaar.

## Adressen

**Provincie Noord-Brabant**
W www.brabant.nl

**Brabants Bureau voor Toerisme**
W www.toerisme brabant.nl
W www.uitinbrabant.nl

**Boxmeer**
VVV Boxmeer
De Raedsingel 1.
☎ 0485-576665.
W www.vvvboxmeer.nl

**Bergen op Zoom**
ANWB
A. Asselbergsstraat 13-15.
☎ 0164-243850.

**Breda**
ANWB
Nieuwe Ginnekenstraat 27.
☎ 076-5223232.
VVV Breda
Willemstraat 17-19.
☎ 0900-5222444.
W www.vvvbreda.nl.

**Eindhoven**
ANWB
Emmasingel 10.
☎ 040-2368080.
VVV Eindhoven
Stationsplein 17.
☎ 0900-1122363.
W www.vveindhoven.nl

**Helmond**
VVV/ANWB-winkel
Markt 213.
☎ 0492-543155.
W www.vvhelmond.nl

**'s-Hertogenbosch**
ANWB
Burg. Loeffplein 11.
☎ 073-6145354.
VVV 's-Hertogenbosch
Markt 77.
☎ 0900-1122334.
W www.vvvs-hertogenbosch.nl

**Oosterhout-Dorst**
VVV/ANWB-winkel
Gasstraat 42.
☎ 0162-46 62 88.
W www.vvvoosterhout.nl

**Oss**
VVV/ANWB-winkel
Spoorlaan 24.
☎ 0412-633604.

**Roosendaal**
VVV/ANWB-winkel
Markt 71.
☎ 0165-554400.
W www.tref.nl/roosendaal/vvv

**Tilburg**
ANWB
Spoorlaan 372.
☎ 013-5354455.
VVV Tilburg
Spoorlaan 364.
☎ 0900-202543434.
W www.vvvtilburg.nl

**Uden**
VVV/ANWB-winkel
Mondriaanplein 14a.
☎ 0413-250777.

**Valkenswaard**
VVV/ANWB-winkel
Oranje Nassaustraat 8a.
☎ 040-2015115.

**Waalwijk**
VVV/ANWB-winkel
Vredesplein 14.
☎ 0416-332228.
W www.vvvwijk.nl

**Omroep Brabant (radio en TV)**
W ww.omroepbrabant.nl

**Brabants Dagblad**
W www.brabantsdagblad.nl

**BN/De Stem**
W www.bndestem.nl

**Eindhovens Dagblad**
W www.eindhovensdagblad.nl

**Nederlands Bureau Assistentieverlening Gehandicapten**
Postbus 2429
3000 GK Utrecht.
☎ 030-2305566, (ma-vr).

# Tuinen, attractie- en themaparken

Een dagje uit in Noord-Brabant. Dat wordt nog lastig kiezen. Veel geliefde themaparken staan op Brabantse bodem. U kunt er op ontdekkingsreis langs wilde dieren, worden betoverd door de mooiste sprookjes van het land en genieten van prachtige kasteeltuinen. Er is plaats voor groots speelplezier voor de kinderen: piratenschepen, touwbruggen en supersnelle waterglijbanen maken dat ze zich geen seconde vervelen. Een aantal opties is hier voor u op een rij gezet. Misschien is één dag niet toereikend.

Ingang van de Odulphushof

## TUINEN

### Arboretum Oudenbosch

De broeders van Saint Louis en paters jezuïeten zijn de grondleggers van dit Arboretum. Halverwege de 19de eeuw begonnen ze met de aanleg van kloostertuinen; een terrein dat het huidige Arboretum gedeeltelijk overlapt. In deze bijna 4 ha grote tuin vormen de verschillende onderdelen een harmonieus geheel. U kijkt uw ogen uit in de fraaie heemtuin met heide, gagel en brem en in het Aziatische deel waar bomen met namen als hemel- en honingboom staan. Er is een vijver met theekoepel in barokstijl en in het Pinetum groeien vele soorten naaldbomen. Het volgen van de gedocumenteerde wandelroute die langs 12 monumentale bomen voert, is een aanrader. Heel speciaal is een aantal unieke bomen met zeer ongebruikelijk gekleurde bladeren. Informatie: www.arboretumoudenbosch.nl

### De kasteeltuinen van Bouvigne

Elk seizoen kleuren de mooie tuinen van kasteel Bouvigne anders. De kasteeltuinen zijn het hele jaar geopend, zodat u ze ook in alle jaargetijden kunt bewonderen. Er zijn drie duidelijk te onderscheiden typen tuin: een Franse, Duitse en een Engelse. De symmetrische Franse tuin is vormgegeven naar een idee van Le Notre, de ontwerper van de tuinen van Versailles. Beelden, hagen van coniferen en buxussen, waterpartijen en rozen zijn bepalend. In de smalle Duitse tuin – zo genoemd door de aanwezigheid van veel heesters – lopen kronkelige paden langs de bomen en planten. Met zijn grote gazon en bloemenborders oogt de Engelse tuin heel landschappelijk. Als u Bouvigne in de zomer bezoekt, treft u er circa honderd soorten fuchsia aan. (Bouvignelaan 5, Breda).

Rozenbogen in de kasteeltuinen van Bouvigne

### Odulphushof

In deze meer dan 4000 m² grote pastorietuin kunt u een uitgebreide collectie wilde planten, fruitbomen en heesters bekijken. Er is een fraaie vijver. De ruim 2000 soorten bloemen, planten, bomen en heesters zijn in de vrije natuur aangeplant. Elke zomer bent u op zondagmiddag welkom in deze mooie botanische oase. (Hoofdstraat 35, Best).

### De Verborgen Tuin

Deze romantische privé-tuin met vijvers, waterpartijen en rotstuin in Haps is de ideale plek voor een zomerse picknick. U mag van uw zelf meegebrachte lekkernijen genieten in een van de vele rustieke hoekjes en zitjes. Beroemd zijn de rozen. In het rosarium staan meer dan 250 soorten, waaronder veel klim- en stamrozen. Ze worden allemaal met naam genoemd.

### Tuinen van Natuurhistorisch Museum De Peel

Steek uw licht eens op in deze prachtige museumtuin in Asten. U kunt er een breed scala aan tuintypen bekijken. Zo zijn er een kruidentuin en een veentuin met vocht- en zuurminnende planten uit ondermeer Europa, Noord-Amerika en Oost-Azië. In de recyclingtuin ziet u hoe restmaterialen als oude dakpannen een nieuw tuinleven krijgen.

**De rotstuin van het Natuurhistorisch Museum De Peel**

Voor kinderen is het natuurpad langs bomen, nestkasten en planten erg leuk. Er is voor elk wat wils. Een boerentuin, klimplantentuin, een speciale insectenmuur en een bamboetuin; het is slechts een greep uit alles wat er te zien is. Informatie: www.museumdepeel.nl

### De Walburg

Het begon ooit toen tuinarchitect Hetty Cox – ontwerpster van De Walburg – een walnoot plantte. Deze is inmiddels uitgegroeid tot een grote boom die schaduw brengt. Kwekerij De Walburg is niet groot. Op een grondgebied van ca. 1,5 ha worden planten voor tuinaanleg beproefd in hun natuurlijke omgeving. De tuinen zijn weelderig. U kunt er wandelen over spannende paden tussen opvallende planten. Een bezoek aan de moestuin, rozentuin, bloementuin en terrassentuin langs de vijver is puur genieten voor mensen met groene vingers. Voor een interessante rondleiding van een uur kunt u telefonisch of per e-mail intekenen. Informatie: www.dewalburg.nl

## Attractie- en themaparken

### Safaripark Beekse Bergen

Dieren uit alle windstreken. In dit grootste dierenpark van Nederland leven ze in een omgeving die de oorspronkelijke zoveel mogelijk benadert. U ontmoet Afrikaanse olifanten en kangoeroes en emoes uit Australië. In het Aziatische bamboebos komen Maleise beren en gibbons voor. Hoe u uw safari rond de wereld maakt?
Er is keus uit wandelen, de Safaribus en –boot en rijden met uw eigen auto. Er zijn altijd spannende evenementen als een roofvogeldemonstratie of de Siberische tijger die in het zonnetje wordt gezet. Kijk voor de nieuwste evenementen op www.beeksebergen.nl

**Op safari in de Beekse Bergen**

### Speelland Beekse Bergen

Op loopafstand van Safaripark Beekse Bergen vindt u dit park vol bruisend speelplezier. In Speelland kruipen de kleintjes achter het stuur van een spetterende Waverider en Formule-1-trapauto. Voor de laatste is wel een Verkeersland-rijbewijs nodig. In Schommelland hangen schommels in alle kleuren, vormen en maten. Echte waaghalzen plonzen met de Aquashuttle in het grote meer. Avonturiers gaan op ontdekkingstocht op Avontureneiland. Maar zie er eerst maar eens droog te komen. Informatie: www.beeksebergen.nl

**Zelf achter het stuur bij Dippie Doe Kinderspeelpaleis**

## Attractiespeeltuin De Bergen

Naar hartelust ravotten in de grote speeltuin midden in het bos. Klimmen in het klauterlandschap en met zijn vieren tegelijk van de familieglijbaan. Deze attractiespeeltuin mag zich tot de grootste van Zuid-Nederland rekenen. En dat is niet zomaar. Aan de rand van de speeltuin ligt een kindveilig strandbad. U ligt heerlijk te zonnen terwijl uw koter zandkastelen bouwt. Of gaat u liever roeien? Ook kunnen de kleintjes achter het stuur van een trapskelter of minicar kruipen en salto's maken op de trampolines. Er staan pony's klaar voor een ritje op het terrein. Website: www.debergen.nl

## Dippie Doe Kinderspeelpaleis

Dit attractiepark staat garant voor overdekt en buitenspeelplezier. In de verkeerstuin kunnen kinderen een ritje maken per trein of zelf achter het stuur plaatsnemen van een snelle skelter. Er is een parcours van touwbruggen, een uitkijktoren en wildwaterbaan. Binnen is het griezelen geblazen in het spookhuis en zou je bijna verdwalen in het reuze klimdoolhof. Creatievelingen kunnen knippen en plakken in de knutselhoek. Zodra het weer het toelaat is het strand de ideale plek om lekker te zwemmen en te zonnen. Informatie op de site: www.kinderspeelpaleis.nl

## Het Land van Ooit

In dit wonderbaarlijke land zijn verleden, heden en toekomst één. Een dagvullend programma vol acts, voorstellingen en shows brengen groot en klein in Ooitse sferen. Kinderen zijn er de Baas. Dappere ridders en ridderinnen vanaf 8 jaar wagen zich in de wirwar van enge gangen en donkere zalen in het fort. Lekker spelen kan in Reuzenland. En Bert en Ernie laten zich graag begroeten in Sesamstraat. Kijk voor de nieuwste festivals en evenementen en de theateragenda op de site www.ooit.nl

## Efteling

**Langnek in de Efteling**

Wie kent niet de wondere sprookjeswereld van de Efteling? Jong en oud laten zich in dit beroemde pretpark meevoeren op de golven van de fantasie. Nostalgie in het oude Sprookjesbos. Een bezoek aan Anderrijk is een exotische belevenis. In PandaDroom neemt een panda u mee naar de indrukwekkende natuur van verre oorden. In Fata Morgana komt de oosterse wereld van 1001-nacht tot leven. Voor het Ruigrijk heeft u stalen zenuwen nodig. Vanuit de felrode rollercoaster Python klinkt gegil als iedereen over de kop gaat in de bloedstollende 'corkscrew'. Is één dag niet genoeg, dan kunt u blijven slapen in het Efteling Hotel. Website: www.efteling.nl

## Recreatiepark Hemelrijk

Zeeroversland is de spil waar alles om draait in Hemelrijk. Piraten hebben het er voor het zeggen aan de speciale kleuterkade, op het piratenspringkussen en de wentelende touwladders. Maar ook daarbuiten valt van alles te beleven: ronddraaien in de paardjescarrousel van de kinderkermis en kijken naar een spannende voorstelling van het poppentheater. Hoe voelt het om machinist te zijn van de traptrein? Summum is het luchtruim kiezen met een eigen helikopter in Helihaven Hemelrijk. Meer informatie op www.billybird.nl

## Recreatiepark Bosbad Hoeven

Dit recreatiepark is een speelparadijs voor kinderen. In de grote speeltuin zijn begeleiders aanwezig, zodat u met een gerust hart een kop koffie kunt gaan drinken. De oude Bosbad Boemel rijdt op gezette tijden een rondje door het park. Het waterspeelpark heeft mooie zwembaden met glijbanen, piratenschip en spetterkasteel. Uniek is de 'sidewinder', een 11 meter hoge baan waar je in een rubberboot op topsnelheid doorheen slingert. Ook bij slecht weer zorgen overdekte klimtorens, touwbruggen en een sprookjesachtige onderwaterwereld dat uw kind zich uitstekend vermaakt. Informatie: www.bosbadhoeven.nl

**Een echte slang om je nek bij De Oliemeulen**

## Lolland

Op een regenachtige vakantiedag is een bezoek aan dit overdekte kinderparadijs van maar liefst drie niveaus een ideale oplossing. Kinderen tot 12 jaar gaan er op verkenningstocht in de verborgen stad. Vriendjes worden in de gaten gehouden vanaf de uitkijktoren. Een bewegend watergordijn zorgt voor de nodige spanning. En zie maar eens droge voeten te houden op de wiebelende stapstenen in het water. Muzikale koters zijn niet meer weg te slaan bij de slagwerktoren, kinderdisco en keyboard-hoek. Meer informatie vindt u op www.lolland.nl

## Mini-Efteling

In dit kleinste publiekelijk toegankelijke sprookjespark van Europa komt er elk jaar een nieuwe attractie bij. Jong en oud genieten volop tijdens een rondleiding langs alle wonderen. U komt langs Bakker van Bommelen en het kleurrijke Carnaval Festival. 70 vrolijk uitgedoste poppen tonen daar hoe wereldwijd uitbundig wordt gefeest. Een bijzondere toverspiegel laat alle kinderen zien hoe mooi ze zijn. Bijwonen van de wervelende live musical De Wereld Vol Wonderen Show is een belevenis. Informatie: www.mini-efteling.nl

## Dierenpark De Oliemeulen

In een eeuwenoude oliemeulen schuilt het vreemdste dierenpark van Nederland. U staat er oog in oog met fluitende gifkikkers en vliegende honden. Goed of slecht weer, een dag kijken en leren is er een feest. Buiten ontmoet u vele vreemde roofdieren en vogels. In de tropisch warme boerderij leven allerhande reptielen. Tijdens de demonstraties mogen een slang en heuse vogelspin zelfs worden aangeraakt. Max is de Europese Oehoe. Vanaf een boomstronk houdt hij alles in de gaten. Website: www.oliemeulen.nl

## Sportiom

Siberisch koud en subtropische warm op één dag. Dat kan in het Sportiom, waar u zwemt tussen exotische palmbomen en hoge rotsen. De kinderen nemen een duik in de wildwaterrivier en glijden vanaf de top van een vulkaan zo tussen de hoge golven van het golfslagbad. U kunt er ontspannen in kruidenbaden en stoomcabines. Voor afkoeling verkast u naar de prachtige schaatsbaan. Af en toe steekt een ijzige poolbries op en sneeuwt het. U schaatst door grotten en waant u op de Noordpool. Alle informatie op een rij op: www.sportiom.nl

## Strand Eersel

Een heus wit zandstrand in Noord-Brabant. U kunt er heerlijk zonnen langs de waterkant, windsurfen op de plas, waterfietsen, boogschieten en tafeltennissen. Er zijn speciale voorzieningen voor beach-volley en basketbal. Adventure Beach is iets voor sportieve avonturiers. Maak kennis met de zwevende klimplank en verleg uw grenzen op het uitdagende Challenge-parcours. Ervaren instructeurs zorgen voor begeleiding. Een apart deel van het strand is bestemd voor naaktrecreanten. Meer informatie: www.e3strand.nl

## Zoo Parc Overloon

Zoo Parc is een natuurlijke dierentuin en botanische tuin in één. U gaat er op zwerftocht langs bijzondere dieren en planten. De heuvelachtige vallei van de Aziatische Maidan wordt bevolkt door ondermeer antilopen, gibbons en kleine panda's. Ze bewegen zich vrij tussen de bezoekers. En heeft u wel eens gehoord van binturongs en vosmangoesten? Ook die kunt u hier bewonderen. Er is een mooie vlindervallei en in Kids Kingdom ontmoeten de kleintjes populaire dieren als wallabies van heel dichtbij. Website: www.overloonzoo.nl

## Dierenrijk Europa

Dierenrijk Europa is een nieuw dierenpark bij Nuenen. In het park zijn dieren uit de zeven mooiste natuurgebieden van Europa ondergebracht. U vindt er bijvoorbeeld wisenten en wilde zwijnen, bruine beren en lynxen, wolven en ijsberen. Website: www.dierenrijkeuropa.nl

**De indrukwekkende muskusos**

# Veiligheid en gezondheid

Nederland heeft de reputatie van een veilig land. Toch is het goed een aantal gangbare voorzorgsmaatregelen te nemen om het risico op onaangename verrassingen te verkleinen. Dieven en zakkenrollers zijn er nu eenmaal overal. Noord-Brabant vormt hierop geen uitzondering. Het in acht nemen van enkele – eigenlijk simpele – zaken, vergroot de kans op een aangenaam verblijf. Zo moet u uw tas niet onbewaakt achterlaten en u niet laten afleiden tijdens het pinnen. En met grote stapels euro's rondlopen is de kat op het spek binden. Op de volgende bladzijden doen we wat tips aan de hand, zodat u ongestoord van uw vakantie of dagje uit kunt genieten en met enkel prettige herinneringen aan de provincie thuiskomt.

**Politiepost**

## Persoonlijke eigendommen en veiligheid

Daar waar het druk is, zijn zakkenrollers het liefst actief. Draag geen los geld, pinpassen en creditcards zichtbaar in uw achterzak. Bewaar nooit uw pincode bij de pas. Als u met meerdere personen bent is het een goed idee de waardevolle zaken te verdelen. Zo bent u in ieder geval niet alles in een keer kwijt. Een openstaande tas trekt zeker dieven aan.
Let speciaal op als het druk is in het openbaar vervoer. In de trein is het zaak uw bezittingen goed in de gaten te houden als er wordt gewacht op het perron. Dieven betreden de trein en kunnen met de buit op tijd weer buiten zijn, voordat deze weer vertrekt. Het wordt vaak op de stations omgeroepen als er dieven en zakkenrollers actief zijn. Laat geen spullen onbewaakt achter in trein of horecagelegenheid als u naar het toilet gaat. En ook het zichtbaar achterlaten van waardevolle zaken in de auto is vragen om problemen.
Maak tijdens uw verblijf in een hotel gebruik van aanwezige kluisjes. Mochten die er niet zijn, dan is het altijd mogelijk uw bezittingen af te geven aan de receptie. Op de meeste grote stations, waaronder 's-Hertogenbosch, Eindhoven, Breda, Tilburg en Roosendaal, zijn bagagekluizen voorhanden. Een veilige gedachte.
U kunt in de grote Brabantse stadscentra tot laat in de avond probleemloos over straat gaan, maar het beste kunt u wel donkere steegjes, tunnels, parken en onverlichte plekken mijden.

**Politieauto**

**Het St-Anna-ziekenhuis in Geldrop**

## Aangifte doen

Bent u onverhoopt toch slachtoffer van diefstal, doe dan zo snel mogelijk aangifte bij het dichtstbijzijnde politiebureau. Het bezoekadres van het regiobureau in 's-Hertogenbosch is gehuisvest op Vogelstraat 41. U kunt er terecht aan een snelbalie voor het doen van aangifte van zakkenrollerij en diefstal. Ook is het mogelijk telefonisch aangifte te doen via het Callcentre van de politie (0900-8844). U wordt dan op een later tijdstip teruggebeld. Het is zaak binnen 24 uur aangifte te doen. De meeste verzekeringsmaatschappijen stellen dat als eis.

## Gevonden voorwerpen

Heeft u iets verloren in de trein, informeer dan eerst aan het loket van het betreffende station. Dat is de plek waar eerlijke vinders met gevonden voorwerpen aankloppen. Worden de spullen niet opgehaald, dan gaan ze na een aantal dagen naar het dichtstbijzijnde grotere station. Als laatste worden ze doorgestuurd naar het Centraal Bureau voor Gevonden Voorwerpen in Utrecht. Via een opsporingsformulier – af te halen aan het loket of in de stationswinkel Wizzl – kunt u informeren of uw eigendommen zijn gevonden. U kunt ook telefonisch een opsporingsverzoek indienen via 030-2353923. Is er iets blijven liggen in de bus, vervoeg u dan bij het kantoor van het betreffende vervoerbedrijf (BBA, Hermes). Op Eindhoven Airport is er een speciale informatiebalie van Eindhoven Handling voor zoekgeraakte bagage (040-2516142).

## Noodgevallen

Draai bij noodgevallen altijd het landelijke noodnummer 112 voor politie, brandweer en ambulance. Is de zaak minder urgent dan heeft de politie een landelijk telefoonnummer 0900-8844. Of u zoekt natuurlijk direct contact met een lokaal politiebureau, ziekenhuis of plaatselijke arts.

**Een apotheek vindt u in bijna elke plaats**

### MEDISCHE BEHANDELING EN VERZEKERING

Voor eenvoudige middelen als pijnstillers bent u bij de drogist aan het juiste adres. Echter, in Nederland zijn in tegenstelling tot in veel andere landen de meeste geneesmiddelen uitsluitend op recept verkrijgbaar via de apotheek. De apotheken in de grotere steden staan altijd in de Gouden Gids. Na sluitingstijd maakt een bord melding van de dichtstbijzijnde geopende apotheek.

Overnacht u in een hotel, dan helpt men u bij de receptie altijd aan adressen van artsen, ziekenhuizen en apothekers. Het Jeroen Bosch Ziekenhuis in 's-Hertogenbosch heeft vijf locaties, waarvan drie in de stad. Het is met zijn 1100 bedden een van de grootste algemene ziekenhuizen van Nederland. De locaties Groot Ziekengasthuis en Carolus hebben een spoedeisende hulpdienst van 24 uur per dag. Het basispakket van ziektekostenverzekeringen van bezoekers uit EU-landen is veelal dekkend voor een goedkope (tandarts)-behandeling. Bijverzekeren via een reisverzekering is raadzaam gezien de snel oplopende medische kosten.

Een reisverzekering dekt ook schade door diefstal.

**Er zijn in 's-Hertogenbosch twee locaties voor spoedeisende hulp**

## ADRESSEN

### ALGEMEEN

**Alarmnummer:**
☎ 112

**Alarmnummer geen spoed, wel politie:**
☎ 0900-8844

### POLITIEBUREAUS

**Politiebureau Breda**
Markendaalseweg 60
4811 KC Breda

**Regiopolitie Brabant Zuid-oost, 's-Hertogenbosch, Tilburg, Eindhoven**
Mathildelaan 4,
Eindhoven

### MEDISCHE BEHANDELING

**Amphia Ziekenhuis**
Galderseweg 81
4800 RA Breda
☎ *076-5608200*
W *www.amphia.nl*

**Catharina-ziekenhuis**
Michelangelolaan 2
5623 EJ Eindhoven
☎ *040–2399111*
W *www.catharina-ziekenhuis.nl*

**Máxima Medisch Centrum - locatie Eindhoven**
Ds. Th. Fliednerstraat 1
Eindhoven
☎ *040-8888000*
W *www.mmc.nl*

**Máxima Medisch Centrum - locatie Veldhoven**
De Run 4600
Veldhoven
☎ *040-8888000*
W *www.mmc.nl*

**Jeroen Bosch Ziekenhuis - locatie Carolus**
Hervensebaan 4
5232 JL 's-Hertogenbosch
☎ *073–6996000*

**Jeroen Bosch Ziekenhuis - locatie Groot Ziekengasthuis**
Nieuwstraat 34
5211 NL 's-Hertogenbosch
☎ *073-6992000*

**Jeroen Bosch Ziekenhuis - locatie Willem-Alexander**
Deutersestraat 2
5223 GV 's-Hertogenbosch
☎ *073-6992000*

**Jeroen Bosch Ziekenhuis - locatie Liduina**
Bosscheweg 35
5281 AE Boxtel
☎ *0411-634000*

**Jeroen Bosch Ziekenhuis - locatie Bommels Gasthuis**
Kerkstraat 2
5301 EH Zaltbommel
☎ *0418-540027*

**St. Elisabeth Ziekenhuis**
Hilvarenbeekseweg 60
*5022 GC Tilburg*
☎ *013 - 5391313*

**TweeSteden ziekenhuis - vestiging Tilburg**
Dr. Deelenlaan 5
5042 AD Tilburg
☎ *013–4655655*
@ *tweesteden.pz@brabantzorg.net*

**TweeSteden ziekenhuis – vestiging Waalwijk**
Kasteellaan 2
5141 BM Waalwijk
☎ *0416-682222*
@ *tweesteden.pz@brabantzorg.net*

### GEVONDEN VOORWERPEN

**BBA Klantenservice**
☎ *013 - 549919*
W *www.bba.nl*

**Hermes**
W *www.hermes.nl*

**Eindhoven Airport**
Informatiebalie van Eindhoven Handling
☎ *040-2516142*

**NS Centraal Bureau gevonden Voorwerpen**
2e Daalsedijk 4
3551 EJ Utrecht
☎ *030-2353923*

# Reisinformatie

Er zijn veel wegen die naar Noord-Brabant leiden. De provincie is met de auto prima bereikbaar. In noord-zuidrichting doorkruist de autosnelweg A2 het Brabantse hart. Westelijker loopt enigszins parallel de A16. Ook in oost-westelijke richting heeft u keus uit verschillende autoverbindingen. In de steden kunt u uw auto onderbrengen in parkeergarages. Handig zijn de transferia aan de rand van de stad. Vanaf daar zijn er regelmatig buspendeldiensten naar de centra.

**Parkeermogelijkheden**

Niet iedereen kiest voor de auto. Je laten vervoeren heeft voordelen: onderweg de benen strekken is geen probleem. Met het spoor bent u vanuit alle windrichtingen binnen een paar uur in de provincie. Een andere optie is het luchtruim kiezen. Eindhoven beschikt over een eigen vliegveld. Korte in- en uitchecktijden en een parkeerterrein bij de luchthaven maken van het vliegen via Eindhoven Airport een gerieflijke manier van reizen.

## Eindhoven Airport

Zakenreis en zonvakantie, Eindhoven Airport zorgt voor een efficiënte verbinding en comfortabele vlucht. Rechtstreeks vliegen - meerdere keren per dag – kan naar Amsterdam, Rotterdam, Londen Heathrow, Londen Standsted, Birmingham, Parijs en Hamburg. En via ondermeer Amsterdam en Parijs bereikt u de hele wereld. Eindhoven Airport is onderdeel van de Schiphol Groep. De luchthaven is goed te bereiken met de bus, taxi of treintaxi. Vanaf het Centraal Station kunt u een treintaxi nemen (reserveren via 040-2441442 of internet www.treintaxi.nl). Voor passagiers van Ryanair is er een speciale busdienst tussen de luchthaven en het Centraal Station. Buslijn 11 verzorgt twee maal per uur een goede verbinding met de stad. Houdt u wel de weekenddienstregeling in de gaten. Vanaf december 2003 is de 'Phileas' gaan rijden. Deze innovatieve en milieuvriendelijke bus brengt passagiers binnen 20 minuten in een keer van het vliegveld naar hartje Eindhoven.

**Luchthaven Eindhoven Airport**

## Reizen met de trein/treintaxi/taxi

's-Hertogenbosch ligt op het Intercitytraject tussen Haarlem en Maastricht. Zonder overstappen bereikt u de stad vanuit Haarlem in ongeveer vijf kwartier. Vanuit Maastricht duurt de reis zo'n anderhalf uur. Vanaf Den Haag CS vertrekt elk uur een Intercity, die u zonder overstappen in ruim anderhalf uur in Eindhoven brengt. Komt u uit andere delen van het land, dan is een of meerdere keren overstappen noodzakelijk. Raadpleeg voor actuele reisinformatie de OVR en de NS-reisplanner. Treinreizigers uit België rijden via Luik en Maastricht of Roosendaal. Voor inlichtingen kunt u bij de NMBS terecht.
In ruim 100 Nederlandse steden rijden treintaxi's van en naar het NS-treinstation. Treintaxi's zijn deeltaxi's, u deelt de taxi met andere passagiers. U koopt een treintaxibiljet voor een vaste prijs bij de NS-kaartautomaat. Blauwgele zuilen aan de voorzijde van de stations geven aan waar de opstapplaatsen zijn.
Voor het reserveren van een taxi kunt u natuurlijk rechtstreeks contact opnemen met het taxibedrijf van uw

**Het NS-station van 's-Hertogenbosch**

**Opstapplaats treintaxi**

keus. Maar tegenwoordig is er ook de praktische taxi-online service op www.taxi.nl. Ongeveer 2500 gerenommeerde Nederlandse taxibedrijven zijn hierbij aangesloten.

### Stads- en streekbussen

BBA verzorgt het leeuwendeel van de regionale en stedelijke vervoersdiensten voor de provincie. Naast streekbussen tekent BBA voor stadsdiensten in Breda, 's-Hertogenbosch, Tilburg, Roosendaal, en Bergen op Zoom. Waar nodig worden buslijnen aangevuld met buurtbussen, belbussen, lijntaxi's en taxi's.
Twee Interliners verzorgen snel en comfortabel vervoer op de trajecten Oosterhout-Utrecht en Breda-Utrecht.

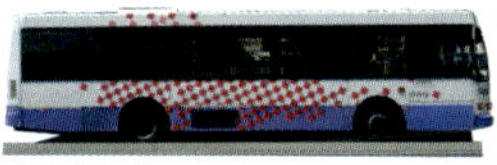

**BBA lijndienst**

Er is speciaal vervoer tussen 's-Hertogenbosch en de Efteling. In de maanden juli en augustus worden extra bussen ingezet.
Een avond stappen en veilig thuiskomen, dat kan met de speciale busservice in diverse steden. De Uitbus Breda en Nightliner Tilburg zijn hier voorbeelden van. Op verschillende avonden – vaak in het weekeinde – verzorgen ze tot in de kleine uurtjes vervoer van het centrum naar buitenwijken en gemeentes in de directe omgeving van de stad.

## Bijzondere trips

### Ballonvaarten

Ontdek de provincie eens vanuit een mand in 'hogere sferen'. Het is een spectaculair avontuur een ballonvaart te maken. Langzaam trekt het landschap aan u voorbij.
Er zijn verschillende ballonvaartbedrijven die in Noord-Brabant opereren. Maar u kunt ook vanuit andere plaatsen in heel Nederland een vaart maken. Het is zelfs mogelijk vanuit uw eigen achtertuin.
Deskundige piloten met honderden uren vliegervaring begeleiden de vlucht. De ballons kunnen meestal van 2 tot maximaal 14 personen vervoeren. U kunt helpen bij het startklaar maken. Speciale kleding is niet nodig. Degelijke vrijetijdskleding en stevige schoenen zijn voldoende. Na een onvergetelijke vlucht van zo'n 1 à 1,5 uur wacht een feestelijk glas champagne en een persoonlijk luchtdoopcertificaat.
Informatie vindt u op de volgende internetsites: www.balloonteam.nl, www.boschballongezelschap.nl, www.ballonmedium.nl en www.virgin.nl.

### Rondvaarten

Vaarliefhebbers vinden alles van hun gading in het afwisselende natuurgebied De Biesbosch. Er zijn prachtige routes langs grienden, brede en smalle kreken en killen. Als u op eigen houtje gaat, is een goede waterkaart een vereiste. Laat u zich liever varen, dan verzorgt een aantal bedrijven comfortabele rondvaarten. U geniet aan boord van een heerlijk buffet of Brabantse koffietafel. Een overzicht van rondvaart- en bootverhuurbedrijven vindt u op www.biesbosch.org.
Een vaart over de Binnendieze in 's-Hertogenbosch (*blz. 72-73*) vormt onderdeel van een leuk dagarrangement. Deze stadsrivier is nog ouder dan de al meer dan 800-jarige stad zelf. U stelt uw eigen programma samen uit een aantal onderdelen. Na de vaartocht luncht u in een restaurant naar keuze. In de middag behoren bierproeven in de binnenstad en een bezoek aan het Zwanenbroedershuis tot de opties. Voor reserveringen bent u bij de VVV van 's-Hertogenbosch aan het juiste adres.

**Vanuit een luchtballon het Brabants landschap bekijken**

# Register

## A



## B

# C

# D



# E

# F



# G

# H

# L

# M

# N



# O

# P



# R

## S

# T

# U



# V

# W



# Z

# Dankbetuiging

De uitgever bedankt de volgende personen en instellingen voor hun hulp bij de samenstelling van dit boek.

**AUTEUR**
**Drs. Jan Leemans**, Brabander van geboorte, studeerde filosofie, theologie en geschiedenis. Hij was werkzaam in meerdere Brabantse dorpen en steden. Hij gaf les op alle vormen van middelbaar onderwijs en bekleedde daar ook functies in het begeleiden van leerlingen. Jan organiseerde tientallen tentoonstellingen en excursies. Hij was betrokken als schrijver of medewerker bij meerdere boeken. Ook beschreef hij de geschiedenis van de school waar hij werkte, van het dorp waar hij woonde en de archeologieclub waar hij lid van was. Jan Leemans is enthousiast lid van cabaretgezelschap 'De Brokmop'.

**REDACTIONELE ASSISTENTIE**
Han van der Vegt uit Antwerpen, dichter en vertaler. Hij heeft de tekst kritisch gelezen en gecorrigeerd.

**FOTOGRAFIE**
Teo van Gerwen, vormgever en fotograaf, zorgde voor een groot deel van het in dit boek opgenomen beeld en was tevens verantwoordelijk voor de beeldredactie.
Riny van Vlijmen, dochter van fotografe Nelly de Turck uit Weert, doorkruiste met de auteur heel Brabant om molens, kerktorens en raadhuizen te fotograferen.

**VORMGEVING EN PRODUCTIE**
Teo van Gerwen-design, Leende
Tijs van den Borst, Hans Delnoij, Bram van Gerwen, Thijs van Gerwen, Lian Hendrickx, Loes Vlemmix

**REGISTER**
Ottenhof Automatisering, Almere

**ILLUSTRATIES EN CARTOGRAFIE**
Jan Egas: omslag or, 5or, 34-35, 54-55, 60-61, 96-97, 134-135, 158-159, 172-173, 230-231, 254-255, 316-317,
Gieb van Enckevort: 50-51, 58-59, 66-67, 70, 126-127, 150-151, 192-193, 206-207, 208-209, 240-241, 252-253, 286-287, 292-293, 306-307, 314-315,
Picto's: 90-91, 114-115, 138-139, 166-167, 200-201, 224-225, 228, 250-251, 278-279, 310-311
Harry Pelssers (picto's): 16-17, 46-47, 86-87, 120, 142, 146, 182, 258, 282, 296, 323
Peter de Vries: schutblad-voor, 10-11, 16-17, 46-47, 49, 51, 57, 59, 65, 67, 72-73, 75, 78, 80-81, 82-83, 86-87, 89, 90-91, 104-105, 113, 114-115, 120, 137, 138-139, 142, 146, 165, 166-167, 170, 174-175, 182, 199, 200-201, 223, 224-225, 228, 249, 250-251, 258, 277, 278-279, 282, 296, 309, 310-311, 323, schutblad-achter

**SPECIALE ASSISTENTIE**
Marjo van Baaren, Marjolijn Braamburg, Riet Goes, Dick Rog

**FOTOVERANTWOORDING**
b = boven; bl = boven links; blm = boven links midden; bm = boven midden; br = boven rechts; brm = boven rechts midden; m = midden; ml = midden links; mlb = midden links boven; mlo = midden links onder; mb = midden boven; mr = midden rechts; mrb = midden rechts boven; mro = midden rechts onder; mo = midden onder; o = onder; ol = onder links; or = onder rechts;

De uitgever heeft getracht alle auteursrechten te regelen met de rechthebbende(n). Degenen die menen aanvulende rechten te kunnen doen gelden, kunnen contact opnemen met de uitgever.

De volgende werken zijn afgedrukt met toestemming van de houders van de copyrights:
© c/o Beeldrecht Amsterdam 2004: 172lb, 173or, 173or,
© Karel Appel Foundation, c/o Beeldrecht Amsterdam 2004:172or

De uitgever is de volgende bedrijven, musea, fotografen en archieven dank verschuldigd voor het beschikbaar stellen van hun beeldmateriaal:
Stadsarchief 's-Hertogenbosch (met dank aan Jac. Biemans): 18ol, 32, 33o, 41mr, 49b, 52br, 52m, 53m, 53or, 57bm, 58bl, 58mlb, 59bl, 61bm, 63mo, 68mrb, 69bl, 70or, 71b, 89,

Collectie Noord-Brabants Museum, 's-Hertogenbosch (met dank aan Helmie van Limpt):
50 m De Lakenmarkt van 's-Hertogenbosch, Anoniem
23mr Boekrol Esther
36-37m Barnstenen Bacchusbeeldje
Opgravingsvondsten merovingisch grafveld te Meerveldhoven (reconstructie)
55om © Jan Sluijters, De familie Sluijters-Boelaars, (in bruikleen), c/o Beeldrecht Amsterdam 2004
40-41m Prins Frederik Hendrik en graaf Ernst Casimir bij het beleg van ''s-Hertogenbosch, Pauwels van Hillegaert (in bruikleen van Rijksmuseum Amsterdam)
27ol Molen van Heeswijk, 1904, Piet Mondriaan, © 2004 Mondrian/Holtzman Trust c/o hcr@hcrinternational.com
27br Boerenbruiloft, Pieter Breughel de Jonge (in bruikleen van Instituut Collectie Nederland)
37br Romeinse cavaleriehelm (in bruikleen van Afdeling bouwhistorie, Archeologie en Monumenten 'BAM')
26or Het snijden van de klei, Jeroen Bosch (in bruikleen van Rijksmuseum Amsterdam)
54bl Houtsnijwerk
54ml Gouden Lam

Collectie Van Abbemuseum, Eindhoven (de genoemde kunstwerken zijn eigendom van het Van Abbemuseum, Eindhoven) fotograaf Peter Cox: 172-173,
172lb © Marc Chagall 'Hommage à Apollinaire, c/o Beeldrecht Amsterdam 2004
172or © Karel Appel Foundation 'De Veroordeelden', c/o Beeldrecht Amsterdam 2004
173or © Juan Munoz Çonversation Piece', c/o Beeldrecht Amsterdam 2004
173or © El Lissitzky 'Sla de witten met de rode wig' c/o Beeldrecht Amsterdam 2004

Collectie Groninger Museum (in bruikleen van Gemeente Groningen), foto John Stoel: 26-27m

Teo van Gerwen: 1, 2-3, 3m, 4ol, 5bl, 5mrb, 5mlo, 6-7, 12, 14b, 15b, 15m, 15o, 16bl, 17bl, 17ol, 18br, 18ml, 18mr, 19br, 19ml, 19or, 20bl, 20br, 20ml. 20mr, 20ol, 21bl, 21br, 21ml, 21mr, 21mo, 22bl, 22br, 22mlb, 22mlo, 22ml, 22ol, 22or, 23bm, 23br, 23ml, 23or, 24br, 24ml, 24ol, 25bl, 25br, 25mr, 25mro, 25mo, 29ml, 29or, 31ol, 33mb, 36m, 37or, 39mro, 41bl, 43mrb, 44-45, 46ml, 46mo, 47mb, 47mr, 47mo, 48, 50bl, 50br, 50mol, 51mb, 51mrb, 51or, 52ol, 54mo, 54or, 55mb, 55mro, 58mlo, 58ol, 59mb, 59mrb, 60br, 60ml, 60ol, 61mro, 61mo, 61ol, 62mb, 62m, 63b, 63mlo, 63mo, 65, 66mlb, 66mb, 66ol, 67bl, 67mb, 67mr, 67or, 68bl, 68o, 69o, 70bl, 70mro, 71o, 72mb, 72ml, 72or, 73bl, 73br, 73mb, 73mr, 73or, 73ol, 74, 75mb, 76ol, 77bm, 77or, 86br, 86or, 87br, 87mro, 87ol, 90ml, 90o, 91b, 91o, 94b, 94m, 94o, 95br, 100ol, 104mb, 104ml, 104mo, 105or, 106or, 107m, 109ol, 111m, 112, 113o, 114b, 114ml, 114or, 115bl, 115br, 115mlo, 115or, 116-117, 119o, 120bl, 121br, 121m, 121ol, 122b, 122o, 125or, 126bl, 126br, 126ml, 126ol, 127bl, 127mrb, 127mro, 127ol, 128b, 128m, 128or, 130o, 131b, 131o, 132b, 132m, 132o, 133bl, 133m, 133o, 134bl, 134ml, 134o, 135bl, 135mro, 135or, 135ol, 136, 138mb, 138o, 139br, 139mr, 139or, 141mro, 142b, 143o, 145mb, 145m, 145o, 146b, 146m, 147b, 147m, 147o, 148b, 148o, 150bl, 150ml, 150mo, 151bl, 151br, 151mro, 151or, 152bl, 153br, 154b, 155b, 163b, 163m, 164, 165, 166bl, 166br, 166o, 167mrb, 167mro, 170br, 170m, 171m, 171o, 174bl, 174br, 174mrb, 174m, 174mo, 175bl, 175bm, 175mrb, 175mo,

175ol, 177b, 177m, 178mb, 178mlo, 178o, 179bl, 180b, 180ol, 182b, 182ml, 182mr, 183b, 183o, 186b, 187br, 187or, 188b, 188m, 189mr, 189mo, 189or, 190b, 190o, 191b, 191m, 191o, 192bl, 192mb, 192ol, 193bl, 193mr, 193ol, 195o, 197b, 197o, 200b, 200o, 201o, 202-203, 204ol, 204or, 204mr, 205b, 205mrb, 205mro, 205or, 205ol, 206br, 206ml, 206m, 206or, 207br, 207mr, 207mro, 207o, 207ml, 208bl, 208br, 208ml, 208ol, 209bl, 209mb, 209mrb, 209mro, 209mo, 210b, 210o, 211b, 211ol, 213m, 213o, 214b, 214m, 214o, 215br, 215ml, 215o, 216m, 216o, 217mr, 218b, 218o, 219b, 219m, 220b, 220ml, 220o, 222, 223, 224o, 225b, 225mrb, 226-227, 232b, 232o, 233b, 233mr, 234br, 234ml, 234ol, 234or, 234mr, 235b, 235mrb, 235or, 236b, 237ml, 238ml, 239b, 239o, 240bl, 240br, 240ml, 240or, 241bl, 241br, 241ol, 241mo, 241or, 242o, 243br, 246b, 247m, 250ol, 254mrb, 255or, 261o, 264o, 265br, 265o, 266b, 267ml, 270b, 270o, 271b, 271ml, 271mr, 272o, 273b, 273or, 274o, 275o, 277o, 278br, 279or, 282br, 285o, 286bl, 286br, 286mb, 287bl, 287br, 287mr, 287o, 288b, 288ml, 288mr, 288o, 289b, 290m, 291bl, 292o, 293o, 296b, 297o, 298b, 298m, 298o, 300b, 300o, 301b, 301m, 301o, 302b, 302o, 303b, 303o, 306br, 306ol, 306om, 307bl, 307bm, 306mrb, 307mro, 307or, 307mo, 319b, 319ml, 319ol, 321b, 321m, 321o, 322m, 322o, 326br, 326mr, 326mlo, 326or, 327bl, 327mrb, 327mro, 327or, 327mo, 327ol, 328-329, 336b, 342b, 343mro, 349b, 349m, 349o, 354b, 358b, 358o, 360b, 361b, 363or, 364bl, 364m, 363o, 365b, 364m, 366b, 366m, 366o, 367b, 367ml,

Riny van Vlijmen: 4br, 19bl, 18or, 19bl, 19mr, 22ol, 28mo, 30ol, 30mr, 34ml, 40lb, 40mlo, 43ol, 43mo, 51mro, 61mrb, 65bm, 70mrb, 72ol, 86mo, 87mo, 91mr, 92or, 93br, 93or, 95ml, 95or, 96br, 98b, 98o, 99br, 100b, 100mr, 101br, 101mro, 101ol, 102b, 102o, 103b, 103o, 104mr, 106br, 106ml, 107br, 107or, 108m, 108o, 110b, 111or, 118b, 118o, 119b, 1213b, 123o, 124b, 124m, 125b, 125m, 126or, 129, 130b, 142m, 143b, 144or, 149mr, 149ol, 152o, 153mo, 154o, 155ml, 156, 157m, 160, 161, 162b, 162mr, 162o, 163o, 167o, 176, 177mr, 177o, 178mr, 179o, 180ml, 180or, 181br, 181o, 183m, 184, 185b, 185mlo, 186m, 186o, 189b, 194o, 195b, 196b, 196o, 199o, 200ml, 201b, 204br, 204bl, 206ol, 207bl, 211mr, 212b, 212b, 217b, 217ol, 219o, 221o, 224ml, 228m, 231mo, 233o, 236o, 238mr, 239mr, 242ml, 243ml, 244b, 245b, 245o, 246ml, 246or, 247br, 247or, 254mo, 249o, 250br, 251mro, 252bl, 252br, 252mlo, 252mo, 253br, 253or, 254mo, 256br, 256o, 257b, 257mr, 257mo, 258b, 259, 260, 261b, 262bl, 262m, 262o, 263m, 264br, 264mr, 265ml, 266m, 267br, 267mr, 268b, 268o, 269m, 269o, 272br, 272m, 273ml, 274b, 274m, 278o, 279br, 279mlo, 282m, 283, 284, 285b, 286o, 289m, 291o, 293mro, 294o, 295, 297b, 299, 303m, 304b, 304o, 305b, 305m, 305o, 308, 309o, 311b, 311o, 312b, 312m, 312o, 313o, 314bl, 314mb, 314ml, 314o, 315bl, 315or, 315ol, 316br, 316ol, 317or, 317mo, 318b, 318mr, 319mr, 320bl, 323b, 323m, 324b, 324o, 325b, 325ml, 325mr, 326bl, 326ml, 326ol, 348m,

James van den Bergh: 352o

Brabants Dagblad: 359bl

George Burggraaff: 337or, 342ol, 361ol

Dippie Doe Kinderspeelpaleis: 362bl

Efteling: 237br, 237 or, 362om

Museum FietsVaria, Leende: 100mlo

Bram van Gerwen: 17br;

Kasteel Heeswijk: 97or

Hans van Hoesel: 367or

Jan van de Kam: 16bm, 16m, 16mr, 17or, 17mo, 24bl, 24-25m, 24or, 29mrb, 84-85, 88, 92bl, 105br, 105mrb, 105m, 108b, 137o, 140, 141br, 141ml, 141ol, 141or, 149b, 153ml, 157b, 181m, 185mr, 194b, 198, 212o, 225or, 229o, 234bl, 235mro, 242br, 243ol, 251bl, 263b, 263o, 269br, 275b, 280-281, 292bl, 292br, 292mb, 310ml, 313b, 318o, 325o, 327br,
Koninklijke Bibliotheek van België: 38-39 m

Joke Leemans: 61mo

Limburgs Museum, Venlo: 33o

Theo Maassen: 354m

Ramon Mangold: 353bl

Museum voor Religieuze Kunst, Uden, fotograaf Willem Kuijpers: 42-43m, 138m, 158bl, 158br, 158m, 159bl, 159o, 159or, 159mrb

Nederlands Textielmuseum, Tilburg: 230-231

Omroep Brabant: 359m

R. de Pagter: 76br

Philharmonie Leende: 221b, 221m, 221mr

Rijksmuseum Amsterdam: 276

De Oliemeulen: 363bl, 363m

Jap Smits: 168-169

Sportiom: 343br

Karel Tomei: 11br, 11ol, 356-357

Jan Vermeer: 13m, 13o, 14ol, 19ol, 28bm, 59or, 99ml, 109br, 109mlb, 109mro, 144bl, 167b, 171b, 201m, 216b, 225 mro, 228b, 229b, 244o, 248, 251ol, 253bl, 253mrb, 256ml, 266o, 268m, 271mo, 278m, 279bl, 290b, 290o, 293b, 294b, 310ol, 311mr, 317br, 322b, 343ml, 358m,

Duco de Vries: 353 or

M. Willems: 76or

Peer de Wit, Breda: 251br, 254bl, 254mlb, 254mlo 255bl, 255mlb, 255mrb

# Wegenkaart Noord-Brabant

**Symbolen**

- Snelweg
- Provinciale weg
- Secundaire weg
- Spoorlijn
- Stedelijke bebouwing
- Luchthaven
- Spoorwegstation
- Rondvaartboot